2판

청소년 상담

이론과 실제

정순례 · 양미진 · 손재환 공저

COUNSELING WITH ADOLESCENTS

학지사

2판 머리말

청소년 육성과 보호에 대한 사회적 관심이 그 어느 때보다도 커진 현시점에서 청소년 관련 법적 제도가 마련되고 다각적인 정책이 제공되고 있음에도 불구하고 청소년 폭력 및 범죄, 인터넷 · 스마트폰 중독, 성문제, 음주, 흡연, 약물 남용 등의 청소년 비행은 여전히 발생하고 있고, 언론매체가 전달하는 청소년의 일탈은 더욱 다양해지고 심각해지고 있다. 통계청의 '2019년 청소년 통계'에 따르면, 많은 중 · 고등학생이 학업 스트레스와 우울을 겪고 있으며 자살이 청소년 사망 원인 1위다. 통계 내용을 보면 긍정적인 변화 추세를 보이는 부분도 있지만, 우리나라의 많은 중 · 고등학생이 신체적 · 심리적 · 환경적 상황에서 어려움을 겪는 것으로 나타났다. 또한 인터넷 포털, 인터넷 실시간 방송, 모바일 사회관계망 서비스, 파일 다운로드, 스마트폰 애플리케이션 등 다양한 매체를 통해 성인용 영상물이나 성인용 온라인 게임, 도박성 게임 등에 쉽게 접근하며 여기에 대부분의 여가시간을 사용하고 있다. 무분별한 유해 매체 환경은 접근의 용이성 때문에 청소년들에게 미치는 부정적인 영향이 매우 심각하다고 볼 수 있다. 현재 청소년의 성범죄, 사이버 불링이 증가하는 추세이고 다양한 형태로 교묘하게 진화하고 있는데 대부분 스마트폰이나 인터넷을 통한 범죄로 나타나 있다. 또한 청소년 재산범죄는 전년도에 비해 3.6%p 감소한 것으로 나타났지만 강력범죄는 2016년부터 증가 추세를 보여 왔다. 미래 사회의 주역이 될 청소년을 유해 환경으로부터 보호하고 그들의 건강한 성장과 발달에 대해 한 가정이 아닌 국가 · 사회 · 지역사회 차원에서 책임져야 한다는 요구가 증가하면서, 청소년상담에 대해 정책 차원의 공적 지원이 강화되어 왔다.

청소년상담은 청소년들의 심각한 문제나 결핍 해결뿐 아니라, 청소년의 유능성을 강조하고 긍정적인 성장을 돕기 위한 예방적이고 교육적인 활동으로서 중요성이 강조되고 있다. 그러나 대부분의 청소년은 상담에 대해 비자발적이고 사회 환경으로부터 많은 영향을 받고 있어서, 청소년상담은 일반상담과 달리 국가 · 사회 · 지역사회 차원에서 청소년들에게 공적 서비스로 제공된다. 이와 관련하여 청소년상담사는 국가 차원에서 양성 및 교육되고 있고 청소년 내담자를 상담하는 역할뿐 아니라, 지역사회 또는 타 기관과 협력하여 청소년 내담자에게 최적의 통합적 서비스를 제공한다는 점에서 일반 심리상담 전문가와 다르다.

따라서 이 책은 기존의 많은 상담 관련 저서와 다르게 '청소년상담'에 초점을 두고 내용을 구성하였는데, 2015년 1판이 출간된 이후에 강화된 청소년상담사 윤리강령, 청소년상담 관련 법, 2019년 개편된 청소년안전망 관련 내용을 수정 · 보완하였다. 이 책은 제목에서 알 수 있듯이, 청소년상담을 주제로 일반상담과 청소년상담에 대한 이해, 청소년 문제, 청소년상담의 전략과 개입, 청소년상담의 현장과 프로그램, 청소년상담의 공적 서비스 체계인 청소년안전망을 소개하고 있다. 일반상담 관련 저서나 교재들은 이미 많이 있지만 이 책에서는 상담에 대한 일반적 이해와 함께 청소년상담의 핵심적인 내용을 다룸으로써 청소년상담사를 준비하는 사람들에게 많은 도움이 되고자 노력하였다.

이 책의 구성은 총 3부 13장으로, 제1부 상담이란 무엇인가, 제2부 상담이론, 제3부 청소년상담의 실제로 구성하여 각 부와 장의 기존 틀을 유지하면서 내용을 전면 또는 부분적으로 수정하였다. 제1부에서는 상담에 대한 일반적 이해와 관련한 내용은 그대로 두고 제3장 청소년상담의 특징, 제4장 청소년 문제에서 각각 내용을 수정 · 보완하였다. 특히 인터넷 중독 예방과 치료에 대한 여성가족부의 정책 지원과 노력에도 불구하고 최근 청소년의 인터넷 및 스마트폰 사용과 그에 따른 부작용의 문제가 더욱 심각해진 것으로 나타났는데, 이와 관련하여 인터넷 · 스마트폰 중독 문제를 제4장에 추가하였다. 제5장 청소년상담자의 윤리에서는 강화된 청소년상담자의 윤리적 · 법률적 책임, 한국청소년상담복지개발원의 청소년상담 사례 윤리적 · 법적 대응 매뉴얼, 윤리적 규범 내용 등을 추가하였다.

제2부 상담이론은 정신분석 상담이론, 인간중심 상담이론, 인지주의 상담이론, 행동주의 상담이론, 현실치료 상담이론의 5개 장을 그대로 유지하면서 내용의 추가와 부분 수정이 있었다. 가령, 제6장 정신분석 상담이론은 성격발달의 내용을 수정하고 방어기제를 추가하였으며, 제8장 인지주의 상담이론은 Ellis의 합리적 정서 · 행동치료 관련 내용에 대한 전반적인 수정 · 보완이 있었다. 제9장 행동주의 상담이론에서는 Pavlov와 Skinner의 학습이론을 추가하여 내용을 보완하였다.

제3부 청소년상담의 실제의 경우, 제11장 대면기술, 제12장 청소년상담의 전략과 개입에는 수정 내용이 없으나, 지역사회의 가용자원을 통합 · 연계하여 위기청소년들을 효과적으로 지원하기 위한 네트워크를 구축 · 운영하는 CYS-Net이 2019년 '청소년안전망' 사업으로 개편됨에 따라 제13장 청소년상담의 현장과 프로그램이 수정되었다. 이번 개정은 청소년상담 정책의 방향과 변화에 초점을 두고 최근의 관련 자료들을 교재 내용에 반영하였다. 이 교재가 청소년상담에 관심 있는 분들이 청소년상담 현장을 이해하고 좋은 상담자의 자질을 갖추는 데 도움이 될 수 있기를 기대한다.

끝으로 출판을 맡아 주신 학지사의 김진환 사장님과 좋은 원고를 작성할 수 있도록 세심히 배려해 주신 정승철 상무님, 김순호 이사님, 편집부 박지영 대리님께 감사드린다.

2020년 3월

정순례, 양미진, 손재환

1판 머리말

최근 몇 년 동안 청소년상담 및 청소년상담사의 전문성을 절실하게 요하는 많은 청소년 문제 사건이 연일 신문과 방송에서 보도되고 있다. 이러한 청소년 문제는 학교폭력, 인터넷 및 게임 중독, 집단 괴롭힘, 왕따, 가출, 학업중단, 학교 부적응, 청소년 범죄, 성문제 등 더욱 심각해지고 다양한 양상으로 변해 가고 있다. 또한 스마트폰 중독, 사이버 따돌림과 같은 현 청소년 문화를 반영하는 문제와 '셔틀' '먹튀' 등의 다양한 진화된 괴롭힘을 보면 청소년 특성에 대해 좀 더 깊은 이해와 적극적인 보호 및 지원이 필요하다는 생각이 든다. 더불어 우리나라의 청소년 자살률이 최근 10여 년 동안 급증하여 현재 OECD 국가 중 1위라는 불명예스러운 사실만 보아도 우리 청소년이 처해 있는 어려운 상황과 문제를 사전에 예방하고 해결할 수 있는 구체적인 대안이 필요함은 분명해 보인다. 근래에는 급변하는 청소년 환경과 함께 여러 가지 이유로 학교 현장에서도 청소년을 대상으로 한 상담이 일반상담과 다르다는 사실을 인식해 가고 있고, 위기청소년뿐 아니라 일반청소년을 대상으로 한 조기상담에의 관심 역시 증가해 가고 있다. 이에 따라 청소년의 건강하고 균형 있는 성장을 조력 및 지원해야 하는 전문성을 갖춘 청소년상담사의 역할과 책임에 대한 관심도 나날이 증가하고 있는 추세다.

'청소년상담'이라는 제목에서도 알 수 있듯이, 우리 저자들은 청소년상담에 초점을 두고 그것에 관심을 가지고 있는 사람이나 청소년상담사를 준비하고 있는 사람이 공부해야 할 최소한의 내용으로 이 책을 구성하였다. 물론 상담과 관련한 좋은 저서나 교재가 이미 많이 출간되어 있긴 하지만, 이 책이 기존의 교재들과 크게 다른 점은 청소년상담과 청소년상담 프로그램에 중점을 두었다는 것이다. 이 책은 3부 13장으로 구성하였고 부록에서는 상담 신청서를 비롯하여 청소년상담사 국가자격검정요강, 청소년상담사 윤리강령, 전국 청소년상담복지센터와 Wee센터의 목록을 첨부하였다. 먼저 제1부 '상담이란 무엇인가'는 청소년상담에 대한 기본적인 내용으로 '상담의 개념' '상담과정' '청소년상담의 특징' '청소년 문제' '청소년상담자의 윤리'를 다룬 5개 장으로 구성하였다. 그리고 제2부 '상담이론'은 5개 장으로 구성하여 상담의 대표적인 다섯 가지 이론인 '정신분석 상담이론' '인간중심 상담이론' '인지주의 상담이론' '행동주의 상담이론' '현실치료 상담이론'을 소개하였다. 마지막으로 제3부 '청소년상담의 실제'에서는 청소년상담자의 실제적인 상담전략으로 '대면기술' '청소년상담의 전략과 개입' 그리고 '청소년상담의 현장과 프로그램'을 각 장으로 구성하였다.

이번 개정 작업을 거치면서 새롭게 추가 · 수정된 내용은 다음과 같다. 우선, 제1부 '상담이란 무엇인가'의 제4장 '청소년 문제' 중 7절 '다문화가정 자녀의 사회 적응 문제'에 수록된 자료를 최신의 것으로 업데이트하였고, 제2부 '상담이론'에서는 제10장 '현실치료 상담이론'을 추가하였다. 그리고 제3부 '청소년상담의 실제'에서는 제13장 '청소년상담의 현장과 프로그램' 중 5절 '대표적인 청소년상담 프로그램'으로 기존의 '솔리언 또래상담 프로그램'과 '청소년 품성계발 프로그램'에 이어 '지역사회청소년통합지원체계(CYS-Net)' '청소년동반자 프로그램' '청소년전화 1388' '청소년사이버상담센터' '학업중단 지원사업(두드림 · 해밀)' '인터넷 중독 청소년 예방 및 치료'를 새로이 소개함으로써 청소년상담 현장을 구체적으로 다루었다. 또한 우리나라에서 청소년상담의 중추적인 역할을 담당해 온 한국청소년상담원이 2012년 한국청소년상담복지개발원으로 기관명을 변경하고 청소년상담지원센터가 청소년상담복지센터로 명칭을 변경한 것에 따른 새로운 기능과 역할을 소개하였다. 이 외에도 청소년 상담기관의 현황과 기능, 역할에 대한 설명을 2014년을 기준으로 수정하여 수록하였다.

책을 개정하며 부족한 부분은 보완하고 자료는 최신의 것으로 업데이트하면서 좀 더 세부적인 청소년상담 현장을 소개하고자 노력했지만 늘 그렇듯이 아쉬운 마음은 여전하다. 출판 이후에도 예전과 마찬가지로 보완해야 할 부분을 검토하면서 더욱 충실하고 알찬 내용으로 채워 나갈 계획이다. 부디 이 책이 청소년상담에 관심을 가지고 계신 많은 분에게 조금이나마 도움이 되었으면 한다. 끝으로 이 책의 출판을 맡아 주신 학지사의 김진환 사장님, 세부적인 일정을 조정해 주신 정승철 이사님과 강성구 선생님 그리고 좋은 책이 될 수 있도록 꼼꼼하게 원고를 검토해 주신 이지예 선생님을 비롯한 여러분께 감사를 드린다.

2015년 3월

정순례, 양미진, 손재환

차례

제2부 상담이론

제1부
상담이란 무엇인가

상담의 중요성에 대한 인식과 청소년교육에서 상담이 차지하는 비중은 나날이 증가하고 있지만 아직까지도 우리는 상담에 대해 많은 부분에서 오해하고 있다. 따라서 제1부에서는 우선 상담에 대한 바른 이해를 돕기 위해 전문상담의 의미와 상담활동 전반에 초점을 맞추었다. 이에 따라 전문상담의 정의 및 상담방법, 상담을 구성하는 상담자와 내담자에 대한 정의, 초기 · 중기 · 종결에 이르는 상담과정, 청소년의 특징을 반영한 청소년상담의 특징, 청소년상담자의 윤리 등의 내용을 구체적으로 다루고자 한다.

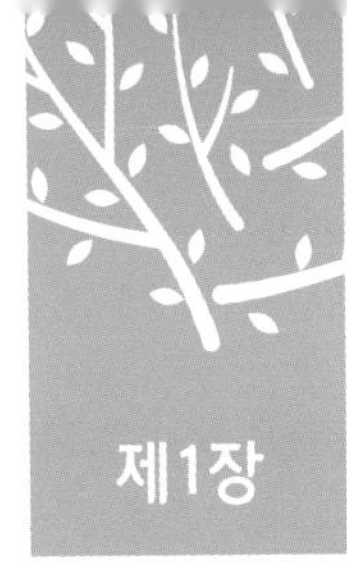

제1장

상담의 개념

1. 상담에 대한 오해

우리는 일상생활에서 크고 작은 스트레스와 다양한 심리적 문제를 경험하며, 이에 대해 스스로 잘 대처하기도 하지만 때로는 어려움에 직면하기도 한다. 이때 심리적 문제를 극복하는 과정에서 가족이나 친구 그리고 교사는 좋은 조력자가 될 수 있다. 그러나 심각한 스트레스나 심리적 문제들은 일반적인 지지와 도움보다 전문적인 도움을 받는 것이 더 바람직하다. 많은 사람이 자신의 문제를 더욱 적극적으로 해결하기 위해 상담전문가와 상담실을 찾고 있다.

그렇다면 상담이란 과연 무엇일까? 지금까지 상담은 지나치게 일반적이거나 전문적인 용어로 사용되어 왔다. 거리의 많은 상점이 '○○○ 상담'이라는 이름으로 고객을 불러 모으고 있고, 금융이나 부동산 거래와 관련된 정보를 제공하고 있으며, 고객을 유치하는 과정에서도 상담이 이뤄지고 있다. 이렇게 우리 주변에서 자주 접하게 된 상담 때문에 많은 사람이 심리치료나 정신치료와는 달리 상담을 가깝게 느끼고 있다. 그러나 생활 속의 다양한 상담을 경험하면서 개인의 심리적 문제를 다루는 전문상담에 대해 오해하기도 한다. 다양한 상담활동을 접해 본 사람들은 전문적인 상담활동에서 요구되는 전문적인 훈련과 지식 습득의 중요성을 간과하며, 상담을 개인의 경험에 기초해 조언이나 충고하는 것으로 오해하기도 한다. 다른 한편에서는 상담에 대해 지나친 거부감을 갖는 태도로 상담실에 오는 것 자체를 심각한 문제로 여기고 전문적인 상담을 받지 않으려 한다.

우리 문화에서는 일반적으로 신체적인 질환보다 정신적 질환에 대해 부정적으로 인식하고 있어서 전문적 상담을 받으면 심리적 문제가 심각한 사람으로 낙인찍힌다고 생각하고 있다. 실제로 많은 내담자는 거주 지역이 아닌 타 지역의 상담실을 방문하거나 상담 신청서를 작성할 때 기본적인 인적사항을 기재하지 않음으로써 신분을 노출하지 않으려고 한다. 청소년들도 심각한 정신적 문제가 있는 사람이나 지적 능력이 낮은 사람이 상담을 받는다고 생각하는 경향이 있어, 자신이 지닌 문제는 상담실에서 다루어질 문제가 아니라고 생각한다. 또한 학교에서 이뤄지는 상담활동에 대해서는 더욱 부정적으로 생각하고 있어서 상담전문가가 교사나 부모와 마찬가지로 권위적이고 자신을 평가 대상으로 여긴다고 생각한다. 즉, 상담자와 자신의 관계를 평가적인 관계 또는 일방적이고 수직적인 관계로 이해한다. 상담에 대한 이러한 인식은 상담 초기에 이루어져야 하는 상담관계 형성에 장애요소가 된다.

2. 전문적인 상담

전문적인 상담에 대한 개념 정의는 상담 이론가와 임상가의 관점에 따라 다를 수 있다. 전문적 상담에 대해 하나의 통일된 개념을 정의하기 어려운 첫 번째 이유는 상담이 바로 인간의 문제를 다루고 있으며 인간은 다양하고 복잡한 존재이기 때문이다. 개별적 특성을 지니는 개인은 동일한 상황도 각자 다르게 지각하고 이해하며, 그것을 다루는 관점이 다르다. 인간을 이해하는 다양한 관점과 시각이 있음에도, 분명한 사실은 상담이 인간의 본질적 문제에 초점을 두고 있다는 것이다. 인간의 본질적인 문제는 각 학문 분야에서 오랜 시간 학문적 연구 주제로 다뤄 왔지만 아직까지도 확실한 결론에 도달하지 못했다.

두 번째 이유는 상담의 본질에 대한 상담전문가들의 견해 차이다. 현존하는 상담 및 심리치료 이론은 약 300여 개 정도인데 이 이론들은 인간에 대한 관점, 심리적 문제의 원인 및 접근방법, 상담자와 내담자의 역할과 기능 등에 있어서 상당한 견해 차이를 보이고 있다. 따라서 현장의 전문상담자들은 자신의 가치와 신념에 기초하여 한두 가지 상담이론을 선호하며 이에 따라 상담을 진행한다. 또한 상담전문가의 상담경험이나 훈련배경에 따라 이론을 상담 실제에 적용하는 방식이 크게 다르다. 실제로 상담자도 상담의 대상, 문제의 유형, 상담상황에 따라 상담과정을 다르게 진행한다.

상담을 다루는 이론적 접근은 다양하지만 상담에 대한 정의는 몇 가지로 요약할 수 있다. 박성수(1997)는 상담이란 도움이 필요한 사람과 도움을 줄 수 있는 사람 사이의 개별적인 관계를 통하여 새로운 학습이 이루어지는 과정이라고 하였다. 이장호(1991)는 상담이란 도움을 필요로 하는 사람(내담자)이 전문적인 훈련을 받은 사람(상담자)과의 대면관계에서 생활과제의 해결과 사고, 행동 및 감정 측면의 인간적 성장을 위해 노력하는 학습과정으로 정의하고 있다. 결론적으로 상담은 개인적 성장을 위해 상담자와 내담자가 대면적 관계를 통해 조력하는 활동이라고 볼 수 있다. 일반적으로 사람들은 상담을 상담자로부터 문제해결을 위한 도움을 받는 과정으로 보기 때문에, 상담자에게 지나치게 의존하거나 내담자가 평가받는 활동이라고 생각하는 경향이 있다.

상담의 정의에 나타난 상담의 특징을 살펴보면 다음과 같다(이혜성, 이재창, 금명자, 박경애, 1996).

첫째, 상담은 전문상담자가 제공하는 전문적인 활동이다. 상담관계는 일상적인 관계가 아니며 상담자가 내담자에 대해 긍정적인 방향으로 변화시킬 책임을 가지고 수행되는 전문적 관계다. 따라서 상담자는 일상적인 관계에서는 발견할 수 없는 전문적 지식과 기술을 갖추어야 한다.

둘째, 상담은 상담자와 내담자의 관계에 기초를 둔 과정이다. Rogers는 특히 상담과정의 핵심은 상담자와 내담자의 신뢰형성임을 강조하고 있다. 또한 상담자와 내담자가 진지한 배려관계를 형성할 때 비로소 내담자가 상담과정에 깊이 개입할 수 있다고 강조함으로써 상담과정에서의 상담자와 내담자의 관계를 중시했다. 결론적으로 성공적인 모든 상담은 상담자와 내담자의 관계형성에 의해 결정된다고 볼 수 있다.

셋째, 상담은 의사결정과 문제해결을 돕는 활동이다. 상담의 임무는 내담자로 하여금 자신의 고착된 습관에서 벗어나 의사결정을 하게 하고 문제를 해결할 수 있도록 돕는 과정이다. 내담자는 상담활동을 통해 의사결정 능력과 문제해결 기술을 학습한다. 상담은 내담자에게 문제해결의 대안을 제시하는 것이 아니라 앞으로 직면해야 할 새로운 상황들을 효율적으로 해결할 수 있는 방법을 학습할 수 있게 하는 경험의 장이다.

넷째, 상담은 내담자로 하여금 새로운 행동을 학습하거나 새로운 태도를 형성하도록 하는 것이다. 상담은 내담자가 자신의 생활공간에 대해 학습하는 교수-학습 과정이다. 따라서 상담자는 교수자로서 변화시킬 내담자의 행동을 발견하고 변화에 필요한 적절한 상담전략을 계획해야 한다. 이때 내담자의 행동변화는 상담활동의 중요한 결과다.

다섯째, 상담은 개인 존중에 기초한 상담자와 내담자의 상호협력 활동이다. 바람직한 상담관계에서는 상담자와 내담자가 대등한 위치에서 상담과정에 참여한다. 상담목표도 상담자와 내담자가 함께 합의해서 결정하고 구체화한다.

결국 상담은 도움을 받는 내담자와 도움을 주는 상담자 간에 상담을 위한 만남이 이뤄지는 것이다. 이와 같은 상담의 정의에 근거하여 상담의 구성요소를 다음의 세 가지로 요약할 수 있다. 첫째, 도움을 받는 사람, 둘째, 도움을 주는 사람, 셋째, 도움을 주는 사람과 받는 사람의 관계다. 여기서 도움을 받는 사람은 내담자이고 도움을 주는 사람은 상담자이며 내담자와 상담자의 만남이 상담관계다. 상담관계는 일상적인 생활에서 경험하는 일반관계와 다르다. 일반관계는 부모-자녀 관계, 교사와 학생 간의 관계, 친구관계 등 우리의 일상에서 경험하는 만남의 관계다. 내담자들은 주로 이러한 일반적 관계에서 갈등을 경험하며, 이러한 갈등은 상담에서 주로 다루고 있는 내용들이다. 부모와 자녀 관계에서 갖는 상호기대는 실망과 갈등의 원인이 된다. 부모는 자녀에게 높은 기대를 하고, 반면에 기대에 못 미친 자녀는 부모의 꾸지람에 상처를 받고 좌절과 분노를 경험하면서 부모와 자녀 사이에 오해와 갈등이 발생한다. 부모와 자녀는 각자 자신의 시각에서 상황을 이해하고 판단하기 때문에 상대편의 입장을 이해하는 것이 쉽지 않다. 그러나 상담관계에서 상담자는 자신의 의견을 주장하거나 내담자를 평가하지도 않는다. 상담자는 온전히 내담자의 적응과 성장에 초점을 맞추며 내담자가 타인의 평가를 의식하지 않고 그 자신의 생각과 경험을 이야기할 수 있도록 돕는다. 이와 같이 상담관계는 내담자가 편안하고 자유롭게 그리고 안전한 분위기에서 자신을 이해할 수 있는 관계다.

그렇다면 상담을 통해 우리가 이루고자 하는 것은 무엇인가? 상담의 목표는 상담의 성과로 기대되는 긍정적인 결과를 말한다. 또한 상담의 방향을 제시하며 상담의 효과를 평가하는 기초가 된다. 상담목표는 상담이론에 따라 개인의 성장이나 자아실현과 같은 추상적인 심리적 특성에서 구체적인 행동 변화에 이르기까지 다양하다. 이를테면 정신분석 치료의 목표는 무의식을 의식화하여 자아를 강하게 하고 본능의 욕구보다 현실적인 자아가 능력을 발휘하도록 하는 것이다. 반면에 인간중심 치료의 목표는 개인의 자존감과 가치감을 회복하여 개인의 성장과 통합을 이루는 것이다. 그러나 어떠한 상담이론에 기초하든 관계없이 모든 상담의 근본적인 목표는 내담자가 현실에서 행복하고 만족스러운 삶을 살아갈 수 있도록 돕는 것이다.

3. 생활지도, 상담, 심리치료

상담과 관련해서 자주 사용되는 용어에는 생활지도와 심리치료가 있다. 이 세 가지 용어는 개념적 정의는 다르지만 경우에 따라서는 중복해서 사용하기도 한다. 그러나 다수의 이론가는 준비과정이 다르기 때문에 생활지도, 상담, 심리치료는 구별되어야 한다고 보며, 목적, 주된 대상, 문제 내용, 실시장소 등에 따라 다음과 같이 구분할 수 있다고 보았다.

첫째, 생활지도는 학생들이 적절한 계획을 수립하고 실천하여 생활에서 만족할 만한 적응을 할 수 있도록 조력하는 것을 목적으로 하는 학교 전체의 활동과 봉사프로그램을 의미한다. 여기에서 상담은 생활지도의 일부로 포함된다.

둘째, 심리치료는 일반적으로 개인의 성격에 더 깊게 관여하고 좀 더 심각한 행동 교정에 초점을 두며, 상담은 합리적인 계획, 문제해결, 상황적인 어려움에 대한 지지 등을 강조한다.

셋째, 상담의 대상자는 비정상적이거나 극단적인 적응 문제를 보이는 사람들보다 비교적 정상적인 범주에 속하는 사람들이다. 한편, 심리치료는 심리적 장애를 가진 사람을 대상으로 한다. 즉, 상담은 정상인을 대상으로 발달을 저해하는 욕구 불만과 다른 장애 요인을 제거하여 정상적인 발달을 돕는 것인 반면에, 심리치료는 성격적 장애를 다루는 것이다.

넷째, 상담은 주로 현재의 의식적인 자료에 기초를 두고 있는 데 반해, 심리치료는 무의식적 과정에 의존하기 때문에 억압된 욕구나 갈등 혹은 이에 대한 상징적 표상을 더 중요시하는 경향이 있다.

다섯째, 상담은 주로 학교, 대학, 지역의 청소년상담복지센터, 청소년 관련 기관 등에서 실시하고 심리치료는 병원과 같은 진료기관에서 주로 실시한다.

여섯째, 상담은 주로 개인의 긍정적인 측면을 강조하며 개인적 · 사회적 상황에 잘 적응하도록 돕지만 심리치료는 문제 진단과 치료에 초점을 둔다.

일곱째, 심리치료는 상담보다 목표를 달성하는 데 더 장기간이 소요된다.

여덟째, 상담은 개인으로 하여금 명확한 정체감을 갖도록 조력하지만 심리치료는 개인의 내적 갈등을 다룬다.

아홉째, 상담의 목표는 발달, 교육, 예방이며 심리치료의 목표는 교정, 적응, 치료다.

그러나 이렇게 완전히 구분하는 것은 어렵고, 일직선상에 위치해 놓는다면 생활지도와 심리치료는 양쪽 끝에 있고 상담은 그 중간에 위치하고 있다고 볼 수 있다. 따라서 생활지도, 상담, 심리치료의 구분은 목표, 내담자, 장면, 방법 등과 같은 다양한 요인을 고려한 일직선상의 한 지점으로 이해하여야 할 것이다. 결국 세 가지 활동은 중복되는 부분도 있지만 생활지도는 진로 및 교육과 관련된 정보를 제공하고, 상담은 지지적이고 상황적인 특징을 지니고 문제해결, 의식적 인식, 현재에 초점을 맞추며 단기적 문제를 다루고, 심리치료는 재구성, 심층 분석, 과거경험에 초점을 두면서 장기적인 문제를 다룬다는 점에서 다르다. 한편, 심리치료가 상담보다 더 심각한 문제를 다루기는 하지만 오늘날에는 상담에서 자살, 성폭력, 위기개입 등의 문제까지 다루고 있으며, 또한 내담자의 생활 전반의 복지 향상을 위한 다양한 지원활동도 이루어지고 있어서 생활지도, 상담, 심리치료의 구분이 더욱 모호해지고 있다.

4. 상담의 방법

상담은 상담자와 내담자가 상호 신뢰를 바탕으로 내담자의 의사결정 및 문제해결 능력을 발달시키는 일종의 학습활동이라고 볼 수 있다. 이러한 상담활동을 위해 상담자와 내담자는 일반적으로 두 가지 방식으로 상담관계를 형성한다.

첫째는 직접적으로 얼굴을 마주하는 대면상담에서의 관계이고 두 번째는 전화, 인터넷, 편지, 방송, 신문, 잡지 등의 간접적 수단을 통한 매체상담에서의 관계다.

전자를 간단히 대면상담이라 하고 후자를 매체상담이라고 하는데 매체에 따라 전화상담, 사이버상담, 문자상담 등으로 구분한다.

과거의 상담은 내담자와 상담자가 얼굴을 마주하는 대면상담이 주로 이루어졌으나 사회적 변화와 통신망의 발달로 대면상담의 한계를 보완하는 다양한 방법들이 제시되고 있다. 매체상담은 시간과 지역적 문제 또는 상담실 방문에 대한 심리적 부담 때문에 상담을 회피하는 내담자들에게 대면상담의 좋은 대안으로 활용되고 있다.

1) 대면상담

대면상담은 상담자와 내담자가 직접 만나는 상담을 말한다. 대면상담은 대부분 내담자가 상담자를 방문하지만 경우에 따라서 상담자가 내담자를 방문하는 '찾아가는 상담'도 있다. 대면상담은 여러 유형의 상담 가운데 가장 일반적이고 전통적인 상담 진행방식이다. 대면상담의 가장 큰 장점은 상담자가 내담자의 행동과 태도를 관찰할 수 있기 때문에 내담자가 스스로 보고하는 내용 이외에 여러 가지 중요한 정보를 수집하고 이를 상담에 활용할 수 있다는 것이다. 예를 들어, "친구들이 나를 따돌려도 아무렇지 않아요. 나는 친구들이 없어도 잘 지낼 수 있어요."라는 내담자의 언어적 정보와 어두운 표정 및 눈물의 비언어적인 정보 간의 불일치를 대면상담을 통해 알아낼 수 있다. 이와 같이 대면상담에서는 상담자와 내담자 간에 언어적 대화와 비언어적 대화가 함께 이루어진다. 상담자는 대화를 통해 내담자를 이해하고 변화시킨다. 대화는 내담자를 이해하는 핵심적인 수단인 동시에 문제를 해결하고 성장을 촉진하는 가장 효과적인 상

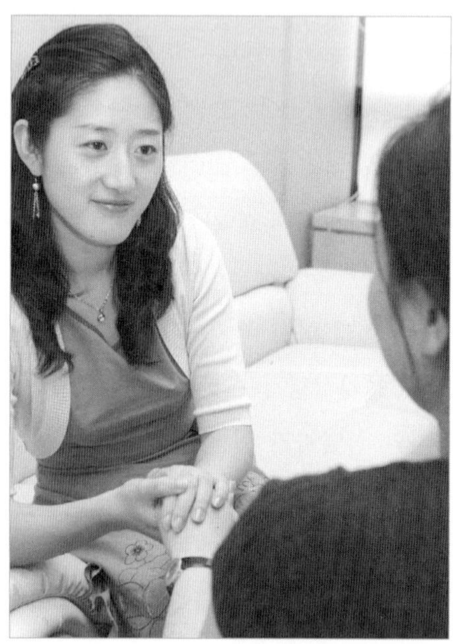

[그림 1-1] **대면상담**

담도구다. 물론 대면상담에서는 대화 이외의 다른 수단을 통해 상담을 진행하기도 한다. 놀이, 음악, 무용, 미술, 연극 등은 내담자가 자신의 문제를 자연스럽게 표현하고 이를 이해 · 수용하면서 스스로 문제를 해결하도록 돕는 도구로 자주 사용된다.

2) 매체상담

매체상담은 커뮤니케이션의 발달과 함께 송신자와 수신자가 상호 메시지를 전달하는 방법의 하나로 그 의미가 정착되었으며, 여기서 매체는 메시지를 전달하는 매개체, 즉 교재나 자료에 한정된 것이 아니라 전달방법 등 방법론적인 측면이 포함된 광범위한 개념이다. 매체상담은 전화, 인터넷 그리고 신문, 잡지, 라디오, 텔레비전, 영화 등의 매스미디어를 매개체로 하여 상담을 진행하는데, 사이버상담과 전화상담이 대표적인 매체상담이다.

(1) 전화상담

전화상담은 상담자와 내담자가 전화로 대화를 나누면서 상담을 진행하는 것이다. 우리나라에서는 많은 상담기관이 전화상담을 운영하고 있다. 특히 전국 시 · 도, 시 · 군 · 구에 있는 청소년상담복지센터에서는 청소년에 관련된 모든 문제를 전화로 상담하는 '헬프 콜! 청소년전화 1388'을 운영하고 있다. 전화상담은 자신이 도움이 필요한 경우에 언제든지 상담이 가능하다는 면에서 접근성이 높다는 장점이 있다. 전화상담은 필요한 때면 상담실을 직접 찾아가지 않아도 상담이 가능하기 때문에 위기상황에 있는 청소년에게 즉각적인 도움을 줄 수 있다. 그리고 전화상담의 또 다른 특징 중 하나는 익명성이다. 물론 대면상담에서도 내담자의 개인 신상에 대한 정보는 철저하게 비밀이 보장되지만 자신을 노출하지 않고 도움을 받고자 할 경우에는 전화상담이 유용하다.

그러나 내담자의 익명성이 보장되고, 상담이 용이하며, 즉각적인 성과를 기대할 수 있는 전화상담이지만 내담자가 자발적으로 전화를 걸어야만 상담이 시

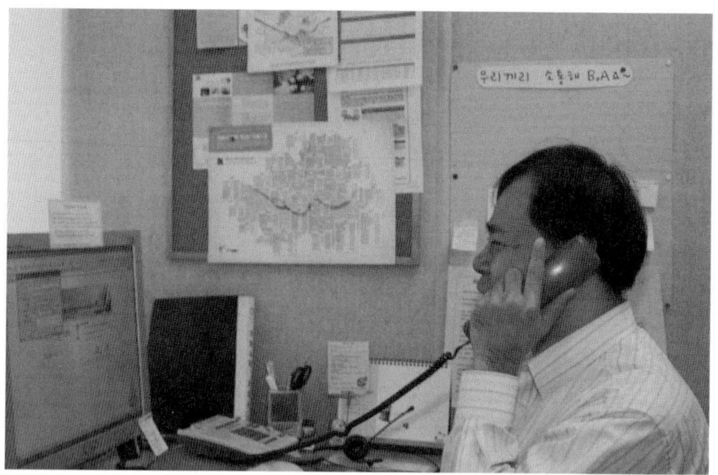

[그림 1-2] **전화상담**

작되기 때문에 내담자의 적극성과 동기가 요구된다. 또한 전화상담은 내담자가 다시 전화를 걸지 않는 한 상담이 지속되기 어려워 일회성으로 끝나기 쉽다는 한계가 있다. 따라서 전화상담은 자살, 가출, 폭력 등의 위기개입, 진로, 성, 학업 등에 대한 각종 정보 제공과 같이 문제해결 중심으로 진행되며 대면상담으로 연계하는 역할을 한다.

(2) 사이버상담

사이버상담은 의사소통의 매개 수단으로 컴퓨터를 활용하여 인터넷이라는 공간에서 상담이 이루어지는 것을 말한다. 사이버상담은 원거리상담(tele-counseling), 온라인상담(online counseling), 웹상담(web counseling), 최근에는 모바일상담 등의 형태로 운영된다. 사이버상담이 가능하기 위해서는 내담자와 상담자의 일정한 조건이 필요하다. 내담자의 경우에는 컴퓨터와 문자를 활용할 수 있는 인지적인 능력, 기본적인 의사소통이 가능한 타이핑 속도, 정확한 문장 구사 능력, 채팅이나 게시판을 사용한 경험이 있어야 한다. 즉, 컴퓨터 사용이 어느 정도 가능해야 상담이 진행될 수 있다.

상담자의 경우에는 관련 프로그램의 사용 및 고장에 대한 정보 제공 능력이

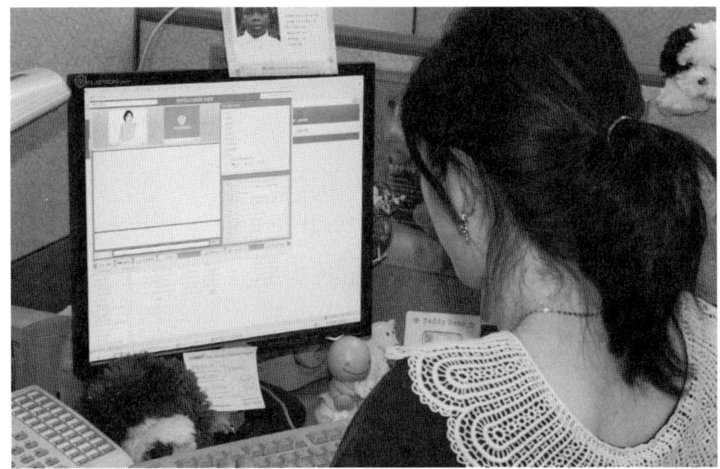

[그림 1-3] **사이버상담**

필요하며, 웹사이트의 질과 안정성을 유지하는 기술적인 능력을 지녀야 하는 등 인터넷 사용이 능숙해야 한다. 또한 사이버상담 이외의 대안적인 상담방법에 대한 정보 활용 능력이 필요하며, 사이버상담에서의 내담자와 상담자 간 상호작용 능력에 대한 장점 및 한계점 인식, 빠른 판단력, 포괄적인 지식, 언어적 정보에 대한 민감성 등이 요구된다. 이러한 사이버상담은 전화상담과 같이 위기상담 관리와 각종 정보 제공 상담이나 대면상담, 직접적인 도움을 받을 수 있는 기관으로의 연계가 가능하다.

3) 개인상담과 집단상담

개인상담은 가지고 있는 문제가 위급하며 원인과 해결이 복잡하고 내담자 자신과 관련 인물들의 신상을 보호해야 할 필요가 있는 경우 그리고 집단에서 공개적으로 발언하는 것에 대해 불안이 있는 내담자인 경우에 적당하다.

한편, 집단상담은 여러 사람을 보다 잘 이해하고 다른 사람이 자신을 어떻게 보고 있는지를 알아야 할 것으로 판단되는 내담자에게 적합하다. 그리고 자기의 관심사나 문제에 대해 다른 사람의 반응 및 조언이 필요한 사람과 다른 사람과의 대화를 포함한 사회적 기술의 습득이 필요한 사람에게도 적합하다.

개인상담과 집단상담의 유사점으로는, 첫째, 내담자로 하여금 자기관리 및 성격상의 통찰과 생활상의 문제해결 등을 달성하도록 도와준다. 둘째, 내담자의 자기 공개, 자기 수용을 촉진하기 위해 양자 모두 이해와 허용적인 상담 분위기의 조성 및 유지를 강조한다. 셋째, 상담의 기법 면에서 유사하다. 넷째, 내담자가 개인적인 자질이나 개성을 발휘하도록 돕기 위해 사적인 정보의 비밀을 보장한다.

한편, 주요한 차이점으로는, 첫째, 개인상담에 비해 집단상담은 상대방을 대하는 바람직한 태도나 행동 반응을 즉각적으로 시도해 보고 확인할 수 있으며, 타인과 친밀감에 대한 경험을 가질 수 있다. 둘째, 집단상담은 개인상담과는 달리 참여자들이 다른 사람들로부터 도움을 받을 수 있을 뿐만 아니라 참여자 자신이 다른 사람을 도와주는 경험을 가질 수도 있다. 셋째, 집단상담의 상담자는 개인상담에서보다 더욱 복잡한 과제를 짊어진다. 즉, 집단상담의 상담자는 내담자의 감정을 이해하고 내담자 스스로 자신을 지각할 수 있도록 유도해야 할 뿐만 아니라 내담자의 발언이 다른 내담자와 집단 전체에 미치는 영향을 관찰하여야 한다.

5. 내담자의 유형 및 특징

상담을 받는 내담자들은 과연 어떤 유형과 특징을 지니고 있을까? 상담영역에서는 심리적인 문제를 해결해 주기 위한 다양한 상담기법과 전략을 사용한다. 이러한 전략과 기법은 모든 내담자에게 적용되는 것은 아니다. 내담자 문제의 심각성 정도에 따라 접근하는 내용과 방법이 달라진다. 이러한 문제 유형은 다양한 검사나 분류체계를 통해서 구분되기도 한다. 이 부분은 전문적이고 복잡한 내용으로, 여기에서는 개략적으로 그 내용을 살펴보고자 한다.

사람은 살면서 누구나 스트레스를 경험한다. 이러한 스트레스나 갈등의 상당 부분은 상담을 통하지 않고서도 해결된다. 그러나 어떤 경우에는 혼자의 힘으로 해결하기 어려워 전문가의 도움이 필요할 때가 있다. 이와 같이 상담은 사람들이 심리적인 문제를 인식하고 상담전문가에게 도움을 요청할 때 시작된다. 상담이라는 개입이 들어갈 때는 내담자가 지닌 문제의 심각한 정도와 문제 유형을 구분하는 것이 중요하다. 심각성은 문제의 발생 기간에 근거해서 일시적으로 발생한 문제와 지속적으로 오랜 기간 발생한 문제로 구분할 수 있다. 가령, 1~2개월 이내에 문제에서 벗어나 정상적인 생활을 할 수 있다면 일시적인 것으로 보고, 3개월 이상 문제가 계속 진행되면 지속적 문제로 볼 수 있다. 또 경우에 따라서는 몇 년 이상 지속될 수도 있는데 이러한 문제는 만성적인 것으로 볼 수 있다. 또 한 가지 중요한 것은 일시적인 문제라도 일정한 시간 간격을 두고 반복해서 나타난다면 일시적인 문제라고 할 수 없다는 것이다.

심리적 문제는 발생 원인의 소재에 따라서도 분류될 수 있다. 문제의 발생 원인이 성격문제 등 자신의 내부에 있는지 또는 외부에 있는지(상황적)에 따라 상담 접근이 달라질 수 있다. 그러나 때에 따라서는 상황적 요소와 심리내적 요소가 상호작용하여 심리적 문제를 일으킨다.

공식적인 정신장애 분류 방식을 따른 것은 아니지만, 전문가들은 정상과 이상을 구분하고, 다시 이상심리문제를 크게 신경증과 정신증으로 구분한다. 정상이란 아무런 심리적 문제도 겪고 있지 않은 상태를 말한다. 그러나 이 세 가지 분류의 경계는 뚜렷하지 않으며, 설령 현재가 정상이더라도 예전에 또는 앞으로 신경증적 문제나 정신증적인 문제를 겪을 수 있다.

정상 상태란 일상적인 생활을 방해할 정도의 커다란 심리적 문제나 적응 기능상의 어려움을 겪지 않는 것으로 대부분 상담자의 도움을 필요로 하지 않는다. 하지만 정상인 경우에도 남한테 말 못 할 고민거리의 해결, 자신의 성격과 사고방식 및 행동패턴의 개선, 특정한 능력의 개발에 도움이 필요할 때 상담자를 찾기도 한다. 이 경우 상담은 문제해결보다는 성장촉진에 초점이 맞춰지기 때문에 자신에 대해 이해하고 정리해 보는 시간을 가질 수 있다. 내담자는 상담을 통해 자신이 어떻게 생각하고 판단하고 있는지, 원하는 것이 무엇인지를 생각하면서 자기 탐색 시간과 재충전할 수 있는 계기를 갖게 된다. 이에 비해 전문적 상담의 주요 대상은 신경증적 문제를 지닌 사람들과 정신증적 장애를 가진 사람들 중 일부다.

신경증적 상태란 현실인식과 생활적응에 극심한 결함을 가지고 있지는 않지만 주로 정서적 또는 행동적 측면에서 그리고 주변 사람들과 인간관계를 맺고 유지해 나가는 과정에서 심각한 불편과 고통을 느끼는 경우를 말한다. 신경증적 문제를 겪는 사람은 우리 주위에서 많이 찾아볼 수 있다. 이들은 자신이 겪는 불행과 고통을 스스로 인식할 수 있으므로 상담자에게 자발적으로 도움을 구하는 경우가 많다.

정신증적 상태란 현실인식과 기본적인 생활적응 자체가 심각하게 손상된 경우로, 일명 정신병으로 일컫는다. 정신증적 장애의 주요 특징으로는 현실검증능력이 부족해서 현실상황을 왜곡하여 지각함으로써 부적절한 정서와 행동을 보이는 것이 있다. 일반적으로 신경증적 문제를 가진 사람들을 내담자라고 부르고, 정신증적 문제를 가진 사람을 환자라 지칭하는 경우가 많다. 정상 상태와 신경증적 상태는 상담을 통해 자신의 문제를 해결하기 위한 노력을 기울인다. 그러나 정신증적인 경우 상담만으로 접근하기에는 문제해결이 어려울 수 있다. 현실검증능력이 손상된 경우에는 대화를 통한 상담이 어렵기 때문에 약물을 사용하여 극심한 불안과 우울, 망상을 치료해야 한다. 간혹 상담자가 대화만을 통해 정신증을 해결하려고 하는데, 이런 경우 문제는 더 악화될 수 있다. 따라서 상담자는 언제나 내담자에게 가장 효과적인 도움을 줄 수 있도록 최선을 다해야 한다.

6. 유능한 상담자의 특징

내담자의 어려움을 이해하고 도와주는 상담자는 과연 어떤 특징을 지니고 있는 것일까? 유능한 상담자가 되기 위해서는 일정 기간 관련 이론에 대한 교육과 상담훈련을 받게 된다. 이러한 과정이 필요한 것은 내담자에게 가장 적절한 도움을 주기 위해서다. 내담자는 많은 상처와 스트레스를 지닌 채 상담실을 찾기 때문에 상담자의 사소한 말 한마디에도 큰 상처를 받을 수 있다. 이때 상담자의 상담에 대한 학문적 지식과 상담훈련은 내담자의 상태를 정확히 파악하고 적절한 개입이 이루어지도록 돕는다.

내담자의 문제해결을 위해 상담에서는 내담자의 문제를 유발했던 경험과는 다른 새로운 경험을 제공한다. 훈련받은 상담자는 상담과정이 내담자에게 치료적이고 유익한 과정이 되도록 하여야 한다. 상담의 성공은 상담자의 특성에 의해 결정된다고 해도 과언이 아니다. 즉, 상담자는 상담과정에서 가장 중요한 요인이다. 그렇다면 성공적인 상담을 위한 상담자의 특징은 무엇일까?

첫째, 내담자를 도울 수 있는 상담자의 가장 큰 특징은 상담자 자신에 대한 이해와 수용이다. 상담자는 자신이 어떤 사람인지를 잘 알고 있어야 한다. 즉, 자신이 어떤 인생을 살아왔으며, 그것이 현재에 어떤 영향을 미쳤고 미래에는 어떤 모습으로 살아가게 할 것인지를 알고 있어야 한다. 이를 위해 자신을 인식하고 이해하려는 노력을 게을리해서는 안 된다. 또한 그 과정에서 알게 된 자신의 모습을 있는 그대로 받아들여야 한다. 자신의 욕구, 다른 사람을 도와주고자 하는 동기, 자신의 감정이나 정서, 자신의 장점과 단점 그리고 문제해결 기술 등에 대한 인식이 있어야 한다. 이러한 자신에 대한 자각이 중요한 것은 상담자 자신의 문제나 모습이 내담자 문제에 투사되어 객관적으로 상황을 보지 못할 수 있기 때문이다. 이러한 투사는 상담과정에서 역전이를 나타낼 수 있으며 이는 내담자 문제의 원인에 대한 부적절한 이해 등으로 이어져 효과적인 상담과정을 저해하는 요소로 작용한다.

상담자는 완벽하지 않다. 오히려 많은 상담자가 개인적인 문제를 해결하려는 동기에서 '상담자'라는 직업을 선택하는 경우가 많다. 이는 상담자 스스로가 많은 심리적 어려움을 겪었음을 의미한다. 그러나 중요한 것은 상담자는 자신의 문제를 해결하기 위하여 많은 노력을 기울였으며 이를 자기성장의 자원으로 활용하고 있다는 점이다. 간혹 자신의 문제가 해결되지 않은 상담자의 경우, 개인적인 문제에 압도되어 내담자에게 도움을 주지 못하는 경우가 발생한다. 특히 내담자의 문제가 상담자 개인이 해결하지 못한 문제와 유사한 경우에는 내담자를 다른 상담자에게 의뢰하는 것이 바람직하다. 상담자는 자신의 문제를 해결한 만큼 내담자를 도울 수 있다. 따라서 상담자는 자신에 대한 이해와 문제해결에 노력을 기울여야 한다.

둘째, 내담자에 대해서 예민성을 지니고 있어야 하는데, 특히 상담자는 상담과정에서 이루어지는 내담자의 미세한 역동에 대해 예민성이 높아야 한다. 상담과정에서 내담자의 언어적인 표현뿐 아니라 비언어적인 메시지나 대화 속의 분위기를 신속히 알아차려야 한다. 내담자의 비언어적인 표현에는 말로 표현하기 어려운 내담자의 진심과 많은 정보가 포함되기 때문이다.

셋째, 상담자는 내담자에게 호감을 줄 수 있어야 한다. 이는 신체적 매력이나 외모의 매력이 아닌 다른 사람에게 좋은 인상을 주어 내담자에게 편안함을 주는 것을 의미한다. 특히 청소년상담의 경우 상담자에 대한 호감은 더욱 중요한 요인이다. 실제 청소년 내담자가 상담자를 긍정적으로 지각하는 데에는 상담자의 전문성이나 신뢰성보다 호감이 더 큰 영향을 주는 것으로 알려져 있다. 즉, 상담자가 재미있고 편안하며 내담자 자신이 수용된다고 느낄 때, 처음에는 비자발적이고 상담에 거부적인 내담자라도 상담을 지속하는 것으로 나타났다.

넷째, 상담자는 개방성을 가지고 있어야 한다. 개방성은 상담자가 자신의 고정관념과 선입견에서 자유로워지는 것을 말한다. 상담자는 자기와는 다른 내담자의 감정이나 태도 및 행동에 적응해야 하며, 다양한 내담자와 효과적으로 상호작용해야 한다. 사회로부터 수용받지 못하거나 공격적이라고 간주되는 내담자 또한 상담의 대상으로 대할 수 있어야 한다. 즉, 이러한 개방성은 효과적인 의사소통을 위한 필수요건이라 할 수 있다.

다섯째, 상담자는 객관성을 지니고 있어야 한다. 객관성이란 내담자와 경험을 공유하면서 동시에 내담자의 문제와 상황을 사실 그대로 정확하게 인식하는 것을 의미한다. 객관성은 공감과 다소 상반되어 보이지만, Rogers(1957)는 객관성이 공감의 한 요소라고 기술하기도 하였다. 상담자가 객관성을 유지하는 것은 내담자의 이익을 위해서 매우 중요하다. 내담자는 주변의 친구나 가족으로부터 자신의 문제에 대해 충고 및 의견을 듣지만, 대부분 전달되는 내용은 이러한 의견을 건네는 사람들의 문제가 반영된 경우가 많아 객관적이지 않다. 상담자의 객관성에는 내담자에 대한 상담자의 주관적인 평가가 포함되지 않기 때문에 상담자가 객관성을 갖추면 내담자의 문제를 보다 잘 이해하고 새로운 시각에서 내담자가 자신의 문제를 바라보도록 도울 수 있다.

여섯째, 상담자는 유능해야 한다. Egan(1998)에 따르면, 상담자의 유능성은 상담자가 상담에 필수적인 정보, 지식, 기술을 구비하는 것을 말하며, 유능성의 여부는 상담자의 행동이 아니라 상담성과로 평가된다. Kleinke(1994)는 심리적 과정, 문제의 평가, 윤리에 관한 지식, 전문적인 작업을 수행하기 위한 포괄적인 임상기술, 구체적인 기법, 판단, 개인적 효율성을 유능성에 포함시키고 있다. 이러한 유능성은 흔히 전문성으로 설명된다.

일곱째, 상담자의 신뢰성이 확보되어야 한다. 신뢰성이란 확실성, 책임감, 윤리적 기준, 예측 가능성 같은 특성을 포함한다. 신뢰성이 있는 상담자는 내담자와 원활한 의사소통을 하며 내담자의 관심사에 대해 진심으로 열정과 성실함을 보임으로써 내담자가 그 자신을 솔직하게 드러내도록 돕는다. 상담자의 신뢰성은 상담에서 가장 본질적인 것으로 내담자가 상담에 적극적으로 참여하도록 한다.

7. 전문상담과 일반상담

전문상담과 일반상담은 몇 가지 점에서 분명한 차이가 있는데 다음은 일반상담과 차별성을 띠는 전문적 상담의 특징을 설명한 것이다.

첫째, 상담자의 전문성이다. 상담전문가는 상담이론과 방법에 대한 체계적인 지식을 가지고 있으며 이에 기초하여 충분한 상담실습과 훈련지도 과정을 이수함으로써 전문성을 지닌 사람들이다. 따라서 전문상담에서 진행하는 상담과정은 체계적이고 효율적이며 성공 가능성도 높다. 반면에 일반상담자는 내담자의 문제를 이해하고 해결하는 데 자신의 개인적인 경험이나 주관적인 판단에 의존하기 때문에 상담이 비효율적이며 성공 가능성도 예측하기 어렵다.

둘째, 내담자가 호소하는 문제에 대한 체계적인 평가다. 상담의 주요 목표는 내담자가 호소하는 문제 증상을 해소하는 것이다. 그런데 표면적으로 드러난 내담자의 문제 증상들은 그 원인을 파악하고 다루지 않는다면 해결되지 않는다. 상담전문가는 겉으로 드러난 증상들이 매우 복잡한 심리적 변환과정을 거쳐서 나온 결과물임을 인식하고 있기 때문에 내담자가 호소하는 문제와 관련된 기저의 문제들을 체계적으로 평가한다. 반면에 일반상담자는 겉으로 드러난 문제 증상에만 관심을 두고 문제 원인을 다루지 못하기 때문에 문제해결에 실패할 가능성이 크다.

셋째, 문제해결을 위한 구체적인 절차와 방법을 사용한다. 상담에서 다루는 문제의 원인과 증상들은 매우 다양하기 때문에 상담자는 각 문제 상황에 적절한 다각적인 상담방법과 전략을 다룰 수 있어야 한다. 제한적인 상담방법으로 내담자의 각기 다른 독특한 문제들을 효율적으로 다루기는 어렵다. 전문상담자는 내담자들의 다양한 문제 상황을 다각적인 측면에서 계획적이며 구체적으로 다룰 수 있는 상담전략들에 대한 학문적 지식과 실천적 능력을 갖추고 있다. 따라서 전문상담자와 일반상담자의 문제를 다루는 상담기술이나 상담 결과에는 분명한 차이가 있다.

넷째, 전문상담은 규칙성이 있다. 상담의 규칙성이란 상담이 일회성으로 끝나는 것이 아니라 정기적으로 여러 회기에 걸쳐 진행된다는 것을 의미한다. 규칙적인 상담이 필요한 이유는 내담자들이 지닌 대부분의 문제가 일회성 상담을 통해 단숨에 해결될 수 있는 것이 아니라 점진적으로 해결될 수 있는 것이기 때문이다. 즉, 내담자들의 변화가 빨리 올 수도 있지만 실제 상담에서 다루는 내담자의 문제 상황들은 복합적이기 때문에 내담자의 행동이 변화하기 위해서는 일정한 시간과 지속적인 노력이 필요하다. 전문상담자는 변화가 일련의 점진적 과정임을 알고 규칙적인 상담을 계획한다. 반면에 일반상담자는 주로 일회적 상담으로 단순한 정보 제공을 통해 당면한 문제에 대한 의사결정에 영향을 주는 것에 초점을 맞춘다.

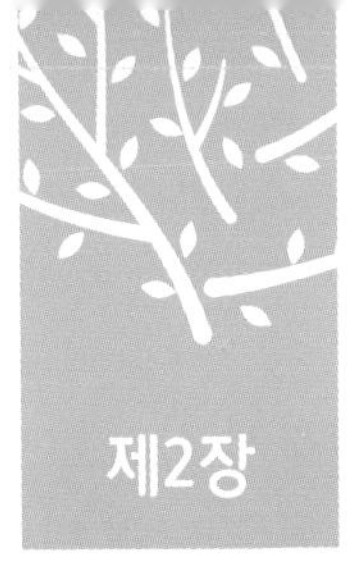

제2장

상담과정

1. 상담준비

상담이 잘 진행되기 위해서는 상담자의 전문가로서의 준비와 함께 내담자가 상담을 편안하게 받을 수 있는 여건이 마련되어야 한다. 내담자가 상담에 호의적이고 상담자가 최선을 다하고 있다는 생각을 갖게 하는 것은 내담자의 상담의 지속에 영향을 미치는 주요한 요인이다. 이러한 상담준비에는 상담자의 태도와 함께 상담실의 위치, 내부 환경 등이 포함된다. 실제로 많은 내담자가 학교 상담실이나 일반상담실을 피하는 이유 중 하나는 상담실의 위치나 시설 등의 물리적 환경 때문이기도 하다. 물론 최근에는 상담에 대한 인식의 변화로 대부분의 상담실이 편안하고 깨끗한 환경으로 바뀌었다. 그러나 몇 년 전까지만 해도 학교 내 상담실은 외진 곳에 위치하여 상담실의 존재 자체를 알기 어렵게 만들거나 지나치게 눈에 잘 띄는 곳에 위치해 다른 사람들의 시선 때문에 상담실에 들어가기를 꺼리게 만드는 경우도 있었다. 간혹 내담자가 스스로 상담실을 찾는다 해도 어색하고 긴장된 분위기 때문에 상담이 편안하게 진행되지 못하는 경우도 있었다. 따라서 내담자가 편안하게 상담을 받을 수 있도록 친절하고, 수용적이고, 안전한 상담실의 환경과 분위기를 갖추는 것이 필요하다. 이를 위해 상담실은 기본적으로 외부의 소음을 차단하고 대화의 내용이 외부에 들리지 않는 시설을 갖추어야 한다. 완벽한 방음시설이 어려운 경우라도 최소한 외부의 소음으로부터 상담이 방해받지 않도록 해야 한다. 상담실 내부 구성과 관련해서는 내담자가 편안한 분위기에서 이야기할 수 있도록 세심한 배려가 필요하다. 대부분의 상담실에서는 심리검사나 각종 작업을 동시에 진행하기 때문에 글쓰기에 편안한 테이블과 의자가 있는 것이 좋다. 안락의자와 같이 지나치게 편안한 의자는 대화나 작업수행에 불편감을 줄 수 있다. 상담실 조명 또한 상담에 방해가 되지 않도록 내담자에게 햇빛이나 불빛이 직접 영향을 줌으로써 눈이 부시지 않게 하는 세심한 배려가 필요하며, 상담 신청서(부록 참조)를 작성하는 접수실의 직원은 최대한 친절하고 부드럽게 내담자를 맞이하고 질문에 성실하게 응해야 한다.

2. 접수면접

접수면접은 본격적인 상담 이전에 내담자가 해당 상담기관에서 상담을 받을 수 있는지, 상담을 받는다면 어떤 절차로 상담이 진행될 것인지에 대해 안내를 받는 단계다. 대부분의 내담자는 처음 만나는 상담자와 상담실 분위기를 통해 이후 상담의 지속 여부를 결정하는 경우가 많다. 따라서 첫 회 상담이 시작하기 전에 만나는 접수면접자의 역할은 매우 중요하다.

1) 접수면접자의 역할

많은 내담자에게 상담이 실망을 안겨 주는 이유는 상담에 대한 정확한 인식 부족 때문이다. 내담자와 그 가족은 상담을 '마술'로 생각한다. 상담만 받으면 자신이 가지고 있었던 고민이 모두 해결되리라는 믿음을 가지고 있다. 이러한 과도한 기대는 자칫 상담에 대한 실망으로 이어진다. 따라서 내담자가 처음 상담자와 만나는 과정인 접수면접에서 많은 오해가 해소되어야 한다. 즉, 접수면접 시에 상담에 대한 정확한 설명이 이루어지지 않는다면 상담에 대해 "전혀 도움이 안 된다." "해도 소용없다."라는 인식을 가질 수 있다. 따라서 접수면접자는 상담에 대한 구조화에 많은 정성을 들여야 한다. 상담이란 무엇인지, 앞으로 상담이 어떻게 진행되고 종결될 것인지 등 전체 상담과정에 대하여 접수면접자는 이해하기 쉬운 용어로 내담자에게 전달해야 한다.

그렇다면 과연 내담자는 상담에 대한 어떤 잘못된 생각을 하고 있는가? 다음은 내담자가 흔히 하는 상담에 대한 오해다.

- "내담자가 말하면 상담자는 듣고 상담자가 말하면 내담자는 듣는다. 이렇게 서로 순서를 바꾸어서 지루할 때까지 계속 대화를 이어 가는 것이다."
- "내담자는 상담자에게 문제를 말한다. 그리고 상담자는 그 문제를 해결하기 위해서 내담자가 무엇을 어떻게 해야 하는지에 대해 지시한다."
- "상담자는 거짓말 탐지기와 같아서 내담자가 거짓말을 할 때나 과장할 때 또는 상담자의 행동지침에서 벗어날 때 내담자가 얼마나 한심한 인간인가에 대해 말할 것이다."
- "상담자는 내담자의 모든 문제를 마술사처럼 해결해 줄 것이다."
- "상담자는 내담자가 무슨 말을 하든지 다 들어주고 한없이 포용할 것이다."
- "상담시간에 잘 맞춰 가기만 하면 내담자가 상담실 밖에서 구체적으로 노력하지 않아도 행동의 변화는 이루어질 것이다."

이러한 내담자의 생각들은 자신이 별다른 노력을 하지 않아도 상담자가 모든 것을 알아서 해 주리라는 기대에서 비롯된다.

이 외에도 내담자는 상담자를 친구, 종교 지도자, 어머니, 교사 등의 이미지로 기대한다. 이와 같이 상담관계에 대한 잘못된 개념, 왜곡된 기대 등은 내담자와 이야기하고 설명하는 과정을 통해 바로잡아야 한다. 내담자가 상담과정과 절차를 제대로 알고 내담자로서의 역할에 충실할 때 상담은 그 성과를 거둘 수 있다.

이를 위하여 접수면접에서 상담을 구조화해야 하는데, 우선 상담 진행 과정에 대한 설명과 진행될 예상 회기에 대해서 알려 준다. 일반적으로 청소년상담실의 경우 단기상담을 권장하고 있다. 물론 문제 유형과 심각성 정도, 상담목표에 따라 상담회기는 다르나 상담이 시작될 때 예상 회기를 이야기한다. 두 번째로는 비밀보장에 대한 알려 준다. 비밀보장은 상담자와 내담자 사이에 이루어지는 구두계약으로 상담에서 이루어지는 모든 내용은 비밀보장이 된다는 것을 알려 주어야 한다. 물론 비밀보장은 법적으로 보호를 받는 장치는 아니나 내담자의 비밀을 지켜 주는 것은 상담자의 기본적인 윤리임을 인식하게 함으로써 내담자를 안심시켜야 한다. 특히 청소년의 경우 대부분의 문제가 부모와의 갈등이 주된 원인인데, 내담자가 상담자와 나눈 이야기가 부모에게 전달된다고 생각하면 상담자와의 관계형성이 어렵게 된다. 따라서 상담자의 비밀보장은 내담자의 상담자에 대한 존중감이나 친밀감을 형성하는 데 중요한 요소가 된다.

이 외에 접수면접자는 내담자에 대한 여러 가지 기초정보를 수집하는 것이 필요하며, 개인정보 수집에 있어서는 청소년의 경우 당사자와 보호자의 동의를 반드시 구해야 한다. 이와 같이 접수면접자는 상담 신청서나 개인정보양식 등을 통해서 면담을 하지 않고도 유용한 정보를 수집할 수 있다. 스스로 작성한 기록지나 실제 면담을 통하여 가족관계, 사회경제적 수준, 이전 상담경험, 주요 호소문제, 상담실에 오게 된 경위 등을 파악할 수 있다.

이를 통해 접수면접자는 내담자의 지적 기능, 호소하는 문제의 유형 및 심각성, 긴급성 등을 고려하여 최적의 상담자와 연결시킴으로써 접수면접자로서의 임무를 다하게 된다.

3. 상담의 초기단계

상담의 초기과정은 상담이 시작되는 단계로서 상담의 분위기와 방향을 설정하고 상담성과를 결정하는 데 중요한 역할을 한다. 상담초기의 주요과제로는 상담의 구조화, 관계형성, 문제진단과 내담자 평가, 사례개념화, 목표설정, 상담계획이 포함된다. 이러한 초기의 과제들이 다뤄지지 않으면 상담은 회기가 거듭될수록 방향성과 초점을 상실하고 지지부진해지거나 효과적인 상담개입이 어렵게 된다.

1) 상담의 구조화

상담의 구조화(structuring) 혹은 오리엔테이션은 내담자와 상담자 간에 상담에 대한 기본적인 기대를 맞추어 나가는 과정으로 이 과정을 통해 상담에 대한 내담자의 불안감이나 모호함을 경감시킬 수 있다(강신덕, 1998). 상담의 구조화에 포함될 내용은 다음과 같다.

첫째, 상담여건에 대한 구조화로 상담시간, 빈도, 총 상담횟수, 상담장소, 상담시간 변경 시 연락 방법에 관한 정보를 알려 준다.

둘째, 상담관계에 대한 구조화로 상담자의 역할, 내담자의 역할, 상담관계의 성격을 설명한다.

셋째, 비밀보장과 비밀보장의 한계에 대한 설명을 한다. 내담자와의 상담내용에 대해서는 비밀이 보장되지만 내담자 자신이나 타인에게 위협이 가해지는 경우에는 비밀보장이 이루어지지 않음을 알려 준다.

2) 관계형성

만남이란 서로의 신뢰와 믿음을 전제로 한다. 그 누구를 만나든 그 사람에 대한 믿음이 형성되지 않는다면 그 이후의 이야기는 무엇이든 의미를 잃게 된다. 상담관계는 상담장면에서 특정한 인간관계 기술을 사용하여 내담자가 인지·행동·정서 면에서 스스로 변화하고 성장해 나가야겠다고 결심하며 변화를 추진할 수 있도록 도와주는 의도적이고 체계적인 관계라고 할 수 있다(Kottler &

Brown, 1996; 강신덕, 1998: 김진숙, 2003에서 재인용). 상담에서 목표로 하는 내담자의 변화와 성장은 내담자가 상담이 안전하다고 느끼고 자신의 내면을 솔직하게 표현할 수 있는 편안하고 신뢰가 형성된 분위기에서 촉진된다. 따라서 이러한 촉진적 관계인 상담관계의 형성은 상담의 기본조건이라 할 수 있다.

상담관계 형성을 위해서는 특정한 상담기술이 필요하지만 그 무엇보다도 중요한 것은 상담자의 태도다. 상담자의 내담자를 향한 일관되고 지속적인 태도는 내담자가 일반적인 관계에서 경험하지 못한 인간관계를 경험할 수 있게 한다.

상담관계는 인간적이면서 동시에 전문적인 관계로서 그 자체가 내담자의 성장과 발전을 촉진하는 특성을 가지고 있다. 즉, 순조로움과 깊이를 동시에 갖추고 있어야 하는 것이다. 순조로움이란 편안하고, 이완되고, 부드럽고, 기분 좋게 느끼는 것과 연결되며 깊이는 가치 있고, 강력하고, 뿌듯함을 느끼는 것과 연결된다. 이와 관련된 행동을 유성경 등(1999)은 다음과 같이 제시하고 있다.

〈표 2-1〉 **상담관계에서 상담자의 행동**

상담관계를 순조롭게 하는 상담자 행동	• 내담자를 환영한다(예: "어서 와라."). • 개방적인 태도를 보인다(예: 다리를 꼬거나 팔짱을 끼지 않는다). • 눈 맞춤을 자연스럽게 한다. • 잘 들어 주고 있음을 적절하게 표시한다(예: 가끔씩 머리를 끄덕인다. "으흠" "그렇구나." 등을 적절하게 한다). • 지지적인 발언을 한다(예: "그렇게 어려운 걸 참 잘 참아 냈구나."). • 기본적인 공감을 표현한다(예: "그때 무척 화가 난 모양이구나."). • 긍정적인 강화를 한다(예: "넌 잘 해낼 수 있을 거야."). • 인내심을 갖는다. • 상담 구조화를 한다.
상담관계를 깊이 있게 하는 상담자 행동	• 탐색적인 질문을 한다(예: "그때 기분이 어땠니?"). • 심화 수준의 공감을 한다(예: "그렇게 화가 난 것은 그만큼 기대가 컸기 때문인 것 같구나."). • 탐색적인 침묵을 잘 수용한다. • 해석을 시기적절하게 한다(예: "네가 학교를 가지 않은 건 부모님에 대한 반항의 표현인 것 같구나."). • 즉시적인 반응을 적절히 한다(예: "오늘은 왠지 거리감이 느껴지는데……").

상담관계의 형성과 유지는 비단 상담의 초기단계에만 이루어지는 것은 아니다. 상담 전 과정에 걸쳐 상담자와 내담자의 관계형성은 반드시 유지되어야 한다. 이를 위해 기본적으로 제시되는 상담기법은 다음과 같다.

첫째, 경청이다. 경청은 내담자의 이야기를 말 그대로 잘 들어 주는 것으로 내담자의 문제와 내담자를 있는 그대로 수용하는 것을 의미한다. 일반관계에서 경청은 쉽게 이루어지지 않는다. 우리는 상대방의 이야기를 잘 들어 주고 있다고 생각하지만 실제로는 진심으로 귀를 기울이지 않는다. 즉, 부모-자녀 간의 대화에 있어서도 부모는 자녀의 이야기를 잘 듣는다고 하지만 대부분 자녀가 이야기하는 내용에 귀 기울이며 경청하기보다는 궁금한 것을 질문하거나 자녀의 행동을 평가하거나, 부모의 의지대로 변화시키려고 한다. 이와 같이 일반관계에서는 늘 자신과 관계를 맺는 대상에 대해 기대하고 평가하기 때문에 진심으로 상대방의 이야기를 듣는다는 것이 쉽지 않다. 내담자는 기본적으로 존중과 수용을 받고자 한다. 따라서 상담관계에서 내담자의 이야기를 내담자의 입장에서 충분히 경청하여 주는 과정은 상담관계 형성에 있어 매우 중요하다.

둘째, 공감적 이해다. 공감적 이해는 감정, 신념, 욕구, 바람, 가치관 등을 포함한 내담자의 내적 경험과 주관적 세계를 내담자의 입장에서 이해하는 것이다. 상담자가 내담자에게 도움을 주기 위해서는 내담자를 지적으로 이해해야 할 뿐 아니라 내담자와 정서적으로도 연결되어야 한다. 공감적 이해는 상담자가 내담자의 주관적인 경험의 세계를 충분히 이해하되 내담자에게 도움이 되는 방향으로 노력을 기울이는 것이다. 결국 공감은 상담자가 내담자의 문제와 고민을 충분히 이해하고 있음을 전달하고 내담자가 더 이상 혼자 고민하며 힘들어할 필요가 없음을 알려 주는 것이다. 상담자는 공감을 통해 내담자가 자신의 문제로 인해 미처 깨닫지 못한 문제의 다른 측면을 살펴볼 수 있다.

셋째, 수용적 존중이다. 수용적 존중이란 따뜻하고 비판단적인 태도로 내담자를 수용하는 자세를 말한다. 이를 위해 특정한 문제행동이나 증상과 무관하게 내담자를 무조건적으로 존귀한 존재로 인식해야 한다. 이와 마찬가지로 내담자의 생각이나 행동에 대해 어떠한 판단이나 평가도 해서는 안 된다. 이는 내담자의 모든 생각이나 행동을 무조건적으로 지지하거나 동의해야 한다는 것이 아니라 비난이나 판단적인 태도를 유보하고 내담자의 표현을 있는 그대로 받아들이는 자세를 가져야 한다는 것을 말한다.

이 밖에도 내담자에 대한 상담자의 진솔한 모습은 내담자에게 신뢰감을 주고 또한 내담자와의 솔직하고 개방적인 상호교류를 가능하도록 한다. 따라서 청소년 내담자와 촉진적인 관계를 형성하기 위해 상담자는 내담자에게 좋은 인상을 주도록 해야 한다.

3) 문제이해 및 평가

내담자의 문제를 잘 도와주기 위해서는 먼저 내담자의 문제가 무엇인지를 파악하고 그 문제를 경험하는 내담자에 대해서도 잘 이해할 필요가 있다. 상담에서 내담자의 문제를 규정하고 분류하여 전문가들 사이에서 공통적으로 사용하고 있는 이름을 붙이기 위해 문제진단을 하는데, 이를 위해서는 내담자에 대한 전반적인 이해가 필요하다.

먼저 내담자의 발달정도와 현재 기능수준을 파악한다. 건강상태, 외모, 제2차 성징의 발현 등의 신체영역과 지능수준, 인지적 발달단계, 인지과정의 합리성 등의 인지영역, 현재 학업수준, 대인관계 기술과 능력, 또래의 특성, 가족관계의 특성 등을 살펴본다. 또한 문제 발생 전 기능수준, 내담자의 강점, 심리적 자원(문제해결이나 극복에 도움이 되는 측면) 및 취약점(문제를 유지하고 문제해결에 걸림돌이 되는 측면) 등의 환경적 특성이 무엇인지 확인한다.

이러한 내담자에 대한 전반적인 이해와 평가를 통하여 상담자는 내담자의 문제해결을 위한 상담목표를 내담자와 합의하에 수립하게 된다.

4. 상담의 중기단계

상담의 중기단계는 초기단계에서 설정한 상담목표를 달성하기 위하여 상담전략에 따른 상담작업들이 진행되는 단계다. 내담자의 호소문제와 상담자가 지향하는 상담이론에 따라 다양한 상담이 진행된다.

상담의 중기는 내담자가 자신의 문제를 탐색하고 자각하고 변화시키는 과정으로 볼 수 있다. 이 단계에서는 높은 수준의 공감, 요약하기, 정보 제공하기, 질문하기, 상담자의 자기노출, 직면 등이 이루어진다. 그러나 중기단계에서 내담자는 새로운 변화에 대한 기대와 더불어 대안적 행동의 실천에 따른 부담감과 실패에 대한 두려움으로 실천에 저항을 보이기도 한다. 상담자는 이러한 불안을 알아차리고 실천에 필요한 심리적 지원과 실제적인 안내를 제공해야 한다.

상담의 중기단계에서는 각 상담이론이 지향하는 상담전략과 상담기술이 사용된다. 구체적인 상담이론은 2부에서 다룰 것이다.

5. 상담의 종결단계

상담을 통해 내담자의 모든 문제가 해결되는 것은 아니다. 따라서 상담자는 내담자와 합의하여 내담자에게 가장 중요하고 긴급한 문제를 중심으로 상담목표를 세운다. 이때 목표는 구체적인 행동단위로 설정한다. 상담초기에 설정한 상담의 회기와 목표가 달성된 것으로 평가되면 상담자는 종결을 준비한다. 물론 이 과정은 내담자나 상담자의 어느 한쪽에서 일방적으로 결정하는 것은 아니다. 자칫 내담자가 준비되지 않은 상태에서 이루어지는 종결은 내담자에게 심리적 당혹감과 함께 상담자로부터 버림받은 느낌을 갖게 할 수 있다. 이에 따라 내담자들은 상담자와 상담과정에 대해 저항을 보이기도 한다.

1) 조기종결, 상담의 중도탈락

상담에서의 바람직하지 못한 종결의 예는 내담자로부터의 일방적인 종결이다. 상담자와 합의한 목표 도달이나 상담의 끝맺음에 대해서 어떠한 논의나 합의도 구체적으로 이루어지지 않은 상태에서 내담자로부터의 일방적인 관계단절을 의미한다. 청소년상담의 경우에는 내담자의 비자발성이 두드러지기 때문에 상담자와의 관계형성이 원만하게 이루어지지 못하는 경우가 많다. 또한 상담자와 내담자가 원하는 방향이 다른 경우 내담자의 일방적인 조기종결이 발생한다. 이런 경우에는 사전에 내담자가 보내는 신호나 단서가 있으므로 이를 민감하게 알아차리고 대비한다면 많은 조기종결을 예방할 수 있다.

조기종결을 알리는 신호

- 상담약속 시간에 자주 전화도 없이 나타나지 않거나 늦게 나타남
- 상담실에 온 후에도 너무 지겨우니 다음에 만나자고 상담을 연기함
- 상담약속 시간을 자주 변경함
- 부모님께 상담실에 그만 가게 해 달라고 조름
- 상담자가 하는 조언이나 충고를 무비판적으로 받아들임
- 혼자서도 문제를 해결할 수 있다고 주장함
- 상담을 받으러 왔을 때 호소한 문제가 다 해결되었다고 함

이러한 조기종결의 신호가 보이는 경우, 내담자가 오지 않는 상황을 그대로 방치하는 것은 바람직하지 않다. 전화나 문자 등을 통해 내담자에게 적극적인 관심을 보여 주는 것이 필요하다. 내담자의 입장에서도 상담이 중단되는 것보다 종결과정을 거침으로써 시작한 과정을 마무리하는 경험을 하도록 하는 것이 중요하다.

이와 같이 내담자가 일방적인 조기종결을 원하기도 하지만 상담자의 사정으로 조기종결이 이루어지기도 한다. 즉, 상담자의 이직, 이사 등 개인 사정으로 갑작스럽게 종결해야 하는 경우가 있다. 이때 상담자는 내담자에게 상황에 대해 충분히 이해시켜 주고, 이후 문제해결에 가장 적절한 도움을 줄 수 있는 상담자와 연계시켜 주어야 한다.

2) 상담종결의 과제

상담종결을 위해서는 상담초기에 세웠던 목표의 달성 정도 파악, 행동 변화 요인에 대한 평가, 상담과정을 통해 학습한 새로운 내용에 대한 확인, 이에 대한 생활 속의 전이, 명확하게 해결되지 않은 문제에 대한 이유 및 대안 탐색 그리고 구체적 종결 시점에 대한 결정 등이 이루어져야 한다. 이를 구체적으로 살펴보면 다음과 같다.

첫째, 상담목표의 달성 정도를 파악해야 한다. 내담자가 상담과정에서 보고한 내용, 내담자의 회상 그리고 구체적으로 드러난 행동 등을 통해 주관적인 목표 달성 정도를 파악하여 확인한다. 상담자는 내담자의 이러한 주관적 보고를 객관화해야 한다.

둘째, 행동 변화 요인에 대해 평가해야 한다. 행동 변화 요인은 내담자 변인, 상담자 변인 그리고 환경적 변인으로 나누어 평가 및 구체화한다. 특히 내담자 요인에서 탐색된 변화의 요인은 바람직한 변인으로 이것이 지속될 수 있도록 노력해야 한다.

셋째, 행동 변화가 부족한 이유에 대해 평가해야 한다. 상담의 종결이 가장 이상적으로 이루어지게 하는 것은 상담의 모든 목표를 달성하거나 내담자가 지니고 있는 모든 문제가 완벽하게 해결되게 하는 것이다. 그러나 이것은 제한된 시간 동안 진행되는 상담활동에서 도달하기 어려운 기대다. 상담에서 내담자의 모든 문제를 한꺼번에 다룰 수는 없으며 다뤄진 상담문제가 완벽하게 해결되는 것도 어려운 일이다. 따라서 잘 해결되지 않은 이유를 파악하여 내담자가 자신의 모습을 바로 볼 수 있도록 조력해야 한다. 또한 상담자 역시 문제이해와 해결을 위해 보완할 방법을 고안할 수 있어야 한다.

넷째, 향후 계획에 대해 논의해야 한다. 상담성과가 미흡한 부분을 중심으로 앞으로 생활에서 어떻게 대처해 나갈 것인지에 대한 충분한 논의가 진행되어야 한다. 특히 상담과정에서 이루어진 학습 과정에 대한 검토와 이러한 부분이 실생활에서 어떻게 진행될 것인지에 대한 면밀한 검토가 이루어져야 한다.

다섯째, 사후관리를 해야 한다. 상담자와 내담자가 정기적인 상담을 종결한 것으로 모든 것이 끝나는 것은 아니다. 내담자의 문제해결 및 행동 변화를 위한 상담이 종결된 이후에도 일정한 간격을 두고 내담자를 만남으로써 내담자의 변화 유지와 그 추이를 지켜보아야 한다. 대개 이러한 사후관리는 상담이 종결된 후 1개월, 3개월, 6개월, 1년까지도 지속된다. 그러나 중요한 것은 내담자가 일상생활을 하는 데 있어서 어려움이 발생하여 이에 대한 조언과 도움이 필요하다면, 이를 수행하는 것은 시기를 정하지 않아도 가능하다는 것이다.

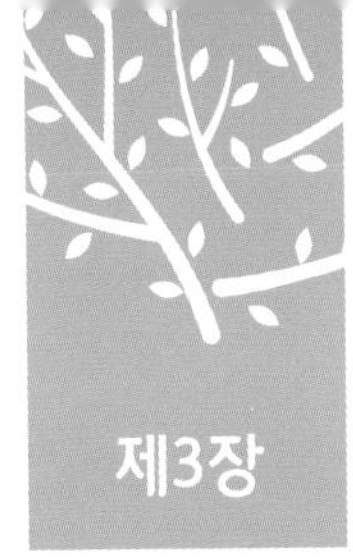

제3장

청소년상담의 특징

1. 청소년기의 특징

청소년상담자는 상담이론과 방법뿐 아니라 청소년의 발달적 특징과 발달과업에 대해서도 충분히 알고 있어야 한다. 청소년기는 아동기의 의존에서 벗어나 심리적으로 독립하며, 신체적 · 지적 · 사회적으로 성인기로 전환되는 과도기다. 이 시기에 청소년은 한 가족의 구성원에서 또래 집단의 구성원이 되고, 독립된 한 인격체로서 지녀야 할 성인의 특성을 갖추어 간다.

1) 신체적 발달

사춘기(puberty)와 청소년기(adolescence)는 흔히 동의어로 간주되어 혼용하지만 개념적으로 분명한 차이가 있다. 사춘기는 청소년기를 알리는 지표로, 생물학적인 생식능력을 갖게 됨으로써 성인으로의 발달이 시작되는 것을 의미한다. 사춘기는 청소년기의 일부분이며 사춘기가 끝나더라도 청소년기는 계속

된다. 청소년기는 사춘기로 접어드는 11~12세경부터 성인의 법적 연령인 20세까지로 사회적 성인으로서의 책임 및 지위, 역할을 지니지 못한 시기라고 할 수 있다.

사춘기는 성장이 가속화되는 성장 급등기로 생식기관, 신장, 체중, 근육, 골격, 사고, 얼굴 등 전반에 걸쳐 변화가 일어난다. 이 시기의 두드러진 특징은 신장과 체중의 증가, 초경의 시작 및 음경의 발달과 같은 성적 성숙이다.

첫째, 신장의 증가 시기는 남녀에 따라 다른데 여아는 대략 10~11세 그리고 남아는 12~13세에 시작하여 약 2년간 급격하게 성장한다. 여아가 남아보다 2년 정도 앞서 급격한 성장을 보이기 때문에 일시적으로 사춘기 여아의 신체적 조건이 남아보다 우세하다. 체중도 신장이 급격히 성장하는 시기에 함께 증가하는데 신장과 마찬가지로 사춘기에 일시적으로 여아의 체중이 남아보다 많이 나간다. 신장의 급격한 성장은 팔과 다리가 신장에 비해 지나치게 길어지는 일시적인 신체비율의 불균형을 초래하기도 한다. 일반적으로 성장 급등기가 빠른 사람은 느린 사람보다 신장과 체중이 더 우세하다. 또한 신체적 성장과 성적 성숙은 관련성이 높은 것으로 알려져 있어서 신체적 성장이 빠른 사람은 이와 마찬가지로 성적 성숙도 빠를 가능성이 크다.

둘째, 성적 성숙은 제2차 성징의 변화로 시작되는데 남자는 음경과 고환이 발달하고 턱수염이 나타나며 여자는 가슴과 둔부가 눈에 띄게 발달한다. 이러한 제2차 성징의 변화는 여성 호르몬인 에스트로겐과 남성 호르몬인 안드로겐이 증가하면서 시작된다. 남성 호르몬의 일종인 테스토스테론의 증가는 체모의 발달, 변성, 신장의 증가, 외부 생식기의 변화 등에 영향을 주며 신체 발달을 촉진한다. 남자의 성적 성숙은 음경과 고환 크기 증대, 음모, 겨드랑이 털, 턱수염 등 체모의 발달, 변성, 첫 사정(주로 자위나 몽정을 통한) 등 신체 전반에 걸쳐 나타난다. 한편, 에스트로겐의 일종인 에스트라디올은 여자의 가슴과 자궁을 발달시키고 골격의 변화, 특히 골반의 발달에 영향을 주어 출산이 가능한 신체적 성숙을 이루게 한다.

사회가 현대화되면서 성장은 더욱 가속화되어 조기 성적 성숙, 평균 신장의 증대, 체형의 변화가 나타났다. 특히 현대사회의 경제적 조건, 식생활의 변화, 질병의 예방 및 조기 진단이 이뤄지는 의료혜택, 이질적 집단 간의 결혼 등이 성장을 촉진하고 있다.

2) 심리적 특성

신체적 성장과 성적 성숙으로 인해 청소년들은 신체적 매력과 신체상(body image)에 관심을 갖게 되고, 그들의 신체적 매력의 기준, 자신의 신체에 대한 만족과 신체상에 변화가 일어난다. 또한 신체 성장과 성적 성숙의 시기가 평균보다 빠르거나 늦은 조숙과 만숙도 청소년들에게 심리적으로 영향을 미치고 있다. 일반적으로 청소년들의 이상적인 신체상, 신체에 대한 만족도, 조숙과 만숙에 대한 만족 또는 불안은 사회문화적 기준이나 편견의 영향을 받는다.

첫째, 청소년들의 신체적 매력에 대한 기준은 가족, 또래친구, 대중매체의 기준과 기대를 반영한다. 가령, 날씬하고 마른 체형을 선호하는 가정의 청소년은 자신의 건강한 체격과 외모에 대해 불안해하고 부정적으로 평가한다. 특히 청소년들은 대중매체를 통해 왜곡된 신체상을 형성하고 있어서 자신의 외모와 체형에 대해 만족하지 못하고 부정적으로 인식하고 있다. 더욱이 사회에 만연한 외모 지상주의는 청소년 자신의 외모에 대한 불만을 더욱 증가시키고 성형에 대한 욕구를 조장한다. 결국 청소년들은 원만하지 못한 대인관계나 취업 실패의 원인을 자신의 외모 또는 신체적 매력이 사회적 기준에 미치지 못했기 때문이라고 생각하기도 한다.

일반적으로 여자가 남자보다 외모에 대해 지나치게 가치를 부여하면서 외모 열등감을 더 많이 느끼며, 신체적 조건에 대한 만족도 역시 더 낮은 경향이 있다. 특히 체중에 대한 여자 청소년의 지각은 상당히 왜곡되어 있어서 정상적인 체중도 비만이라고 생각하고 불만족스러워한다. 여자들은 자신의 체중이 정상에 미달했을 때 가장 만족하는 경향을 보이고, 정상체중을 초과하면 자신의 신체에 대해 부정적인 이미지를 갖는다. 청소년들의 이러한 왜곡된 신체상은 거식증(anorexia nervosa)과 폭식증(bulimia)의 섭식장애를 유발한다. 지나친 체중 감량을 목적으로 한 거식증과 폭식증은 남자보다 여자에게서 더 많이 나타난다.

둘째, 조숙과 만숙에 대한 청소년들의 지각도 사회문화적 기대나 편견에 의해 영향을 받는다. 조숙과 만숙에 대한 사회적 반응은 남녀에 따라 다르기 때문에 조숙과 만숙이 청소년에게 미치는 영향도 남녀에 따라 다르다. 일반적으로 남자의 조숙은 주위 사람들에게 더 매력적이고 자신감 있게 보이고 인기가 높을 것이라는 긍정적인 평가를 받게 한다. 조숙한 남자 청소년들은 긍정적 신체상을 가지고, 지적으로 유능하고 사회적 적응능력이 뛰어나다는 우월감을 갖는 경향이 있다. 반면에 여자의 조숙에 대한 사회적 인식은 부정적인 경향이 있어서 조숙한 여자 청소년들은 부정적인 신체상을 형성하고, 정서적으로 불안하고 위축되고 복종적이며 내성적인 특성을 보일 가능성이 있다. 만숙에 있어서도 남녀의 차이가 나타나는데, 만숙한 남자 청소년들은 조숙한 남자 청소년들과 다르게 부정적 신체상을 형성하고 자신감이 결여되어 있으며 낮은 성취감을 보이는 경향이 있다. 반면에 만숙한 여자 청소년들은 정서적으로 안정되어 있고 활동적이며, 사회적 적응력이 높아 인기도 높고 주도적인 성향을 보이는 경향이 있다.

3) 행동적 특성

청소년기 나타나는 주요 행동 특성은 충동성과 자극추구 행동을 들 수 있다. 청소년들은 성숙한 성인에 비해 충동적이며 즉각적인 자극을 추구하여 위험한 운전, 음주, 성행동, 낭비벽 등 다양한 비행 행동을 일으킬 수 있다. 이러한 행동적 특성을 설명할 수 있는 주요한 요인으로 뇌와 신체의 생물학적 변화를 거론할 수 있다. 특히 신체의 호르몬의 변화와 아직 성숙하지 않은 전두엽의 기능은 청소년의 충동적인 행동 특징을 설명할 수 있는 요인으로 알려져 있다.

사춘기에 일어나는 호르몬 내분비의 변화 중에서 가장 큰 것은 성선 호르몬,

부신 호르몬, 성장 호르몬의 변화다. 성선 호르몬의 변화로 난소와 고환이 성장하며, 난소와 고환은 정서에도 영향을 미치는 에스트로겐과 테스토스테론을 분비하기 시작한다. 부신 호르몬의 변화는 액모, 음모, 땀샘의 변화 등 제2차 성징을 일으키는 안드로겐을 분비하며, 스트레스 호르몬이라고 알려진 코티솔을 분비한다. 그리고 성장 호르몬은 골격, 근육 등 신체의 변화를 일으킨다. 특히 정서적 기능을 수행하는 뇌의 변연계는 성선 호르몬과 부신 호르몬의 수용체가 다수 분포하고 있어(Kawata, 1995) 이들 호르몬의 변화는 충동성과 같은 청소년의 정서적 기능에 영향을 줄 수 있다.

그리고 청소년기 전두엽은 다른 뇌 영역에 비해 발달이 느린 것으로 알려져 있다(Gogtay et al, 2004). 성숙하지 못한 전두엽 기능은 행동의 통제나 충동조절을 잘하지 못하는 것과 관련될 수 있다. 전두엽 기능은 작업기억, 인지적 통제, 정서적 반응과 관련되어 있다(de la Vega, Chang, Banich, Wager, & Yarkoni, 2016). 특히 전두엽이 손상된 사람들은 지연반응과제(delayed-response task)를 잘하지 못하는 어려움을 가지는데, 이것은 어떤 자극이 오면 일정 기간 기다렸다가 그 자극에 반응하는 과제를 말한다. 예를 들면, 어떤 아이에게 사탕 하나를 주면서, 엄마가 잠시 문 밖에 나갔다 올 동안 사탕을 먹지 않고 기다리면 사탕을 2개 더 주겠다는 과제가 지연반응과제이다. 즉, 지연반응과제는 충동을 다스리고 행동을 통제하는 능력과 관련되어 있는데, 이것은 전두엽의 중요한 기능이다. 많은 연구에 의하면 청소년은 행동의 억제 혹은 통제의 기능을 수행하는 전두엽의 반응이 성인보다 더 약하다고 보고한다(Kalat, 2019). 관련하여 전두엽의 신경망 연결의 성숙 정도는 충동 억제와 정적 상관을 보인다는 많은 연구가 있다(Gilaie-Dotan et al., 2014; van den Bos, Rodriguez, Schweitzer, & McClure, 2014: Kalat, 2019에서 재인용). 하지만 청소년의 충동성을 전두엽 기능의 미성숙으로 모두 설명하기는 어렵다. 왜냐하면 자전거를 타고 계단 내려오기 등의 위험한 행동들은 청소년 초기보다는 전두엽이 성숙한 성인기 초기에 많이 나타나는 편이기 때문이다.

그리고 청소년들은 미래의 보상보다는 즉각적인 보상을 더 원하는 경우가 많은데, 예를 들어 Steinberg 등(2009)의 연구는 '지금 당장 10만 원을 받을 것인가, 아니면 1년 후 20만 원 혹은 30만 원을 받을 것인가?'라고 사람들에게 질문을 던지면 청소년들은 성인에 비해 지금 당장 달라는 요구를 많이 한다고 보고하였다. 물론 용돈이 별로 없는 청소년들은 지금 당장 돈이 필요할 수도 있다. 하지만 청소년들은 음식과 같은 다른 보상에 대해서도 즉각적인 것을 원하는 경향이 있다고 보고되었다(Doremus-Fitzwater, Barretto & Spear, 2012; Pinkston & Lamb, 2011). 이러한 청소년기의 즉각적인 보상에 대한 요구는 뇌-보상 회로(brain-reward circuit)와 관련된다는 연구보고가 있다(Ernst et al., 2005). 즉, 보상이 주어지는 상황에서 청소년이나 성인 모두 뇌-보상 회로가 활성화되지만, 지연반응과제와 같이 즉각적인 보상이 주어지지 않고 예상만 되는 상황에는 청소년의 뇌-보상 회로가 성인에 비해 덜 활성화되는 것으로 나타났다. 반대로 즉각적인 보상이 있는 경우에는 이 회로의 활성화 정도가 청소년이 더 큰 것으로 나타났다. 아마도 이러한 보상의 즉각성에 관한 뇌의 활성화 여부가 청소년의 충동적이고 자극 추구적인 행동으로 나타나는 것일 수도 있다.

2. 청소년상담의 특징

청소년상담은 성인상담과 차별적인 특성을 갖는다. Geldard와 Geldard(1999)는 청소년상담은 내담자와 상담자와의 관계, 상담과정, 상담기술과 전략 면에서 성인상담과 다른 접근이 필요하다고 강조한다. 청소년의 특징을 고려하여 박재황, 남상인, 김창대와 김택호(1993)는 청소년상담을 "청소년 및 청소년 관련인과 청소년 관련 기관을 대상으로 직접 봉사, 자문활동 그리고 매체를 통하여 청소년의 바람직한 발달 및 성장을 추구하는 활동"으로 정의하고 있다. 구본용, 김성이, 오익수, 황순길과 지승희(2002)는 청소년상담을 "청소년이 원하는 것을 청소년들에 알맞은 방법으로 제공하여 그들이 행복하게 살아갈 수 있도록 돕는 활동"으로 정의한다.

이러한 정의와 관련한 청소년상담과 성인상담의 차이점은 다음과 같다(박재황 외, 1993; 이형득 외, 1999).

첫째, 청소년상담의 대상은 청소년, 청소년 관련인 그리고 관련 기관 사람들을 포함한다. 이때 청소년 관련인은 부모, 교사, 청소년 지도자 등 청소년 주변 사람들을 말하며, 관련 기관은 가정, 학교, 청소년 고용업체, 청소년 수용기관, 청소년 봉사 및 활동 기관이다. 청소년은 특히 주변의 가족, 또래, 학교 등의 주요 요인들과 밀접하게 관련되어 있기 때문에, 상담을 할 때 대부분 청소년 관련인과의 주요 관계 및 주위 환경에 대한 개입이 필요하다.

둘째, 청소년상담의 목표는 심리치료적인 측면보다는 청소년의 건전한 발달과 성장을 돕는 예방적·교육적 측면과 위기에 처한 청소년들에 대한 직접 개입 및 지원, 자립이 포함된다.

셋째, 청소년상담은 일대일의 개인 면접뿐만 아니라 소규모 또는 대규모 형태의 집단 교육 및 훈련, 컴퓨터나 전화 등을 이용한 매체상담 등 다양한 방법을 활용한다. 또한 청소년상담은 면접 중심의 상담뿐만 아니라 놀이, 게임, 작업 등 다양한 활동을 통해서도 이루어진다.

청소년상담은 이와 같이 성인상담과 다른 접근을 시도하고 있으며, 아울러 상담목표에 있어서도 분명한 차이가 있다. 이혜성 등(1996)은 행동 변화의 촉진, 적응 기술의 증진, 의사결정 기술의 함양, 인간관계의 개선, 내담자의 잠재력 개발이라는 5개의 일반 상담목표에 청소년기의 발달 특성과 관련된 자아정체감 확립, 긍정적 자아개념 형성, 건전한 가치관 정립의 목표를 추가하여 다음의 청소년상담 목표를 제안하였다.

첫째, 대다수 청소년의 성장과 발달을 촉진한다. 청소년상담은 청소년들이 발달과정에서 겪는 생리적·인지적·심리적·사회적 변화에 적응하고 도덕적·영적 발달과업을 슬기롭게 극복해 나갈 수 있도록 도와야 한다.

둘째, 청소년들이 일상생활에서 직면하는 문제의 해결을 조력한다. 발달과정에서 청소년들은 개인의 내적 요구와 사회적 요구에 적절하게 대처하지 못함으로써 문제 상황에 직면한다. 이때 청소년상담은 학습활동, 진로 설계, 또래관계,

이성교제, 부모나 교사 등 주위 사람들과의 관계에서 비롯한 문제 및 비행의 해결을 조력한다.

셋째, 청소년들의 유능성 발달을 촉진한다. 청소년상담은 청소년들의 성장과 발달을 촉진하는 과정에서 그들이 자신의 잠재력을 발휘할 수 있도록 돕고 유능함을 신장시킨다. 즉, 청소년상담에서는 청소년들이 당면한 문제를 해결할 수 있게 조력하는 것과 함께 그들에게 내재된 가능성을 찾아 실현할 수 있도록 지원한다.

넷째, 청소년들에게 영향을 미치는 환경을 개선한다. 가정을 비롯하여 또래, 학교, 지역사회 환경은 청소년의 성장과 발달을 위협하기도 하고 촉진하기도 한다. 아동기나 성인기에 비해 환경의 영향을 많이 받는 청소년들을 위한 상담은 그들을 둘러싼 적절하지 못한 환경을 개선함으로써 청소년들의 바람직한 성장을 촉진한다.

다섯째, 청소년들에게 삶의 지혜를 길러 준다. 청소년들은 상담을 통해 존재의 용기, 성숙의 의지, 자아관 확립, 창조의 지혜, 수월성 추구 등의 힘을 키워야 한다(박성수, 김창대, 이숙영, 2000).

여섯째, 경제적 · 사회적 · 심리적으로 위기에 처한 청소년의 안정적 생활을 보장해 주는 것을 상담목표로 둔다. 청소년상담은 위기 개입 및 지원 그리고 자립을 도움으로써 청소년에게 최적의 생활을 보장해 준다.

3. 청소년상담자의 자질

청소년상담의 주된 대상은 청소년이기 때문에 상담자는 청소년에 대한 관심과 애정이 필요하며 청소년의 특성에 따른 상담 개입 방법에 대한 전문적 지식이 필요하다. 따라서 청소년상담자의 자질을 인성적 측면과 전문적 측면으로 구분하여 살펴볼 수 있다.

1) 청소년상담자의 인성적 자질

상담자가 지닌 가장 중요한 도구는 바로 상담자 자신이다. 상담자는 이론적 지식과 실제적 기술이 필요하지만 이론과 기술만으로 효과적인 치료관계를 형성하고 발전시키지는 못한다. 내담자와의 치료적 만남을 가능하게 하는 가장 강력한 요소가 상담자의 인간적 자질이기 때문이다. 이형득 등(1999)은 청소년 상담자의 자질을 상담자가 갖추어야 하는 기본적인 인간적 자질과 청소년 내담자를 상담하는 데 요구되는 전문적 자질로 구분하였다. 청소년상담자로서 갖추어야 할 기본적인 인간적 자질은 다음과 같다.

(1) 청소년상담에 대한 사명의식

효과적인 상담을 위하여 청소년상담자가 갖추어야 할 가장 기본적인 요건은 상담직에 대한 사명의식임을 강조한다(이형득 외, 1999). 청소년상담자는 청소년에게 실질적인 도움을 주어야 하는 사람이 청소년을 사랑하는 마음으로 수행하는 특수한 전문직이라고 할 수 있다. 청소년상담에 관심과 흥미를 가지고 천직으로 여기며 사명감을 느끼는 상담자만이 장기간의 교육과 훈련을 견디면서 전문가의 능력을 갖출 수 있다. 또한 이들은 청소년을 만나면서 겪을 수 있는 좌절과 실패의 가능성을 예측하며, 이를 지혜롭게 극복할 수 있는 능력을 갖추고 있어야 한다.

(2) 긍정적 청소년관

청소년을 바라보는 청소년상담자의 기본 관점은 상담의 목적, 내용, 방법에 직접적으로 영향을 미치며, 간접적으로는 청소년의 자기개념 형성과 사회에 대한 적응, 나아가서는 세대 간의 관계 증진에도 영향을 미친다.

상담자가 '청소년' '십 대' '비행' '문제'를 연상하는 부정적인 관점을 가진 경우, 상담의 대상은 비행청소년이 되며 상담의 접근도 규제, 단속 또는 현상 유지의 차원에서 멈춘다. 이와 같은 상담 접근과 노력은 청소년의 긍정적인 자기개념 발달에 지장을 주며, 자존심을 손상시킴으로써 상담자는 물론 기성세대와의 거리감을 증대시킬 가능성이 있다. 청소년상담자는 청소년을 자기실현과 자기개발의 가능성을 지닌 희망적인 존재로 보는 시각이 필요하다. 한편, 문용린(2002)은 청소년에 대한 시각의 변화를 역설한다. 해방 이후의 청소년에 대한 고전적인 시각은 성인기로의 이행을 준비하는 세대로서, 이러한 인식은 지금까지 내려오고 있다. 이러한 시각에서 보면 청소년기는 기성세대에 편입되기 직전의 과도기로서 어린이와 성인 사이에 존재하는 10여 년간의 성인에 입문하는 준비시기를 가리킨다. 이러한 관점에서 청소년기의 목표는 기성세대에 적응하는 것이고 청소년의 일탈과 반항은 기성세대로의 편입 요구에 대한 저항과 부적응으로 간주된다. 그러나 1980년대 이후, 지식 정보화와 인터넷 상용화로 청소년의 사회적 영향력은 크게 증가하였다. 청소년이 경제적 소비의 주축 세력이 되었고 문화, 레저, 스포츠뿐 아니라 정치에서도 영향력 있는 집단으로 성장하였다. 이들은 기성세대에 단순히 편입되는 것이 아니라 지금의 기성세대와 다른 모습으로 성장하기를 원한다. 청소년상담자는 청소년을 기성세대에 적응시키고 길들인다는 생각에서 벗어나 청소년들이 독자적인 새로운 세대를 창출하고 조성할 것이라는 기대와 신념을 가져야 한다. 이와 같이 청소년상담자는 언제나 청소년에 대한 자신의 기본 관점을 자각하고 있어야 하며 자신의 청소년관이 내담자를 올바르게 이해하고 상담하는 데 적합한지를 살펴야 한다.

(3) 바람직한 인간관과 인간적 자질

모든 상담에서 상담자의 인간관과 인간적 자질은 상담기술보다 더 중요하다. 청소년상담자가 지녀야 할 바람직한 인간관에 대해 이형득(1988)은 다음과 같이 기술한다. 첫째, 인간은 천부적으로 존엄성과 가치를 지닌 신성한 존재다. 둘째, 인간은 선한 도덕성을 지닌 존재다. 셋째, 건강한 상태에서 인간은 스스로를 지도하고 통제할 수 있는 능력을 가지고 있다. 넷째, 인간은 스스로의 삶을 결정하고 선택할 수 있는 존재다. 다섯째, 인간은 환경에 대하여 수동적인 수용자가 아니라 환경적 · 역동적으로 상호작용하는 유기체다. 여섯째, 인간은 자신의 유전적 요소와 환경적 요소의 복합적인 산물로 사회와 문화의 기본 단위다. 일곱째, 인간은 신체적 · 지적 · 정서적 · 사회적 그리고 영적인 여러 차원을 통합한 하나의 총합적 유기체다.

Rogers는 상담자의 성숙한 자질을 다음과 같이 말한다. 첫째, 인간관계에 민감해야 한다. 둘째, 객관적이고 정서적으로 초연한 태도를 가져야 한다. 셋째, 개인을 존중하고 내담자 스스로 해결책을 찾도록 도와야 하며 내담자를 있는 그대로 기꺼이 수용할 수 있어야 한다. 넷째, 상담자의 자기이해가 필요하다. 즉, 자신의 장점과 단점을 알고 이해해야 한다. 다섯째, 인간 행동에 대한 지식을 가져야 한다.

상담자의 인간적 자질은 상담관계에서 그 어떤 상담전략보다도 중요하다. 상담자는 우선 정체성을 형성하고 자신에 대한 존중과 신뢰 그리고 자신의 능력에 대해 자신감을 가지고 있어야 한다. 또한 상담자는 지속적인 자기탐색과 자기성찰을 통해 인간적 성장을 지속적으로 추구함으로써 자신뿐 아니라 인간에 대한 깊은 통찰력을 가지고 있어야 한다. Guy(1987)는 상담자가 갖추어야 할 인간적 자질을 다음과 같이 설명하고 있다. 첫째, 인간에 대한 호기심과 탐구심이다. 호기심과 탐구심이 있는 상담자는 내담자에게 자연스러운 관심을 갖는다. 둘째, 경청과 대화 능력이다. 상담자는 적극적으로 경청할 수 있어야 하고 또한 언어적 대화를 즐길 수 있어야 한다. 셋째, 공감과 이해 능력이다. 상담자는 내담자가 어떤 상황이나 입장에 놓여 있더라도 이해하며 공감할 수 있어야 한다. 넷째, 통찰 능력이다. 상담자는 내담자의 감정의 변화를 섬세하게 관찰하고 다양한 감정과 내면의 변화를 인식할 수 있어야 한다. 다섯째, 친밀감을 형성하고 유지할 수 있어야 한다. 상담자가 내담자와 친밀감을 형성하고 유지하기 위해서는 많은 인내를 필요로 한다. 여섯째, 내담자의 욕구에 진정으로 관심을 가지고 있어야 한다. 일곱째, 융통성이 있어야 하고 변화에 개방성을 가지고 있어야 한다. 상담자는 자신의 상담기술에 집착하지 않고 내담자에게 가장 적절한 다양한 상담방법에 대해 개방적 태도를 가지고 있어야 한다. 또한 상담자로서의 한계와 실수를 수용하며 적극적으로 새로운 상담기술을 개발하려는 노력도 해야 한다. 여덟째, 유머 감각이 있어야 한다. 상담자의 유머 감각은 내담자의 상황을 사실 그대로 받아들이기보다 초연하게 수용하고 좀 더 포괄적으로 관조하는 태도와 연결된다. 상담자는 유머 감각을 통해 내담자의 문제에 대해 너그러움과 여유를 보임으로써 내담자를 비난하지 않을 수 있고 동정과 공감을 느낄 수 있다. 이 외에도 상담자에게는 안정감, 균형과 조화, 일관성, 진실성, 성실성 등의 자질이 요구된다.

2) 청소년상담자의 전문적 자질

청소년상담자들이 상담업무를 효율적으로 수행하기 위해서는 인성적 자질과 청소년에 대한 지식 · 상담기술뿐 아니라 행정 및 추진력과 같은 상담 이외의 능력도 필요하다. 따라서 청소년상담자들이 갖춰야 할 전문적 자질은 청소년 관련 기본 지식, 청소년상담 관련 기술, 상담 이외의 업무 수행 능력의 세 가지로 요약된다.

(1) 청소년 관련 기본 지식

첫째, 청소년과 관련된 일반적인 지식을 숙지하여야 한다. 여기에는 청소년 개인, 환경 그리고 청소년 문제에 대한 지식이 포함된다. 청소년 개인과 관련된 지식은 청소년 신체발달, 심리발달, 개인차에 관한 내용이고, 청소년의 환경과 관련된 지식은 청소년의 문화와 학교, 유해 환경과 직업 세계에 관한 것이다. 또한 청소년 문제는 이론적 관점과 환경적 관점에서 이해되어야 하며 문제의 유형과 종류에 대한 지식도 필요하다.

둘째, 상담이론과 상담기법에 대한 지식이 있어야 한다. 청소년상담에는 심리상담만 있는 것이 아니라 진로상담, 학업상담, 비행상담 등 다양한 상담이 진행되고 있다. 따라서 청소년상담 전문가들은 청소년들의 이러한 문제들을 지원하기 위해서 다각적인 접근과 기법들을 활용할 수 있어야 한다.

셋째, 실무에 관한 지식이 필요하다. 실무에 관한 첫 번째 지식은 상담자가 자신이 일하는 기관에서 사례를 진행하는 절차에 대한 것이다. 한국청소년상담복지개발원의 경우를 살펴보면, 상담은 전화로 예약 접수한다. 내담자는 예약된 시간에 상담실을 찾게 되고 접수실에서 상담 신청서를 작성한 후 접수면접자가 50여 분의 접수면접을 한다. 접수면접을 통해 면접자는 내담자의 호소문제, 문제의 배경 등에 근거해서 문제의 유형과 심각성 정도를 파악하고 제공할 서비스의 종류를 결정한다. 개인상담이 필요한 경우는 심리검사를 받게 하거나 단회상담을 위한 접수를 하며 때로는 더 적절하다고 생각되는 다른 기관으로 의뢰하기도 한다. 지속적인 상담이 필요한 경우에는 사례배정회의의 논의를 거쳐 적합한 상담자에게 배정한다. 일단 접수된 사례에는 고유한 사례 번호를 부여하고 파일을 정해진 장소에 보관한다. 상담자는 매 회기마다 회기 보고를 하고 종결이나 조기종결에 대한 보고를 해야 한다. 상담에 대한 모든 기록은 상담 관리 프로그램에 저장한다.

실무에 관한 두 번째 지식은 관련 법과 윤리에 관한 것이다. 외국의 경우 상담전문가의 자격 부여나 자격 박탈과 관련된 법, 법적으로 문제시되는 상담자의 행위, 상담전문가로서의 법정 증언 등 다양한 상황에서 상담과 법이 관련되어 있다. 우리나라의 경우에도 상담학회를 중심으로 상담 윤리강령이 만들어지는 등 윤리에 대한 중요성이 점차 강조되고 있다.

실무에 관한 세 번째 지식은 조직에 관한 것이다. 청소년상담자는 상담자가 근무하는 상담실이 소속한 상위 조직 및 상담실과 관련 있는 다른 조직들을 정확하게 알고 있어야 한다.

실무에 관한 네 번째 지식은 사례관리에 관한 것이다. 사례관리는 행정적인 관리, 절차상의 관리를 비롯한 임상적 판단과 의사결정, 위기나 돌발 사태에 대한 대처 등이다. 행정적인 관리는 파일의 기록과 보관, 예약 관리 등이며 절차상의 관리는 결석한 내담자의 처리, 종결된 사례 처리 등이다. 임상적 판단과 의사결정은 진단이나 상담전략의 선택과 관련된 내용이며, 전문가 자신이 감당하기 어려운 사례를 다룰 때 상급자와 의논해서 올바른 판단을 내리는 것도 이 경우에 속한다. 위기나 응급 · 돌발 사태를 일반 사례와 동일하게 다루어 내담자에게 사고가 발생한다면 그에 대한 책임은 상담전문가에게 있기 때문에 이 점에 유의하여야 한다.

(2) 청소년상담 관련 기술

상담자는 상담자로서의 인간적 자질 및 상담 관련 전문 지식과 함께 상담전문가로서 갖춰야 할 상담기술이 필요하다. 상담전문가가 갖춰야 할 첫 번째 상담기술은 내담자의 문제를 진단·평가·분류하는 것이다. 내담자의 문제를 진단하고 내담자의 기능 수준과 자원을 평가하며 내담자의 문제를 체계적으로 분류하는 일은 기본적인 상담기술이다. 상담전문가는 정신의학의 진단분류체계나 심리치료 이론의 문제 원인론에 근거해 문제를 진단하고 분류한다. 상담자는 이러한 진단 및 분류법을 정확하게 이해하고 숙지함으로써 내담자의 문제를 신속 정확하게 진단할 수 있어야 한다. 진단과 분류 이외에 첫 회기 혹은 적어도 3회기 이내에 상담자의 기능과 자원을 평가하는 기술도 중요하다. 또한 내담자의 문제를 진단하고 분류한 뒤에는 상담과정 초기에 내담자의 기능과 자원을 평가할 수 있어야 한다.

두 번째 상담기술은 전문적 개입 능력이다. 개입에는 개인적 개입, 집단을 통한 개입 그리고 교육을 통한 개입 등이 있다. 상담자는 기본적인 면접 기술을 비롯해 청소년의 성장에 도움을 주는 집단을 구성하고 이끄는 기술, 소규모 집단에서 대규모 교육 집단에 이르기까지의 효과적인 개입 전략을 적용할 수 있어야 한다.

세 번째 상담기술은 일반적인 대인관계 기술이다. 청소년상담자는 청소년을 상담하는 과정에서 부모를 비롯해 교사 및 주변인들의 지원과 도움을 필요로 하기 때문에 원활한 의사소통을 할 수 있어야 하고 적극적인 상호관계를 형성할 수 있어야 한다. 청소년상담자는 무엇보다도 청소년과의 만남을 좋아하며 그들과 원활하게 의사소통할 수 있는 기술을 가지고 있어야 한다. 따라서 청소년의 행동 패턴, 가치관, 흥미, 관심 등을 이해할 수 있어야 하며 청소년 내담자의 반항과 비협조를 인내하면서 능숙하게 다룰 수 있어야 한다. 또한 상담자가 청소년의 부모를 만나야 할 때 이들과 효과적으로 대화하고 관계를 맺음으로써 상담에 대한 부모의 적극적인 협조와 지지를 얻을 수 있어야 한다. 상담자는 효과적인 청소년상담 업무를 위해 청소년상담에 대한 이해와 관심이 부족한 학교 관계자, 담임선생님, 지역사회 인사들의 지원을 요청할 때 이들을 설득하여 협조를 구하기 위한 대인관계 기술이 필요하다.

(3) 상담 이외의 능력과 자질

상담자로서의 자질 이외에 더 필요한 것은 무엇인가? 첫째, 행정 능력이다. 상담종사자들은 대체로 행정에 관심이 적거나 행정 능력이 부족하다는 평가를 받기도 한다. 상담업무는 많은 다른 업무와 마찬가지로 합당한 행정 절차를 따라야 한다. 더욱이 최근에는 청소년상담이 중앙정부, 시 · 도, 시 · 군 · 구 등을 중심으로 체계적인 조직을 통해 활성화되고 있어서 상담전문가에게도 행정적 업무 처리 능력이 요구된다.

둘째, 사업 추진 능력이다. 여기에는 자신이 속한 조직에서 이루어지는 사업을 구상하고 기획하고 구체적인 계획하에 실행하는 능력이 포함된다.

셋째, 동료들 간의 인간관계다. 현재 청소년상담은 전국의 청소년상담복지센터, 청소년 수련관, 청소년 문화시설 등과 같은 기관을 통해 이뤄지기 때문에 조직 구성원 간의 원활하고 원만한 인간관계의 형성이 업무의 효율성과 직접적으로 연관된다.

넷째, 연구 관련 능력이다. 현장에서 일하는 상담자는 청소년의 실태와 이들의 문제해결을 위한 다양한 방안을 고안하고 이를 과학적으로 검증함으로써 다른 상담자도 활용할 수 있도록 해야 한다.

다섯째, 전문가로서의 자기개발 노력이다. 상담자는 자신의 업무 능력과 자질향상을 위하여 끊임없이 훈련받아야 하며, 전문성을 유지하고 향상하기 위한 노력을 기울여야 한다. 현재 청소년상담 전문가로서의 자질은 '청소년상담사' 국가 자격을 통해 확인할 수 있으며, 보수교육 및 상담 실무자 대상의 정기적 교육을 통해 전문성을 향상시키고 있다.

4. 청소년 내담자의 특징

청소년상담에서 만나는 청소년 내담자들은 일반 내담자와 다른, 다음과 같은 특징을 갖는다. 첫째, 청소년 내담자들은 상담동기가 부족하다. 청소년들은 스스로 상담을 요청하기보다 부모님이나 교사에 의해 상담을 시작하는 경우가 많다. 대부분의 청소년은 정체성 확립과 독립성에 대한 요구가 높기 때문에 타의로 시작하는 상담 자체에 여러 가지 어려움이 있다. 부모나 교사가 청소년의 행동적 특성이나 학업 성취를 문제로 인식하면서 상담을 요청하기 때문에 청소년들은 상담에 대해서 호감보다 의심과 적대감을 표출하는 경향이 있다. 이와 같이 상담에 대한 청소년들의 부정적 태도와 익숙하지 않은 상담 분위기 때문에 청소년은 낯선 상담실에서 자신을 솔직히 드러내는 것 자체에 불안과 두려움, 거부감을 갖는다. 이때 청소년 내담자는 더욱 위축되거나 상담에 비협조적인 태도를 보이는데, 가령 침묵, "몰라요." "그냥요." 등과 같은 대답, "예." "아니요." 식의 단답형 대답, 반항적인 태도를 보임으로써 상담진행을 어렵게 한다.

둘째, 청소년 내담자는 상담자를 부정적으로 지각하는 경향이 있다. 청소년은 상담자를 자신을 평가하고 상벌을 주는 교사나 자신에게 참견하고 간섭하면서 요구와 지시에 복종하기를 바라는 부정적인 기성세대로 표상한다. 이는 기성세대에 대한 청소년들의 편견 때문일 수도 있지만, 다른 한편으론 청소년 내담자의 상담자에 대한 잘못된 이해와 왜곡된 기대 때문일 수도 있다. 따라서 상담자는 청소년 내담자의 상담자에 대한 잘못된 이해와 기대를 확인하고 상담자의 역할에 대해 올바르게 이해시켜야 한다. 상담자의 역할이 일방적으로 지시하고 요구하는 것이 아니며, 상담자가 단순히 부모나 교사의 요구 사항을 청소년 내담자에게 관철시키는 대리인이 아님을 인식시켜야 한다. 이와 마찬가지로 상담을 의뢰한 부모나 교사에게도 상담자의 역할을 올바르게 이해시킬 필요가 있다. 상담을 통해 일시에 청소년 내담자의 모든 문제가 해결되는 것이 아니며 청소년 내담자뿐 아니라 교사나 부모도 상담과정에 적극적인 협조를 해야 한다는 것을 알려 주어야 한다. 부모나 교사는 상담을 통해 내담자가 순종적인 태도를 보이고 부진한 성적이 향상되고, 문제행동이 사라질 것으로 기대한다. 또한 기대한 대로 내담자가 신속하게 변화하지 않으면 상담 자체를 불신하고 일방적으로 상담을 종료하는 경우도 있다. 따라서 상담과정 초기에 의뢰자인 부모나 교사 그리고 내담자인 청소년과 함께 상담에 대한 구조화 과정을 거치는 것이 반드시 필요하다. 즉, 상담과정, 상담기간과 비밀유지에 대한 설명을 통해 상담에 대해 바르게 이해시켜 상담이 지속되도록 해야 한다.

셋째, 상담동기가 낮은 청소년 내담자는 여러 회기의 상담에서 요구되는 지구력이 부족할 수 있다. 여러 회기에 걸쳐 장시간 지속되는 상담에 적극적으로 참여하려면 내담자의 지구력이 필요하다. 또한 상담에서는 직면하고 싶지 않은 내담자의 문제들을 다루기 때문에, 자신을 솔직히 드러내면서 자신을 발견하는 과정을 위해서는 상담자의 역할뿐 아니라 내담자의 끈기 있는 자세도 매우 중요하다. 청소년의 주의집중 시간은 20여 분에 지나지 않는데 50여 분의 상담시간 동안 내담자가 자기를 탐색하는 것은 많은 인내가 필요하다.

넷째, 청소년들은 연령적으로 Piaget의 구체적 조작단계에서 벗어나 형식적 조작단계에 있지만 인지적 능력이 부족한 상태다. 구체적 조작기란 경험에 기초한 논리적 사고는 가능하지만 경험에서 벗어난 논리적인 추론이 어렵다. 청소년은 연령상 형식적 조작기에 이르러 경험의 한계에서 벗어나 사고의 폭이 확대되지만 경험의 부족으로 논리적 추론을 하기에는 역부족이다. 상담은 직접 관찰하고 다룰 수 없는 마음의 움직임을 깨닫게 하고 행동을 함께 변화시키는 작업이다. 자기 내면을 관찰하고 미래를 예측하는 일은 청소년 내담자에게 쉬운 일이 아니며 자신의 문제에 대해 종합적인 이해와 틀을 갖는다는 것도 또한 어려운 일이다. 따라서 논리적 추론 능력이 아직 부족한 청소년 대상의 상담은 통찰을 통한 행동 변화보다 대안적인 사고와 감정 행동의 확립 및 지속적인 유지에 초점을 맞추는 것이 더 바람직하다.

다섯째, 청소년들은 한 가지에 대한 관심을 지속적으로 유지하지 못하고 동시다발적인 관심을 보이고 있다. 이와 함께 청소년들은 감각적이고 빠른 변화를 선호하고 있어서 부모나 교사가 이들의 관심사와 요구를 이해하는 것이 어렵다. 그래서 부모들은 자녀들이 교우관계가 적절하지 못하고 흥미나 원하는 분야도 없다고 지적하는데, 이것은 청소년들의 동시다발적인 다양한 관심과 빠른 관심의 변화를 부모들이 이해하지 못하기 때문이라고 할 수 있다. 이와 관련하여 상담과정에서 감각적 흥미와 재미를 추구하는 청소년들의 특성이 이해되지 못하고 충족되지 못해서 청소년 내담자가 탈락하는 경우도 있다.

여섯째, 청소년들은 환경으로부터 지배적인 영향을 받는다. 청소년들은 신체적 · 지적으로 성숙하고 정서적으로 부모로부터 독립한 하나의 인격체다. 그러나 아직 사회적 책임과 의무를 수행할 능력이 없으며 더욱이 경제적 자립 능력이 없기 때문에 가정 및 학교의 보호와 도움이 필요하다. 또한 가정과 학교의 부모, 교사, 또래, 주위 사람들을 통해 정서적 지지를 받음으로써 청소년들은 신체적 · 심리적 · 정서적으로 정상적인 발달을 이룬다. 그러나 학교와 가정의 보호에서 벗어난 청소년들은 기본적인 생존에 위협을 받을 뿐 아니라 사회적 · 정서적 지지를 받지 못함으로써 발달적 장애나 심리적 문제를 겪기도 한다.

일곱째, 청소년기는 급속하게 성장하고 발달하는 시기다. 청소년들의 성인기적 신체적 조건과 성적 성숙에 상응하지 못하는 정체성의 혼란, 미숙한 논리적 추리력, 정서적 불안 등은 청소년들에게 많은 문제를 야기할 수 있다. 청소년들의 문제는 개인적 특성보다 발달적 특성에 의해 나타나는 경우가 많다.

여덟째, 청소년 문제는 복합적이고 종합적인 특성을 지닌다. 청소년들의 문제는 내담자가 호소하는 문제와 요인에만 국한해서는 안 된다. 특히 청소년의 문제와 관련하여 상담자는 내담자의 성장 및 가정 환경, 학교생활, 친구, 미래에 대한 생각이나 방향 등을 총체적으로 관찰할 수 있는 안목과 구체적인 방법을 가지고 있어야 한다. 또한 문제해결 방법에 있어서도 적극적이고 구체성이 있어야 하며 경험의 재통합, 인지구조의 재구조화 등 융통성 있는 상담 접근이 요구된다.

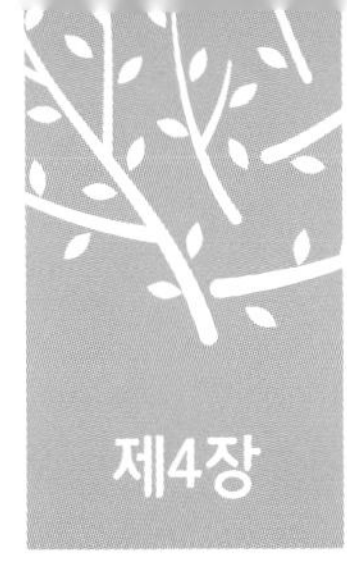

제4장

청소년 문제

1. 학업 및 진로 문제

학업 및 진로 문제는 청소년기의 가장 큰 고민 중 하나로 모든 청소년이 직면하고 해결해야 하는 중요한 과제다. 청소년기의 학업 수행은 상급학교로의 진학과 취업 등 진로 문제와 밀접한 관련이 있기 때문에 청소년의 미래에 중요한 영향을 미치고 있다. 청소년기는 발달적 단계로 보면 신체생리적 · 심리적 · 사회적 · 지적 성숙에 있어서 과도기적 특성이 나타나기 때문에 청소년 스스로 적응하는 데 많은 어려움을 겪는다. 청소년은 자신의 많은 변화에 대한 적응과 동시에 진학 및 진로 선택에 대한 의사결정을 강요받는다. 진학 및 진로 선택에 대해 의사결정을 하기 위해서는 우선 자신과 관련된 정확한 정보들이 필요한데, 특히 학업 성취는 진학 결정에 있어서 가장 기본이 되는 정보다. 즉, 청소년의 희망, 적성, 신념, 가치와 같은 심리적 특성보다 학업 성취가 진로 설계에 있어서 가장 중요한 의사결정 요인으로 작용하고 있다. 청소년은 학업이 진학 및 진로를 결정하는 중요한 기준이 된다는 것을 잘 알고 있기 때문에 학업과 관련하여 많은 긴장과 갈등을 경험한다.

1) 학업 문제

많은 청소년이 학업과 관련해서 많은 긴장과 갈등을 경험하고 있고 학업 문제로 상담하고 있으며 그 사례도 매우 다양하다. 일반적으로 학업상담은 학업 부진과 관련된 문제들이라고 생각하지만 실제로는 학업 성취 수준이 높은 청소년들도 학업 문제로 상담을 필요로 하고 있다. 다음에 제시한 두 사례를 보면 학업 문제의 핵심은 학업 부진이지만 그 이외의 여러 가지 다른 요인이 관련되어 있음을 알 수 있다.

아빠의 기대에 부응할 수 있기를……

중학교에 입학한 K 군은 최근 기대에 못 미치는 성적 때문에 아빠의 사랑을 잃게 될 것을 두려워하고 있다. 초등학교 시절 K 군의 아빠는 아들에게 많은 관심을 두고 있었고 늘 지지해 주었다. 물론 아들의 성적에 대해서도 공부가 전부가 아니라며 위로해 주었고 아들은 이런 아빠를 무척 따랐다. 그런데 중학교에서의 첫 성적표를 본 아빠가 돌연 이전까지의 태도와 전혀 다른 냉담한 태도를 보였다. 그리고 K 군의 요구에 무조건적으로 응해 주었던 예전과 다르게 성적을 올리라는 조건을 붙였다. 이 때문에 K 군은 아빠로부터 혼나는 것보다 성적 때문에 아빠의 사랑을 잃을 것을 두려워하고 있다. K 군은 이제 시험이 끝난 뒤 성적표를 받는 날이 너무 싫고 반드시 부모님의 의견서를 받아야 하는 것이 너무 괴롭다. 그리고 제일 슬프고 두려운 일은 쉽게 성적을 올릴 수 없어서 예전의 아빠 모습을 볼 수 없다는 것이다. K 군은 성적이 좋아지면 아빠의 예전 모습을 볼 수 있을 것이라고 생각하고 있지만 자신의 생각대로 쉽게 되지 않아 걱정이다.

주위의 기대가 부담스러운 입시생

고등학교 3학년인 A 양은 늘 1등을 놓치지 않았던 성적 우수생이다. 어린 시절부터 공부 잘하고 똑똑한 아이라는 소리를 들으면서 자랐고 집 안팎의 기대를 받아온 첫째 딸이다. 공부하는 데 있어서는 언제나 1등을 했기 때문에 우등상장을 받는 것을 당연하게 생각해 왔다. 그런데 A 양은 중학교와 고등학교를 거치면서 이상하게 자신이 무척 긴장하고 불안함을 느끼고 있음을 알게 되었다. 다른 친구들이 더 많이 공부를 해서 자신이 1등을 못 할 수도 있으며 시험 때 실수하거나 대입에 실패할 수도 있다는 불안한 생각에 잠을 이루지 못할 때도 있다.

A 양은 자신의 우수한 성적과 많은 상장이 부모님의 가장 큰 행복이라고 생각하고 있었고 실제로 부모님의 기대에 어긋나지 않도록 노력해 왔다. 그런데 고3 성적이 조금 떨어지고 있어 최선을 다해 노력하고 있지만 자신감보다 포기하고 싶다는 생각이 더 자주 생긴다. A 양이 가장 두려워하는 것은 떨어진 성적으로 인해 많은 기대를 하고 계시는 부모님과 주위 어른들을 실망시키는 것이다.

(1) 학업 문제의 의미

청소년들이 가지고 있는 학업 문제의 핵심은 바로 학업 성적이다. 학업 성적은 대부분의 청소년에게 가장 큰 스트레스 요인이지만 때로는 앞서 제시한 사례처럼 학업 성취 수준이 상위권인 청소년들이 중·하위권의 청소년들보다 학업 성적에 대해 더 많은 스트레스를 받기도 한다. 즉, 학업 성취 수준이 높은 학생일수록 성취 수준을 유지하거나 부모님의 높은 기대를 충족시켜야 한다는 긴장 때문에 성적에 대해 더 큰 부담을 갖는다.

청소년들 중에는 간혹 연예인, 외모, 다양한 활동 등에 관심을 두면서 학업 성적을 소홀하게 여기는 경우도 있지만 학업 성적은 여전히 청소년들에게 가장 중요한 관심 영역이다. 학업 성적이 부진한 청소년들은 진학과 진로 등 미래에 대해 불안해하고 사회적인 일탈행동에 빠져들기 쉽다. 또한 전반적인 학교생활에 잘 적응하지 못하며 가족 및 교우관계에서도 더 많은 갈등을 경험한다. 이 외에 청소년기의 학업 부진은 자아개념의 형성과 미래 설계에도 부정적인 영향을 미치기 때문에 단순한 성적 부진의 문제가 아니라 건강한 청소년기 발달에 영향을 미치는 중요한 요인으로 이해되어야 한다.

(2) 학업 문제의 유형

청소년이 고민하는 학업 문제는 몇 가지 유형으로 나누어 볼 수 있다. 첫 번째 유형은 청소년이 가장 자주 호소하는 문제로 성적 저하에 의한 정서적 불안이다. 성적 저하는 청소년에게 심한 좌절과 불안을 가져오며, 이에 대한 부모나 교사로부터의 질책은 스트레스를 가중시킨다. 학업 성적은 청소년에게 있어 자신의 가치를 인정받는 주요한 근거가 된다. 따라서 학업 성적의 저하는 자신의 가치를 상실하는 것이며 이로 인한 열등감은 정서적 문제로 발전하게 된다.

두 번째 유형은 시험 불안이다. 많은 청소년은 시험 시기가 다가오면 불안과 초조감에 시달리면서 잠을 이루지 못하고 주의집중력이 떨어지며 심한 두통, 소화불량 등 신체적 고통을 경험한다. 이러한 시험 불안은 성적에 대한 지나친 집착이나 성적 저하에 대한 두려움과 관련되어 있다.

세 번째 유형의 학업 문제는 학업 능률 저하다. 이것은 학업 동기는 높지만 실제로 많은 시간 열심히 공부해도 학업 성적이 향상되지 않거나 부진한 경우다. 학업 능률이 떨어지는 학생은 노력한 만큼 좋은 결과를 얻지 못하기 때문에 좌절할 수밖에 없고 부모 역시 안타까움과 실망감을 느끼게 된다. 학업 능률이 낮은 이유는 여러 가지가 있겠지만 크게 다음의 세 가지로 요약된다.

첫째, 주의집중력의 부족이다. 주의집중력은 신체적 또는 정서적 상태에 따라 매우 예민하게 영향을 받는 지적 영역이다. 특히 친구나 가족 등 대인관계에서 갈등을 겪고 있을 때 정서적으로 불안정하게 되며 주의집중력과 기억력이 떨어진다.

둘째, 부적절하고 잘못된 학습 습관과 비효율적인 학습 방법 때문에 학업 성적이 향상되지 않을 수 있다. 음악을 듣거나 TV를 보면서 공부한다면 많은 시간 공부하더라도 학습 내용을 체계적으로 조직하고 정리하는 것에 집중할 수 없기 때문에 성적이 향상되기 어렵다. 또한 밤늦은 시간까지 공부를 한다면 피로가 쌓여 학교 수업시간에 졸거나 주의를 집중하지 못해 성적 향상에 도움을 받지 못할 수 있다.

셋째, 지능, 기초학습 능력, 선행학습 수준과 같은 인지적 요인들은 학업 성적 수준에 중요한 요인으로 작용한다. 지능은 학습활동과 밀접한 관계가 있는 인지적 요인으로 정상적인 학업 수행을 어렵게 하는 원인이 될 수 있다. 그러나 지능이 학업 성취 수준을 충분히 예언할 수 없다는 것에 유의해야 한다. 보다 성공적인 학업 성취를 하기 위해서는 기초적인 학습 능력이 필요하다. 높은 지능을 가지고 있더라도 어떤 이유에서든 읽기, 쓰기, 셈하기 등의 기초학습 능력을 갖추고 있지 못하면 학습활동을 정상적으로 수행할 수 없다. 이와 마찬가지로 기초학습 능력이 충분히 준비되어 있더라도 각 교과별 선행학습이 준비되어 있지 못하면 특정 교과 과목에서 성적이 부진할 수밖에 없다.

넷째, 공부에 대한 회의와 동기 저하로 학업 문제가 발생할 수 있다. 학업 자체를 무의미한 것으로 여기는 경우에는 학업을 소홀히 하고 다른 활동에 많은 시간을 보냄으로써 학업 성적이 저조할 수밖에 없다. 청소년들 중에는 부모나 교사의 과도한 공부 압력에 대한 반발이나 불건전한 활동의 탐닉으로 공부에 무관심한 학생도 있지만 문학, 취미, 예술, 종교 등에 보다 큰 가치를 부여하여 상대적으로 공부를 소홀히 하는 학생도 있다. 후자의 경우에는 부모나 교사의 가치관과 학생의 가치관이 서로 다르기 때문에 학업 문제 이외의 다른 관점에서 문제에 접근하여야 한다.

2) 진로 문제

청소년들이 고민하는 문제 중 큰 비중을 차지하는 것이 바로 진로 문제다. 진로 문제는 앞서 설명한 학업 및 성적 문제와 아주 밀접하게 관련되어 있기 때문에 청소년들의 고민사례 중 큰 비중을 차지하고 있다. 진로 문제는 중·고등학생뿐아니라 대학생들도 심각하게 고심하고 있는 내용으로, 청소년 스스로 적절한 진로 선택과 결정을 하지 못하고 있는 형편이다. 진로 문제가 발생하는 이유는 진로 탐색의 기초가 되는 청소년 자신에 대한 올바른 이해와 수용이 부족함과 동시에 이에 대한 체계적인 진로 지도가 학교에서 이뤄지지 않고 있기 때문이다. 일반적으로 청소년들은 입시 위주의 진로 지도, 부모 의견 위주의 진로 결정, 자신에 대한 이해 부족, 왜곡된 직업관, 일의 세계에 대한 이해 부족 등으로 불합리한 진로 결정을 하고 있다(이재창, 1994). 다음은 진로 선택에 있어서 청소년의 의견과 부모의 기대가 충돌하는 갈등 상황을 호소한 사례다.

사업을 잇기를 바라는 아버지

고3인 C 군은 글 쓰는 것을 좋아해서 국문학과에 진학할 예정이다. 그런데 진학 대학과 학과를 결정해야 하는 시점에서 아버지와 의견 충돌이 생겼다. 큰 사업을 하는 아버지는 둘째인 C 군이 경영학이나 경제학을 전공해서 자신의 사업을 잇기를 바라고 있다.

어려운 가정에서 자라 큰 성공을 이룬 아버지는 자신이 이룬 업적을 자식에게 넘겨주기를 원하고 있는데, 형이 이미 아버지의 뜻을 어기고 미대에 진학하여 한동안 집안이 소란스러웠던 일도 있었다. 아버지는 자신의 모든 고생이 자식을 위한 것이었다고 말하면서 둘째인 C 군에게 기대를 하고 있다. C 군은 아버지의 마음을 헤아려 주지 못한 형을 원망하기도 했다. 아버지는 3명의 아들 중 막내아들은 공부에 전혀 관심이 없어서 자신의 뒤를 잇게 하겠다는 마음을 이미 접었고 둘째인 C 군에게 모든 기대를 걸고 있다.

C 군은 아버지의 마음을 충분히 이해하고 있지만 본인이 생각하기에도 자신은 계산에 밝지 못하고 경영, 경제가 적성이 아니라고 생각하기 때문에 결코 사업가가 되고 싶은 마음이 없다. 정말 문학을 공부하고 싶은 C 군은 형에 이어 자신이 또다시 아버지를 실망시키게 되는 것은 아닌지 고민하고 있다.

명문대학에 입학하기를 바라는 아버지

고3인 B 군은 대학 전공을 선택하는 문제로 아버지와 갈등을 겪고 있는 중이다.

B 군이 희망하는 대학과 전공이 아버지의 기대에 못 미치기 때문이다. B 군은 자신의 적성에 아주 잘 맞는 전공이어서 잘할 수 있다고 아버지를 설득하고 있지만 아버지는 전공을 바꿔서라도 자신이 원하는 대학에 반드시 입학해야 한다고 말한다.

아버지는 형과 누나의 일류대학 입학을 큰 자랑으로 여기며 막내인 B 군 또한 명문대학에 입학하기를 기대한다. 그런데 B 군의 성적이 아버지가 원하는 대학의 입학 성적에 못 미친다는 것을 잘 알고 있음에도 포기하지 않고 있다.

B 군은 자신이 형이나 누나만큼 공부를 잘하지 못하는 것이 늘 부담스러웠고, 항상 자신을 아버지의 부끄러움이라고 생각한다. 실제로 부모님은 B 군의 공부를 위해 개인 과외뿐 아니라 유명 강사와 학원을 소개해 주는 등 학업과 관련해서 많은 경제적 지원을 아끼지 않았다. 그러나 아버지는 기대에 못 미치는 B 군의 성적을 불만스러워하고 결국 일류대학의 합격 가능한 과에 지원하라고 강요한다. B 군은 대중음악을 전공하려고 하는데 아버지는 음악을 하고 싶다면 명문대학의 성악과에 입학해서 집안의 체면을 지키라고 강요하고 있다.

(1) 진로의 개념

진로는 한 개인이 전 생애 동안 일과 관련해서 경험하고 체험하는 모든 것을 의미한다. 특히 청소년 시기의 진로는 학업뿐 아니라 개인 및 학교 생활 전반에 걸쳐 향후 일과 직업의 선택과 관련해서 준비하고 경험하는 모든 것을 포함한다. 따라서 청소년기의 진로 지도(career guidance)는 졸업 후 학생들이 미래 삶의 방향을 선택하는 데 있어서 진로 계획과 선택, 의사결정, 적응 문제 등을 조력하고 지도하는 것을 의미한다. 진로는 평생의 과정을 의미하는 것이기 때문에 진로 지도나 진로 교육을 청소년기에만 국한할 수는 없지만, 특히 청소년들의 심각한 고민거리가 되는 이유는 신체적 · 심리사회적 · 인지적 발달 특징상 새로운 선택이 요구되는 시기이기 때문이다.

진로 교육(career education)은 각 개인이 자기 자신과 직업의 세계를 잘 인식하고 탐색함으로써 자신에게 적합한 일을 선택하고 선택한 일을 잘 수행할 수 있도록 가정, 학교, 사회에서 평생 조력하는 활동으로 진로 선택과 적응, 발달에 초점을 두고 있다. 따라서 진로 지도는 자신에 대한 정확한 이해 증진, 직업세계에 대한 이해 증진, 합리적인 의사결정 능력의 증진, 정보탐색 및 활용능력의 함양, 일과 직업에 대한 올바른 가치관 및 태도 형성에 목적을 둔다.

첫째, 진로 지도에서는 청소년들의 자기이해가 가장 우선되어야 한다. 복잡한 직업세계에서 청소년 자신에게 적합한 직업을 선택하고 성공적인 직업생활을 하기 위해서는 무엇보다도 자신의 가치관, 능력, 성격, 적성, 흥미, 신체적 특성 등에 대한 올바른 이해가 필요하다. 둘째, 일과 직업의 종류에 대한 객관적인 정보와 탐색이 필요하다. 지금도 계속해서 현존하는 직종들이 사라지거나 새로운 일들이 생겨나고, 일의 방법들 역시 변화할 것으로 전망되고 있어서 일과 직업세계의 다양성 및 변화 등에 대한 올바른 이해가 필요하다. 셋째, 진로 결정은 일생의 중요한 과업 중 하나다. 진학과 일, 직업에 대한 올바른 선택은 개인에게 또 다른 발전적인 변화를 초래하는데, 능력의 발휘, 새로운 대인관계, 사회경제적 지위, 가치관과 태도, 정신적 · 신체적 건강, 가족관계 등에 많은 영향을 준다. 일에 대한 정보와 이해 없이 편견, 부모의 요구, 친구의 권유 그리고 외적 가치에 따라 불합리하게 진로를 선택하지 않도록 의사결정 능력을 증진시키는 것도 매우 중요하다. 넷째, 지식정보화 사회에서 청소년들이 스스로 정보를 탐색하고 활용하는 능력을 갖추도록 해야 한다. 청소년이 자신에게 필요한 정보를 선별하고 수집하여 이를 적절하게 활용하는 능력은 정보가 홍수를 이루는 상황에서 절실하게 요구된다. 청소년들의 이러한 능력은 급속하게 변하며 예측하기 어려운 미래의 삶에 적극적으로 대처하는 삶의 자세로 이어진다. 다섯째, 일과 직업에 대한 올바른 가치관 및 태도를 형성하는 것은 직업이 경제적 수단임과 동시에 사회봉사와 자아실현의 수단임을 인식시키는 것이다. 직업을 단순히 부를 축적하고 명예와 권력을 얻는 수단으로만 인식할 때 일의 귀천을 따지는 왜곡된 가치관과 태도를 형성하게 된다.

(2) 진로 문제의 유형

청소년기는 상급학교 진학과 함께 다양한 직업세계에 대한 올바른 선택이 요구되는 시기다. 상급학교 진학은 일과 직업 선택을 위한 준비과정이며, 아울러 직업적 성취와 자아실현에 많은 영향을 준다. 청소년들이 겪게 되는 진로에 대한 고민들은 다음과 같은 유형으로 구분할 수 있다.

첫 번째 유형은 현실과 이상 간의 괴리로 겪게 되는 진로 선택에 대한 고민이다. 청소년들이 가장 많이 직면하는 진로 문제가 바로 현실과 희망 간의 현저한 차이다. 청소년들이 진학을 희망하는 상급학교와 합격 가능한 상급학교가 일치하지 않을 수 있다. 난치병을 앓고 있지만 가난해서 오랫동안 의료혜택을 받아오지 못한 한 학생이 주위의 따듯한 사랑과 관심으로 완치되었다고 하자. 이 학생의 희망은 의술을 통해 도움을 필요로 하는 사람들을 돌봄으로써 자신이 받은 사랑에 보답하는 것이다. 그런데 학업 성적과 경제적인 부담 때문에 전공을 바꿀 것인지 아니면 재수를 통해 다시 기회를 가져 볼 것인지에 대해서는 고민할 수밖에 없다. 사회봉사에 대한 지나친 이상과 꿈은 실제로 청소년 자신이 사회적으로 공헌할 수 있는 현실적 가능성들을 배제시키며 좌절과 갈등을 초래하기도 한다.

두 번째 유형은 진로에 대한 막연한 압박감과 두려움이다. 많은 청소년은 좋은 고등학교나 대학 입학에 대한 압박감과 좌절의 막연한 두려움을 경험한다. 또한 자기 자신과 미래 사회에 대한 불확실성 때문에 졸업 후 취업이나 사회 적응에도 막연한 두려움을 갖는다. 청소년기는 아동기에서 성인기로 이행하는 혼란스러운 과도기적 시기다. 이 과도기적 시기에 자기탐색을 통해 자아를 발견하고 자아정체감을 성취하는 과정에서 청소년들은 정체성의 혼란을 겪기도 하고 역할 혼미를 경험할 수도 있다. 진로 탐색은 자아탐색과 자기이해, 자아정체성에 근거를 두어야 하지만 아직 정체성의 혼란과 역할 혼미를 겪고 있는 청소년들은 자신에 대한 확신이 부족하기 때문에 진로에 대한 막연한 두려움과 불안을 경험한다.

세 번째 유형은 진로 선택에서 겪는 갈등으로, 특히 대학 전공을 선택할 때 청소년들이 흔히 경험하는 문제들이다. 대학 진학을 준비하는 학생들이 전공 선택에 있어서 확신을 가지고 있지 못한 것은, 우선 자기탐색이 충분히 이뤄지지

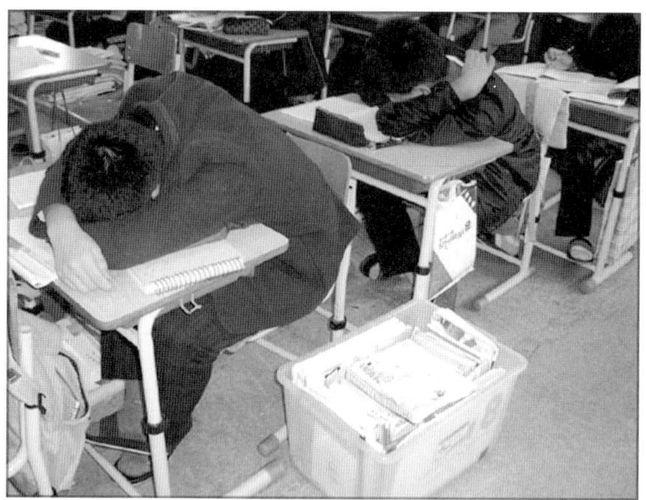

[그림 4-1] 교실에서 잠자는 아이들

않았고 그만큼 자신에 대한 이해가 부족하다는 것을 의미한다. 또한 부모와 청소년 자녀 간의 상충하는 기대와 요구가 진로를 선택할 때 갈등을 일으킨다. 청소년들이 진로를 선택할 때는 자신의 요구뿐 아니라 부모의 기대도 중요한 요인이기 때문에 부모와 자녀 간의 의견 대립은 갈등으로 발전된다. 그 밖에 청소년의 진로 문제들은 자신의 장래에 대해 무관심이나 무계획성, 진로 선택에 필요한 자기 특성에 대한 인식 부족, 진로 정보의 부족, 진학 및 취업의 불확실성 등에서 기인하기도 한다.

2. 대인관계 문제

대인관계는 청소년뿐 아니라 영아, 아동, 성인 등 모든 발달단계의 사회심리적 발달에 매우 중요한 영향을 미친다. 영유아들은 부모에게 완전히 의존함으로써 생존하고 발달을 이루며, 적절한 대인관계를 형성함으로써 건전한 사회심리적 성숙을 이룬다. Erickson은 각 발달단계마다 중요한 타인과의 적절한 대인관계를 통해 긍정적인 사회심리적 발달을 이룬다고 설명한다. 특히 청소년들은 동료, 교사, 부모와의 바람직한 대인관계를 통해 긍정적 정서를 발달시키고 자아정체성을 형성한다. 이처럼 자아인식을 발달시키고 자아정체성을 찾아가는 청소년 시기는 중요한 타인에게 비춰진 자신의 모습에 근거해서 자아를 형성하고 발달시키기 때문에, 이 시기 대인관계는 건전한 인격 성장에 많은 영향을 미친다.

대인관계 문제는 청소년들이 흔히 경험하는 문제 중 하나다. 청소년기는 신체적 성장과 지적 발달을 이루면서 부모로부터 심리적인 독립을 이루며 학교 동료, 선후배, 교사에게로 대인관계의 폭을 넓혀 간다. 그러나 과도기적 발달 시기에 있는 청소년들은 정서적으로 매우 불안함과 동시에 대인관계 기술도 미숙해서 대인관계에서 갈등을 경험하기도 한다.

1) 대인관계 문제의 의미

대인관계 문제란 상호 만족을 추구하는 대인적 관계를 형성하지 못하거나 그러한 관계를 유지 · 발전시키는 데 필요한 지식, 기술이 부족하고 결함이 있는 왜곡된 상태를 의미한다. 또한 부정적이고 파괴적인 대인관계 상황에서 자신을 보호하거나 그 상황에 대처하지 못하는 상태를 말한다. 청소년들이 겪는 대인관계 문제들은 사회 불안증, 사회적 고립 및 위축, 대인 갈등, 비주장적 행동, 공격적 행동, 지나친 의존성, 지나친 지배적 성격, 외톨이, 따돌림 등 다양한 형태로 나타난다.

이와 같은 다양한 청소년의 대인관계 문제는 다음과 같이 네 가지 유형으로 분류할 수 있다(김춘경 외, 2010). 첫 번째 유형은 청소년들의 대인관계 기술이 부족해서 경험하는 문제들이다. 낯선 사람 및 사회적 상황을 두려워하고 회피하면서 지나치게 부끄러워하고 당황하여 정상적으로 행동하지 못하거나 과제 수행을 하지 못하는 경우다. 이것은 일반적으로 사회 불안증으로 지칭되는데, 청소년들은 대인관계를 기피함으로써 이러한 불안증을 해결하려는 경향이 있다.

두 번째 유형은 또래관계 형성에 필요한 기본적인 태도와 기술이 부족해서 나타나는 문제로 친밀한 동료관계를 형성하지 못하는 경우다. 지나치게 의존적인 성격, 지나치게 지배적인 성격, 자기중심적 성격, 과도한 타인 중심적인 성격 등이 여기에 속한다.

세 번째 유형은 대인관계 갈등을 해결하고 대처하는 방법이 미숙해서 발생하는 경우로 심한 공격적인 행동이나 이와 반대로 비주장적인 행동은 대인관계 문제를 유발한다. 비주장적인 행동을 보이는 사람은 갈등적 상황에서 자신의 감정, 생각, 권리, 의견을 적극적으로 표현하지 못함으로써 자신을 보호하지 못하고 부당한 대우나 피해를 받는다. 반대로 공격적인 행동을 보이는 사람은 자신의 생각과 입장만을 내세우고 관철시킴으로써 타인을 무시한다. 어떤 대인관계이든 의견, 욕구 등의 차이 때문에 갈등이 발생할 수 있는데, 이때 지나치게 자기중심적이거나 반대로 타인 중심적인 미숙한 대처 방법은 대인관계 갈등을 초래한다.

네 번째 유형은 부정적이고 파괴적인 대인관계에서 자신을 보호하지 못하는 것으로 부모의 폭력과 학대, 학교에서의 폭력, 따돌림, 놀림 등을 받는 경우다.

2) 청소년의 대인관계

실제로 청소년들의 대인관계를 살펴보면 가족관계, 교우관계, 이성관계가 중요한 부분을 차지하며, 이와 관련된 갈등이 청소년 대인관계 문제의 핵심이 된다.

(1) 가족관계 문제

가족의 무관심

고등학교 1학년에 재학 중인 H 양은 언니와 오빠가 있는 3남매 중 막내다. 언니는 어려서부터 몸이 약해서 늘 부모님의 관심을 받아 왔고 오빠는 장남이고 성격이 예민하기 때문에 부모님이 많은 신경을 쓰고 있다. 반면에 막내인 H 양은 비교적 건강하고 성격이 원만하기 때문에 언니나 오빠에 비해 부모님의 관심을 상대적으로 덜 받고 있다. 이런 상황에 대해 H 양은 가족이 자신에게 무관심하다고 생각하고 있다. H 양은 아픈 언니를 돌보고 오빠의 잔심부름을 하느라고 힘들 때도 있다. H 양은 이런 상황 때문에 자립적이고 독립적이며 언니, 오빠를 돕는 일이 습관처럼 되었다. 그런데 H 양이 고등학생이 되면서 학업, 진학, 진로 등 여러 가지 문제에 대해 새롭게 고민하게 되었고 언니나 오빠, 부모님으로부터 조언을 듣고 싶지만 가족은 H 양의 이러한 고민에 관심이 없는 것처럼 보인다. H 양은 학업 성적과 진로에 대해 부모님과 의견 충돌을 보이는 친구들을 오히려 부러워하고 있다. H 양은 자신에게 전혀 관심을 기울이지 않고 어떠한 요구도 하지 않는 부모님 때문에 가족에서 이탈된 것처럼 느끼며 때로는 가출에 대한 충동도 느낀다.

공부 잘하는 형과 비교되는 것이 싫다

M 군은 현재 중학교 3학년인 예비 고등학생이라 고등학교 생활과 학업에 대해 여러 가지 걱정을 하고 있다. M 군이 진학하게 될 고등학교는 지역의 위치상 우수한 학생이 많이 모이는 곳이어서 학교 안팎으로 학업 경쟁이 심하다. M 군의 현재 중학교 성적은 우수한 편이고 스스로도 진학 후에도 잘할 수 있다고 확신하지만 대부분의 학생과 학부모의 열의를 감안하면 중학교 성적을 유지하는 것이 쉽지 않을 것이라는 생각에 불안하다. 그런데 M 군의 형은 학업 경쟁이 심한 이 학교에서 전교 1, 2등을 하는 우수한 학생이다.

M 군은 이러한 형과 같은 학교에 다니게 된다는 사실이 몹시 걱정스럽고 부담스럽다. 과열된 학업 경쟁과 학업 열의에 대한 그 학교의 소문이나 평판도 M 군의 어깨를 무겁게 하지만 형과 비교되는 것이 더욱 두렵다. 형만큼 잘할 수 있다는 자신도 없고 부모님이 자신에게 실망할 수 있다는 생각 역시 M 군을 힘들게 한다. 그래서 불가능한 일이지만 다른 지역의 고등학교에 입학하는 것을 상상하기도 한다. 이렇게 입학 전부터 M 군은 고등학교 생활에 대해 걱정하고 두려워하고 있어서 실제 입학한 후 잘할 수 없을 것이라는 불안이 점점 심해지고 있다.

청소년이 경험하는 가족관계 문제는 주로 부모 및 형제자매와의 갈등이다. 부모와의 관계에서 청소년들이 겪는 문제들은 부모와의 거리감, 소홀, 무관심, 의사소통의 부족, 지나친 관심과 개입, 형제간의 차별과 비교, 무서움, 체벌 및 구타 등이다. 또한 결손가정, 부모의 무능력으로 인한 청소년 방임은 청소년들에게 또 다른 심각한 문제를 일으키고 있다. 권석만(1997)은 청소년들이 흔히 보고하는 갈등적인 부모-자녀관계를 크게 세 가지 유형으로 구분하였다.

첫째, 통제적이고 지배적인 관계다. 이러한 부모는 자녀의 생활방식, 가치관, 이성관계, 진로 등에 대해서 적극적으로 개입하고 관여하면서 자녀가 부모의 방식과 가치에 따르도록 강요한다. 이때 순종적이고 의존적인 청소년 자녀는 이러한 부모와 원만한 관계를 형성할 수는 있지만 부모의 방향 제시나 지원이 중단될 때 무력감과 혼란에 빠질 수 있다. 이와 반대로 부모의 강압적이고 통제적인 태도에 정면으로 반항하는 자녀들의 경우, 부모가 극단적으로 경제적 지원을 중단하거나 체벌을 하기도 하고 결국 자녀가 가출 등의 저항 방법을 택하기도 한다.

둘째, 무관심하고 방임적인 관계다. 이것은 부모가 경제적 또는 정서적으로 자녀를 지원하는 일에 무관심하거나 무력한 경우다. 청소년 자녀들이 부모의 경제적 · 심리적 지원을 받지 못하면 혼자서 자신의 생활을 책임져야 하는 것에 대한 부담감, 결핍감, 고독감을 느끼게 된다. 이때 가족 밖의 인간관계 형성이 더욱 절실하고 중요해지는데 만족스러운 친구관계나 이성관계를 형성하지 못하면 특히 심한 우울과 혼란을 겪을 수 있다.

셋째, 지나친 의존적 관계다. 자녀에게 의존적인 부모는 가정의 의사결정이나 부양 책임을 자녀에게 전가시킬 뿐 아니라 정서적 지지나 위안도 자녀로부터 얻으려고 한다. 경제적으로 무능한 부모나 배우자로부터 좌절된 애정을 자녀에게서 보상받으려는 부모는 자녀에게 부담이 되며, 청소년 자녀의 자유로운 활동이나 진로 탐색은 제한될 수밖에 없다.

가족관계에서 청소년들이 자주 겪는 문제가 바로 형제자매 간의 갈등이다. 부모의 재정적 · 심리적 지원을 받는 과정에서 형제자매들은 경쟁적인 관계에 놓일 수밖에 없고 이것은 곧 형제자매 간 경쟁으로 나타난다. 형제자매 간 경쟁이 심화되면 서로에 대한 질투와 미움이 악화되고 형제자매 간 비교를 통해 우월감이나 열등감이 생겨날 수 있다.

(2) 동성친구 문제

친구가 없습니다

안녕하세요? 저는 대학교 2학년에 다니고 있는 남학생인데 자주 죽음을 생각합니다. 죽는 것이 무섭지만 지금보다는 힘들지 않을 것 같고 이렇게 사는 것보다는 더 나을 것이라는 생각이 듭니다.

제 주위에는 함께 얘기하며 고민을 나눌 사람이 하나도 없습니다. 부모님은 계시지만 거의 얘기를 나눈 적이 없고 대화를 해도 도움이 된다고 생각한 적이 없습니다. 그렇다고 친구가 있는 것도 아닙니다. 어릴 때부터 그랬어요. 학교에서는 혼자 밥 먹고, 주말에는 방에 틀어박혀서 음악을 듣거나 책을 보면서 시간을 보냅니다. 이렇게 시간을 보내다 보니 가끔 저는 제 자신이 이 세상에서 필요 없는 사람처럼 느껴집니다. 그리고 저를 제외한 모든 다른 사람은 행복한 것 같습니다.

왜 늘 이렇게 혼자서 모든 것을 다 감당하며 살아야 하는지 모르겠습니다. 왜 저는 친구가 없는 것인지 잘 알 수 없고 때로는 너무 슬프고 외로워서 세상을 살아갈 힘이 없습니다. 다른 사람들의 눈치를 살피느라고 제대로 하고 싶은 이야기도 못하면서 지내다 보니 이제는 사람들을 만나는 것이 두렵고 제게는 불가능한 일처럼 보입니다.

지금껏 친구를 제대로 사귀지도 못하고 살았는데 대학을 졸업한다고 해서 제가 뭘 잘할 수 있겠습니까? 직장을 다닐 수 있겠습니까? 사랑하는 사람을 만나 결혼을 할 수 있겠습니까? 너무 슬프고 외롭습니다. 그래도 제가 얼마나 힘들고 외로웠는지 누군가에게 이 답답한 심정을 이야기하고 싶어서 온 힘을 다해 마지막으로 이렇게 글을 보냅니다. 속히 답변을 주시기 바랍니다.

청소년기는 동성친구 간의 대인관계가 급격하게 확대되는 시기이며 동시에 교우관계에서 여러 가지 갈등과 어려움을 겪게 되는 시기다. 청소년들에게 친구는 심리적인 지지와 지원을 제공하는 존재이며 참조의 대상인 동시에 경쟁자다. 청소년들의 교우관계는 저절로 형성되는 것이 아니라 공감, 친밀감을 경험하면서 동시에 대립과 갈등을 극복해 나가는 노력의 결과로 형성된다. 그러나 모든 청소년이 학교생활을 통해 친구를 사귀고 생각과 가치를 공유하며 개인적 문제와 갈등에 대해 위로와 지지를 받는 것은 아니다. 청소년들은 교우관계를 형성하고 발전시키는 과정에서 여러 가지 갈등과 문제에 직면하기도 하고 경우에 따라서 전혀 친구를 사귀지 못하고 고립되기도 한다. 동성친구와의 교우관계에서 발생하는 문제들은 그 발생 요인에 따라 네 가지 유형으로 나누어 볼 수 있다(권석만, 1997).

첫째, 교우관계 형성 자체에 어려움을 겪는 경우로 자신감이 부족하고 소심한 청소년들은 교우관계를 능동적으로 형성하지 못할 수 있다. 또는 외모, 성적, 행동상의 문제나 독특성으로 인해 친구들로부터 따돌림, 놀림, 집단 괴롭힘을 당하는 경우도 있다. 이 밖에도 사회적 기술이 현저하게 부족하여 친한 교우관계를 형성하지 못하고 무시와 따돌림을 당하기도 한다. 교우관계를 형성하지 못하는 청소년은 외로움과 소외감을 느끼고 위축되어 학교생활 적응에 어려움을 겪는다.

둘째, 교우관계를 심화시키지 못하는 경우다. 청소년기는 아동기의 부모와의 밀착된 관계에서 벗어나 긴밀한 교우관계로 관심이 집중되는 시기다. 청소년들은 긴밀한 교우관계를 통해 심리적으로 상호 지지와 공감을 얻음으로써 청소년기의 혼란과 불안을 극복해 나간다. 그러나 이러한 교우관계를 형성하지 못한 청소년들은 더욱 큰 불안과 고립을 경험한다.

셋째, 교우관계에서 빈번한 다툼과 갈등을 겪는 경우다. 청소년들은 교우관계를 유지하면서도 사소한 의견이나 사고의 차이를 조율하지 못하고 갈등을 겪으며 다툰다. 상호 갈등을 극복하지 못하는 청소년들은 쉽게 교우관계를 형성하고 깨뜨리는 과정을 반복함으로써 적절한 관계를 형성하지 못한다.

넷째, 교우관계에 지나치게 몰두하여 학업에 지장을 초래하거나 비행으로 연

[그림 4-2] **친구 간의 우정**

결되는 경우다. 청소년들은 친구를 사귀고 어울리는 일에 많은 시간을 빼앗겨 공부할 시간이 부족한 경우도 있다. 또한 소위 '문제청소년'들과 교우관계를 맺고 불량한 행동이나 비행 행동을 저지르기도 한다. 이러한 교우 문제는 청소년 자신보다는 부모나 교사의 입장에서 문제를 제기하는 경우가 대부분이다.

이 밖에도 학교 또는 같은 반 소집단 간의 갈등과 경쟁, 단짝에 대한 지나친 집착과 편협한 교우관계, 교우들에 대한 지나친 피해의식과 공격 행동, 전학이나 이사로 인한 단짝 친구에 대한 상실감과 같이 청소년들이 교우관계에서 겪는 어려움은 매우 다양하다.

(3) 이성친구 문제

 미팅에서 만난 남자친구

안녕하세요? 저는 고2 여학생인데 미팅에서 만난 남자친구 때문에 고민이 생겼습니다. 만나기 시작한 지 1년 정도 되었는데 남자친구는 유머 감각도 있고 편안해서 만나면 항상 즐거워요. 좋아하는 마음에는 변함이 없는데 문제는 그 친구가 어

느 순간부터 자꾸 스킨십을 요구하는 것입니다.

솔직히 거의 성관계 직전까지 갔었습니다. 성관계는 제가 아직까지 거절하고 있지만 그것도 언제까지 거절할 수 있을지는 자신이 없어요. 그 친구는 제가 자신을 사랑하지 않는 증거라며 화를 냅니다. 그런데 사실은 정말 좋아하거든요. 제 마음이 진실하니까 그 친구의 요구를 들어주는 것이 옳다는 생각도 하지만 너무 고민됩니다. 어떻게 하면 좋을까요? 전 지금 남자친구와 헤어지고 싶지 않습니다.

여자친구를 이해할 수 없습니다

저는 고등학교 2학년 남학생입니다. 중학교 때까지 주위에 남녀 친구들은 많았지만 이성친구는 없었습니다. 더군다나 고등학생이 되면서 대학입시에 전념해야겠다는 생각으로 동성친구처럼 가깝게 지내던 여자친구들조차도 만나지 않게 되었습니다. 그런데 남녀공학에 다니다 보니 자연히 여자친구들이 많아졌고 그중 같은 학년의 한 여학생에게 우정 이상의 감정으로 끌리게 되었습니다. 같은 동아리 활동을 하면서 자주 만나게 되고 서로 좋아하게 되었습니다. 공감하는 것이 많고 성격과 취미도 비슷해서 공연이나 미술 전시회 관람을 함께 자주 가면서 즐거웠고 행복감도 느꼈습니다.

그런데 제가 그 여자친구에게 너무 빠져 있다는 것을 알게 되었고 처음으로 성충동을 느꼈습니다. 자연스럽게 여자친구에게 스킨십을 시도하였고 횟수가 잦아지면서 키스도 경험했습니다. 그리고 여자친구에게 육체적 관계를 요구했는데 매번 거절당했습니다. 제 생각에는 사랑하는 사이로 키스도 했고 성충동을 느낀다면 육체적 관계를 갖는 것은 자연스러운 일인데 그 친구는 절대 반대입니다. 여자친구는 사랑하는 관계에서도 키스는 허락하지만 성관계는 용인할 수 없다고 합니다. 혼전 성관계는 절대로 안 되는 건가요? 선생님! 여자친구의 이런 태도를 어떻게 이해해야 되나요?

여자친구를 사귀고 싶습니다

저는 중학교 3학년 남학생인데 고민이 생겼습니다. 저와 친한 친구들은 거의 모두 여자친구가 있는데 저만 없습니다. 하물며 친한 초등학교 동창 여자친구조차도 없습니다. 그동안 여자친구에 대해 무관심했던 탓도 있겠지만 지금은 제 주변 친구들과 비교되어 마음이 불편합니다. 여자친구가 있다고 해서 공부에 지장을 주는 것도 아닌 것 같고 제가 여자들에게 인기가 없는 스타일이라는 생각도 들어 자신감도 없어집니다. 학원에 가면 여자애들도 많고, 제 친구들은 여자애들과 자연스럽게 잘 지내고 인기도 있는 것 같은데, 저는 너무 어색하고, 여자애들이 저에게는 관심도 없는 것 같고 제 외모를 비웃는 것도 같아서 기분이 우울합니다. 저는 키는 크지만 뚱뚱한 편입니다.

살을 빼려고 노력도 했지만 생각대로 잘되지 않아 스트레스만 더 쌓입니다. 여자친구가 없는 것이 큰 문제도 아니고 여전히 나름대로 잘 살 수 있다고 생각하지만 요즘 자주 우울하고 자신감이 없어집니다. 어떻게 하면 좋을까요?

청소년기는 성에 대한 호기심과 이성친구에 대한 관심이 증대되는 시기이며 이는 매우 자연스러운 현상이다. 청소년들이 이성관계에서 흔히 겪는 문제들은, 첫째, 이성친구에 대한 지나친 관심과 몰두, 둘째, 이성친구와의 교제에서 경험하는 여러 가지 심리적 갈등, 셋째, 이성친구에 대한 지나친 수줍음과 불안, 넷째, 이성친구에 대한 지나친 거부감과 혐오감, 다섯째, 이성교제로 인한 부모와의 갈등 등이다. 실제로 청소년들은 이성교제를 하면서 학교생활과 학업을 소홀히 하거나 데이트 비용을 지나치게 많이 지출하는 등 학생 신분에서 벗어난 행동을 보이기도 한다. 그러나 청소년들의 이성에 대한 호기심이 곧 이성교제의 문제로 직결되는 것은 아니며 오히려 사회적 기술을 학습하는 좋은 경험이 될 수 있다. 가령, 이성교제는 다른 사람과 어울리는 방법을 배우고 예의범절을 익히며 사회적 기술을 터득하는 사회화 과정의 일부다. 그러나 이성에 대한 잘못된 가치관, 건전한 이성교제 방법의 미숙 등이 이성친구와의 성적인 행동을 통한 임신이나 성적 호기심으로 인한 성폭력 같은 문제를 유발하기도 한다.

청소년의 대인관계 문제는 이 외에도 교사와의 관계, 선후배 관계 등 주변의 모든 인물과의 관계에서 발생할 수 있다. 또한 이러한 인간관계 문제는 우울, 불안, 분노와 같은 정서적 문제로 표출되며, 때로는 성적 저하, 비행, 가출 등의 문제로 확산될 수도 있다.

3. 비행 및 일탈

충동성 및 공격성과 관련된 청소년들의 비행이나 일탈은 청소년 시기의 발달적 특성에 근거해 살펴볼 필요가 있다. 청소년 초기는 제2차 성징의 변화로 급격한 신체 성장과 성적 성숙이 이루어지는 시기다. 제2차 성징에 따른 성호르몬 분비는 이러한 변화뿐 아니라 충동성과 공격성, 모험적 행동을 자극한다. 특히 아동기와 청소년 초기의 무모한 도전이나 위험한 행동은 이 시기에 일시적으로 과다 분비되는 도파민의 영향 때문이기도 하다. 이러한 생물학적 변화는 특히 청소년들이 자신의 충동과 욕구를 조절하고 통제하는 것을 어렵게 한다. 따라서 청소년 시기의 남녀 학생들은 이전보다 무척 예민하게 반응하고, 거친 언어를 더 많이 사용하며, 사소한 자극에 쉽게 흥분하고 공격적인 태도를 보이는 경향이 있다. 청소년들은 행동의 결과를 예측하지 못하고, 충동적이고 즉각적으로 대처하는 경향이 높다. 이것은 청소년 시기에 사고를 관장하는 대뇌신경망이 엄청난 속도로 복잡하게 연결되지만 아직 체계적이고 조직적으로 구축되지는 못해서 논리적이고 합리적으로 판단할 수 없기 때문이다.

1) 청소년 비행

비행은 법을 위반하는 모든 행동을 일컫지만 청소년과 관련해서 본다면 현재 사회적 규범을 위반하여 앞으로 사회 설정법인 「형법」을 위반할 가능성이 있는 모든 행동을 의미한다. 청소년 비행은 절도, 강간, 향정신성 약물 복용 등과 같은 심각한 소년범죄뿐 아니라 가출, 무단결석, 음주, 흡연, 지나친 성인 모방 행동 등과 같은 일탈행동을 모두 포함한다.

청소년 범죄와 비행은 해마다 증가하고 있는데 비행 연령은 낮아지고 있고 타인에게 심각한 피해를 입히는 강력 범죄도 늘어 가고 있다. 또한 청소년 범죄나 비행이 저소득층 및 결손가정, 학교 부적응 등의 어려움을 겪는 일부 청소년의 문제로 한정되지도 않는다. 중류계층의 청소년들이나 학교생활에 잘 적응하고 있는 평범한 청소년들의 범죄 및 일탈도 증가하고 있다. 청소년 범죄와 일탈의 원인을 이해하기 위해서는 개인의 환경적 문제뿐 아니라 청소년 시기의 심리적 발달 특성에 더 많은 주의를 기울여야 한다. 청소년 범죄를 분석한 자료에 따르면 호기심과 충동성에 의한 범죄가 가장 많이 발생했고, 이 외에 유흥비 마련, 생활비 마련을 위해서도 범죄를 저질렀다. 범죄 유형은 강 · 절도가 가장 많고 다음이 폭력, 약물, 교통사범이며, 전체 범죄 가운데 오토바이 절도 및 무면허 운전 관련 범죄가 큰 범위를 차지하면서 점차 증가하고 있는 추세다. 또한 단독 범죄보다 학교 및 동네 친구, 선 · 후배와 함께 집단적으로 시도한 범죄가 더 많고, 범행 장소는 주로 주택가인 반면 유흥가(13.7%), 학교 인근(4.8%), 공원(4.5%), 교내(1.3%)에서 발생하는 비율은 오히려 낮아 범죄의 상습화와 집단화가 나타나고 있다고 볼 수 있다.

2) 청소년 비행의 유형

상담장면에서 볼 수 있는 문제를 유형별로 살펴보면 다음과 같다.

첫 번째 유형은 가장 흔한 청소년 비행 문제인 폭력적인 행동이다. 즉, 학교에서 자주 싸우고 친구나 후배에게 폭력을 휘두르며 상습적으로 금품을 갈취하는 청소년 비행이다. 청소년들의 폭력적인 행동들은 불량서클을 형성하여 집단적으로 이루어지기 때문에 또 다른 심각한 비행을 일으킨다.

도와주세요!

저는 중학교 2학년 학생입니다. 저와 가장 친한 친구 때문에 걱정이 되기도 하고 어찌해야 할지 몰라서 문의합니다. 요즘에 친구가 학교에서 친한 친구들에게 먹을 것도 사 주고 PC방에 가서 이용료도 대신 내 주는 등 돈을 많이 쓰고 있습니다. 처음에는 신나고 재미있었는데 계속해서 돈을 마구 쓰니까 그 돈이 어디서 생겼는지 궁금하기도 하고 걱정이 되어 물어보았습니다. 그랬더니 학교 수업 끝나고 자기와 함께 가면 가르쳐 주겠다고 해서 호기심에 그 친구를 따라나섰는데, 공사가 중단된 건물 후미진 곳으로 가더니 쌓인 물건들을 치우기 시작했습니다. 그 속에서 꺼낸 주머니 안에는 엄청나게 많은 동전이 있었는데, 친구는 밤마다 사람들이 잘 다니지 않을 시간에 공중전화를 부수고 가져온 것이라고 자랑스럽게 이야기하면서 함께하자고 했습니다. 처음에는 호기심으로 그 친구와 함께 공중전화를 부수고 상당히 많은 동전을 훔쳤고 그 돈을 쓰면서 재미있게 놀았습니다. 그런데 친구가 기회만 있으면 다시 함께 시도하자고 제안하는데 이런 일을 계속 반복하면 안 될 것 같아 고민 중입니다. 정말 친한 친구인데 어떻게 해야 할지 모르겠습니다. 도와주세요.

서클을 탈퇴하고 싶은데……

저는 고등학교 2학년에 재학 중인 학생입니다. 중학교 2학년 때 친하게 지냈던 형들과 어울리다가 아무 생각 없이 폭력 서클에 가입하게 되었고 그동안 정말 무서울 것 없이 살았습니다. 이런 저로 인해 부모님은 마음고생이 심하셨고 더군다나 주위 사람들의 비난과 질책도 많이 받았지만 그래도 형들에게 무조건 복종하면서 나쁜 행동을 많이 해 왔습니다.

고등학생이 되고 나이가 드니까 이렇게 계속 생활하다가 내 인생은 어떻게 될 것인가를 걱정하게 되었고 두려움이 생기기 시작했습니다. 그러던 중 몇 달 전 우연히 초등학교 동창생을 만났는데 아주 성실하게 학교생활을 하면서 자신의 미래를 위해 열심히 노력하고 있는 모습이었습니다. 다른 때와 다르게 그런 단정하고 성실한 동창생의 모습이 보기 좋았고 나도 학교생활을 충실히 하고 노력하는 모습을 보여 이제 부모님의 걱정을 덜어 드릴 수 있으면 좋겠다는 생각을 했습니다. 그런데 지금 현재 제가 처한 상황에서는 성실하게 노력할 수 있는 방법이 없다는 생각도 했습니다.

얼마 전에 서클 선배한테 이런 나의 마음을 얘기하자 "배신자!"라는 소리와 함께 다시 한 번 그런 생각을 하면 가만두지 않겠다는 협박을 받았습니다. 우리 조직의 제1강령은 '한번 조직원이면 영원한 조직원이다.'입니다. 전 이 조직을 탈퇴하고 싶은데 이후의 보복을 생각하면 정말 겁이 납니다. 그래서 앞으로 어떻게 해야 할지 막막합니다. 그리고 학교를 성실하게 다닌다고 해도 그동안 공부를 제대로 하지 못해서 다시 기초부터 시작해야 하기 때문에 두려움이 앞섭니다. 지금은 서클을 가입하기 이전의 제 모습으로 되돌아가 학교생활도 충실히 하고 모범적인 학생이 되기를 소망하고 있습니다. 그런데 제 스스로 자신이 없고 두려운 생각을 더 많이 합니다. 좋은 방법을 가르쳐 주세요.

두 번째 유형은 성범죄 및 성 비행이다. 청소년의 성 비행은 성과 관련된 가벼운 언어적인 행위부터 강력범죄에 해당하는 성폭력, 강간에까지 이르고 있다. 더욱이 성범죄율은 날이 갈수록 증가하고 있고 원조교제, 또래 간의 성폭력 그리고 인터넷 채팅을 통한 성적 일탈이 더욱 심각하고 다양화되고 있다. 인터넷 채팅을 통해 성매매나 성 접촉 의사를 아무런 죄의식 없이 밝히고 만남을 시작하기도 하고, 이러한 잘못된 만남의 시작이 공갈, 협박, 갈취 사건들로 이어지는 경우도 많다.

혹시 AIDS가 아닌지요

저는 고등학교에 다니는 남학생인데 AIDS란 질병이 무엇인지 궁금합니다. TV나 신문을 보면, AIDS는 불치병으로 동성애를 통해 발병하는 것으로 나와 있던데요. 그런데 제가 혹시 AIDS에 걸린 것이 아닌가 걱정됩니다. 너무 부끄럽고 창피스럽지만 얼마 전에 야구부 선배 형이 밤에 불러서 갔는데 그 형이 저를 성폭행했습니다. 그 이후에 몸이 불편하고 구토와 열이 나기 시작했습니다. 부모님에게 말할 수도 없었고 고민하다가 친한 친구에게 이 사실을 털어놓았더니 선생님께 말씀드리라고 하네요. 그런데 얘기할 수가 없었습니다. 누군가에게 말하면 가만두지 않겠다고 했거든요. 솔직히 겁이 많이 납니다. 더 걱정이 되는 것은 혹시 제가 AIDS에 감염되었을 수도 있다는 것입니다. 동성연애를 하면 AIDS에 감염된다고 하는데 혹시 제가 그런 무서운 병에 걸렸을 수도 있다는 생각에 아무것도 할 수가 없습니다. AIDS에 대해 자세히 알고 싶습니다. 그리고 저는 어떻게 해야 하나요?

어떻게 해야 할지……

저는 고등학교 2학년 여학생인데 올해 초에 중퇴했습니다. 작년에 우연히 남자친구를 사귀게 되었고 서로 정말 좋아했습니다. 서로 너무 좋아했기 때문에 그 남자친구가 요구하는 것이라면 뭐든지 다 할 수 있다고 생각했고, 결국 임신까지 하게 되었습니다. 처음에는 너무 당황했지만 일단 남자친구에게 알려야 할 것 같아 사실을 말하자 그 친구는 대뜸 저에게 약이나 수술을 통해 아기를 지우라고 하면서 돈 10만 원을 주었습니다. 그리고 더 이상 만나지 말자고 하더니 이후로 일체 연락을 끊었습니다. 순간 너무 큰 배신감 때문에 그 남자친구네 집을 찾아가 그 친구 부모님에게 알리고 망신을 주겠다는 어리석은 생각도 했습니다. 그런데 저희 부모님도 알게 될까 봐 겁이 나서 그러지 못했습니다. 제 부모님께는 사실대로 말할 수가 없어서 '대학 진학을 하고 싶지만 학교 공부를 쫓아갈 수 없으니 휴학을 한 뒤 학원 공부를 통해 기초를 쌓아서 복학하겠다.'라고 했습니다. 처음에는 부모님의 반대가 심했지만 정상적인 학교생활을 하고 싶다는 저의 이런저런 이유를 들으시고 겨우 허락해 주셨습니다. 그리고 일부러 공부를 핑계 삼아 학원 부근에 자취방을 얻었습니다. 비용이 적게 드는 낙태 방법을 찾고 있는데 너무 겁이 납니다. 아직은 남들이 잘 모르고 표시도 나지 않지만 시간이 지체되면 결국 어머니도 아시게 될 텐데 걱정입니다. 이대로 어디론가 사라지고 싶습니다. 하루하루를 지내는 것이 무섭고 두렵습니다. 혼자서 어떻게 해야 할지 모르겠습니다. 도와주세요.

세 번째 유형은 약물남용 문제다. 술, 본드, 담배, 환각제, 각성제 등 여러 가지 중독성 물질을 상습적으로 남용하는 청소년의 수가 늘어나고 있다.

예전의 모습으로 되돌아가고 싶어요

전 지금 고1의 남학생인데 제가 생각해도 현재의 제 모습이 너무 한심하고 답답해서 하소연을 합니다. 중학교를 다닐 때까지는 공부도 웬만큼 잘하는 편이었고 다른 친구들이 경험을 자랑했던 술, 담배도 경험하지 않은 정말 순진하고 말 그대로 100% 무공해 학생이었습니다. 그런데 고등학교에 와서 해야 했던 새벽기상, 보충수업과 야간 자율학습 등은 정말 큰 고역이었습니다. 그리고 서클에 가입하고 서클 친구들과 함께 어울리는 시간이 길어지면서 성적은 떨어지기 시작했고 점차 공부에 대해 자신감이 없어졌어요. 결국 수업 듣는 것이 힘들게 되면서 결석을 하면서까지 당구장이며 술집 등을 출입하게 되었습니다. 당연히 저의 이런 변화된 모습에 선생님이나 부모님은 놀라시고 비난하시며 예전처럼 저를 바라보지 않는 것 같습니다. 그런데 무엇보다도 저와 친했던 친구들까지 저를 피한다는 사실이 슬프고 더욱더 학교생활이 힘들게 느껴집니다. 게다가 얼마 전부터 서클 친구가 저에게 자꾸만 자퇴를 부추기고 있는데 이미 그 친구들은 자퇴를 한 상태입니다. 그런데 현재 생활은 힘들고 어렵지만 충동적으로 자퇴를 하면 안 될 것 같다는 생각이 듭니다. 누군가 한 사람이라도 저를 이해해 준다면 전 예전으로 돌아가도록 노력할 수 있을 것 같습니다. 그 무엇보다 예전의 제 모습을 되찾고 싶습니다. 어떻게 하면 될까요.

먹어서는 안 될 약을 습관적으로……

저는 고등학교 2학년 남학생입니다. 한 달 전에 ○○○를 처음 접하게 되었는데 15알로 시작해서 이제는 하루에 30~40알을 한꺼번에 복용하고 있어요. 약을 많이 먹어서 그런지 몸무게가 10kg 정도 빠지더니 예전과는 많이 다른 피폐해진 모습으로 변해 놀랐습니다. 거울 속에 비친 제 모습을 보기 싫고 겁도 나서 ○○○를 끊어야겠다고 생각하는데 쉽지 않습니다. 때로는 모든 것을 포기하고 아무렇게나 살아가자는 엉뚱한 마음도 생기고, 이런 식으로 살면 모든 것이 끝장이라는 두려운 생각도 듭니다. 저의 부모님은 모두 직장생활을 하느라 바쁘시고 하나뿐인 여동생도 집에 늦게 들어와 저 혼자 집에 있게 되니까 자연스럽게 친구들과 어울리게 됩니다. 그리고 함께 ○○○를 복용하면 기분이 참 좋아지고, 무섭고 두려운 생각들이 사라집니다. 그런데 그렇게 몽롱하고 기분 좋은 상태로 있다가 다시 깨어나서 제 모습을 보면 후회되고 몹시 화가 나요. 하지 말아야겠다는 생각을 하면서도 친구들과 어울리며 끌려다니는 듯한 제 모습이 참 바보 같고 한심합니다. 그런데도 성실하고 착한 제 친구들을 만나면 말도 좀 안 통하는 것 같고, 답답하고 심심합니다. 그러다 보니 어울리는 친구들은 그런 문제 있는 애들이고, 그들과 함께 행동하지 않으면 따돌림 받을 것 같아 계속 어울리니까 또 헤어나기 어렵다는 생각이 들어서 불안해요. 핑계 같지만 그 불안을 잊으려고 다시 복용하는 행동을 반복합니다. 혹시 제가 이미 중독 상태가 아닌가 걱정됩니다. 만일 그렇다면 어떻게 해야 하나요. 부모님은 너무 바빠서 말 한마디 나눌 시간도 없고 저의 이런 모습을 상상도 못 하실 거예요. 누군가 힘이 되어 줄 사람이 필요합니다. 저를 제지해 주고 더 이상은 안 된다고 한 마디라도 해 주는 사람이 있다면 이 상황에서 벗어날 수 있을 것 같은데요……. 어떻게 해야 이 상황에서 벗어날 수 있을지 정말 두렵습니다.

네 번째 유형은 가출, 늦은 귀가, 거짓말, 도벽, 도박 등과 같은 비공격적인 일탈행동이다. 청소년들의 비행은 타인에게 계획적으로 해를 끼치는 나쁜 의도보다는 대부분 호기심과 충동성에서 시작된다. 또한 많은 청소년은 자신의 행동이 부적절하다는 것을 인식하고 있지만 행동 자제력이 부족해서 일탈행동을 반복한다. 그래서 부모를 비롯한 가족은 자신들의 조언이나 충고를 수용하는 태도를 보이면서도 일탈에서 벗어나지 못하는 청소년들을 이해하기 어렵다.

도벽

저는 중학교 3학년 남학생입니다. 중소기업을 운영하시는 아버지 덕분에 경제적으로 여유 있는 가정에서 자랐습니다. 그런데 아버지의 회사가 어려워지면서 부도가 났고, 아버지는 빚을 갚기 위해 전 재산을 처분하셨습니다. 그래서 지금 저는 작은 방 한 칸에서 부모님, 동생과 함께 네 식구가 살고 있습니다. 사업이 어려워지기 전에 아버지께서는 저에게 오토바이를 선물하기로 약속했고, 저는 기대에 부풀어 친구들에게도 자랑했는데 가정형편이 갑자기 악화되면서 그것을 기대할 수 없게 되었습니다. 제 자신이 오토바이를 가질 수 없는 것은 참을 수 있지만 친구들을 실망시키는 것이 두렵고, 또한 결과적으로 거짓말을 한 상황이 몹시 당황스럽습니다. 그런데 얼마 전 집으로 오는 길에 골목에서 시동이 켜진 채 주차된 오토바이를 보았고, 순간 충동적으로 오토바이를 훔쳤습니다. 그리고 이런 무모한 행동을 영웅이라도 된 듯이 친구들에게 자랑하면서 오토바이를 함께 타고 어울려 돌아다녔습니다. 며칠이 지나자 마음이 불편해지고 잘못된 행동이라는 것도 깨닫게 되었습니다. 무엇보다도 부모님이 아시게 될까 봐 걱정입니다. 또한 이미 훔친 오토바이를 어떻게 처리해야 할지도 모르겠습니다.

청소년의 이러한 일탈은 일부 비행청소년에게 국한된 것이 아니며, 학교생활에 잘 적응하는 평범한 학생들도 저지를 수 있는 행동이다. 다음의 사례는 평범한 학생이 호기심으로 우연하게 일탈을 즐기게 된 상담 사례다.

 거짓말을 즐겨요

저는 고등학교 2학년 여학생입니다. 학업 성적도 우수하고 선생님으로부터 많은 기대와 관심을 받고 있으며, 비난받을 만한 일을 한 적이 없다고 생각합니다. 그런데 꾸민 얘기나 과장된 표현을 할 때 학교 친구들이 호기심과 관심을 갖는 모습이 무척 재미있게 느껴집니다. 저는 예전에는 거짓을 말하거나 친구들에게 엉뚱한 장난을 거는 일이 없는 평범하고 성실한 학생이었습니다. 그런데 이전과 다르게 거짓을 말하고 친구들을 놀라게 하는 일을 시작한 것은 특별한 계기가 있었던 것도 아닙니다. 얼마 전 친구에게 어머니가 돌아가셨다는 긴급한 연락이 왔으니 빨리 교무실로 가 보라는 거짓말을 했고, 친구는 사색이 되어 황급히 교무실로 달려갔습니다. 저는 친구의 이런 모습에 대해 미안함보다 야릇한 쾌감을 느꼈고 점점 더 과장된 거짓말을 하기 시작했습니다. 저의 지나친 행동에 대해 약간의 미안함도 있었지만 말 한마디에 순간적으로 달라지는 순진한 친구들의 모습들이 놀랍고 흥미로웠습니다. 집이나 학원에서는 학교와 다르게 성실한 모습을 보이고 있는데 저의 이런

행동이 스스로 어쩔 수 없는 이중적인 성격적 결함 때문이라는 생각이 듭니다. 저의 이런 성격적 문제를 어떻게 해결할 수 있나요?

일반적으로 문제를 지닌 청소년들은 자발적으로 상담에 참여하기보다 타의로 마지못해 참여하는 경우가 대부분이기 때문에 상담동기가 매우 낮다. 따라서 비행을 반복하는 청소년들이 스스로 자신의 문제를 인식하고 해결할 수 있도록 지원하고 돕는 과정이 쉽지 않다. 또한 비행은 가족 및 학교생활에 대한 불만족, 비행 행동, 부모와 교사의 질책, 가족 및 학교에 대한 불만 증대, 비행 행동의 심화로 이어지는 악순환의 결과이기 때문에 청소년 개인의 비행에만 초점을 맞추기보다는 청소년을 둘러싼 여러 가지 환경적 요소를 함께 다뤄야 한다.

4. 자아정체감 및 가치관 문제

청소년기는 아동기와는 또 다른 자아를 발견하고 구축해야 하는 중요한 시기다. 청소년기는 아동기에서 성인기로 넘어가는 과도기적 시기이면서 과거로부터 일관되게 유지해 온 자아의 모습도 존재하며, 또한 생물학적 성숙과 더불어 지적 · 심리적 성숙을 통해 새로운 자아 역시 구축해야 하는 시기다. 따라서 대부분의 청소년은 자신의 존재, 가치, 이미지, 삶의 방향 등을 고민하며 자아를 발달시켜 나간다. 이렇게 자아를 발견하고 발달시키는 과정 중에 많은 청소년은 '나는 누구지?' '나는 어떤 존재인가?' '나의 가치는?' '삶의 목적이 무엇이지?' 등에 대해 고민하며 혼란을 겪게 된다. 다음 사례는 미래에 대한 불확실성과 정체성 혼란을 겪고 있는 중학생과 대학생의 사례다.

다른 사람들의 저에 대한 생각과 제 생각이 일치하지 않아요

저는 중학교 1학년 여학생입니다. 요즘 들어 '나는 누구일까?' '나는 어떤 사람일까?' 하는 생각이 듭니다. 그리고 가끔은 제가 생각하는 저의 모습과 다른 사람이 생각하는 저의 모습이 달라서 무척 혼란스럽습니다. 저는 제가 바라는 저의 모습으로 변할 수 있을지 걱정입니다. 노력하면 변할 수 있다고 하던데, 제가 원하는 모습으로 바뀌었으면 좋겠습니다. 사실 이렇게 생각하는 것이 이상하기도 하지만, 꼭 필요한 것이라고도 느껴진답니다. 가끔 저만 이런 고민에 빠져 있는 것이 아닌가 하는 생각에 약간 두려움도 느낍니다. 다른 사람들은 모두 자신을 잘 받아들이고 있는데 말이죠.

미래의 불확실성

안녕하세요? 저는 2년제 대학에 재학 중인 학생입니다. 전 요즘 너무 힘이 들어요. 제가 하는 모든 일이 무의미하게 느껴지고 사는 것이 너무 힘이 듭니다. 학교도 휴학하고 싶습니다. 이제는 아르바이트 자리도 잃어서 용돈도 벌 수가 없어요. 가정형편이 어려운데도 꼭 대학에 다녀야 한다는 생각에 지방대학에 다니고 있는데 대학을 졸업해 봤자 취직도 쉽지 않을 텐데 끝까지 학교에 다닐 필요가 있을까 하는 생각이 듭니다. 요즘은 차라리 고등학교를 졸업하자마자 직장에 취직해서 돈을 벌었다면 집안에 보탬이나 되었을 텐데 괜히 대학에 입학했다는 후회도 합니다. 공부를 잘하지도 못했으면서 기어코 대학에 가겠다고 우겼는데 지금 생각해 보니 바보 같은 짓이었던 것 같기도 하고요. 휴학하고 돈을 벌고 싶어요. 휴학한다고 해서 당장 일거리가 생기는 건 아니지만 다음 학기에 등록할 만큼 집안 사정도 넉넉하지 않고 동생 학비를 내는 것도 힘든 상황입니다. 요즘처럼 능력 없는 아버지가 미운 적은 없었고 얼굴을 마주하기도 싫습니다. 정말 기분만 계속 우울합니다.

1) 자아정체감의 개념

자아정체감(self-identity)은 여러 가지 함축적인 의미를 가지고 있는 복잡한 개념이지만 간단히 설명하자면 자기 자신에 대한 확신과 신념이다. 그러나 일시적인 자신에 대한 느낌이나 주장이 아니라 자기 내면에 대한 깊은 통찰을 통해 일관성 있게 지속되는 자신에 대한 확신을 의미한다. 따라서 자아정체감의 특성은 개별성, 통합성, 계속성으로 요약할 수 있는데, 첫째, 자아정체감을 획득한 사람은 자신의 가치와 신념이 다른 사람들과 공유되는 것도 있지만 자신이 남과 다르며 특별하다는 개별성을 인식한다. 둘째, 자아정체감을 획득한 사람은 사고, 행동, 동기, 가치관 등이 일관성을 이루는 통합된 모습을 보이는 경향이 있다. 셋째, 아동기, 청소년기, 성인기에 이르기까지 심리 발달적 변화를 이루면서도 자신이 동일한 존재임을 인식하는 계속성을 경험한다.

물론 정체감의 형성이 청소년기에 시작되고 완성되는 것은 아니다. 아동기의 다양한 경험과 동일시, 자기개념에 기초하여 청소년기에 새로운 자아를 발견하고, 이것이 성인기에 이르기까지 계속 발달해 간다. 즉, 자아정체감 형성은 일시에 성취되는 것이 아니라 일생을 통해 조금씩 이뤄 나가는 것이지만 심리 발달 특성상 청소년기에서는 매우 중요한 발달과업이다.

청소년들은 사춘기를 맞이하면서 급격한 신체적 성장과 성적 성숙을 이룬다. 사춘기에 겪게 되는 신체적 변화와 성적 충동은 과거에 경험하지 못한 새로운 변화이며, 이를 수용하고 조절할 수 있는 '자아'를 발전시켜야 한다. 또한 청소년기는 아동기에서 성인기로 넘어가는 과도기적 시기로 아동도 아니고 성인도 아닌 양가적 위치에 있다. 따라서 청소년들은 한편에선 독립적이며 책임감 있는 행동을 요구받고, 또 다른 한편에선 여전히 정서적 · 경제적으로 부모에게 의존하는 아동기적 역할을 요구받는다. 그리고 청소년기는 진학 및 진로, 전공, 이성 및 교우관계 등에서 끊임없는 선택과 결정을 요구받는다. 따라서 청소년들은 스스로 선택하고 결정하기 위해 여러 가지 가능성을 탐색해야 한다. 청소년기는 아동기와는 다른 질적인 지적 성장을 이루는 시기다. 사고는 현실적 한계에서 벗어나 현재에 제한받지 않고 과거와 미래로 확장되며, 이 시기에는 다양한 미래 가능성도 다룰 수 있다. 청소년들은 이러한 인지적 발달을 통해 자신의 위치와 역할, 능력, 미래 가능성을 탐색할 수 있게 되는데 이것이 자아정체감 형성을 가능하게 한다.

2) 정체감의 문제 유형

자아정체감 형성이 일생 동안 이뤄지는 작업이긴 하지만 청소년기의 발달적 특성상 정체감 형성이 청소년기의 중요한 발달과제임을 알 수 있다.

이와 관련하여 청소년들이 겪게 되는 자아정체감 문제들을 유형별로 분류하면 다음과 같다. 첫 번째 유형은 자기개념과 관련된 문제다. 사춘기 청소년들은 급격한 신체적·성적 성숙의 결과인 자신의 신체적·심리적 특성을 수용하는 데 여러 가지 어려움을 겪는다. 자신의 외모나 신체적 특성에 대한 불만과 열등감을 경험하며 이것은 정서적인 문제로 연결되기도 한다. 또한 자신의 성격과 능력에 대해서 부적절감과 열등감을 경험하는 청소년들이 많으며 실제로 자신의 성격 문제로 상담을 요청하는 사례가 많다.

두 번째 유형은 자신과 가족의 사회경제적 지위나 신분에 대한 불만과 열등감이다. 많은 청소년이 부모의 학력이나 직업, 경제적 능력, 가족관계 등에 대해 불만을 느끼고 친구들과 비교하면서 열등감을 경험한다.

세 번째 유형은 실존적 또는 종교적 문제다. 청소년들은 지적으로 발달하면서 삶에 대해 장기적 안목을 갖게 되고 인생의 의미, 죽음에 대한 염려와 불안을 경험하게 된다. 이러한 과정에서 많은 청소년이 삶에 대한 회의와 무의미감, 죽음에 대한 두려움을 갖게 되고 종교에의 지나친 몰두나 반발 등의 소위 실존적이며 종교적인 문제를 경험한다.

네 번째 유형은 진학 및 진로 선택의 문제다. 문과와 이과, 대학의 학과나 전공 그리고 직업의 선택과 같은 진학 및 진로 선택은 청소년 자신의 적성, 지능, 성격, 흥미 같은 자기이해와 삶의 가치, 목표를 선택하게 하는 가치관이나 인생

관과 관련된다.

청소년들이 정체성 형성의 과정에서 겪는 고민들에 대한 구체적인 사례들을 살펴본다면 정체성이 무엇인지를 좀 더 분명하게 이해할 수 있다.

저 자신을 잘 모르겠습니다

저는 고등학교 1학년 남학생입니다. 전 자주 저 자신에 대해서 모호하고, 알 수 없는 느낌을 가질 때가 많아요. 저 자신과 거리감이 느껴지고 제가 어떤 사람인지 잘 모르겠어요. 주위 사람들이 제 행동을 어떻게 보느냐에 따라 제 자신이 많이 좌지우지되는 것 같고, 그러다 보니 눈치도 많이 보게 되고, '저 사람이 날 안 좋게 보면 어쩌나.' 하는 생각에 불편해질 때도 많아요. 친구 사귀기도 힘들고, 저 자신에 대해서 '난 이러이러한 사람이야.'라고 할 수 있는 확고한 생각을 가지고 싶지만 자신이 없습니다. 자신감 있게 생활하고 싶은데 방법이 무엇인지 전혀 모르겠습니다. 우울해지고 아무 일도 할 수가 없고 저 자신이 너무 초라해 보여요.

여성성에 별 관심이 없는 자신이 이상합니다

저는 고2 여학생인데 요즘 너무 혼란스럽습니다. 남동생이나 오빠와 잘 어울렸기 때문인지 어릴 때부터 '남자답다.'는 말을 많이 듣고 자랐어요. 또 부모님이 남자아이와 여자아이를 다르게 대하지 않으셔서 저 또한 특별히 '남자' '여자'를 구분하는 생각을 별로 하지 않았습니다. 게다가 중 · 고등학교 모두 남녀공학이어서 그랬는지 남학생들이 저와 다르게 느껴지지도 않았고 친구들도 제게 터프하다고 말했습니다. 물론 용모도 여성스럽지 않고 보통 여자아이들이 좋아하는 연예인이나 옷차림, 액세서리 등과 같은 이야기에도 별로 관심이 없습니다. 남학생들도 저를 이성친구라기보다는 동성친구처럼 대합니다. 제가 여성이 아니라 중성일까요? 이러다가 연애도 못하고 결혼도 못하는 게 아닐지? 고등학생이 되니 제 이런 모습이 정말 고민됩니다.

평범한 저 자신이 마음에 들지 않습니다

안녕하세요? 선생님, 저는 가정환경, 교우관계, 학교생활 등 모든 면에서 평범한 고등학교 남학생입니다. 공부도 평균 수준이고 친하게 어울리는 친구들도 있어서 왕따를 당하는 일도 없고 외모도 아주 평범합니다. 저의 이런저런 조건을 따져 보면 굳이 저 스스로 만족 못할 것은 없습니다. 그런데 요즘, 제가 그동안 아무 생각 없이 살고 있었다는 생각을 많이 합니다. 친한 친구들은 진학할 대학이나 전공에 대해 고민도 하고 장래에 유망한 것이 무엇인지에 대해 논쟁도 하면서 인생 설계니 미래 계획이니 뭔가 많은 생각이나 고민을 하는 것처럼 보입니다. 이런 친구들과 얘기하다 보면 저는 정말 꿈과 희망도 없이 그럭저럭 살아오고 있다는 생각이 듭니다. 단지 시험이 다가오면 좀 더 공부하고, 친구들과 어울릴 기회가 있으면 재미있게 함께 시간을 보내는 등 그저 흐름대로 살아가는 제 모습이 싫어지기 시작했습니다. 이제 좀 더 의미를 가지고 생기 있게 살고 싶습니다. 고민도 하고 무엇인가를 얻기 위해 노력하다가 실패나 성공도 경험하면서 살아가는 것이 멋진 삶이 아닐까요? 저는 지금의 저 자신이 마음에 들지 않습니다.

제 삶의 가치가 무엇인지 모르겠습니다

저는 고등학교 1학년에 재학 중인 ○○○입니다. 저는 요즈음 죽고 싶다는 생각을 자주 하고 그래서 가끔 자살을 시도하는 상상도 해 봅니다. 어떨 땐 아무도 모르게 갑자기 어디론가 사라졌으면 좋겠습니다. 저는 집이나 학교에서 의미 없는 존재이기 때문에 제가 갑자기 사라져도 아마 달라질 것이 별로 없을 것입니다. 집에는 일류 대학에 다니는 형과 예술학교에 다니는 여동생이 있어서 엄마는 늘 자랑스럽다고 얘기하십니다. 그런데 엄마가 저에 대해 자랑스러워하며 칭찬하는 일은 없고, 사실 제가 생각해도 저는 잘하는 것이 아무것도 없습니다. 공부도 부족하고 그렇다고 내세울 만큼 잘하는 특기도 없고 뭔가를 배우려고 애쓰지도 않아요. 엄마는 저를 너무 마음에 안 든다고 하시고 형제들과 비교하시며 어떻게 잘하는 것이 전혀 없는지 한심하다고 말씀하세요. 사실 엄마의 말씀이 틀리지 않습니다. 그렇지만 엄마가 저를 이렇게 낳아 주신 것이지 제가 선택한 것은 아니잖아요. 학교에서도 이와 마찬가지로 제가 결석을 해도 왜 학교를 빠졌는지에 대해 관심을 두는 사람이 없을 거예요. 공부도 적당히 하고, 재미있는 성격도 아니고 반장도 아니기 때문에 아마 선생님도 제 이름을 모르실 겁니다. 언제나 그랬듯이 어디에 있어도 눈에 띄지 않고 없어도 그만인 저를 알아봐 주는 사람은 없습니다. 그렇다고 제가 반드시 자리를 지켜야 할 일도 없고 특별히 잘하는 것도 없어서 저 자신이 너무 한심스럽기도 하고 싫습니다. 저도 다른 아이들처럼 꼭 필요한 존재가 되고 싶고 집에서도 인정받고 싶지만 지금 제 모습으로는 불가능하겠지요. 죽을 때까지 이렇게 살면서 제가 하는 일은 뭐든 잘 안 될 거라고 생각하니 당연히 살고 싶은 마음은 없습니다. 정말 왜 저 같은 사람을 만들어서 비참한 기분만 들게 하는지 모르겠어요. 이 세상에 존재할 필요도 없는 사람인데요.

저 자신에게 확신이 없습니다

저는 고등학교 3학년 남학생인데 언제부터인가 저 자신에 대해서 생각해 보면서 스스로 잘 알고 있지 못함을 깨달았습니다. 공부를 열심히 해야 하는 이유도 잘 모르겠고, 무엇을 원하고 하고 싶어 하는지에 대해서도 확신이 없습니다. 자신에 대해 깊이 생각할수록 더욱 알 수 없다는 생각과 함께 오히려 멀게만 느껴져서 불안합니다. 대학입시와 진로 결정을 해야 하는 이 시점에서 저 자신에 대해 확신도 없고 누구인지도 잘 모르겠으니 너무 혼란스럽습니다. 스스로 저 자신에 대해 분명히 설명할 수 있다면 자신을 더욱 가깝게 느끼고, 사람들을 대할 때도 더 자신감 있고 편안한 마음을 가질 수 있을 텐데 그렇지 못해서 사람들을 쉽게 사귀지도 못합니다. 자꾸 저 자신을 의식하게 되고, 자신에 대한 확신도 없어서 자신감도 없고 위축됩니다. 왜 저 스스로 자신에게 친밀한 느낌을 갖지 못하는 건가요? 어떻게 하면 좋을까요?

5. 심리적 부적응 행동

청소년기는 '질풍노도의 시기'라고 일컫는다. 청소년기는 아동기에서 성인기로 넘어가는 과도기이며 급격한 신체적 변화와 성적 성숙 그리고 지적 능력의 발달 및 정서적 변화들을 겪는 시기다. 청소년들이 이러한 급격한 변화에 적절하게 대처하지 못하면 심리적 부적응이나 문제행동을 일으키기도 한다.

청소년기의 부적응은 발달 수준, 성별, 사회계층에 따라 다른 양상을 보인다. 가령, 폭력 행위와 같은 부적응은 청소년 초기에 나타나고 우울증, 무단결석, 약물남용 등과 같은 부적응 행동은 청소년 후기에 나타난다. 특히 불안, 우울증과 같은 내면적 문제행동들은 중류계층의 청소년들에게서 더 많이 나타나는 경향이 있다.

1) 심리적 부적응의 의미

청소년 시기는 급격한 변화와 새로운 상황에 대처하며 적응해야 하는 어려운 시기이지만 대부분의 청소년은 혼란을 극복하면서 정상적인 발달을 이룬다. 이 시기의 정서적 혼란과 갈등은 오히려 시기적으로 자연스러운 현상으로 간주되고, 이것을 극복하는 과정 중에 정체성을 확립하며 정서적으로 안정감을 갖게 된다. 그러나 어떤 청소년은 이러한 어려움을 극복하지 못하고 심리적 부적응을 겪기도 하고 성인기까지 지속되는 경우도 있다. 청소년기의 심리적 부적응은 다양한 형태로 나타나는데 이 시기에 흔히 나타나는 심리적 부적응은 섭식장애, 불안장애, 강박장애, 우울증, 자살, 품행장애, 조현병 등이 있다. 그런데 심리적 적응과 부적응 상태를 구분하는 것은 간단하지 않은데, 일반적으로 심리적 부적응의 기준은 다음과 같은 기준에 근거한다. 첫째, 심리적 고통을 느끼면서 불편함을 경험하고 있지만 스스로 이를 통제하거나 해결할 수 없는 상태다. 가령, 심한 우울증이나 불안은 청소년에게 심리적 고통을 일으키면서 동시에 일상생활, 학교생활, 대인관계 수행에 어려움을 초래한다. 둘째, 심리적 부적응 상태에서는 행동 조절이 어렵기 때문에 약물남용, 가출, 성문제 등 사회적으로 용납하기 어려운 문제행동을 빈번하게 반복할 수 있다. 셋째, 심리적 부적응이 반드시 청소년에게 심리적 고통을 유발하는 것은 아니다. 즉, 심리적 부적응 상태에 있는 청소년은 스스로 심리적 불편함을 전혀 느끼지 못하거나 자신의 문제를 전혀 인식하지 못할 수도 있다. 넷째, 청소년들의 심리적 부적응은 통계적으로 정상적 행동의 범주에서 일탈되었을 경우를 말한다. 이때 표준화된 심리검사는 청소년의 심리적 부적응과 적응을 구분할 수 있는 도구로 사용된다.

2) 청소년기의 심리적 부적응

청소년기의 심리적 부적응은 정상적인 발달을 방해함으로써 그들의 성장과 성취에 장애 요인으로 작용할 수 있다. 따라서 청소년기 혼란에 대처하는 능력이 미숙한 청소년들에게 더 많은 관심과 주의가 필요하며, 부적응 초기에 발견하여 적절한 도움과 지원을 해 주어야 한다.

첫째, 불안장애(anxiety disorder)다. 불안장애는 불안의 대상이 뚜렷하지 않은 채 막연한 상태로 두려움과 초조감을 경험하는데 경우에 따라서는 특정한 상황, 사물, 사람에 대해 강한 공포감을 느낀다. 따라서 불안장애는 막연한 불안을 경험하는 범불안장애, 갑작스럽게 매우 강한 불안에 휩싸이게 되는 공황장애, 특정한 대상이나 상황에 대해 공포감을 갖는 공포장애로 구분될 수 있다. 그리고 불안으로 인해 원하지 않는 사고나 행동을 반복적으로 하는 강박장애, 충격적인 사건이나 사고를 겪은 뒤 공포감을 느끼는 외상 후 스트레스 장애 등도 불안과 관련된다. 진단분류체계인 DSM-5(The Diagnostic and Statistical Manual of Mental Disorders, Fifth Edition)에서는 기존의 불안장애를 보다 세분화하여 불안장애, 강박 및 관련 장애, 외상 및 스트레스 사건 관련 장애로 구분하였다. 특히 청소년들은 특정한 생각 및 두려운 느낌이 반복되거나 특정 행동을 반복하는 강박증과 같은 불안을 흔히 경험한다. 학업 성취 수준이 높은 청소년들도 시험에 실패할 것이라는 생각에 사로잡히는데, 이러한 시험 불안증은 많은 청소년이 경험하는 심리적 부적응이다. 또한 특정 상황이나 대상에 대해 두려움을 갖는 대인공포증, 학교공포증, 시험공포증도 이 시기에 나타나며 이러한 공포증은 대부분 청소년기에 시작되는 것으로 알려져 있다.

막연한 불안

안녕하세요. 저는 대학 3학년에 재학 중인 여학생입니다. 최근 들어 저는 자주 불길한 생각에 빠져드는데, 모든 일을 좋지 못한 쪽으로 상상하다가 너무 불안해져서 실제 일어난 것처럼 안절부절못합니다. 예를 들면, 부모님 두 분이 오랜만에 함께 여행을 떠나셨는데 뉴스에서 듣던 갑작스러운 재난으로 사고라도 당하지 않을까 걱정하기 시작하다가 결국 돌아오실 때까지 아무 일도 하지 못하고 불안해합니다. 또 제 말이나 행동이 불행을 가져올지도 모른다는 생각 때문에 항상 말이나 행동을 자연스럽게 하지 못해서 오히려 다른 사람들을 불편하게 만듭니다.

일단 불안하고 불길한 상상을 하기 시작하면 점점 그 생각에 빠져서 헤어나지 못하고 정말 큰 사건이 일어난 것처럼 생각하게 됩니다. 이런 저 자신이 한심하고 답답하지만 이런 생각들이 시작되면 멈추기가 어렵습니다. 정말 심각합니다. 도와주세요.

시험불안

전 인문계 고등학교에 다니고 있습니다. 중학교 때부터 시험이 다가오면 불안해서 공부를 할 수가 없었는데 고등학교에 와서도 나아지지 않고 더 심해집니다. 시험만 생각하면 공부도 안 되고 시험을 볼 때는 알고 있는 것도 잘 기억이 나지 않습니다. 이젠 시험 생각만 해도 두통이 심해지고 성적은 점점 더 나빠지고 있어서 너무 불안합니다. 대학 진학은 반드시 해야 하는데 이 상태가 지속되면 어렵게 될 것이 분명하겠죠. 어떻게 해야 할지 모르겠어요.

둘째, 우울증(depression)이다. 우울증은 청소년기에 비교적 흔히 나타나는 증상으로, 기분이 저조한 상태로 인해 대인관계 위축, 권태와 무기력, 수면장애, 섭식장애를 수반하기도 한다. 우울은 기본적으로 상실이나 손실에 대한 정서적 반응이기 때문에 청소년들은 기대에 못 미친 시험 성적이나 친구관계에서의 갈등 등에 대해 우울한 정서를 경험한다. 학교생활이나 일상생활의 여러 가지 사건을 통해 청소년들이 일시적으로 침체된 기분이나 우울함을 느끼는 것은 흔한 일이다. 그러나 우울 상태가 지나치게 강하고 상황에 부적절하게 저조한 기분 상태가 오래 지속되면 우울증으로 볼 수 있다. 우울증은 불안증과 함께 청소년들이 가장 흔하게 겪는 정서적 장애다. 청소년기의 우울증 발생 요인은 다양한데, 우선 인지적 발달 초기에 나타나는 자기비하나 미래에 대한 불확실성이 우울을 초래할 수 있다. 또한 학습된 무력감이 우울증의 발생과 긴밀하게 연관되어 있다. 학습된 무력감은 자신이 통제할 수 없는 스트레스 상황이 지속되거나 계속적인 실패를 경험함에 따라 생기는 상황 및 실패를 통제할 수 없다는 생각에서 비롯된다. 학업 성적의 저하나 부진, 자신의 외모나 신체에 대한 열등감, 교우관계의 소외나 따돌림, 친한 친구와의 결별이나 갈등, 부모로부터의 심한 꾸중과 질책, 가족의 불화나 상실 등의 사건들은 청소년들에게 스트레스를 유발하고 실패를 경험시키는 상황들이다.

우울

안녕하세요? 저는 고등학교 3학년에 다니고 있습니다. 저는 3남매 중 맏이고 고등학교에 다니는 남동생과 중학교 1학년 여동생 그리고 부모님이 계시는 평범한 가정에서 별 불편함 없이 성장해 왔습니다. 그런데 저는 종종 세상에 저 혼자라는 생각을 자주 하게 되고 친구들조차도 저에게 관심을 가지고 있지 않다고 생각합니다. 그 어느 누구도 저 자신의 아픔을 공감해 주고 위로해 주지 않아서 저 혼자만의 힘으로 이 아픔을 해결해 나가야 한다고 생각하면 더욱 힘이 듭니다. 더욱이 기대했던 사람들로부터의 무관심과 배신은 정말 괴롭습니다. 고3 학생이라 예민해져서 그

> 런다고 할 수 있지만, 흔히 말하는 고3병은 아닌 것 같습니다. 마음이 허전하고 공허한 느낌 때문에 무척 괴롭습니다. 혼자라는 생각을 하면 정말 죽고 싶습니다. 죽으면 이 모든 힘든 마음이 해결될 것 같아요. 그래도 한 번은 노력하고 싶습니다. 도와주세요. 좋은 말씀으로 마음을 다스려 보고 싶기도 합니다.

셋째, 자살이다. 청소년의 자살은 매우 심각한 문제다. 자살의 원인은 매우 다양하지만 자살 사고를 가지고 있는 청소년들은 심한 불안이나 우울, 좌절감에서 벗어나기 위한 수단으로 극단적인 선택하기도 한다. 자살이라는 극단적인 행동을 선택하는 청소년은 외로움, 소외, 따돌림을 당하고 있고 부모와 가족으로부터 사랑받지 못하고 있다고 생각한다. 따라서 이들의 자살 행위는 자신의 고통을 극단적으로 표현하는 것이며 관심을 얻으려는 수단으로 선택된 것이다. 특히 실패와 상실의 반복적인 경험을 통해 낮은 자기 가치감이나 자존감을 갖는 청소년기의 우울증은 자살 행동을 유발할 가능성이 크다. 자살은 우리나라 청소년 사망 원인에서 높은 비율을 차지하고 있으며 많은 청소년이 자살 충동을 느낀다고 보고되고 있다. 청소년이 자살을 시도하는 주된 이유는 학업성적의 비관 및 가족과의 불화나 갈등으로 나타난다.

넷째, 섭식장애다. 섭식장애는 거식증(anorexia nervosa)과 폭식증(bulimia)으로 나뉜다. 거식증은 건강 유지에 필요한 최소한의 음식마저 섭취하기를 거부하여 급격하게 체중이 감소하는 상태를 말한다. 거식증이 있는 사람은 자신의 신체에 대해 왜곡된 신체상을 가지고 있어 마른 상태에서도 자신이 살이 쪘다고 생각하며 먹기를 계속 거부하다가 영양실조에 이르게 되고, 심각한 경우에는 사망에 이르기도 한다. 폭식증이 있는 사람은 거식증과 마찬가지로 체중 조절을 위해 절식함과 동시에 충동적으로 많은 양의 음식을 한꺼번에 섭취한다. 그리고 폭식 뒤에 따르는 신체적 불쾌감, 죄책감, 수치심 때문에 속을 비우려고 의도적으로 토하거나 하제 등을 복용하여 체중을 감소시키려는 노력을 반복한다.

다섯째, 조현병(schizophrenia)이다. 조현병은 10대 중후반부터 발생률이 급증하는 심리적 부적응으로 사고가 비논리적이며 주변 현실을 지각하고 이해하는 능력이 현저하게 저하되어 환각 및 망상 등을 보인다. 조현병을 보이는 청소년들은 혼란스러운 사고와 언어, 행동 그리고 변덕스러운 감정을 보이고 대인관계가 극히 위축되며 자신의 세계에 몰두하는 자폐적 성향을 보인다. 일반적으로 청소년들의 감정이 변덕스러운 경향이 있지만 정상 범주인 경우에는 현실적이며 극단적이지 않다. 조현병은 발병하는 방식에 따라 진행성과 반응성으로 구분된다. 진행성 또는 잠행성의 조현병은 매우 서서히 진행되어 가족이나 교사에 의해 쉽게 인식되지 않는 경우가 많다. 이 경우에는 대부분 성적이 서서히 떨어지면서 부진한 상태가 오래 지속되며 교우관계도 극히 제한적이거나 고립된다. 또한 교사나 친구에 의해 이들의 부적절한 감정 상태와 기괴한 행동들이 관찰될 수 있으며 비논리적이고 부적절한 사고의 양상과 언어행동이 나타난다. 반응성 조현병은 특정한 충격적 사건으로 인해 급작스럽게 조현병 증상이 나타나는 경우다.

여섯째, 적대적 반항장애(oppositional defiant disorder)와 품행장애(conduct disorder)다. 적대적 반항장애를 가진 청소년은 어른들에게 반항하며 화를 쉽게 내고 마음이 불안정하고 어떤 상황에서는 심한 적개심을 표출하기도 한다. 적대적 반항장애를 가진 아동 및 청소년은 어른이 지키라고 하는 규율을 무시하고 주변 사람을 고의적으로 화나게 하며 분노와 증오심을 가지고 있다. 품행장애는 적대적 반항장애보다 더 심각한 문제를 보이고 반복적으로 다른 사람을 괴롭힌다. 품행장애를 가진 청소년은 학교폭력, 학교 결석 및 지각, 기물파손, 물건이나 돈 갈취, 서류위조, 가택 및 차량 침입, 절도 및 강도, 동물 학대 등의 심한 문제를 일으킨다. 심지어 살인과 같은 극단의 범죄를 저지르기도 한다. 비교적 경미한 품행장애는 시간이 지나면 좋아지기도 하지만, 심각한 경우는 성인기까지 지속되고 반사회적 성격장애나 다른 심리적 문제로 이어지기도 한다(Mash & Wolfe, 2010).

적대적 성향의 자녀

안녕하세요? 저는 고등학교 2학년 아들을 둔 엄마입니다. 제 아들은 어려서부터 워낙 성격이 강하고 고집이 심했는데 나이가 들어도 나아지지 않고 여전합니다. 앞으로의 사회생활이 걱정되어 아들을 설득해서 근처 상담센터에서 성격검사를 받았는데 적대적 성향이 높은 것으로 결과가 나왔습니다. 그런데 당사자가 함께 있어서 그랬는지 적대적 성향에 대한 자세한 설명은 해 주지 않았습니다. 적대적 성향이 높은 것이 어떤 문제를 일으키는지 궁금합니다. 아들은 화가 나면 상대가 누구든 가리지 않고 난리를 피우며 소리를 지릅니다. 어린 시절부터 둘째인데도 형을 자주 때려서 많이 혼났고 학교에 들어가서도 거친 운동만 좋아하고 자주 싸웁니다. 거칠고 냉소적인 면도 있는데 언제가 한번은 지나가던 개가 자신을 향해 짖었다고 개를 심하게 발로 차서 개 주인에게 아들을 대신해서 사과했습니다. 왜 그런지 이유를 모르겠습니다. 성격은 타고난다고 하는데 고칠 수 없는 것인지, 부모가 잘못 키운 탓인지…… 매일매일 걱정만 쌓입니다. 적대적 성향에 대해 자세하게 설명해 주세요. 그리고 부모로서 아들을 이해하고 도울 방법이 있는지 가르쳐 주세요.

6. 주의력결핍 과잉행동장애

주의력결핍 과잉행동장애(Attention Deficit Hyperactivity Disorder: ADHD)는 학령전기 및 학령기 아동에게 가장 일반적으로 나타나는 정신과적 장애로 이 장애를 지닌 아동은 주의력결핍(inattention), 과잉행동(hyperactivity), 충동성(impulse)을 보이기 때문에 학교생활과 가정생활에서 부적응적인 행동을 나타낸다. 어린 아동들은 발달적으로 집중력이 부족하고 주의력이 약하며 주위의 자극에 쉽게 반응을 보이는 경향이 있어서 영아기나 아동기 초기에 일반아동과 ADHD 아동을 구분하기는 쉽지 않다. 일반적으로 전문가들은 7세 전후에 일반아동과 ADHD 아동의 차이가 확실하게 나타난다고 보고 있다. ADHD를 아동기 발달장애의 중요한 요인으로 주목하는 이유는 이것이 아동기에 치료되지 않으면 청소년기의 비행이나 성인기의 사회 부적응 행동으로 발전할 가능성이 크기 때문이다.

현재 중학교 2학년에 재학 중인 남학생 P 군은 초등학교 시절에 주의가 산만하고 충동적인 경향이 있어서 주위에서 많은 주의와 제지를 받았다. 그러나 부모는 단순히 사내아이이고 또한 성격상 다른 아이들에 비해 부산스러운 것이라고 생각하며 대수롭지 않게 여겼다. 물론 부모는 아들의 주의 부족과 부산한 행동을 자제시키기 위해 교육적인 차원에서 엄격하게 통제하는 중에 감정이 격해지고 처벌을 가하기도 했지만, 아들의 특성을 사내아이의 특성으로 이해했고 활동량이 많은 정상적인 아이라고 생각해서 아들의 그런 행동에 문제의식을 갖지 않았다. 그런데 P 군이 중학교에 입학한 후, 자전거를 훔치고 오토바이 사고를 일으키기 시작하면서 급기야 2학년이 되어서는 학교 친구들을 폭행하고 금품을 갈취하는 비행을 저지르게 되었고, 다른 학교로 전학까지 하게 되었다. 그런데 이제는 본인이 또다시 특정 지역의 특정 중학교를 지목하면서 그곳으로 전학을 보내 달라고 요청하고 있고, 요구를 들어주지 않으면 학교에 가지 않겠다고 고집을 부리다 결국 현재는 가출한 상태다.

중학생이 된 아들의 이러한 급작스러운 행동에 놀란 P 군의 부모는 주위 사람들의 권유로 병원에서 상담을 받았고 결국 아동기의 ADHD 증상이 발전하여 현재의 비행에 이르게 되었다는 사실을 알게 되었다. 부모로서는 인정하기 힘든 현실이었지만 담당 의사는 약을 통한 치료를 권했고 아동기의 주의력결핍 과잉행동이 청소년기의 비행으로 발전되었기 때문에 치료 기간이 길어질 것이라고 했다.

학령기 아동에서의 ADHD 발병률에 대한 정확한 통계 자료는 제시하기 어렵지만 대략적으로 초등학생의 3~8%, 한 학급당 2~3명 정도가 ADHD 아동일 것으로 추정되고 있고 치료가 필요한 것으로 판단하고 있다. 그러나 ADHD에 대한 인식 부족으로 실제 소아정신과에서 이 증상으로 치료를 받는 아동의 수는 상당히 적은 것으로 나타나 많은 ADHD 아동이 적절한 치료 시기를 놓치고 있음을 알 수 있다. 유아기 및 아동기에 나타나는 ADHD는 여아보다 남아에게 3배 이상 더 발생률이 높은 것으로 보고되고 있다.

1) ADHD의 행동 특성

ADHD 아동은 주의력결핍, 과잉행동, 충동성, 공격성이 두드러지며 이와 관련한 동료관계의 어려움과 같은 사회성 부족을 비롯하여 여러 가지 발달장애를 겪는다.

첫째, ADHD 아동은 수업에 관련된 적절한 자극에 선택적으로 주의를 집중하기 어렵다. 선생님의 짧은 설명에도 잠시도 주목하지 못하고 주위의 여러 가지 자극에 순간적인 호기심과 관심을 옮겨 가는 산만함을 보인다. 교실 환경에는 수업 내용과 학습활동에 관련된 자극만 있는 것이 아니라 창밖의 소음, 시각적 자극, 주의를 끄는 여러 가지 물건, 친구들의 존재 등 여러 가지 자극적 요소가 함께 존재한다. 따라서 학습활동을 하기 위해서는 수업 자료, 선생님의 설명과 같은 적절한 자극을 선택하고 의도적으로 주의를 집중하여 이 외의 자극에 대해서는 무시할 수 있어야 한다. 하지만 ADHD 아동은 수업과 관련된 적절한 자극에 대해 선택적으로 주의집중하지 못해 학습장애를 가지고 있고 지능에 비해 낮은 학업 성취를 보일 가능성이 크다.

둘째, ADHD 아동은 끊임없이 움직이며 부동자세로 있어야 하는 상황에서 잠깐이라도 조용하게 정지된 상태를 유지할 수 없다. 자리를 이리저리 계속 이동하고, 뛰어다니며, 팔과 다리를 계속 움직이는, 활동 수준이 매우 높은 행동을 보인다. 이러한 과잉행동은 상황이나 장소에 관계없이 나타나는데, 심지어 엄격한 통제를 받고 있는 순간에도 계속적으로 산만한 행동이 나타난다. 또한 놀이시간에도 친구들과 장난감 사이를 마구 돌아다니거나 후미진 곳에 기어 들어가는 등 놀이 이외의 다른 많은 과도한 행동을 시도한다.

셋째, 충동성은 반응을 억제하지 못하고 즉각적이며 반사적인 행동을 의미하는데, ADHD 아동은 자기억제 능력이 부족하기 때문에 상황에 적절한 행동이 무엇인지를 생각하기 전에 충동적으로 행동하는 경향이 있다. 규칙이나 규율을 알고 있어도 스스로 자제할 수 없어서 거침없이 말하고 행동한다. 교사나 부모가 아동의 이런 충동적인 행동을 제지하거나 체벌을 주어도 충동성은 감소되지 않는다. 이런 아동은 실내나 실외에서 주변 장애물을 보지 않고 마구 뛰어다녀서 온몸에 상처가 많고 심지어는 도로에 무작정 뛰어드는 위험한 행동을 하기도 한다. ADHD 아동은 특히 학습활동에 많은 어려움을 겪는데 학습 문제의 지시문을 끝까지 읽기도 전에 답을 선택하는 충동적인 학습 태도를 보이기 때문에 다른 아동에 비해 낮은 학업 성취를 보인다.

넷째, ADHD 아동은 충동적이기 때문에 대인관계에서 쉽게 공격성을 보인다. 질서나 순서를 지켜야 하는 집단 놀이시간에 또래에게 욕을 하거나 신체적 공격을 가하기 때문에 동료들로부터 외면당하기도 한다. 게다가 자신의 충동적이고 공격적인 행동이 다른 친구들을 괴롭히고 있다는 것도 인식하지 못한다.

다섯째, 결과적으로 ADHD 아동은 정상적인 또래관계를 형성하지 못하고 사회성 발달에 장애를 겪는다. 사회성은 또래와의 놀이를 통해 발달하는데, ADHD 아동은 충동적이고 호전적이며 자기통제성이 부족하기 때문에 또래와 상호작용할 기회를 잃게 되고 결과적으로 사회적 문제해결 능력도 결여되기 쉽다. 대부분의 ADHD 아동은 또래와 어울릴 때도 욕하기, 때리기, 방해하기, 괴롭히기 등의 적절치 못한 행동을 하고 결국 따돌림을 당하기 때문에 적절한 또래관계를 형성하기 어렵다.

ADHD 아동은 행동적 특성으로 인해 행동, 학업, 사회성, 인지적 측면에서 발달적 장애가 나타날 수 있을 뿐 아니라 정서적 측면에서도 통제 및 예측이 어렵고 자존감이 낮으며 우울함이 높은 것으로 나타났다. 또한 신체적 기능이 원활하지 못하고 질병에도 취약한 것으로 알려져 있다.

2) 청소년기의 ADHD

ADHD 아동이 청소년기에 이르면 그 증상이 다소 감소하는 경향이 있으나 주의력결핍 및 충동적 성향은 여전히 남아 있으면서 부적응적인 행동이 나타날 가능성이 있다. 그러나 아동기의 ADHD 증상이 모두 청소년기와 성인기로 이어지는 것은 아니다. 청소년기의 ADHD 행동 특성은 아동기보다 과잉행동이 감소하는 경향을 보이지만 집중력 장애, 충동성, 감정 기복 등이 학습 능력 저하, 반사회적 행동, 도벽, 폭행 등의 비행으로 이어져 사회 적응에 심각한 문제가 될 수 있다는 것이다. 즉, 청소년기의 ADHD는 아동기와 다른 양상을 보이지만 여전히 학교생활과 사회 적응에 문제를 야기한다.

청소년기는 정체성의 위기, 심리적 불안, 과중한 학업, 사회적 요구의 변화와 갈등 등으로 거의 모든 청소년에게 힘든 시기다. 이 시기에 많은 정상적인 청소년도 부모 세대와 갈등을 겪고 반항하며 비행을 저지르기도 한다. 더욱이 ADHD 청소년은 주의력 장애와 충동성으로 인해 계획적인 학습활동을 지속할 수 없으며, 학교의 규율이나 규칙을 위반하고 절도, 폭행 등의 비행 및 반사회적 행동을 할 가능성이 더 커진다.

이들은 더 많은 집중력이 필요한 학습 과제를 제대로 수행하지 못하고 자제력이 부족하며 사소한 자극에 대해 쉽게 스트레스를 받기 때문에 분노를 자주 느끼고 다른 사람들과 빈번하게 충돌한다. 또한 자극적인 컴퓨터 게임이나 위험한 놀이 혹은 오락에 쉽게 빠져들어 사고의 위험이 높다. ADHD 청소년은 지각과 결석을 반복하고, 과제 수행을 회피하고, 낮은 학업 성취를 보이며 정상적인 동료관계를 형성하지 못하는 등의 부적응적인 학교생활을 한다. 그리고 이들은 약물남용, 우울장애, 불안장애, 충동적 자살과 같은 더 심각한 문제를 겪기도 한다.

청소년기의 ADHD에 대한 치료 방법은 아동기와 마찬가지로 약물 치료가 우선시되며, 이와 함께 인지행동 치료, 행동 수정, 가족상담, 개인상담 그리고 환경적 단서를 정리하는 방법 등을 병행하기도 한다. ADHD 청소년들은 계획적으로 과제를 완수할 수 있는 능력이 부족하기 때문에 긍정적 보상과 격려, 산만함을 자극하는 환경적 단서들을 정비함으로써 과제 수행 행동을 학습시킬 필요가 있다. 또한 이들은 자존감이 낮고 자율성과 독립성이 부족하기 때문에 자기인식 능력을 높이고 자존감을 회복시키는 치료가 필요하다. 부모들은 자녀들의 문제에 대해 죄의식, 좌절, 분노를 느끼기 때문에 무관심 또는 과보호를 함으로써 적절한 치료가 진행되기 어렵게 만들 수 있다. 따라서 ADHD 증상에 대한 올바른 이해를 통해 자녀의 처치에서 긍정적인 사고와 지원이 이뤄질 수 있도록 상담에 가족이 함께 참여할 필요가 있다.

ADHD 청소년들의 학습 능력은 지적 능력에 비해 현저하게 떨어지기 때문에 학습활동에 흥미를 가지고 주의집중을 유지할 수 있는 학습 환경을 조성해야 한다. 불필요한 물건들을 정리하고 소음을 차단하여 주의를 끄는 시각적 · 청각적 단서의 수를 줄이고 학습 시간을 단축하는 대신에 자주 쉬게 하여 집중력이 떨어지지 않도록 해야 한다. 또한 물건을 자주 잊어버리고 해야 할 일을 계획적으로 수행하기 어려워하므로 반드시 해야 할 일과를 기억할 수 있도록 메모하고 확인하는 습관도 갖게 해야 한다.

7. 인터넷 · 스마트폰 중독 문제

최근 청소년의 인터넷 및 스마트폰 사용이 늘어나자 이에 대한 부작용 문제도 심각하게 증가하고 있다. 여성가족부(2018)에 의하면 전국 초 · 중 · 고등학교 132만여 명을 대상으로 인터넷 과의존 척도(K척도), 스마트폰 과의존 척도(S-척도)를 검사한 결과 인터넷 과의존 위험군이 14만 421명, 스마트폰 과의존 위험군이 12만 840명으로 전년 대비 0.9% 증가한 것으로 조사되었다. 심각한 것은 전년 대비 재학생 수는 13만 명가량 줄었지만 인터넷 · 스마트폰 과의존 위험군은 늘어났다는 것이다.

인터넷 · 스마트폰 중독은 청소년 정신건강에 심각한 악영향을 미친다. 예를 들어, 인터넷 과몰입은 학습 결손을 유발하며 이로 인해 낮은 성취감을 가져온다(박승민, 2005; 한정선, 김세영, 2006). 그리고 인터넷 · 스마트폰을 하느라고 식사를 자주 거르고, 잠자는 시간도 줄어들게 되어 건강이 크게 악화될 수 있으며, 가족 및 친구 관계에서의 갈등, 게임과 현실 구분의 어려움 등의 다양한 문제가 나타날 수 있다(강만철, 2005; 박승민, 2005: 배주미 외, 2013에서 재인용). 또한 인터넷 · 스마트폰 중독은 우울, ADHD와 정적 상관관계를 가진다(오선화, 하은혜, 2014).

Y 양은 최근 스마트폰과 인터넷 사용으로 부모와 갈등이 심한 편이다. 부모가 하루 종일 스마트폰만 들여다보고 공부는 하지 않는다고 잔소리를 많이 해서 속상하다. 스마트폰으로 주로 동영상을 많이 찾아보는 편이다. 주로 찾아보는 주제는 없고 이것저것 재미있는 동영상을 보는데, 동영상을 보느라 새벽 2~3시 정도에 잠이 들고 다음 날 아침에 일어나기 힘들다. 그래서 엄마가 스마트폰을 그만 보라고 혼을 낸다. 한창 중요한 시기에 왜 스마트폰만 보고 있냐며 굉장히 화를 내고 잔소리를 한다. 듣기가 싫다. 그래서 요즘은 집에 오면 방에만 들어가 있고 거실로 나오지 않는다. 엄마는 방문을 열어 두라고 하는데 Y 양은 싫다. 스마트폰을 많이 보게 된 것은 고등학교 1학년부터인데, 그때 성적에 대한 자신감도 많이 떨어지고, 남들처럼 친구도 잘 사귀지 못 하는 것이 힘들었다. 공부를 해야 하는 건 알지만, 공부하려고 하면 어제 봤던 동영상이 떠오르고 찾게 된다. 한참 동영상을 보면 마음이 편해진다. 그러다가 왜 이렇게 스마트폰만 보고 있을까 후회가 된다.

1) 인터넷 · 스마트폰 중독 정의 및 진단

인터넷 중독과 스마트폰 중독이 청소년들에게 심각한 영향을 줄 수 있다는 것이 여러 학계에서 인지되고 있지만, 이 둘의 중독에 대한 개념적 정의는 아직까지 명확하게 합의되지 못한 실정이다(배주미 외, 2013; 오선화, 하은혜, 2014). Goldberg(1996)는 인터넷 중독이라는 용어를 최초로 사용하였으며, 인터넷 중독을 약물, 알코올과 같은 물질중독과 유사한 양상을 가진다고 설명하였다. 한편 Young(1996)은 인터넷 중독 진단 기준을 DSM-IV의 '병적 도박'의 진단기준을 참고하여 정의하였다. 그에 의하면 인터넷 중독 진단 기준은 인터넷에 대한 강박적인 사고, 내성과 금단, 의도한 것 이상의 과도한 인터넷 사용, 인터넷 사용에 관한 지속적인 욕구, 다른 활동에서의 흥미 감소, 인터넷 사용으로 인한 부정적인 생활의 결과의 무시가 포함된다(김동일 외, 2008). 그리고 스마트폰 중독의 경우도 인터넷 중독과 유사한 양상을 가질 것이라고 예상할 수 있다. 또한 인터넷 중독의 내성과 금단 현상에는 다음과 같은 내용이 포함될 수 있다(김청택 외, 2002).

- 재미와 만족을 위해서 인터넷을 사용하는 시간이 점점 늘어난다.
- 점점 더 자극적인 인터넷 관련 자극을 찾는다.
- 인터넷을 하지 않으면 우울, 불안하다.
- 인터넷을 하면 마음이 편해진다.
- 수업시간 중에도 인터넷을 하는 상상을 한다.
- 잠자리에 누우면 인터넷을 할 생각으로 빠져 있다.

인터넷 · 스마트폰 사용에 있어 이 기준에 해당되고, 일상생활을 하는 데 큰 불편함을 초래한다면 적절한 상담 혹은 치료가 필요하다.

2) 인터넷 · 스마트폰 중독의 심리적 특성

(1) 우울

Kraut 등(1998)은 인터넷을 과다하게 사용하는 사람들을 2년간 추적하여 종단연구를 수행하였다. 이 연구 결과에 의하면 인터넷을 많이 사용하는 사람은 그렇지 않은 사람들보다 우울이 더 심한 것으로 나타났다. 그리고 국내외 많은 연구 결과에서도 인터넷 중독과 우울은 매우 큰 정적 상관을 가지는 것으로 보고

되었다(김용익, 이동훈, 박원모, 2010; Ohayon & Hong, 2006). 우울과 인터넷 중독 중 어느 것이 원인이 되는지는 많은 연구가 필요하겠지만, 대체로 우울을 가진 사람은 사회적으로 고립되는 경향이 있고, 이는 익명으로 사회적 관계를 유지할 수 있는 SNS나 인터넷에 몰입하게 되는 결과를 초래할 수 있다. 관련하여 많은 연구들은 인터넷 중독을 설명하는 주요 변인으로 우울을 거론한다(김재엽, 송아영, 이지혜, 2008). 즉, 우울감을 가진 청소년들은 일상의 대인관계를 회피하기 위해 인터넷, SNS 등 간접적인 사회적 관계망을 찾고 이를 통해 정서적인 지지와 안정감을 추구하는 것일 수도 있다.

(2) 낮은 자아존중감

자아존중감은 자기 스스로에 대해 긍정적인 평가를 하는 태도로 말할 수 있다. 그래서 자아존중감이 높은 사람은 어렵고 힘든 환경 혹은 원하는 것이 좌절된 경험 속에서도 자신에 대한 가치를 존중하며 쉽게 자기를 비난하지 않는다. 이러한 특성으로 자아존중감은 정신건강의 유지에 주요한 변인으로 주목받고 있다. 인터넷 · 스마트폰 중독 또한 자아존중감과 관련될 수 있는데 대체로 낮은 자아존중감을 가진 사람들이 인터넷 · 스마트폰 중독에 빠질 가능성이 높다. 국내 많은 문헌에서도 자아존중감이 낮은 사람들이 그렇지 않은 사람들에 비해서 인터넷을 과다하게 사용하는 것으로 보고되었다(맹미희, 2003; 박지현, 2005; 안차수, 2008). 우울과 마찬가지로 어느 변인이 원인인지 정확하게 알려지지 않았지만 대체로 인터넷 · 스마트폰 중독자들은 자아존중감이 낮은 것으로 보인다.

(3) 낮은 자기통제력

자기통제력은 어떤 자극에 대해 충동을 조절하고 행동을 통제할 수 있는 능력을 말한다. 이러한 자기통제력은 다양한 중독 문제를 설명하는 주요한 변인으로 거론된다. 자기통제력이 낮은 사람들은 알코올, 도박 중독 등 다양한 중독 문제에 쉽게 노출될 수 있다(송원영, 1998; 이계원, 2001). 인터넷 중독의 경우도 자기통제력이 낮은 사람이 쉽게 중독에 노출될 수 있다. 즉, 인터넷 혹은 스마트폰 사용에 대한 충동조절이 잘 되지 않고, 행동을 다스리지 못하는 것은 중독으로 이어지게 만드는 주요 요인으로 보인다. 반대로 인터넷 혹은 스마트폰 중독 청소년들의 회복을 위해서는 각 개인의 자기통제력을 제고시키는 것이 심리상담의 큰 과제일 수 있다.

(4) 스트레스

스트레스는 외부의 변화나 압력으로 경험하는 신체적 · 심리적 긴장이라고 말할 수 있다. 이러한 스트레스는 인터넷 · 스마트폰 중독과도 관련될 수 있다. Agnew(1992)의 일반긴장이론(General Strian Theory: GST)에 따르면, 개인은 외부환경에서 경험하는 다양한 긴장과 스트레스 상황 속에서 불안과 같은 부정 정서를 느끼게 되는데 이러한 부적 정서를 해소하기 위한 방편으로 여러 중독행동에 빠진다고 설명하였다. 일반긴장이론에 비추어 보면 우리나라 청소년의 인터넷 · 스마트폰 중독문제는 과도한 입시 경쟁 상황에서의 긴장감 해소를 위한 적절치 못한 방법으로 해석될 수 있다. 즉, 스트레스로 경험하는 다양한 부정적 정서를 회피하기 위한 방편으로 청소년들은 접근성과 흥미성이 매우 강한 인터넷 혹은 스마트폰에 빠져드는 것일 수도 있다.

이 밖에도 인터넷 · 스마트폰 중독과 관련된 심리 · 사회적 변인은 매우 많다. 부모의 양육태도, 가정 경제여건, 또래관계, 교육 및 학교 환경 등 매우 다양한 변인이 인터넷 · 스마트폰 중독과 관련된다고 보고되었다. 따라서 청소년의 인터넷 · 스마트폰 중독을 예방하고 개입하기 위해서는 각 내담자의 특수한 개인적 특성, 가정환경, 사회 환경적 특성 등을 종합적으로 검토할 필요가 있다.

8. 다문화가정 자녀의 사회 적응 문제

2000년대에 들어서 세계화라는 국제적 개방화의 흐름과 함께 우리 사회에서도 많은 변화가 있었고, 이 가운데 다문화가정이 사회적 이슈로 부각되었다. 그동안 '혼혈아'라고 불린 다문화가정 자녀의 적응 문제는 계속 있어 왔지만 사회적인 관심을 받지 못하고 소외되어 왔다. 다문화가정 자녀의 적응 문제가 사회적 관심과 반향을 일으키지 못한 이유는 복합적이지만, 특히 우리 생활 주변에서 다문화가정을 직접 경험하는 일이 드물었기 때문이다. 즉, 우리 생활 주변과 관계가 적은 일들은 무관심의 대상이 되었고 다문화가정이 경험하는 사회적 차별과 불이익은 우리 자신과 상관없는 다른 사람들의 이야기였다.

하지만 최근 10년 사이에 농촌을 중심으로 국제결혼 비율이 급증했고 미식축구 스타로 부각된 하인스 워드와 같은 대중적으로 성공한 혼혈인들이 언론에 보도되면서 다문화가정에 대한 사회적 관심과 이목이 집중되기 시작했다. 또한 다문화가정의 자녀들이 성장하여 학교에 입학하는 시기가 되자 이들의 학교 적응 문제 역시 사회적 문제로 부각되었다.

J 군은 중학교 2학년 신학기에 2개월간 학교에 가지 않았다. 아버지가 동남아시아 사람이어서 J 군의 외모는 다른 아이들에 비해 조금 검은 편이고, 이 때문에 초등학교 5학년 때부터 주변 친구들이 놀리기 시작했다. 그러나 초등학교 때는 아이들의 놀림이 심하지 않았고 친한 친구들도 있어서 큰 문제가 되지 않았는데 중학교에 입학한 후 친한 친구들과 헤어지게 되면서는 놀림과 따돌림이 심해졌다. '더럽다.' '냄새 난다.'고 욕을 하면서 따돌려 급식 시간에도 혼자 밥을 먹었다. 체육 시간이나 조별 활동 시간에는 따돌림이 더욱 심해져서 J 군은 견디기가 더욱 어려웠다. 학업에 대한 흥미도 점점 떨어져서 공부를 싫어하게 되었고 결국 수업 진도를 쫓아갈 수 없을 정도가 되었다. J 군은 더 이상 자신을 좋아해 줄 아이들이 없을 것이라고 생각하며, 항상 자신을 이방인이라고 생각한다. 분명 한국에서 태

어났고 한국말을 사용하고 한국문화가 익숙하지만 더 이상 한국에서 자신을 받아 줄 사람이 없다고 생각한다. J 군은 자신에게 이러한 고통을 겪도록 만든 무능력한 부모님을 원망하고 있다.

부모님도 J 군이 겪고 있는 어려움을 잘 알고 있지만 어려운 가정형편으로 모두 밤늦은 시간까지 일을 하기 때문에 제대로 돌봐 주지 못했다. 더욱이 아버지는 우리말이 서툴러서 사람들을 만나거나 이웃과 원활한 관계를 맺는 데 어려움을 겪고 있어 J 군이 학교생활에 대해 얘기하더라도 그러한 상황을 충분히 이해하고 같이 해결해 나가는 데에는 사회적 역량이 부족했다. 어머니 역시 맞벌이를 하는 형편이라 학교나 가정에서 실질적으로 J 군을 이해하고 현실적으로 돌봐 줄 사람은 없는 상황이다.

1) 다문화가정의 의미

다문화가정은 한국인과 결혼한 외국인, 즉 결혼이민자와 외국인노동자, 유학생, 새터민 등으로 구성된 이주민가정을 포함하며 한 가족 내에 다양한 문화가 공존하는 가정을 말한다.

2014년 지방자치단체 외국인 주민 현황에 따르면 국내에 거주하는 외국인 주민 수는 157만여 명으로 2013년에 비해 8.6%가 증가했으며, 매년 거주 인구가 증가하고 있다.

교육부(2014)에 따르면 다문화가정의 학생 인구는 2010년 31,788명에서 2014년 67,806명으로 증가했다. 이를 전체 학생 인구 대비 비율로 살펴보면 2010년 0.44%에서 2014년 1.07%로 크게 증가한 수치다.

이러한 증가 추세와 함께 최근에 다문화가정의 여러 가지 사회적 문제가 언론에 보도되고 있다. 문화적 차이에 따른 다문화가정의 이혼율은 2003년의 1.6%에서 2007년에는 15.0%로 매년 증가하는 추세이고, 다문화가정 자녀의 재학 비율이 점차 증가하면서 학교생활 부적응과 같은 사회 부적응 문제 역시 나타나고 있다.

2) 다문화가정 자녀의 사회심리적 문제

여성가족부(2012)에 따르면 다문화가정 자녀의 학업 중단 문제가 심각한 것으로 나타났는데, 학업 중단의 이유는 친구나 선생님과의 관계 문제가 가장 많았고(23.8%), 가정형편의 어려움이 18.6%, 학교 공부가 어려워서 중단한 경우가 9.7%로 그다음 순이었다. 이러한 통계는 다문화가정의 자녀가 학교에서 심각한 대인관계의 어려움을 경험하고 있다는 것을 보여 준다. 특히 같은 통계에 따르면 도시 지역 자녀(27.1%)가 농촌 지역 자녀(10.7%)보다 친구나 선생님과의 관계로 인한 학업 중단이 약 3배 가까이 높게 나타나 도시 지역 다문화청소년에 대한 정책적 관심과 지원이 필요한 것으로 보인다.

여성가족부(2012)에 따르면 다문화가정 자녀의 학교폭력 피해 경험도 심각한 수준인데 이들의 학교폭력 피해율은 8.7%이며, 남자 청소년(9.9%)이 여자 청소년(7.6%)보다 다소 높은 편이다. 특히 연령이 낮을수록 학교폭력 피해율이 높은데, 15세를 기점으로 피해율의 차이가 2배 이상이며 15세 미만의 어린 청소년들이 더 많은 학교폭력 피해를 경험하고 있는 것으로 나타났다.

그리고 같은 통계에 따르면 다문화가정의 자녀가 친구나 주변 사람들로부터 차별을 받았다고 응답한 빈도는 13.8%였다. 차별하는 대상으로는 친구가 36.5%로 가장 많았으며, 그다음 순으로는 모르는 사람(20.8%), 이웃(11.7%), 선생님(9.5%) 순이었다. 차별 피해 시 대처 방법으로는 참는 경우가 49.6%로 가장 많아 소극적인 대처 방식을 사용하는 것으로 나타났다.

집단 소속감과 집단으로부터 인정받고 존중받는 경험은 청소년기 발달에 있어서 무엇보다 중요하다. 청소년의 또래 집단은 유사성이 많을수록 집단 유대감과 결속력이 커지는 반면에 자신과 다른 모습과 태도에 대해서는 공격적인 성향을 보인다. 집단따돌림을 당하는 청소년의 특성을 보면, 그 집단의 특성과 아주 다른, 눈에 띄는 옷차림이거나 어눌한 말투 그리고 독특한 태도와 행동을 가지고 있다. 따라서 다른 피부색과 문화적 태도를 갖는 다문화가정의 자녀들은 집단 내에서 따돌림의 표적이 될 가능성이 크다. 이러한 이유 때문에 초등학교에 재학 중인 다문화가정 자녀들이 중 · 고등학교 진학과 학교생활 적응에 어려움을 겪고 있으며, 학교를 중도에 포기하는 사례가 늘어나고 있다. 2001년 펄벅재단의 조사 결과에 따르면, 다문화가정 자녀 중 초등학생의 9.4%와 중학생의 17.5%가 학업을 중단했다. 이러한 수치는 일반 가정의 자녀들의 학업 중단 비율이 1.1% 수준인 것과 비교하면 상당한 차이가 있다.

그리고 다문화가정의 또 다른 문제들은 가족 간의 의사소통 부족, 문화 격차에 따른 개인의 부적응, 부부 및 고부 갈등과 같은 가족 내 적응 문제, 이들에 대한 사회적 수용과 인식 부족 등이다. 일반 가정과 마찬가지로 사회경제적 지위가 낮고 문화적 차이로 인한 가정불화가 심한 다문화가정일수록 자녀들이 가출하고 비행을 저지를 가능성이 커지는 경향이 있다. 이들 가정의 가장 큰 문제는 부모 자신이 사회문화적으로 적응하지 못하고 있어서 자녀 교육을 제대로 하기 어렵다는 것이다. 더욱이 한국어가 서툰 부모인 경우 자녀와의 의사소통이 원활하지 못해서 자녀에게 적절한 심리적 지원을 제공하지 못한다.

따라서 다문화가정 청소년 대상의 상담에서는 부모의 사회 적응 능력을 우선 살펴보고 적절한 부모교육을 병행해야 한다. 한국청소년상담원(2007)의 다문화가정 부모에 관한 질적 연구에 따르면, 외국인 아버지와 한국인 어머니의 가정보다는 한국인 아버지와 외국인 어머니의 가정이 자녀교육에 더 많은 어려움을 겪고 있다. 또한 다문화가정의 자녀교육에 있어 가장 필요한 것은 아버지의 적극적인 동반자 역할과 주변의 도움 그리고 정보 제공인 것으로 나타났다. 이것은 외국인 어머니에 대한 부모교육뿐 아니라 아버지와 가족에 대한 효과적인 전문상담 역시 필요하다는 것을 의미한다.

또한 다문화가정이 사회 적응을 잘할 수 있으려면 우리 사회의 외국인에 대한 고정관념이 변화해야 한다. 대부분의 차별과 따돌림은 편견에서 비롯된 것이기 때문에 대국민 홍보 및 캠페인을 통해 우리 사회의 낡은 고정관념을 개선하고 적절한 대안 인식 방법을 습득하여 더불어 살아가는 사회풍토를 조성해야 한다.

제5장

청소년상담자의 윤리

1. 청소년상담자의 윤리강령

상담자는 체계적인 상담교육과 훈련을 통해 상담전문가로서의 자질을 갖추고 있지만 실제 상담에서는 상담자로서 가장 적절한 행동을 선택하는 데 있어 어려움을 겪기도 한다. 상담과정에서 발생할 수 있는 여러 가지 문제와 갈등을 해결할 때 상담자는 내담자와 상담자를 동시에 보호할 수 있는 윤리적 판단을 내려야 한다. 따라서 상담자가 윤리적 판단을 할 수 있는 전문적 기준이 필요하며, 이때 상담자의 윤리가 바로 상담전문가로서 준수해야 할 행동의 기준이 된다. 전문가 윤리는 해당 전문가 집단 내에서 그 집단에 속한 구성원들이 따르도록 정해 놓은 윤리적 원칙과 규칙들이다. 그러나 특정한 행동을 법문으로 규정해 놓고 이를 따르지 않을 경우 민 · 형사상의 제재를 받도록 하는 법과 달리 전문가 윤리 기준에는 강제적 규제는 없다. 일반적으로 전문가 윤리에 위배되는 행동을 한 전문가는 학회의 윤리위원회로부터 징계를 받지만 사법적인 처벌을 받지 않는다. 상담자의 비전문적 상담행위에 대한 법적 기초가 마련되어 있는 미국의 경우에는 대체로 위법적인 행동과 비윤리적인 행동이 중복되기 때문에 위법적인 행동이 비윤리적인 행동의 범주에 포함된다. 그러나 우리나라는 아직 상담 서비스의 법적 기준이 마련되어 있지 않으며, 1990년 이후 현재까지 상담 과정에서 발생하는 문제들에 개입하기 위해 상담 관련 학회를 중심으로 윤리강령 등을 만들어 윤리문제의 기준으로 삼고 있다.

우리나라 상담 관련 학회에서는 상담자의 윤리적 기준을 제시하는 윤리강령을 제정하고 상담자 개인이 이를 따르도록 권고하고 있다. 상담자가 윤리적 원칙을 준수하는 것이 부분적으로 한계도 있지만 위기적 상담상황에서 전문가로서의 윤리적 문제를 인식하고 갈등을 해결할 수 있는 지침을 제시한다는 데에 그 의의가 있다. 상담전문가 집단의 윤리강령은 원칙 윤리에 따라 제정되며 이에 대한 교육이 사전에 충분히 이뤄짐으로써 윤리강령에 근거해 상담장면에서 발생할 수 있는 윤리적 쟁점들을 해결할 수 있도록 하고 있다. 그러나 한편으론 상담자 윤리강령이 이상적인 기준들을 제시하고 있어 상담장면에서 윤리적 쟁점을 해결하는 데 실제적인 지침을 제시하지 못하는 경우도 있다. 하지만 상담자는 윤리강령을 충분히 숙지한 후, 실제 상황에서 이를 어떻게 적용할 수 있을지에 대해서도 생각해 보고 다양한 사례를 통해 연습해 봄으로써 실제 상담과정에서 적절히 대처할 수 있어야 한다.

우리나라 청소년상담과 관련된 윤리는 국가자격 청소년상담사 윤리강령이 있다. 청소년상담사 윤리강령에 따르면 청소년상담사는 항상 청소년과 그 주변인들에게 인간으로서의 존엄성을 높이고자 노력하고, 청소년이 스스로 결정할 수 있도록 도와주며, 청소년의 아픔과 슬픔에 대해 청소년상담사로서의 책임을 다해야 한다고 명시되어 있다. 이를 위해 청소년상담사로서의 전문적 자세, 내담자의 복지, 상담관계, 비밀보장, 심리평가, 수퍼비전 등에 대한 다양한 윤리 항목이 제정되어 있다.

청소년상담 장면에서는 다양한 윤리적 문제가 발생한다. 예를 들어, 부모가 자녀의 상담내용을 상담자에게 요청하는 경우 비밀보장 원칙을 어떻게 적용해야 하는지 그리고 미성년자인 청소년 내담자가 성폭력을 당했다는 사실을 상담자가 알게 되었을 때 어떻게 해야 하는지 등 다양한 윤리적 갈등상황에 놓이게 된다. 또한 이러한 윤리적 갈등상황에서 상담자가 잘못된 판단을 하게 되면 내담자에게 해가 됨은 물론 상담자의 자격 또한 윤리강령에 의해 박탈될 수 있다. 일례로 청소년상담사 자격취소 조항을 살펴보면 「아동복지법」「성폭력범죄의 처벌 등에 관한 특례법」「아동 · 청소년의 성보호에 관한 법률」 등 아동 · 청소년과 관련된 법률에 저촉된 자는 자격을 취소하는 조항이 마련되어 있다. 또한 우리나라 상담 관련 학회에서도 상담자의 윤리적 문제가 발생할 시 윤리위원회를 통해 자격을 박탈할 수 있는 조항이 마련되어 있다. 따라서 청소년상담자는 이러한 윤리 강령을 신중히 살펴보고 상담장면에서 나타나는 윤리적 문제가 발생할 시 어떻게 대처해야 하는지 적절한 판단을 내려야 한다. 특히 청소년상담자는 미성년자를 대상으로 상담하기 때문에 아동 · 청소년 관련 법률 조항을 잘 알고 있어야 여러 가지 법률적 문제를 위반하지 않을 수 있다.

2. 청소년상담 장면에서 겪게 되는 윤리적 · 법률적 어려움

다음 내용은 상담자들이 상담장면에서 흔히 직면하게 되는 문제와 갈등이다(이형득 외, 1999; Corey, Corey, & Callanan, 2014).

상담자는 다음과 같은 상담자들의 일반적인 불안을 통해 자신이 가지고 있는 고민과 문제가 무엇인지 점검해야 한다.

 **상담자의 불안**

- 내가 상담하면서 실수를 범하지 않을까 불안하다.
- 내가 상담을 어떻게 해야 할지 몰라서 내담자가 피해를 입을지 모른다.
- 위기 상황에 있는 내담자를 잘 다룰 수 있는 능력이 내게 없는 것 같다.
- 내가 상담자로서 완전해야 한다고 느끼며 지금보다 더 많은 것을 알아야 한다

고 항상 생각한다.

- 상담 중에 침묵이 생기면 당황하게 된다.
- 내가 만나는 내담자가 꾸준히 향상되어야 한다고 생각한다.
- 요구가 많은 내담자를 잘 다루기 힘들다.
- 상담하려는 의지가 별로 없거나 억지로 상담에 오게 된 내담자를 상담하기가 언제나 힘들다.
- 상담의 책임이 어느 정도가 내게 있고 어느 정도가 내담자에게 있는지 알 수 없어 힘들다.
- 내가 만나는 모든 내담자와 성공적으로 상담할 수 있어야 한다고 생각한다.
- 상담하고 있을 때 나의 본연의 모습을 유지하거나 나의 직관력을 신뢰하기가 어렵다.
- 내가 화난 것을 내담자에게 표현하기가 어렵다.
- 내담자가 나를 상담 경험이나 능력이 부족한 상담자라고 생각하지 않을까 걱정된다.
- 전문가인 것처럼 행동하거나 그렇게 보이려고 신경을 쓴다.
- 때로 내담자에게 어느 정도까지 솔직해져야 하는지 고민스럽다.
- 상담시간 중에 나의 개인적인 생각이나 사생활을 얼마만큼 드러내는 것이 적절할지 고민스럽다.
- 내가 지금 잘하고 있는 것일까 걱정할 때가 많다.
- 때로 내담자의 문제를 지나치게 나와 동일시하여 그것들이 나의 문제가 되어버린 것이 아닐까 걱정한다.
- 상담하면서 내담자에게 충고하고 있는 나를 자주 발견한다.
- 내담자에게 충격을 줄 어떤 말이나 행동을 하지 않을까 두렵다.
- 내담자에게 특정한 행동을 하도록 설득할 때가 있다.
- 내가 가지고 있는 가치관을 내담자에게 어느 정도 노출해야 할지 모르겠다.
- 나와 가치관이 매우 다른 내담자를 상담하기가 고민스럽다.
- 내담자가 나를 좋아하는지, 나를 인정하는지, 나중에 다시 상담에 오고 싶어 할지에 대해 신경이 쓰인다.
- 내가 기계적으로 상담하는 것은 아닐까(책에 나와 있는 공식대로 따라가는 것처럼) 걱정스럽다.

이와 같은 고민들 가운데 가장 큰 고민과 문제는 상담자에 따라 다를 수 있다. 상담자의 고민이 무엇이든 간에 모든 걱정 뒤에는 어떤 가정들이 숨어 있다. 예를 들어, '상담 중에 내가 실수하지 않을까?' 하는 불안을 가지고 있다면 그 상담자는 자신에게 다음과 같이 말하고 있는 것이다. '나는 지금보다 더 많은 것을 알아야 해.' '나는 내담자의 문제를 완벽하게 해결해 주어야 해.' '상담자가 상담을 진행하는 방법을 모른다든지, 내담자에게 방향을 제시해 주지 못하면 나는 상담자로서는 실패한 거야.' '내가 만일 실수를 저지르면 내담자는 상담을 그만두게 될 것이고, 그렇게 되면 그 내담자는 나에게 올 때보다 상황이 더 나빠질 거야.' 하고 말이다.

상담자는 상담을 하면서 지나치게 부담에 짓눌릴 때 자신이 은연중에 가지고 있는 가정들을 찾아내어 의문을 던져 볼 필요가 있으며, 이러한 의문과 걱정을 주변의 동료들과 충분히 이야기 나누어 보는 것이 필요하다. 상담자 가운데 자신의 문제를 공개하는 것을 꺼리는 경우가 있는데 이는 상담자 자신의 성장이나 내담자를 위해서도 결코 좋은 선택이 아니다. 상담은 상담자와 내담자와의 상담관계를 통해 진행되지만 상담자의 개입이 언제나 옳은 것은 아니며 다양한 내담자의 반응을 신중하게 판단하고 적절하게 대응해야 한다. 또한 전문상담자도 모든 면에서 완벽할 수 없기 때문에 언제나 주변의 동료와 자신의 문제 혹은 고민에 대해 이야기를 나누는 것이 좋다. 이것은 상담자들의 문제와 고민을 공유함으로써 내담자에게 가장 적합한 개입 방안에 대한 다양하고 새로운 시각을 갖게 한다. 더불어 상담자는 지속적인 수퍼비전을 통하여 상담자로서의 자신의 역량을 키워 나가야 한다.

청소년상담은 만 19세 미만 미성년자를 대상으로 상담을 진행하기 때문에 여러 가지 법률적인 어려움을 갖기도 한다. 예를 들어, 아동 · 청소년 내담자가 누군가로부터 성적 학대를 당한 경우를 알게 되었을 때 혹은 지속적인 신체적 학대를 당한 것을 알았을 경우 청소년상담사는 아동 및 청소년과 관련된 법적 내용을 검토하여 조치할 의무가 있다. 다음은 청소년상담사가 알아야 할 법률 정보로 한국청소년상담복지개발원(2015, 2017)의 청소년상담 사례 윤리적 · 법적 대응 매뉴얼에서 발췌한 내용이다.

① 청소년 내담자가 성폭행 피해자인 경우를 알게 되었을 때

「아동·청소년의 성보호에 관한 법률」 제34조에 의하면 청소년상담복지센터 등의 아동·청소년 관련 시설에서 종사하는 청소년상담자가 만 19세 미만의 아동·청소년 대상 성범죄의 발생 사실을 알게 된 때에는 즉시 수사기관에 신고할 의무가 있다. 범죄 발생 사실을 알고 신고하지 않을 경우 300만 원 이하의 과태료가 부과될 수 있다. 이에 청소년상담자는 상담내용의 기록과 녹음 등을 통해, 피해사실에 대한 진술을 꼼꼼히 수집할 필요가 있다.

② 내담자가 미성년자에 대한 성범죄를 저지른 사실을 알게 되었을 때

청소년상담자는 상담 도중 내담자의 성범죄 사실을 알게 된 경우, 만약 피해자가 만 19세 미만의 아동·청소년이라는 것을 알게 된 때에는 즉시 수사기관에 신고해야 할 의무가 있다(「아동·청소년의 성보호에 관한 법률」 제34호 제2항 제13호). 피해자가 만 19세 이상인 경우, 상담자는 반드시 신고해야 할 의무는 없지만, 사안의 긴급성, 피해자가 처한 위험 등 제반 상황을 고려하여 법적 의무와 관계없이 신고할 수 있다.

③ 내담자가 아동학대를 당하는 것을 알게 되었을 때

기관에 종사하는 청소년상담자는 직무상 만 18세 미만의 아동에 대한 보호자의 아동학대범죄를 알게 된 경우 즉시 수사기관에 신고해야 할 의무가 있다(「아동학대처벌법」 제10조 제2항 제18호). 상담 중 내담자가 아동학대 피해자로 의심된다면, 청소년상담자는 경찰(전화 112)에 신고해야 할 의무가 있다. 신고된 대상은 「아동학대범죄의 처벌 등에 관한 특례법」에 따라 처벌을 받는다. 하지만 피해자가 가해자의 처벌을 원하지 아니한다는 의사를 표시하면 검사가 이에 대한 공소를 제기할 수 없어 처벌되지 않는 경우가 생길 수 있다. 따라서 청소년상담자는 신고 전에 피해자의 의사를 파악하여 경찰에 이를 알리면서 경찰이 피해

자 보호를 위한 적절한 조치를 취할 수 있도록 하는 것이 바람직하다.

④ 청소년상담자의 비밀보장에 관한 의무

「청소년복지 지원법」 제37조(비밀 누설의 금지)에 의하면 청소년상담복지센터, 청소년복지 지원기관, 청소년복지시설 종사자 및 종사했던 상담자는 직무상 알게 된 비밀을 누설해서는 안 된다. 만약 이러한 비밀을 누설한 경우 1년 이하의 징역 또는 1,000만 원의 이하의 벌금에 처한다. 하지만 해당 내담자의 동의를 구한 경우(「형법」 제24조), 상담자, 내담자 또는 제3자의 생명, 재산 등에 대한 급박한 침해 또는 위난을 방지하고자 하는 경우(「형법」 제20, 21조), 법적으로 상담 자료 등을 제공하여야 하는 경우(「형법」 제19조)에는 상담자 등의 위법성이 조각되어 비밀 누설 행위가 위법하지 않는다. 따라서 만약 학교나 법원의 의뢰로 상담을 할 경우, 상담결과에 대해 보고의 의무가 있을 때 상담자는 내담자에게 미리 이러한 내용에 대해 문서로 동의를 구하는 것이 적절하다. 또한 내담자가 미성년자(만 19세 미만)이기 때문에 내담자는 물론이고 법정대리인(부모님 등 보호자)의 동의를 구하는 것이 적절하다. 만약 내담자의 부모가 특별한 사유 없이 자녀에 대해 상담 기록을 요구한 경우에도 「청소년복지 지원법」 제37조에 저촉되기 때문에 상담 정보를 제공하지 않는 것이 적절하다.

3. 일반적인 윤리적 원칙과 상담관계에서 고려할 내담자의 권리

Kitchener(1984)는 기존의 윤리연구들을 검토하여 심리상담의 일반적인 네 가지 윤리 원칙을 제안하였다. 이 일반적인 윤리 원칙은 상담자와 내담자의 관계에서 가장 기초가 되는 윤리적 규범으로 자율성(autonomy), 무해성(nonmaleficence), 공정성(justice), 성실성(fidelity)이 지켜져야 한다는 것이다.

자율성이란 내담자가 타인에게 해를 끼치지 않는 선택과 행동을 취할 수 있는 권리를 말한다. 즉, 자율성은 다른 사람에게 해를 끼치지 않는 범위에서 자신의 행위를 결정할 수 있는 권리다. 예를 들어, 청소년 내담자가 대학 진학을 선택해야 하는 상황에서 부모의 기대와 달리 자신이 원하는 진로를 결정하고자 할 때 상담자는 내담자의 결정을 존중해 줘야 한다. 하지만 내담자가 자신을 포함한 누군가에게 상해를 가하려고 하는 결정은 자율성의 원칙에 벗어나는 것으로 이러한 행위가 나타나지 않도록 사전에 조치해야 한다.

무해성은 상담자의 행위가 내담자에게 해가 되어서는 안 된다는 의미다. 즉, 상담자의 의도가 어떠한 것이든 그 결과로 내담자가 어려움에 빠지면 무해성의 원칙을 거스르는 것이다. 예를 들어, 청소년 내담자가 부주의한 행동으로 자주 물건을 잃어버리고 숙제도 잘하지 못하는 문제를 보일 때, 상담자가 이러한 부주의 행동에 강한 경고를 알린다는 의도에서 혼을 내어 내담자가 마음의 상처를 입었다면 무해성의 원칙에 어긋나는 것이다. 그래서 상담자는 자신의 개입방법이 내담자에게 해가 되지는 않는지 주의 깊게 살펴보고 상담자의 개입방법에 대해 내담자의 동의를 얻는 것이 필요하다. 상담은 내담자의 생활 적응 능력, 문제해결 능력 그리고 개인적 성장을 돕는 과정인 만큼 상담과정에서 내담자는 존중되고 보호받아야 한다. 간혹 상담자는 상담을 진행하는 과정에서 자신의 내담자의 권리나 사생활을 침해하는 행동 및 언어적 표현을 의식하지 못할 수 있다. 이러한 경우 내담자와 상담자 간에 갈등이나 분쟁이 초래될 수 있기 때문에 상담자는 전문가로서 준수해야 할 윤리적 행동과 자제해야 할 비윤리적 행동을 분명하게 인식해야 한다.

공정성은 모든 내담자에게 균등한 기회를 주어야 한다는 의미다. 내담자에 따라서 상담자가 제공하는 서비스가 달라지는 것은 공정성에 문제가 되는 것이다. 예를 들어, 고위직 관리자의 자녀가 상담에 의뢰되었을 때 다른 내담자에 비해 상담자가 이 내담자에게 더 많은 시간과 노력을 제공한다면 공정성의 원칙을 따르지 않는 것이다.

마지막으로 성실성은 상담자-내담자와의 관계가 신뢰할 수 있는 관계여야 한다는 의미다. 즉, 상담과정에서 내담자와 동의한 약속을 상담자가 철저히 지키는 등 신용 관계가 있어야 한다는 의미다. 예를 들어, 내담자와 약속한 시간에 상담자가 늦는 것, 이전 내담자와 대화했던 내용을 검토하지 못하여 내담자가 이전에 했던 말을 다시 하게 하는 것 등은 상담자가 성실성의 원칙을 지키지 못한 것이다.

따라서 상담자는 이러한 네 가지 일반적인 윤리적 원칙을 잘 살펴보고 상담자와 내담자의 관계에서 윤리적으로 어긋한 행위는 없는지 항상 점검해야 한다.

132쪽의 내용은 상담자가 상담과정에서 내담자의 권리나 사생활 등을 침해할 수 있으므로 자제해야 할 비윤리적인 행동이다.

내담자는 사전에 자신이 받게 될 상담에 대해 충분한 정보를 들은 후에 상담의 여부를 결정한다. 즉, 상담의 시작은 전적으로 상담에 대한 내담자의 기대와 의사결정에 달려 있다. 내담자에게 제공해야 하는 상담정보 수준에 대해서는 학자들마다 약간의 의견 차이가 있다. 그러나 일반적으로 상담 시작 전에 상담자가 내담자에게 상담과 관련해서 제공해야 할 정보들은 다음과 같다.

상담과정에서의 합의된 상담목표, 상담목표 달성을 위한 상담전략과 상담기법, 상담과정, 상담의 한계, 상담으로 얻게 되는 성과와 상담과정에서의 위험 부담, 심리검사, 평가, 진단이 진행되는 방식과 이용 범위, 상담요금, 상담에서의 비밀보장과 한계, 상담자의 자격과 훈련, 위기 상황에서 상담자에게 연락할 수 있는 방법, 회기의 녹음이나 녹화와 관련한 상황, 기록에 대한 내담자의 접근 가능성, 상담자를 선택하고 거부할 수 있는 내담자의 권리 등이다.

특히 상담자는 내담자가 상담 이외의 다른 치료 방법을 선택할 수 있을 때 이에 대해 알려 주어야 하며, 또한 상담자의 기법이나 상담 접근이 새로운 시도여서 그 효과성에 대해 경험적 증거 자료가 충분하지 않을 때도 사실을 알려 주어야 한다. 내담자가 상담과 관련된 구체적인 정보들을 충분히 인식하고 상담을 결정한다면 상담과정에서 발생할 수 있는 갈등과 분쟁이 최소화될 수 있다.

비윤리적 행동

- 내담자의 동의나 양해를 구하지 않고, 혹은 내담자가 모르게 상담을 녹음하거나 녹화하는 것
- 청소년 내담자의 허락을 구하지 않고 상담 중에 나눈 이야기를 부모에게 하는 것
- 내담자와 상담실 밖에서 사적인 관계를 맺는 것
- 내담자를 껴안거나 접촉하는 것
- 상담자가 자신의 과거 문제나 경험에 관하여 많이 이야기함으로써 초점을 상담자 자신에게 두는 것
- 상담자의 특정한 필요 때문에 내담자로 하여금 상담횟수를 늘리도록 권유하는 것
- 내담자에게 도움이 되고 있지 못하다는 것을 알면서도 그 사실을 인정하고 싶지 않아서 다른 상담자에게 의뢰하지 않고 있는 것
- 도움을 준다며 내담자를 속이고 있는 것
- 친한 친구나 친척을 내담자로 받아들이는 것
- 은근히 상담자의 가치관을 주입하여 내담자가 그에 따라 생각하고 행동하도록 유도하는 것
- 내담자의 허락을 받지 않고 그 사례로 다른 상담자에게 자문을 받는 것
- 내담자의 의존성을 조장하는 것
- 내담자에게 상담의 과정을 잘 알려 주지 않거나 상담에 대한 신비감을 조장함으로써 상담자의 권위를 세우려 하고, 영향력을 크게 하려고 하는 것

4. 윤리적 의사결정 모델

상담자는 상담, 교육, 수퍼비전, 연구 등 다양한 전문적 활동에서 윤리적 갈등 상황을 겪는다. 상담자가 윤리적으로 행동하기 위해서는 윤리에 대한 지식과 기술뿐만 아니라 상담에 대한 지식과 기술이 필요하다. 상담 윤리강령이 윤리

적 기준을 제시하고 있지만 모든 상황에 대처할 수 있는 행동기준은 아니다. 따라서 윤리적 갈등이 발생하는 실제 상황에서 각각의 윤리적 기준이 충돌하는 경우가 많다.

상담자들이 자주 경험하는 윤리적 영역의 범주와 윤리적 갈등 상황은 다음과 같다(공윤정, 2008에서 재인용).

〈표 5-1〉 **윤리적 영역의 범주와 갈등 상황**

윤리적 영역의 범주	윤리적 갈등 상황
비밀보장 및 사생활 보호	• 내담자가 부모에게 말하지 말아 달라고 한 내용을 부모에게 말하게 될 때 • 내담자가 성적 문제, 위험 행동, 비행, 사회적 범죄와 연관되거나 확대되는 등 보호가 필요한 상황 • 상담과 관련 없는 직원에게 내담자의 정보가 노출되는 상황 • 내담자의 부모가 상담테이프를 빌려 보겠다고 하거나 상담내용을 지나치게 자세히 알려고 하는 경우 • 사례 발표를 위해 보호자와 내담자의 동의를 구해야 하는 경우
상담자의 능력	• 부모가 비협조적인 경우 • 내담자의 변화가 미미한 경우 • 주요 전문 영역이 아닌 내담자를 맡아 개입에 확신이 없을 때 • 상담자의 불안, 역전이, 공감 부족 등의 경험 • 내담자의 다양한 문제에 대한 접근의 어려움 • 내담자 부모에 대한 상담이 필요한데도 청소년 내담자만 상담해야 하는 경우 • 내담자의 행동의 통제나 조절, 행동변화가 안 되는 경우
정보에 근거한 동의	• 내담자는 동의했는데 부모의 상담동기가 낮거나 부모가 상담을 거부하는 경우 • 보호자만 상담에 동의하고 내담자는 거부하는 경우
상담의 구조화-상담 접근에 대한 설명	• 내담자의 연령, 문제 유형, 이해도에 따라 설명의 내용을 조절하기 어려운 경우 • 내담자가 산만하고 급하거나 성의 없는 태도를 보여 상담자가 설명의 시점을 놓친 경우 • 상담의 목표와 관련지어 상담의 구조화가 진행될 때 내담자가 변하고 싶은 점이 없다고 하거나 잘 모르겠다고 하는 경우

상담의 적합성 및 효과성	• 상담기간에 비해 내담자에게 큰 변화가 없을 때 • 내담자의 변화 속도에 대해 보호자가 과잉 기대를 하거나 조급해하는 경우 • 상담장면에서 약간의 변화가 있지만 객관적 평가에서도 그 변화가 드러날까 염려되는 경우 • 내담자의 변화에도 불구하고 남아 있는 문제에 대해 보호자가 걱정하고 불안해하는 경우

상담자는 윤리적 갈등 상황에 처해 있을 때 본인의 판단뿐 아니라 수퍼바이저나 동료에게 자문을 구하는 것도 중요하다. 그러나 상담자가 전문가로서 윤리적 의사결정을 해야 하는 상황이 발생할 수 있다. 이를 살펴보면 윤리적 가치가 충돌해 어떤 가치를 우선시하는 것이 옳은지에 대한 전문적 판단을 해야 하는 상황, 주어진 상황에 대한 학회의 윤리강령이 없어서 상담자가 판단을 내려야 하는 상황, 학회의 상담자 윤리강령과 상담자가 일하는 소속기관의 규칙이 다른 경우 등이다. 따라서 상담자의 윤리적 의사결정과 행동을 위한 윤리적 의사결정 모델들이 개발되었다. 대표적인 Welfel(2009)의 의사결정 모델을 살펴보면 다음과 같다.

1단계, 2단계에서는 주어진 상황에 관련된 윤리적 쟁점이 있는지를 상담자가 민감하게 알아차려야 한다. 많은 경우 상담자가 주관적으로 느끼는 불편감은 윤리적 쟁점이 개입되어 있음을 알리는 첫 번째 신호가 된다. 예를 들어, 내담자가 상담자에게 자신의 가출 계획을 밝히며 부모님께 이 사실을 알린다면 상담자에게도 나타나지 않을 것이라고 위협할 수 있다. 상담자는 내담자와의 신뢰관계를 유지하기 위해 보호자에게 비밀로 할 것인지 아니면 가출 시 발생할 수 있는 위험을 예방하기 위하여 보호자에게 알려야 할 것인지를 고민하게 된다. 이러한 상황에서 윤리적으로 민감한 상담자는 이후 행동을 결정하기 전에 이 상황이 윤리적으로 다양한 쟁점이 관련되어 있는 것임을 파악하고 정확한 사회문화적 배경을 파악하여야 한다. 3단계에서 7단계까지는 주어진 상황과 관련된 윤리적 · 법적 기준을 확인하고 이러한 기준들을 주어진 상황에 적용해 보며, 상담자가 행동 가능한 대안들을 설정해 보고 수퍼바이저나 관련 전문가에게 자문을

1단계	윤리적 민감성 키우기
2단계	사례와 관련된 정확한 사실과 사회문화적 맥락 파악하기
3단계	핵심적인 쟁점과 가능한 대안 확인하기
4단계	관련된 윤리적 기준이나 법/규정 찾아보기
5단계	전문가 윤리 관련 문헌 확인하기
6단계	윤리적 원칙을 주어진 상황에 적용해 보기
7단계	수퍼바이저나 관련 전문가에게 자문 구하기
8단계	깊이 생각하고 결정하기
9단계	수퍼바이저에게 알리고 행동을 취한 후 기록으로 남기기
10단계	경험에 대한 반성하기

[그림 5-1] **Welfel의 의사결정 모델**

구하는 단계다. 앞서의 예와 같이 내담자의 가출을 부모에게 알릴 경우, 내담자와의 신뢰관계를 잃게 됨으로써 상담관계에 부정적인 영향을 줄 수 있다. 반면에 상담자가 내담자의 가출을 보호자에게 알리지 않는다면 내담자의 신변에 위협이 되는 상황들이 발생할 수 있으며 적절하게 대처할 수 있는 시기를 놓칠 수도 있다. 따라서 상담자는 자신의 결정에 따라 영향을 받게 될 사람, 도움을 주어야 할 사람이 누구인지를 정확하게 인식하고, 이와 관련된 사람들에게 미칠 영향 등을 고려하여 결정해야 한다.

8단계와 9단계는 상담자가 독립적으로 의사결정을 하고 행동으로 실천한 후,

그 결정의 근거와 행동을 기록하는 단계다. 특히 상담자가 최종 의사결정을 하기 전에 자신의 감정을 관찰하고 그 감정이나 개인적인 선입견 혹은 이해관계가 의사결정에 어떻게 영향을 미치는지 고려해야 한다. 상담자가 결정을 내리고 실행에 옮긴 후에는 모든 책임은 상담자가 지게 된다.

Cottone과 Tarvydas(2006)는 상담자의 윤리적 의사결정에 있어서 다음과 같은 태도를 요구한다. 첫째, 반성적 태도로 자신의 가치나 개인적 문제, 상황과 관련된 다른 사람들의 입장을 이해해야 한다. 둘째, 상황과 관련된 다양한 쟁점, 사람, 관점 간의 균형을 유지하려는 태도를 가지고 있어야 한다. 셋째, 주어진 상황의 사회문화적 맥락에 대한 관심을 가지고 있어야 한다, 넷째, 내담자를 비롯해 의사결정에 관여된 다양한 집단과 협조적인 관계를 유지해야 한다. 상담자의 윤리적 행동에 대한 판단과 결과에 대한 해석 및 수용은 그 행동이 일어난 사회문화적 맥락과 관련된다.

5. 윤리적 위반

상담자 자신의 능력 밖의 문제를 상담에서 다루는 것은 비윤리적이다. 그렇다면 '상담자의 능력이란 무엇인가?' '그 능력을 어떻게 평가하고 측정할 수 있는가?' '학위나 전문가 자격증이 어느 정도 정확하고 타당한 능력 평가의 기준이 되는가?' '전문가 자격증이나 훈련 이수증을 주는 것 이외에 다른 방안들은 없는가?' '전문가들은 자신들의 지식이나 기술을 향상하기 위하여 어떤 윤리적인 책임이 있는가?' 등에 대한 정확한 규정이 있어야 한다.

미국의 상담 관련 학회(예: American Association for Marriage and Family Therapy, American Psychologist Association, National Association of Social Workers)와 한국상담심리학회(한국상담심리학회 윤리강령 참조)에서는 자신의 능력 범위를 벗어난 문제에 관한 진단, 처방, 처치, 조언을 금하고 있다. 혹 자신이 알고 있는 지식이나 경험을 벗어난 접근법을 사용할 때는 관련 전문가의 자문을 받거나 훈련을 받아야 한다. 즉, 상담자는 자신이 한 내담자와 상담을 어느 정도까지 진행할 수 있으며, 어느 시점에서 다른 전문가에게 의뢰할 수 있는지를 정확하게 평가할 수 있어야 한다. 내담자의 문제를 다루는 데 자신이 없을 경우에는 언제 다른 상담자에게 의뢰할 것인가를 생각해야 한다. 상담자가 명심하여야 하는 것은 내담자에게 최선의 도움을 주는 것이다. 가장 적절한 상담자에게 내담자를 의뢰하는 것도 훌륭한 상담 서비스가 된다는 것을 명심해야 한다(공윤정, 2008에서 재인용).

상담자는 윤리강령을 숙지하고 이를 준수해야 하며 동료 상담자도 윤리강령을 준수할 수 있도록 도와야 하는 윤리적 책임이 있다. 따라서 다른 상담자가 윤리강령을 위반했을 때 당사자가 윤리적 행동을 준수하도록 적극적으로 지원해 주어야 한다. 상담전문가들이 전문적 활동을 하는 과정에서 비윤리적인 행동을 했을 때는 이에 대한 징계가 관련 학회에서 이루어질 수 있다. 흔히 상담전문가의 비윤리적인 행동에 대해 내담자나 동료가 알아차리고 이에 대한 처리를 관련 학회의 윤리위원회에 요청함으로써 징계가 이루어진다.

한국상담심리학회는 상담자가 윤리규정을 위반하였을 때 비윤리적인 행동을 인지한 상담자가 학회의 윤리위원회에 그 행동에 대한 처리를 요청하기 전에 다른 동료나 수퍼바이저, 윤리위원회의 자문을 구함으로써 비공식적인 해결을 먼저 시도해 볼 것을 권고하고 있다. 비공식적인 시도에도 불구하고 비윤리적인 행동이 수정되지 않을 때 관련자들은 이를 윤리위원회에 위임한다. 한국상담학회와 한국상담심리학회의 관련 규정에서는 상담자의 윤리적 규정 위반에 대해 상담자에 대한 징계, 경고, 견책, 자격 정지 및 자격 박탈 순으로 제재의 범위를 설정하고 있다. 경고는 상담자에게 관련인에게 사과할 것을 요청하는 것이고 견책은 상담자가 일정 기간 개인상담을 받도록 하는 것이다. 자격 정지 처분을 받으면 일정 기간 상담자로서의 자격이 박탈되어 상담활동을 할 수 없게 되며, 자격의 영구박탈은 상담자의 자격이 평생 박탈되어 더 이상 전문가로서 활동을 할 수 없게 되는 것이다. 주로 학회의 윤리위원회를 통해 상담자의 비윤리적 행동에 대한 징계가 이루어지는 우리나라와는 달리, 미국에서는 각 주의 면허위원회, 민사재판, 형사재판을 통해 상담자의 비윤리적인 행동에 대한 징계가 이루어진다. 특히 미국은 상담자 면허 제도가 실시되고 있어서 상담자의 비윤리적인 행동에 관해 상담 면허에 대한 징계가 이루어진다.

제2부
상담이론

제2부 상담이론에서는 정신분석 상담이론, 인간중심 상담이론, 인지주의 상담이론, 행동주의 상담이론 그리고 William Glasser의 현실치료 상담이론을 소개한다. 정신분석 상담이론은 내담자의 무의식에 초점을 맞추고 있고, 인간중심 상담이론은 자기실현과 자아개념에, 인지주의 상담이론은 내담자의 사고와 신념에 초점을 맞추고 있으며, 행동주의 상담이론은 내담자의 경험을 통한 학습에 초점을 두고 있다. 한편, 현실치료 상담이론은 모든 행동을 욕구와 바람을 충족하기 위한 내담자의 선택으로 보기 때문에 현실성, 책임성, 옳은 행동에 대한 내담자의 선택을 강조한다.

제6장

정신분석 상담이론

Sigmund Freud
(1856~1939)

Sigmund Freud(1856~1939)의 정신분석 상담이론은 개인이 의식할 수 없는 무의식에 존재하는 욕망, 충동, 갈등, 억압, 상처 등이 인간행동에 영향을 준다는 심리 역동적 관점에 기초하고 있다. 오스트리아 빈의 의사였던 Freud는 정서적인 어려움을 겪고 있는 환자들을 진료하면서 신체적 결함이 없는 환자들의 신경증적 발작이나 행동적 문제들이 무의식적인 내적 갈등의 결과로 나타나는 증상이라고 확신했다. 가령, 부모에 대한 분노나 증오심이 의식되면 죄책감을 느끼기 때문에 이 충동은 무의식으로 밀리고 이 억압이 신체적 고통으로 나타난다고 본다. 또한 Freud는 무의식에 내재하는 성적 및 공격적 충동이 통제되고 사회화되는 인생 초기 경험에 의해 성격이 발달한다는 심리성적 이론을 주장하였다.

이후 Freud는 신경증적 증상들이 망각된 어린 시절의 부정적인 경험에 그 뿌리를 두고 있다고 가정하고 무의식 속에 억압된 경험들을 의식화함으로써 증상들을 치료하고자 하였다. 즉, 정신분석의 치료기법인 최면요법, 자유연상, 꿈 분석, 해석은 무의식에 갇혀 있는 어린 시절의 경험들을 밝히고 의식 수준으로 끌어내는 방법이다.

1. 인간에 대한 기본 관점

정신분석 관점에서 인간은 현재의 행동을 선택하고 책임질 수 있는 존재가 아니다. 모든 행동은 무의식에 존재한 억압된 사건들, 즉 유아기의 경험에 의해 결정되며, 이 시기의 욕구충족과 욕구좌절에 대한 경험이 성격 형성에 영향을 준다.

1) 정신결정론

정신결정론은 무의식에 존재하고 있는 유아기의 충동, 갈등, 좌절 등이 현재의 행동과 성격 형성에 영향을 주는 결정적 요소임을 의미한다. 정신결정론에 근거하면, 우리의 모든 현재 행동은 의식이 아닌 무의식의 내적 정신에 의해 결정된다. 정신분석 상담이론은 기본적으로 모든 행동이 무의식의 내적 정신에 의해 지배되고, 무의식에는 충동, 욕구, 공포, 원망, 공격성, 성욕 등의 원초적 본능들이 존재하고 있다는 가정에서 출발한다.

본능(instinct)은 인간과 동물 특유의 생득적인 행동으로 가르쳐 주지 않아도 특정 자극에 대해 출현하는 즉각적이며 자동적인 반응이다. 생존에 필요한 신생아의 흡입반사, 모로반사, 잡기반사 그리고 공격, 도피, 두려움, 섭취, 배설, 성 등의 본능적 행동은 출생 시 이미 습득하고 있었던 생득적인 반응들이다. 특정한 자극이나 상황에서 출현하는 자동화된 반응인 본능은 생존을 위한 종 특유의 행동과 직결되어 있다. 입 주위에 닿는 모든 물건을 흡입하려는 신생아의 흡입반사나 손바닥에 닿는 물체를 양손으로 꽉 잡고 매달리는 잡기반사는 생존을 위한 본능적 행동이다. 또한 절벽이나 낭떠러지에 대한 위험을 경험해 본 적이 없는 어린 아동이나 성인이 고층 난간에서 공포를 느끼는 것은 높은 곳에 대한 두려움의 본능이 이미 내재되어 있기 때문이라고 본다. 정신분석 상담이론은 성적 본능과 공격적 본능이 행동의 에너지로 작용하고 있음을 강조한다. 성과 공격의 본능을 비롯해 무의식의 원초적 본능들은 억압되어 있기 때문에 의식될 수 없지만, 결코 사라지지 않은 채 인간의 사고와 행동에 지배적으로 영향을 주고 있다고 본다.

인간뿐 아니라 동물의 종 특유의 본능적 행동들도 매우 독특하고 다양하다. 다른 새의 둥지에 알을 낳는 뻐꾸기의 행동도 종 특유의 본능으로 생득적 특성이다. 뻐꾸기는 스스로 둥지를 틀지 않고 때까치, 멧새, 종달새 등의 둥지에 알을 낳아 다른 어미 새가 알을 품게 하여 부화시키는 얌체 새로 알려져 있다. 덩치가 큰 새끼 뻐꾸기는 부화 후 1～2일이 지나면 둥지의 주인인 알과 새끼를 밖으로 밀어내고 어미 새가 잡아 온 먹이를 혼자 먹으며 자란다. 그리고 둥지를 떠나 독립한 뒤 다시 어미 뻐꾸기의 행동을 반복한다. 개똥벌레는 암컷이 수컷을 잡아먹기 때문에 수컷은 암컷을 피해 다니지만, 이내 암컷이 보내는 교미 신호인 형광 신호를 보고 자동적으로 접근하다가 잡아먹힌다고 한다. 이처럼 동물마다 다양한 종 특유의 본능적인 행동이 있듯이, 정신분석이론에서 성과 공격성은 인간 종 특유의 본능으로 무의식에 존재하면서 인간행동의 원천이 된다.

2) 무의식

무의식은 의식하기 두려운 고통스러운 사건들이 선별적으로 망각되고 억압된 내용들로 구성된 정신구조다. 어린 시절의 고통스러운 경험, 부끄럽고 용납할 수 없는 욕구와 갈등은 불안과 죄의식을 야기하기 때문에 자연스럽게 의식 밖으로 밀려나고 현재의 의식에서 사라져 존재하지 않는 것처럼 느껴진다. 이렇게 의식에서 밀려난 갈등들은 망각된 채로 무의식 속에 계속 남아 있으면서 개인의 행동에 영향을 준다. 즉, 무의식에 내재해 있는 두려움, 분노, 욕구, 갈등 등이 사고와 행동의 무의식적 동기로 작용한다. 예전에 KBS에서 방영된 〈마음

3편〉 '무의식 속에 새겨진 마음을 깨우다'에서 소개한 사례들은 현재의 신경증적인 강박행동에 무의식적 동기들이 어떻게 작용하고 있는지를 보여 준다.

사회생활에 잘 적응하고 있는 젊고 평범한 직장인이 불특정인에 대한 충동적인 공격성 때문에 괴로워하고 있었다. 특히 여성에 대한 이유 없는 불신 때문에 좋은 감정을 가지고 만났던 여자와도 관계가 더 발전할 수 있는 시기에 갈등이 생겨 헤어지는 일이 반복되었다. 직장 내 대인관계는 정상적이었지만 언제나 여성과의 관계에서 긴장과 갈등이 반복되면서 결혼할 기회를 놓쳤다. 또한 퇴근길에 전철을 기다리는 동안 전혀 모르는 사람을 밀어 버리고 싶은 충동을 느꼈던 그는 스스로 두려움을 느껴 정신분석가에게 도움을 청했다. 정신분석과정에서 내담자는 어린 시절의 경험들을 연상하는 중에 그동안 잊고 있었던 중요한 한 사건을 떠올렸다.

내담자가 아주 어렸을 때 동네 친구들과 함께 놀다가 오물 웅덩이에 빠졌는데, 당시에 친구들은 놀라서 모두 도망갔고 죽음 직전의 위기에서 지나가던 동네 어른에게 발견되어 응급실로 실려 갔다. 이때 사고 소식을 들은 어머니와 할머니는 병원으로 달려가는 대신 서둘러 무당을 불러 굿을 했다. 응급실에서 의식을 찾은 어린 내담자는 두렵고 무서워서 어머니를 찾았지만 그 자리에 있어야 할 어머니가 보이지 않았다. 응급실에 혼자 남겨진 것이 두려웠던 어린 내담자는 그곳에 없는 어머니에게 분노를 느꼈지만 이것은 곧 무의식으로 억압되었다. 성장하면서 어린 시절의 경험과 어머니에 대한 분노는 기억에서 사라졌지만 어머니에 대한 억압된 분노와 불신이 무의식에 존재하면서 성인이 된 내담자의 행동에 심각한 영향을 끼쳤다. 내담자가 어린 시절의 어머니에 대한 분노와 증오를 의식하게 되면서 타인을 공격하고 여성을 불신하는 부적응적인 행동이 개선되기 시작했고 가족과의 불편한 관계도 호전되었다.

3) 정신구조

Freud는 인간의 정신구조를 의식, 전의식, 무의식으로 구분하여 설명한다.

의식(consciousness)은 우리가 현재 지각하고 생각하고 느끼고 기억할 수 있는 내용으로 구성되어 있으며 전의식(preconsciousness)은 특정한 단서나 실마리를 통해 쉽게 의식 수준으로 떠오를 수 있는 내용들이다. 가령, '초등학교 동창생'이라는 말을 듣는 순간 방금 전까지 의식할 수 없었던 그 시절의 친구들, 사건들, 주변 상황들이 떠오르는 것은 전의식의 내용이다. 반면에 무의식(unconsciousness)은 우리 정신의 가장 깊은 곳에 있어서 의식할 수 없으며 성적 충동, 공격성, 공포, 원망과 같이 의식에서 밀려나고 억압된 것들이 집결되어 있는 정신구조다. 흔히 Freud의 세 가지 정신구조를 바다 위에 떠 있는 빙산에 비유하는데, 바다의 수면을 의식의 경계라고 본다면 수면 위에 있어서 볼 수 있는 빙산은 의식의 영역이다. 그리고 수면에 맞닿아 있어서 물결에 따라 표면 위로 올라오는 빙산은 전의식이며 수면 아래 깊은 바다 속에 있어서 볼 수 없는 빙산은 무의식이다.

전의식은 억압되어 있지만 주의를 집중한다면 의식 수준으로 떠오를 수 있으며 의식과 무의식 사이에 존재한다. 의식은 감각기관을 통해 인식되는 모든 것을 말하며 무의식은 감각기관으로 인식할 수 없는 마음 깊은 곳에 숨겨져 있는 정신세계로 본능, 억압된 생각과 감정들이 그 속에 존재한다. 정신구조에서 의식이 차지하고 있는 부분은 극히 일부분이기 때문에 전체빙산의 10분의 1에 지나지 않은 수면 위의 빙산에 비유하여 '빙산의 일각'이란 말로 자주 표현된다. 나머지 10분의 9에 해당하는 거대한 빙산이 수면 아래 잠겨 있어 볼 수 없듯이 무의식이 우리 정신구조의 거의 대부분을 차지하고 있지만 의식되지 못한다.

전의식의 내용은 의식화되지 않은 것이지만 특별한 자극이나 단서를 통해 쉽게 의식 수준으로 떠오르는 반면 무의식에 있는 내용은 의식화하기 매우 어렵거나 결코 의식할 수 없다. 따라서 정신분석 상담이론에서는 무의식적 내용들이 변형되거나 상징화된 형태로 표출되는 꿈, 실언, 농담 등을 해석하고 분석함으로써 무의식에 접근한다.

2. 성격발달

Freud는 사회적으로 터부시하고 억압하고 있는 성적 욕구, 충동을 매우 자연스러운 생명의 근원으로 여기며 인간행동을 이해하는 가장 중요한 자원으로 생각한다. 정신분석의 핵심적인 두 가지 무의식적 본능은 성적 욕구와 공격적 충동이다. 성적 쾌감을 얻으려는 성적 욕구와 타인에 대한 공격적 욕구가 인간행동의 가장 중요한 원동력이며 에너지인 것이다. Freud가 말하는 본능적인 성적 충동은 단순한 성적 행위를 의미하는 것이 아니며 '성'의 진정한 의미인 '사랑'에 대한 갈구를 의미한다. 사람들 사이의 진정한 이해와 관심, 수용, 배려 등은 이러한 사랑을 대변하는 것으로 사람들로 하여금 살아 움직이게 하는 정신적 에너지라고 설명한다. 한편, 공격적 본능은 교육을 통해 사회적으로 억압되며, 바람직하고 허용될 수 있는 행동의 원동력으로 작용한다. 그러나 Freud에 의하면, 원초적 본능들이 행동의 에너지원으로 사용되었다 하더라도 그러한 원초적인 본능은 근본적으로 충족되거나 억압을 통해 사라질 수 있는 것이 아니기 때문에 인간의 깊숙한 내면에는 다듬어지지 않은 원시적 형태의 본능이 그대로 남아 있다.

한편, Freud는 유아기의 성적 욕구 대상은 자신의 신체 내부에 머무르고 있다는 점에서 성인의 성적 욕구와 다르다고 설명한다. 따라서 인생 초기, 아동기의 성적 욕구 본능인 리비도(libido)는 각 연령 시기에 따라 신체의 특정 부위에 집중된다. Freud는 유아의 성적 관심 대상인 리비도(성감대)가 각 시기에 따라 입, 항문, 성기로 성장하면서 구순기, 항문기, 남근기의 3단계의 발달단계를 거친다고 설명한다.

성격발달은 각 단계에 있는 아동이 부모와의 관계 속에서 성적 욕구들을 현실에 맞게 조정하며 충족시키는 과정을 통해 이루어진다. 각 발달단계에서 아동의 성적 욕구가 충족되거나 좌절되는 과정을 통해 성격이 발달한다는 Freud의 성격이론은 심리성적 이론(psycho-sexual theory)으로 불리기도 한다. 아동의 연령이 증가함에 따라 성적 욕구가 다른 신체 부위로 옮겨 가는 리비도의 발달이 진행되어 다음의 심리성적 단계로 발달한다. 그러나 이때 리비도가 정상적으로 발달하지 않고 퇴행하여 특정 심리성적 단계에 멈춰 버리게 되는 고착(fixation) 현상도 일어날 수 있다. 고착은 더 높은 수준의 심리성적 발달단계로 진행되지 못하고 이전 수준의 특정 심리성적 발달단계에 머무는 퇴행을 의미한다. 고착은 어느 한 특정 시기의 성적 욕구가 지나치게 충족되거나, 또는 이와 반대로 지나치게 결핍될 때 아동이 이와 관련된 활동에 집착하는 것이다. Freud는 정상적인 리비도의 발달이 진행되지 않고 퇴행하여 유아기적 심리성적 단계에 머무르게 될 때 신경증적 증상이 나타난다고 말한다.

1) 성격 발달단계

Freud의 성격 발달단계는 아동 초기의 성적 욕구, 즉 리비도(성감대)의 발달에 따라 구순기, 항문기, 남근기로 구분된다. 아동기 이후에는 아동의 성적 활동이 억압되면서 뚜렷한 심리성적 욕구가 나타나지 않아서 잠복기라고 설명하고, 제2차 성징의 변화가 일어나는 사춘기의 청소년 시기는 생식기로서 아동기의 심리성적 욕구와 다른 성적 욕구 및 생식 능력을 갖는다.

(1) 구순기

구순기(oral stage)는 리비도(성감대)가 입 주위에 집중되는 시기로 생후 18개월 정도까지 지속된다. 이 시기의 유아들은 엄마의 젖이나 손가락을 빨거나 깨무는 등의 입의 활동을 통해 쾌감을 느끼는데 흡입하기, 씹기, 깨물기 등의 구강 활동은 구순기적 욕구를 충족시킨다. 유아의 구순기적 욕구가 적절하게 충족되는 것은 매우 중요하지만 욕구가 지나치게 충족되거나 이와 반대로 좌절되는 경우 구순기적 욕구에 고착된다. 이러한 고착은 다음 단계로의 발달을 방해하고 구순기의 욕구충족에 집착하는 성격 특성을 형성한다. 과식, 과음, 지나친 흡연, 수다, 험담과 비난 그리고 논쟁을 즐기는 것이나 지나친 식욕도 구순기적 특성이라고 볼 수 있다. 또한 타인이나 배우자에 대한 지나친 의존성, 탐욕, 지나친 낙관 또는 비관도 구순기에 고착된 성격 특성이라고 볼 수 있다.

(2) 항문기

항문기(anal stage)는 리비도가 항문 주위로 집중되는데 이 시기의 2~3세 아동들은 배설이나 배뇨를 통해 쾌감을 느낀다. 아동들은 배설물을 보유하면서 긴장을 경험하고 동시에 적합한 장소에서 배설함으로써 안도와 쾌감을 경험한다. 아동이 배설물을 보유하고 배출하는 것은 항문의 수축과 이완을 자유롭게 할 수 있는 괄약근이 성숙해야만 가능하다. 따라서 자발적인 배변과 배뇨를 위한 배변 훈련은 괄약근의 성숙과 함께 적절한 시기에 이루어져야 한다. 아동은 배설하기 적절한 상황이 될 때까지 배설물을 보유하기 위해 괄약근을 수축(긴장)한 후, 이완(배설)함으로써 쾌감과 만족을 얻는다. 이와 같은 긴장과 이완을 통해 아동은 항문기적 쾌감을 얻고 외부 사회적 요구를 따름으로써 사회적 인정도 얻는다.

그런데 지나치게 엄격한 배변 훈련을 받은 아동들은 괄약근의 수축에 고착함으로써 강박적인 항문기적 성격을 형성할 수 있다. 그리고 이렇게 배설물의 보유에 고착하는 특성이 반영된 강박적인 항문기적 성격은 청결이나 질서에 대한 지나친 욕구, 인색함, 고집으로 나타난다. 이와 반대로 배변 훈련이 적절한 시기에 이루어지지 않아 이완(배설) 쾌감에 고착하게 되면 자제력이 없고 분노적인 성격이 형성될 수 있다.

배변 훈련을 통해 아동들은 사회적 요구와 규범 그리고 타인의 기대와 요구를 고려하게 되어 즉각적인 욕구 만족을 지연하는 등의 자기통제 능력을 학습한다. 아동들은 적절한 배변 훈련을 통해 스스로 배변과 배뇨를 통제함으로써 자율성과 자존감을 갖게 된다.

(3) 남근기

남근기(phallic stage)는 3~5세 아동들의 성적 욕구가 성기 주위로 집중되는 시기다. 이 시기에 아동들은 남녀의 신체 구조적 차이를 알게 되고 자신이 어디로부터 왔는지에 대해 알고 싶어 하며 성에 대해 호기심을 보인다. 유아 시기의 남녀 어린 아동들은 모두 엄마에게 관심을 집중시켰지만 성장하면서 아동들은 이성 부모에게로 관심을 돌리게 된다. 이 시기의 아동들은 남자와 여자의 성을 구분하고 이성 부모에게 연정을 품게 되는데 이것을 남아의 경우 오이디푸스 콤플렉스(oedipus complex)라고 하고, 여아의 경우 엘렉트라 콤플렉스(electra complex)라고 한다.

오이디푸스 콤플렉스는 그리스 신화 '오이디푸스 왕'에서 유래되었는데, 이야기의 줄거리는 다음과 같다. 오이디푸스의 아버지 '라이우스'는 아들이 자신을 죽일 것이라는 불길한 예언 때문에 갓 태어난 오이디푸스를 죽도록 내버렸다. 그런데 우연히 구조되어 다른 도시에서 양부모에 의해 잘 성장한 오이디푸스는 아버지를 죽이고 어머니와 결혼할 운명이라는 자신에 대한 예언을 듣고 집을 떠난다. 양부모를 친부모로 알고 집을 떠난 오이디푸스는 도중에 라이우스(친아버지)를 만나 싸우다 그를 죽이게 되고 스핑크스의 수수께끼를 풀어 저주받은 그의 고향 테베를 해방시킨다. 그리고 그는 이에 대한 보상으로 라이우스의 아내이자 자신의 친어머니인 조카스타와 결혼한다.

남아는 어머니를 애정의 대상으로 여기는 반면, 아버지를 경쟁자로 여기고 적대감을 갖게 되면서 거세불안(castration anxiety)을 겪는다. 거세불안에 직면한 남아는 아버지에 대한 적대감을 숨기는 대신에 자신을 아버지와 동일시함으로써 오이디푸스 콤플렉스를 해결한다. 즉, 모든 면에서 자신보다 월등한 아버지와 경쟁하기보다 동일한 사람이 됨(동일시)으로써 열등한 자신을 보상하고 동시에 욕구를 충족시키는 것이다.

한편, 여아의 엘렉트라 콤플렉스는 오이디푸스 콤플렉스만큼 그 어원이 상세하게 기술되어 있지 않지만 엘렉트라가 남동생을 통해 어머니와 어머니의 정부를 죽이고 아버지의 원수를 갚는다는 그리스 신화의 이야기에서 유래한다. 여아는 자신에게 남근이 없음을 발견하고 남근을 부러워하는 '남근선망(penis envy)'을 갖는다. 여아는 남근이 없는 것에 대한 원망을 동성인 어머니에게 돌리고 어머니에 대해 거부감을 가지며 아버지에 대해서는 애착과 사랑을 키워 간다. 그러나 여아는 남근이 회복될 수 없으며 아버지에 대한 애정 욕구도 충족시킬 수 없음을 알게 되고 결국 어머니에 대한 동일시를 통해 이 갈등을 해결한다.

이렇게 갈등을 극복하고 욕구충족을 하려는 동일시 과정을 통해 아동들은 부모의 가치 규범, 도덕을 내면화하고 초자아(super ego)를 발달시킨다. 이것은 자녀가 부모를 닮을 수밖에 없는 중요한 이유가 된다.

(4) 잠복기

잠복기(latency stage)는 사춘기가 시작되기 전의 초등학생 시기(6~13세)로, 성적 충동은 억압되어 드러나지 않는 상태이지만 남근기에 이어서 부모에 대한 동일시는 더욱 커지고 초자아가 발달한다. Freud에 의하면 이 시기는 거세불안에 대한 두려움이 성적 욕구를 억압하여 잠복된 상태다.

잠복기의 아동들은 학교 교육을 통해 사회적 적응에 필요한 기초적인 지식과 기술을 학습해야 한다. 또한 본능적 욕구충족과 만족보다는 사회적 요구와 기대에 순응하는 방법을 배우며 현실 사회에 적응하는 능력들을 습득해야 한다. 부모에 대한 관심과 애정에 대한 요구는 동료나 또래 집단으로 옮겨지고 사회적 유대감과 결속을 유지하는 데 집중한다. 이전 시기와 달리 성적 에너지는 새로운 지적 과제를 학습하고 사회적 가치와 기술을 습득하는 등의 외적 활동을 통해 방출된다고 볼 수 있다.

(5) 생식기

생식기(genital stage)에는 남근기와 마찬가지로 성적 관심이 생기지만 이전과는 전혀 다른 성적 만족을 추구한다. 사춘기의 청소년들은 제2차 성징의 변화를 경험하면서 성적 만족을 느낄 수 있을 만큼 성적으로 성숙하고 그 대상은 이성에게로 향한다. 이 시기에는 리비도가 자신의 신체 내에 있었던 남근기와 다르게, 이성이 성 욕구의 대상이 되며 입맞춤이나 포옹 등의 성인의 성적 행동이 나타난다. 건강한 청소년들의 성 충동과 행동은 사회화된 형태로 나타나서 성숙한 애정관계로 발전한다. 그러나 청소년 초기의 이성에 대한 관심은 또래 이성보다 선생님, 영화배우, 가수 등 연상 이성에게 더 집중된다. Freud는 이러한 현상에 대해 남근기의 이성 부모에 대한 성적 본능이 재현되는 것이라고 설명한다.

2) 성격구조

Freud는 성격을 원초아(id), 자아(ego), 초자아(super ego)의 세 가지 구조로 설명한다. 아기들이 태어날 때에는 본능적인 욕구인 원초아만 존재하지만 성장하면서 현실적인 조정을 하는 자아가 발달하고, 이 자아로부터 이상적 기준에 따라 통제하는 초자아가 발달한다. 이 세 가지 성격 구조는 서로 다른 것을 추구하지만 함께 작용하면서 어떤 성격 요인이 더 크게 작용하느냐에 따라 개인의 성격적 특성을 결정한다.

(1) 원초아

원초아는 출생 시부터 존재하는 원시적인 성격으로 생물학적 욕구(본능)들로 이루어져 있다. 원초아를 구성하는 욕구인 섭취, 갈증, 수면, 배설 그리고 성적 및 공격적 충동은 모두 무의식에 존재한다. 원초아는 '쾌락의 원리(pleasure principle)'에 의해 지배되기 때문에 '쾌'를 추구하고 고통을 피하려는 방향으로 작용한다. 따라서 원초아는 즉각적인 욕구만족을 통해 '쾌'를 얻으려고 하고 고통을 회피하려고 한다. 쾌락의 원리를 따르는 원초아는 어떤 제약도 받지 않고 현실 상황과 무관하게 즉각적으로 욕구를 충족시키려고 한다. 이렇게 현실을 고려하지 않고 즉각적으로 욕구를 충족시키는 비논리적이고 자기중심적인 특성은 다듬어지지 않은 원초적인 사고특성을 보이기 때문에 '일차적 사고과정(primary thinking process)'이라고 한다. 가령, 원초아는 욕구를 즉각적으로 충족시켜야 하기 때문에 돈이 있든 없든 상관없이 배가 고프면 제과점에 진열된 빵을 먹는다. 원초아는 돈을 준비할 때까지 먹고 싶은 욕구충족을 지연하거나 물로 배고픔을 채우는 등의 다른 방법을 선택할 수 없다. 장난감을 주지 않으려는 동생을 때리고 빼앗는 형의 행동은 원초아의 모습이다. 이처럼 욕구가 발생하면 지체 없이 즉각 충족시키는 방향으로 행동을 선택하는 것은 쾌락의 원리에 지배되는 원초아의 성격적 특성이다.

그러나 부모의 돌봄을 받는 유아들도 현실에서는 자주 욕구충족이 지연되거나 좌절되는 경험을 한다. 배고픈 유아의 욕구가 즉각 해결되지 않을 수 있으며 때로는 다른 물건을 빠는 것으로 대체될 수도 있다. 이처럼 욕구가 지연되고 좌절되는 현실적 상황에 적응하기 위해 자아가 발달한다.

(2) 자아

자아는 원초아로부터 발달한 것으로 즉각적인 욕구충족이 어떤 결과를 가져올 수 있는지를 예측하고 현실적인 상황을 고려하여 행동을 선택하도록 돕는다. 원초아가 이끄는 대로 행동을 선택하게 되면 많은 어려운 상황에 직면하게 된다. 장소 불문하고 배뇨를 하거나 지불할 돈이 없는데도 식당에서 음식을 먹는다면 심각한 문제가 발생할 것이다. 따라서 자아는 현실을 파악하고 미래의 결과를 예측하여 즉각적인 욕구충족을 추구하는 원초아를 통제한다. 현실을 고려하고 원초아의 욕구충족을 지연하는 자아는 '현실 원리(reality principle)'를 따른다. 용이한 장소를 찾을 때까지 배설을 참거나 지불할 돈을 모을 때까지 물건을 소유하려는 욕구충족을 지연시키는 것은 자아의 역할이다. 이렇게 상황을 이해하고 현실적으로 판단하는 자아의 합리적 사고과정을 '이차적 사고과정(secondary thinking process)'이라고 한다.

이렇게 자아는 원초아의 즉각적인 욕구충족을 억압하거나 지연시키고 현실적으로 가능한 행동들을 선택하는 적응적인 기능을 한다.

(3) 초자아

아동들은 부모의 기대와 사회적 규범에 따라 행동을 했을 때는 보상을 받고 기대에 어긋나거나 규범을 위반했을 때는 처벌을 받는 경험들을 하게 된다. 이

과정에서 아동은 부모의 가치관과 도덕적 기준을 '자신의 중요한 가치'로 받아들이고 사회적 규범을 따르려는 초자아가 발달한다. 사회적 규범과 부모의 가치가 내면화된 초자아는 추구해야 할 도덕적 '선'과 하지 말아야 할 도덕적 '악'의 기준을 형성하고 이것은 곧 초자아의 하위체계인 '이상적 자아'와 '양심'으로 발달한다. 이상적 자아는 도덕적 선을 추구하며 자부심과 자존감을 느끼게 하고, 양심은 금지된 악의 기준에 따랐을 때 죄책감을 느끼게 한다. 이상적 자아는 부모가 도덕적 선을 따른 아동의 행동을 칭찬하고 지지하는 보상과정을 통해, 그리고 양심은 아동의 잘못된 행동에 대해 부모가 처벌하고 비난하는 과정에서 형성된다. 초자아는 행동의 옳고 그름을 판단하는 도덕적 기준 및 사회문화적 규범들로 도덕원리(moral principle)를 따른다.

3. 방어기제

원초아는 쾌락을 추구하고 자아는 현실을 따르며 초자아는 이상을 추구한다. 초자아는 도덕적 이상을 추구하고 도덕적 악을 선택하려는 충동적인 원초아를 견제하며 비난한다. 자아는 현실적 상황을 고려하면서 원초아와 초자아를 중재해야 한다. 그러나 자아가 원초아와 초자아를 중재하는 노력은 긴장을 유발하며 세 성격의 균형을 잃을 때 긴장은 더욱 커진다. 그러므로 자아는 초자아와 원초아의 계속되는 심각한 갈등에서 생기는 긴장과 불안을 어떤 형태로든 해결해야 한다. 자아는 이러한 갈등과 불안으로부터 자신을 보호하기 위한 기술을 발달시키는데, 이것이 바로 방어기제(defence mechanism)다.

1) 불안

방어기제는 직면하기 어려운 고통스러운 불안, 갈등, 좌절 그리고 용납하기 어려운 충동이나 욕구들에 대해 자아가 무의식적으로 대처하는 심리적 보호기제다. 원초아는 본능적 욕구를 충족시키려고 하고 자아는 현실상황에 맞춰 그것을 억제하며 초자아는 이상과 양심에 따라 감시하고 비난한다. 그러나 자아가 원초아의 본능적 욕구를 억압하는 과정에서 자아와 원초아 간의 갈등이 일어나며 신경증적 불안(neurotic anxiety)을 일으킨다. 또한 자아는 원초아와 초자아 간의 갈등에서 도덕적 불안(moral anxiety)을 겪게 되며 수치, 죄책감을 느끼게 된다. 신경증적 불안이나 도덕적 불안은 성격구조 간의 갈등에 의해 발생하지만 자아가 실제로 존재하는 특정 상황이나 대상에 대해 두려움을 느끼는 현실불안(reality anxiety)도 있다. 불안이 발생하면 자아는 이러한 긴장상태로부터 벗어나고 불안을 해결하려고 노력한다. 자아는 현실적 상황에 합리적이고 직접적인 대처 방법으로 불안을 해결하기도 하지만 무의식적인 방어기제를 통해 자기를 보호하기도 한다.

(1) 현실불안

현실불안은 자아가 실재적 상황이나 구체적 대상에 대해 긴장이나 두려움을 느끼는 것이다. 현실불안은 자아가 현실에서 실재적인 위험이나 위협을 지각하고 있을 때 느끼는 불안으로 스스로를 보호할 수 있는 적절한 행동을 하도록 한다. 가령 끓고 있는 기름은 화상의 위험에 대한 불안을 야기하기 때문에 기름이 튀지 않도록 조심하고 보호 장갑을 사용한다. 시험에 대한 긴장이나 불안에 대해서는 시험공부를 함으로써 그리고 미끄러운 빙판 길을 걸을 때 느끼는 낙상에 대한 불안에 대해서는 조심스럽게 발을 내딛는 행동을 함으로써 대처한다. 현실불안은 실제로 존재하기 때문에 불안을 제거하거나 약화시키기 위해 구체적이고 직접적으로 대처하는 행동을 유발한다. 이처럼 현실불안은 적응적이며 효율적인 행동을 일으키는 기능을 한다. 따라서 현실에서 불안을 일으키는 위험요소들을 제거하면 현실불안은 사라진다.

(2) 신경증적 불안

신경증적 불안은 자아와 원초아의 갈등에서 발생하는 불안이다. 신경증적 불안은 자아가 원초아를 지나치게 억압할 때, 자아가 더 이상 원초아를 통제할 수 없어서 충동적인 감정과 욕망이 표출되어 비난이나 처벌을 받을 수 있다는 두려움으로부터 발생한다. 폭력적인 아버지에 대한 어린 아동의 증오심과 분노는 억압되면서 청년기에 청결에 대한 강박적인 행동으로 나타나기도 한다. 책꽂이 책들을 제목 순서대로 정리정돈하고, 바닥에 떨어진 먼지, 머리카락을 청소하고 청결을 유지하느라고 일상적인 생활을 하지 못하는 어려움을 겪기도 한다.

(3) 도덕적 불안

도덕적 불안은 자아와 초자아의 갈등에서 발생하는 불안이다. 자아는 초자아의 도덕적 규준, 양심, 이상 등을 위반하는 것에 대한 두려움을 가지고 있으며 위반했을 때 죄책감과 수치심을 느끼게 된다. 자아가 충동적인 원초아를 통제하지 못하게 되면 초자아로부터 비난과 질책을 받게 되고 자아는 부끄러움과 죄의식을 느낀다. 가령, 예쁜 옷을 보면 충동 구매하는 사람은 계획성과 절제력이 없는 자신을 비난하고 죄책감을 느낄 수 있다. 도덕적 불안은 누구에게나 있지만 그 불안의 크기와 정도는 매우 다르다. 자신에 대한 과도한 부끄러움이나 죄책감은 부적절한 행동이나 심리적 왜곡을 초래할 수 있다. 폭력집단에게 구타를 당하고 있는 친구를 본 순간 두려움 때문에 외면한 학생이 자신의 비겁한 행동을 스스로 질책하고 부끄러워하며 친구의 고통이 자기 자신 때문이라고 생각하며 죄책감에 시달릴 수 있다. 이 학생은 스스로 학교를 자퇴함으로써 친구의 고통을 외면한 비겁한 자신을 벌하고 책임을 지려고 했다. 지나친 도덕적 불안은 신경쇠약(neurasthenia)으로 이어진다.

2) 방어기제 종류

현실적인 자아와 쾌락을 지향하는 원초아, 도덕적인 초자아 간의 내면적 갈등 상태인 불안을 감소시키기 위해 자아는 방어기제를 사용한다. 방어기제는 자아가 자신을 심리적으로 보호하기 위해 사용하는 무의식적인 대처방법이다. 원초아와 초자아의 팽팽한 대립 속에서 자아는 계속 긴장하고 불안한 상태에 놓인다. 위협적인 충동이나 욕망이 내부에서 일어날 때 초자아는 원초아의 아주 부도덕하고 부끄러운 결과를 경고하며 질책한다. 자아는 원초아를 달래고 초자아의 비난을 피할 수 있도록 원초아를 억압하거나 왜곡시키는 방어기제를 무의식적으로 사용한다. 방어기제는 개인이 직면한 불안이나 내적 갈등을 일으키는 문제들을 근본적으로 해결하는 직접적인 문제해결 방법은 아니지만 일시적으로 불안으로부터 벗어나게 한다. 불안한 긴장상황에 간접적으로 대처하는 무의식적인 방어기제는 다양하다.

(1) 현실 부정

현실 부정, 부인(denial)은 고통을 주는 현실을 인식하거나 직면하기를 거부함으로써 고통스런 현실로부터 자기를 보호하는 것이다. 가령, 연인의 이별 선언을 인정하지 않고 일의 스트레스로 예민해져 있을 뿐이라고 생각하고 사실과 다르게 해석함으로써 실연을 부인한다. 사랑하는 가족을 잃은 사람은 죽음을 인정하지 않고 반드시 어딘가에 살아 있을 것이라고 믿는다. 암 진단을 받은 환자는 자신은 지금까지 아파 본 적이 없는 건강한 사람이고 병원의 오진이라고 생각하며 인정하지 않는다. 이렇듯 현실 부정은 고통스런 현실을 받아들이기 어려워 '그럴 리가 없어.' '그런 일이 일어날 수 없어.' '불행은 나를 피해 갈 거야.' 와 같이 감정이나 사고를 왜곡시켜 불안을 회피하려고 한다.

(2) 합리화

합리화(rationalization)는 자신의 행위에 대해 외적으로 합리적이고 정당한 근거를 찾음으로써 자신뿐 아니라 사회적 승인을 얻고자 하는 것이다. 이솝우화에서 높은 담장을 뛰어넘지 못해서 잘 익은 포도를 먹을 수 없게 된 여우가 포도를 따 먹는 새들을 조롱하면서 자신은 맛없고 신 포도를 먹고 싶지 않다고 말한다. 포도를 먹지 못하는 것을 자신의 점프 실력 탓으로 돌리기에는 너무 불편하기 때문에 그럴듯한 타당한 이유를 찾음으로써 불안을 회피하는 합리화는 '신포도기제'라고도 한다. 학업성적이 저조한 학생이 '학점에만 집중하는 사람들의 사고는 너무 편협해. 대학생은 좀 더 다양한 경험을 하고 넓은 세상을 바라보며 살아야지. 그래서 나는 학업보다는 다양한 경험들을 즐기고 있지.'라고 초연한 듯 말하며 자신을 합리화할 수 있다. 어떤 젊은이는 연인이 있는 친구가 부러우면서도 연애는 시간과 돈의 낭비이며 가식적인 감정일 뿐이라고 비판하기도 한다. 지나친 합리화는 삶의 모든 것이 무가치하고 진실하지 않다고 여기는 냉소주의로 발전할 수 있다.

(3) 동일시

동일시(identification)는 다른 사람의 특성이나 그들이 이룬 업적을 자신의 것으로 여기면서 불안으로부터 자신을 보호하는 것이다. 출세한 동창이나 친구, 고위 인사, 유명인과의 교류와 만남은 그들과 정서적 유대감을 형성하면서 동일시함으로써 개인의 가치를 높이는 동일시의 한 예다. 어린 아동이 영향력 있고 힘이 있는 형제나 부모를 동일시하여 모방함으로써 자신도 힘 있는 존재로 느끼고 스스로 위로받는다. 신체적으로 약한 청년이 격투기 선수들과 친분을 쌓으면서 본인의 불만족을 충족시킬 수도 있다. 그러나 단순한 동일시를 하기보다 좋은 모델을 동일시하고 적극적으로 모방할 때 좋은 행동을 배울 수 있다.

(4) 보상

보상(compensation)은 자신의 장점을 강조함으로써 약점을 은폐하거나 한 영역에서 겪은 좌절을 다른 영역의 과잉 만족을 통해 벌충하는 것이다. 신체적으로 약한 사람은 스포츠 대신에 독서를 즐김으로써 새로운 지식과 정보를 가지고 있는 것에 자부심을 갖게 될 것이다. 학교생활에 흥미를 잃고 학업에 무관심한 학생은 학업을 포기하는 대신 음악에 열정을 쏟으며 기타 연습에 매진하여 기량을 쌓아서 누구나 인정하는 기타리스트가 될 수 있다. 보상은 불안을 야기하는 개인의 부족이나 약점을 보상하기 위해 강점을 더욱 발전시킨다는 점에서 긍정적인 부분도 있다.

(5) 억압

억압(repression)은 고통스럽거나 위험한 생각이 의식으로 떠오르지 못하도록 무의식에 머물게 하는 것이다. 사회적으로나 도덕적으로 용납될 수 없는 충동, 욕구, 사고를 의식하는 것은 너무 괴롭고 불안을 야기하기 때문에 억압에 의해 무의식으로 밀려난다. 엄마를 구타하는 술 취한 아버지가 이 세상에서 없어지기를 바라는 어린 아동은 자신의 이런 생각에 대해 심한 죄책감을 갖게 되고, 이것은 곧 무의식으로 억압된다. 이렇게 아버지에 대한 분노를 무의식에 밀어 넣는 억압은 이후에 신경증적 증세를 유발할 수도 있다. 의식하기 두려운 고통스런 경험들은 억압에 의해 무의식에 저장되면서 불안을 약화시키지만 여전히 무의식에 내재되어 있기 때문에 현재의 부적응 행동에 영향을 줄 수 있다.

(6) 투사

투사(projection)는 사회적으로 부도덕한 자신의 욕구나 충동, 생각 등을 다른 사람의 탓으로 돌림으로써 불안으로부터 자신을 보호하는 것이다. 잦은 싸움에 휘말리는 사람이 다른 사람을 폭행할 의도가 전혀 없었는데 주변 사람들이 자신을 기분 나쁘게 만들어서 때렸을 뿐이라고 말한다. 성추행을 저지른 사람이 본인은 상대방에게 관심이 전혀 없었지만 상대 여성의 옷차림이나 행동이 자신을 유혹했기 때문이라며 다른 사람에게 행동의 책임을 돌린다. 투사는 자신의 잘못이나 부적절한 행동들을 다른 사람이나 환경 탓으로 돌리고 용납하기 어려운 욕구나 충동이 무의식에 존재하고 있다는 것을 부정함으로써 불안에서 벗어나려고 하는 것이다.

(7) 치환

치환, 전위(displacement)는 적대감, 분노, 애정 등의 억압된 감정을 덜 위험하거나 전혀 다른 대상에게 표출하는 것으로 욕구의 대상이 보다 안전한 다른 대상으로 옮겨지는 것이다. 엄격한 아빠에게 야단을 맞은 초등학생이 혼자 놀고 있는 동생에게 화를 내고 괴롭히는 것은 아빠보다 더 안전한 동생에게 분노를 표출하는 것이다. 분노의 대상이 아빠 대신 힘이 약한 동생에게로 옮겨진 것이다. 배고픈 아기가 어머니의 젖 대신 자기 손가락을 빠는 것은 욕구의 대상이 손가락으로 대치된 것이다. 자녀를 모두 출가시킨 노인이 애완동물을 자식처럼 사랑하는 것이나 직장 상사에게 혼난 젊은 직원이 강아지를 걷어차는 것도 일종의 전위다.

(8) 반동형성

반동형성(reaction formation)은 자신의 부도덕한 욕망이나 충동이 표출되는 것을 막기 위해 반대되는 태도나 행동을 과장함으로써 불안을 감소시키는 것이다. 힙합 댄서가 되기를 원하는 학생이 자신의 꿈을 무시하면서 학업 성취에만 관심을 두고 있는 엄마에게 증오심과 분노를 표출하는 대신에, 엄마에게 순종하면서 증오심을 회피하고 엄마와의 갈등을 피할 수 있다. 싫어하는 마음을 상대방이 알아채지 못하도록 더 세심하게 배려하고 잘 대해 줌으로써 불편한 상황을 회피할 수 있다. 두려움을 회피하기 위해 거칠고 큰 소리로 말을 건넨다거나 많은 성적 호기심을 가지고 있는 사람이 오히려 성에 대한 혐오를 표현하기도 한다. 미울수록 매 대신에 떡을 준다는 '미운 놈 떡 하나 더 준다.'라는 속담은 반동형성을 아주 잘 표현하고 있다.

(9) 퇴행

퇴행(regression)은 현재보다 미숙한 이전의 발달단계로 돌아감으로써 불안으로부터 벗어나는 것이다. 대소변을 잘 가리던 아동이 부모의 관심과 사랑을 어린 동생에게 빼앗긴 후, 오줌을 싸거나 기어 다니는 행동을 함으로써 보호받던 이전 단계로 돌아가는 것이 퇴행의 대표적인 예다. 심한 좌절을 겪고 있는 사람이 폭식을 하거나 술, 담배에 지나치게 의존하는 것은 구순기로 후퇴하여 불안을 회피하는 것이다.

(10) 승화

승화(sublimation)는 본능적 욕망이나 충동을 사회적으로 인정할 만한 높은 수준의 건설적인 활동으로 전환하는 것이다. 강렬한 성적 에너지가 조각, 그림, 무용, 문학 등의 창작활동으로 승화된 행동들은 사회적으로 인정받고 지지를 얻을 수 있다. 타인에 대한 강렬한 분노와 충동적인 공격성을 지닌 사람이 이것을 익스트림 스포츠, 권투, 격투기 등의 사회적으로 인정되는 활동으로 전환하는 것은 승화의 좋은 예다. 사람들은 그의 용기와 도전, 고된 훈련에 대한 인내, 탁월한 힘과 체력에 찬사를 보낸다. 본능적인 욕구와 충동을 표출하는 대상을 사회적으로 가치 있는 대상으로 전환한다는 점에서 치환과 차이가 있다.

(11) 주지화

주지화(intellectualization)는 자신이 느끼고 있는 불편한 감정을 외면하고 이성적이고 객관적으로 해석함으로써 불안으로부터 벗어나려는 것이다. 고통스런 일로 큰 슬픔에 휩싸여 있지만 종교적 또는 철학적 관점에서 자신의 고통을 이해하려는 노력을 통해 불안으로부터 벗어나고자 한다. 교통사고로 자녀를 잃은 어머니가 슬퍼하기보다 자기와 같은 불행한 사건이 다시 발생하지 않도록 제도적 개선에 앞장서기도 한다. 인간의 성적 욕구와 행동에 대한 이론적 지식을 쌓아서 인간의 성적 충동을 논리적으로 설명하고 이해하고자 노력하는 것도 주지화의 한 사례라고 볼 수 있다. 현실적 경험이 부족한 청소년이 이상의 논리를 강하게 주장하거나 논쟁적 토론에 몰두하는 것도 사춘기의 불안을 벗어나고자 노력하는 것일 수 있다. 자신과 감정을 분리시키고 논리적인 분석과 객관적으로 문제에 대처해 나가려는 주지화는 사회적으로 수용될 수 있는 특성을 갖는다. 그러나 과도한 주지화는 논리적 전개만 펼치고 현실적 대안이 부족하여 장황한 주장으로 이어질 가능성도 있다.

4. 정신분석 상담기법

방어기제는 실패나 좌절의 상황에서 발생하는 긴장과 불안을 완화시키기 위해 거의 습관적으로 그리고 무의식적으로 사용된다. 방어기제를 건설적으로 사용하면 부분적으로는 자존심을 유지하고 성격의 균형과 건전성을 증진하여 건강한 사회생활에 도움을 줄 수 있다. 그러나 방어기제들이 무의식적으로 반복 사용되면 오히려 심리적으로 왜곡되고 강박적 사고를 하게 됨으로써 심리적 균형이 깨진다.

마음의 불균형이 심각해지면 사용되는 심적 기제(방어기제)들은 더욱 불건전해진다. 방어기제들은 현실도피의 한 방법으로 끊임없이 무차별적이고 무의식적으로 아무런 규제와 규율 없이 작동하기 때문에 이것이 지나치면 정신병과 같은 과도한 반응이 나올 수 있다. 또한 방어기제를 비정상적으로 지나치게 많이 사용하면 심리적 또는 환경적 요구에 올바르게 대처하지 못하고 문제를 건전하고 효과적으로 해결하지 못하는 부적응을 경험한다. 결국 일시적이고 간접적인 대처방법인 방어기제를 반복 사용하면 현실적으로 문제를 해결하려는 적극적인 노력을 하기 어렵다.

'정신분석(psychoanalysis)'은 무의식적 강박, 억압, 갈등 등을 뚜렷이 부각시켜 심리적 증상의 문제들을 해결하려고 한다. 무의식 속에 숨겨져 있는 감정, 욕구, 갈등, 억압을 의식 영역으로 끌어내 인식하게 함으로써 현재에 영향을 미치지 못하도록 하는 것이다. 정신분석에서 무의식을 의식화하는 것은 단순히 무의식적 충동이 있음을 깨닫는 것이 아니라 그것을 이성적으로 인식하고 다룰 수 있는 힘을 키우는 것이다.

1) 기본 상담기법

정신분석 상담의 목표는 내담자의 무의식에 숨겨져 있는 충동, 갈등, 욕구, 감정 등을 의식 수준으로 끌어내어 심리적 문제를 해결하는 것이다. 따라서 상담자의 역할은 내담자가 과거의 경험, 감정들을 거리낌 없이 솔직하게 드러낼 수 있도록 돕는 것이다. 무의식의 내용을 의식화하는 것은 어렵기 때문에 내담자는 일단 마음속에 떠오르는 사소한 것으로부터 시작하여 그것과 연관되어 떠오르는 모든 것을 말하는 자유연상을 한다. 상담자는 내담자의 연상에 주의하면서 문제 증상과 관련된 무의식의 내용을 연관시키고 해석함으로써 내담자가 자신의 무의식의 내용들을 통찰하도록 돕는다.

정신분석 상담이 진행되는 과정에서 상담자와 내담자 간의 전이(transference)는 흔히 발생한다. 전이는 내담자의 무의식이 의식으로 드러나면서 과거 경험 속의 중요한 인물(부모, 형제 등)에 대해 가졌던 생각이나 감정을 상담자에게 투사하는 것이다. 엄격했던 아버지, 무관심했던 어머니, 사랑을 독차지한 동생 등에 대한 분노, 증오, 불신과 같은 불쾌한 감정들을 상담자에게 표출하기도 한다. 즉, 무의식에 억압되어 있던 갈등, 분노의 감정들이 내담자 자신도 모르게 원래의 대상이 아닌 상담자에게 향하는 것이다. 상담자는 자신에게 표출되는 내담자의 여러 가지 감정을 잘 탐색하여 잠재된 과거의 인물들을 향한 갈등을 내담자가 의식하도록 도와야 한다.

2) 주요 기법

정신분석 상담의 주요 기법은 내담자의 무의식에 잠재된 갈등, 감정 등을 의식하는 것에 초점을 맞추고 있다. 자유연상, 꿈 분석, 전이 분석과 저항 해석은 무의식을 의식화하는 정신분석 상담의 기본 상담방법들이다.

(1) 자유연상

자유연상(free association)은 특정한 대상, 자극, 상황과 관련해서 마음속에 순간적으로 떠오르는 생각, 감정, 기억들을 그대로 말하는 방법이다. 자유연상에서 내담자는 긴 의자에 편안하게 누워서 떠오르는 모든 것을 말하고, 상담자는 내담자가 생각과 감정을 떠올리는 것을 방해하지 않는 위치에 앉아서 내담자의 연상에 귀를 기울인다. 상담자는 무의식에 숨어 있는 내담자의 과거 경험이나 사건이 내담자에게 어떤 의미를 주는가를 해석해야 한다. 내담자는 무의식에 잠재되어 있던 사건이나 경험들을 의식하는 과정에서 죄책감이나 처벌에 대한 두려움 때문에 기억에 떠올리지 않으려는 '저항'을 경험하기도 한다. 이때 상담자는 내담자가 보이는 저항의 의미를 이해하고 적절하게 해석해 줌으로써 내담자가 저항을 잘 해결하고 자신의 무의식을 통찰할 수 있도록 도와야 한다.

(2) 꿈 분석

꿈 분석(dream analysis)은 꿈의 내용이 상징하고 있는 의미들을 해석하는 것이다. 수면 상태에서는 의식적으로 무의식을 억제할 수 없기 때문에 무의식의 내용이 의식의 수면 위로 떠오른다. 그리고 수용되기 어려운 무의식의 내용들은 꿈의 상징적인 형태로 나타나기 때문에 꿈 분석은 무의식을 통찰하는 중요한 방법이다. 자유연상은 무의식을 통찰하는 기본적인 방법이지만 자아의 방어기제 때문에 무의식에 접근하는 것이 쉽지 않을 수 있다. 수면 중에는 자아의 방어가 약해져 무의식의 충동, 욕구, 상처들이 의식의 표면으로 쉽게 떠오른다. Freud는 무의식적 욕망과 충동들이 꿈을 통해 가장 쉽게 표출되기 때문에 '꿈'을 '무의식에 이르는 왕도'라고 했다. 꿈을 분석함으로써 무의식의 내용을 밝히고 그 내면을 통찰함으로써 문제의 원인이 무엇인지를 밝히는 것은 정신분석 상담의 중요한 상담방법이다.

그런데 꿈은 꿈속에 표현된 내용으로 기억할 수 있는 현재몽(manifest dream)과 그 꿈의 내용에 자아가 용납할 수 없는 충동적 욕구들이 위장된 형태나 상징적인 형태로 표현되어 있는 잠재몽(latent dream)이 있다. Freud는 자아가 무의식의 내용을 의식한다는 것은 매우 두려운 일이어서 덜 위협적인 현재몽으로 바꾸는 '꿈의 작업'이 있다고 말한다. 따라서 상담자는 현재몽의 상징적 의미를 분석하여 현재몽 속에 감추어진 잠재몽의 의미를 밝힘으로써 무의식적 욕망과 갈등을 찾아야 한다. 또한 상담자는 현재몽의 내용을 토대로 내담자가 자유연상

[그림 6-1] Freud가 정신분석을 진행할 때 사용했던 카우치

을 하도록 하여 무의식에 접근할 수 있도록 돕는다.

(3) 해석

해석은 상담자가 꿈의 내용, 자유연상의 내용, 저항, 전이 등이 의미하는 것을 이해할 수 있도록 내담자에게 설명하는 것으로 내담자 스스로 자신의 무의식적 갈등을 통찰할 수 있도록 돕는다. 해석을 통해 내담자는 무의식에 억압된 충동과 소망, 분노, 상처 등을 의식하게 된다. 여기서 주의해야 할 것은 내담자가 자신의 무의식적 충동이나 갈등을 수용할 만한 준비가 되어 있을 때 해석을 진행해야 한다는 점이다. 또한 내담자가 수용하고 이해할 수 있는 수준의 정도까지 해석하는 것이 바람직하다. 내담자가 해석을 수용할 만한 준비가 되지 않았거나 이해하기 어려운 수준의 해석이 이루어지면 상당한 거부감이 형성되고 해석을 부정함으로써 무의식에 대한 통찰이 불가능해진다.

(4) 전이 분석과 저항 해석

전이 분석(transference analysis)은 상담자에게 전이된 내담자의 억압된 감정이나 욕구를 해석하는 것이다. 전이(transference)는 내담자는 과거의 중요한 인물에 대해서 느꼈던 감정이나 관계 특성을 상담자에게 나타내는 것이다. 가령 상담이 진행되는 동안 과거 연인과의 관계에서 있었던 내담자의 집착이나 분노가 상담자에게 무의식적으로 나타날 수 있다. 상담자에 대한 내담자의 전이를 분석하는 것은 내담자 자신의 잠재된 갈등과 감정을 인식하도록 돕는다. 전이 분석은 내담자의 정서적 갈등을 해결하는 중요한 방법으로 전이가 일어나는 것에 대해 상담자가 편견을 갖지 않고 객관적인 자세를 취하는 것이 필요하다.

저항 해석은 내담자가 상담과정에서 상담자에게 보이는 비협조적이고 부정적인 행동의 의미를 분석하는 것이다. 상담이 진행되는 동안 내담자가 상담시간에 늦게 오거나 중요한 얘기를 하지 않는 등의 비협조적인 행동을 할 수 있다. 또한 일방적으로 상담 약속을 깨뜨리거나, 중요한 감정, 생각, 경험을 이야기하지 않고 주변적인 이야기만 늘어놓는 등의 행동으로 저항이 나타난다. 이러한 저항은 내담자가 자신의 억압된 충동이나 감정을 인식하면서 느끼게 될 두려움, 수치심, 죄의식 등의 불안과 긴장으로부터 자신을 보호하고자 하는 무의식적인 과정이다. 따라서 상담자는 내담자의 저항에 주의하고 저항이 문제해결을 방해하는 요인임을 내담자에게 인식시키고 저항의 의미를 내담자가 수용할 수 있는 수준에서 해석해 주어야 한다.

(5) 훈습

훈습(working-through)은 내담자가 회피했던 무의식적 갈등을 인식하고 현실 상황에서 이것이 어떻게 영향을 주는지를 이해함으로써 적응 행동을 점진적으로 실천해 나가는 과정을 의미한다. 상담자는 내담자의 무의식적 불안과 방어기제가 어떻게 실제 상황에 부정적으로 영향을 주었는지를 밝히고 적응 행동을 실천할 수 있도록 내담자를 지지하고 격려해야 한다. 상담을 통해 내담자가 자신의 내면적 문제를 이해하고 통찰할 수 있더라도 갈등이 쉽게 사라지거나 새로운 적응 행동이 바로 나타나기는 어렵다. 내담자의 내면세계에 대한 인식이 더욱 증가하고 부적응 행동이 적응 행동으로 변화되기까지 상담자의 지속적인 훈습이 필요하다.

제7장

인간중심 상담이론

Carl Rogers
(1902~1987)

무의식적 동기에 근거해 내담자의 문제행동을 다루는 정신분석 상담이론과 달리 인본주의 상담이론은 의식적인 정신과정에 초점을 두고 있다. 인본주의에서 인간은 무의식적 본능의 지배를 받는 암울한 존재가 아니라 창의적이며 건강하게 성장할 수 있는 무한한 가능성을 지닌 존재다. 이러한 인본주의를 대표하는 상담이론이 바로 Abraham Maslow(1908~1970)의 욕구위계 이론과 Carl Rogers (1902~1987)의 인간중심 이론이다.

특히 Rogers는 인본주의 사상의 핵심인 무한한 발전 가능성의 잠재력을 지닌 인간관에 입각해 1940년대에 '내담자' 중심의 비지시적인 심리치료 방법을 개발하였다. 초기에 '내담자 중심' 상담기법으로

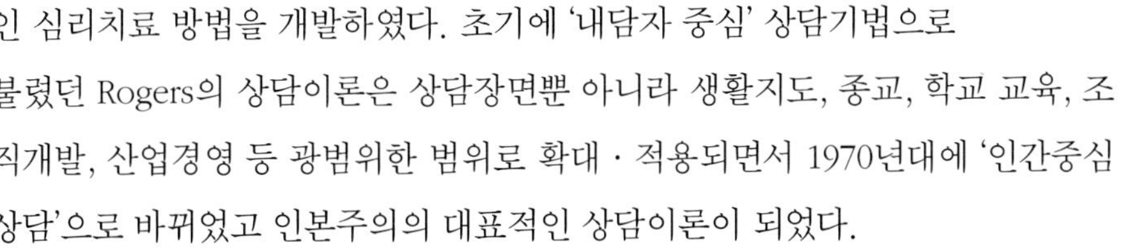

불렸던 Rogers의 상담이론은 상담장면뿐 아니라 생활지도, 종교, 학교 교육, 조직개발, 산업경영 등 광범위한 범위로 확대·적용되면서 1970년대에 '인간중심 상담'으로 바뀌었고 인본주의의 대표적인 상담이론이 되었다.

1. 인간에 대한 기본 관점

Rogers의 인간중심 상담은 모든 사람이 스스로 성장할 수 있는 잠재력을 가지고 있다는 사실에 기초하여 내담자의 자기성장과 발달의 잠재력에 대한 인식과 긍정적인 성장에 초점을 맞추고 있다. 내담자가 성장의 잠재능력을 충분히 발휘할 수 없는 것은 스스로 성장의 잠재력을 인식하지 못하고 왜곡된 상황에서 자신의 성장을 방해하는 부정적 행동을 선택하기 때문이다.

Rogers에 의하면, 개인의 행동은 객관적 현실에 의해 설명되는 것이 아니라 개인이 현실에 대해 지각하는 '주관적 현실'에 의해 이해되어야 한다. 개인은 자신을 둘러싸고 있는 세계에 대한 주관적 인식이나 경험에 따라 행동한다. 한 개인이 자기성장을 방해하는 부정적인 행동을 선택하는 것은 자신의 세계에 대한 주관적 경험이 부정적이기 때문이다.

인간중심 상담에서 상담자는 단순히 내담자의 잘못된 행동을 지적하거나 문제해결 방법을 지원하지 않는다. 상담자는 내담자가 자신의 잠재력을 탐색하고 발견함으로써 자신과 객관적 현실에 대해 긍정적으로 경험하고 인식하도록 지지한다. 내담자가 자기성장의 가능성을 깨닫고 스스로 성장할 수 있도록 돕는 것이 상담자의 역할이다. 인간중심 상담에서 전문지식을 지닌 상담자는 권위적인 존재가 아니며 내담자를 돕고 치료해 주는 것은 상담자가 아닌 바로, 내담자 자신이다.

1) 실현 경향성

Rogers에 따르면 사람들은 인간적 성장에 궁극적인 관심을 두고 잠재력을 실현하려는 '실현 경향성(the actualizing tendency)'을 선천적으로 가지고 태어났다. 인간은 자신을 발전시키려는 잠재능력을 가지고 있어서 건설적인 방향으로 행동을 선택하고 성취하려는 기본적인 성향을 가지고 있다. 실현 경향성은 바로

'인간적 성장에 대한 욕구', 즉 성장의 동기로 작용하여 사람들은 이를 통해 고통을 인내하고 창조적인 것에 도전하면서 새로운 것을 배운다.

Rogers에 의하면, 인간의 성장과 완성에 도달하는 '인간 존재성(human-beingness)'을 성취하는 것은 모든 사람에게 가능한 것이다. 모든 사람은 그 무엇인가가 될 수 있는 가능성과 잠재력을 가지고 있다. 어떤 사람이 현재 좌절을 겪으면서 게으름을 피우고 부정적으로 행동하는 것은 개인의 가능성과 잠재력이 부족해서가 아니라 자신의 잠재 가능성을 미처 발견하지 못하고 자신을 왜곡시켰기 때문이다. 즉, 개인이 자신을 둘러싼 세계를 주관적으로 경험하고 인식하는 과정에서 '자기(self)'에 대해 잘못 이해하고 잘못된 '자기'를 발달시킴으로써 실현 경향성이 위축된 것이다.

2) 자기실현과 자기개념

인간적 성장에 대한 선천적인 욕구인 '실현 경향성'은 인간 유기체를 전체 측면에서 다룬 것이다. '자기를 실현하려는 경향성'은 실현 경향성이 개인적 차원에서 진정한 자기를 찾고 자신의 잠재력을 발휘하려는 욕구로 표출되는 것이다. 실현이 자기다움을 더욱 공고히 하고 발전시킬 때 '자기실현'이 이루어진다. 자기실현의 과정에서 개인의 내적 특성들은 서로 일관성과 일치를 이루고 통합되어 가는 반면에 내적 갈등과 혼란은 줄어든다. 개인의 생각, 행동, 감정들이 일치를 이루며 삶의 목적, 가치, 신념, 직업적 선택, 대인관계 등에 있어서 통합을 이룬 자기모습을 갖게 된다.

Rogers는 이 자기실현의 경향성을 실현 경향성의 하위 요인으로 보고 있다. 즉, 자기실현의 경향성은 개인이 열악한 환경과 어려움에 직면해도 시련에 굴복하지 않고 불굴의 의지로 인간적인 성장을 하도록 만드는 힘이다. Rogers에 의하면, 자기실현을 이룬 사람은 진정한 자기 자신이 되고 자신을 다른 모습으로 꾸미지 않으며, 진정한 자신이라면 그 어떤 모습도 숨기지 않는다고 한다. 이렇게 진정한 자기를 발견하고 자기실현을 이룬 사람을 '충분히 기능하는 사람'이라고 부른다.

(1) 충분히 기능하는 사람

'충분히 기능하는 사람(the fully functioning person)'이란 진정한 자신의 모습을 발견하고 끊임없이 성장을 통해 자기실현을 이룬 사람이다. 그러나 자기실현은 인간적인 성장의 완성이나 완전함을 의미하는 것이 아니라 진정한 자신이 되기를 바라면서 성장에 대한 집념으로 끊임없이 노력하는 것을 의미한다. Rogers는 자기실현을 이룬 '충분히 기능하는 사람'의 특징을 다음과 같이 기술하고 있다.

첫째, 경험에 대한 개방성이다. 개방성은 자신이 경험하고 있는 것들을 왜곡하거나 부정하지 않고 있는 그대로 현실적으로 수용하는 자세다. 충분히 기능하는 사람들은 자신의 자아상과 불일치하거나 고통스러운 경험에 대해서도 부정하거나 왜곡하지 않는다. 자신의 경험을 정확하게 지각하면서 부끄러움이나 불안과 같은 감정을 진솔하게 인식하고 자기성찰의 기회로 삼는다. 충분히 기능하지 못하는 사람들은 자기상과 위배되는 경험들을 부정하고 외면하려고 한다. 그래서 방어하는 태도를 갖게 되는데 이것은 자신의 경험들을 위협적인 것으로 지각하기 때문에 나타나는 무의식적 반응인 것이다. 특히 진정한 자신을 발견하지 못하고 거짓의 자기상을 만든 사람들은 자기상을 무너뜨리는 경험들에 대해 분노를 느끼거나 그것을 왜곡하기도 한다. 가령, 엄격한 도덕적 가치를 가지고 있는 사람은 때로 경험하는 성적 충동이나 분노를 억압하거나 왜곡시킨다.

둘째, 실존적인 삶에 가치를 둔다. 이는 현재의 순간, 즉 '지금-여기'에 초점을 맞추고 현재에 최선을 다하며 충실한 삶을 살아가는 자세를 의미한다. 현재의 삶에 대한 충실함이 과거의 소중한 경험과 미래의 비전을 외면하는 것은 아니다. 고통스럽거나 즐거운 과거의 소중한 경험으로부터 현재의 '지금-여기'에 이르렀지만 지금 순간에 최선을 다하는 삶이 미래의 비전을 보장하기 때문이다.

셋째, 자신에 대한 신뢰다. 충분히 기능하는 사람은 어떤 상황에서든 자신의 선택과 결정을 신뢰하며 자신에게 의존한다. 반면에 그렇지 못한 사람은 상황을 판단하고 행동을 선택할 때 스스로에게 의존하기보다 사회적 가치나 규범을 따르고 타인의 결정에 의존하려는 경향이 있다.

넷째, 자유로운 경험이다. 충분히 기능하는 사람은 자신이 선택한 인생을 자유롭게 살아간다. 자유의지로 선택하고 결정하며, 자신의 결정과 결과에 대해 책임을 지고, 사회적 가치나 타인에 의한 평가를 두려워하지 않는다.

다섯째, 창의성이다. 충분히 기능하는 사람은 자신의 결정과 행동에 대해 융통성을 가지고 있어서 스스로 새로운 삶을 창출해 갈 수 있다. 따라서 사회문화에 무조건 동화되지 않으며 자신의 욕구를 충족시키면서 조화롭게 살아가려고 노력한다. Rogers에 의하면, 이런 사람들은 때로 자신이 속한 문화와 충돌하며 갈등을 경험하는 순간에도 자기를 발견하며 실현시키려는 노력을 계속한다.

(2) 자기개념

'자기'에 대한 개념을 간략하게 설명하기는 어렵지만, 한마디로 '진정한 자신의 모습'이라고 할 수 있다. 인간중심 이론에서 모든 인간은 진정한 '자기'를 발견하고 자기실현을 할 수 있다. 따라서 인간중심 상담에서 내담자의 중요한 목표는 '진정한 자기'를 발견하는 것이다.

영아들은 거울 속에 비친 모습이 자신임을 알게 되는 최초의 자기인식(self-recognition) 시점부터 자신에 대한 생각과 평가 그리고 자신에 대한 태도인 자기개념(self-concept)을 형성한다. 아동들은 이름, 나이, 성별, 소유뿐 아니라 신체적 특성, 성격 등 다양한 차원에서 타인과 자신을 구분하며 자신을 인식한다. '민희(자신)는 착해.' '나 힘세다.' '예쁜 인형 있다.' 등의 표현은 아동들이 자신을 인식하는 내용들이다.

그런데 진정한 자신을 발견하고 잠재력을 발휘하는 것이 오로지 그 개인에게 달려 있는 것만은 아니며 성장과정에서 사회적 환경으로부터 영향을 받으며 자기를 이해하게 된다. 자기인식과 자기개념 형성에 가장 큰 영향을 주는 것이 바로 사회적 관계다. 특히 어린 시절 부모와 같은 중요한 타인과의 관계 속에서 자신에 대한 그들의 반응이나 태도를 통해 자신을 알게 된다. 즉, 타인에게 비춰진 자신의 모습인 사회적 거울을 통해 아동들은 '자신'이 어떤 사람인지를 인식하고 자신에 대한 태도와 생각을 형성하게 된다. 아동에 대한 다른 사람들의 평가, 특히 부모로부터 얻게 되는 아동 자신에 대한 정보(평가)는 자기개념을 형성하는 중요한 요인으로 작용한다. 따라서 유아기에 주위 사람들로부터 충분한 사랑과 지지를 받는 아동은 심리적으로 잘 적응하며 충분히 기능하는 사람으로서 자기실현을 이룰 것이다.

아동들은 부모로부터 자신에 대한 긍정적인 정보 및 평가를 받지 못하거나 존중받지 못한다. 부모의 아동에 대한 긍정적인 평가와 존중은 아동이 부모의 요구나 가치 기준을 충족시켰을 때 얻을 수 있기 때문이다. 아동은 인간적 성장에 대한 선천적인 동기인 '실현 경향성'을 가지고 태어났지만 자신의 성장을 위해 스스로 선택한 행동들을 부모가 언제나 수용하고 긍정적으로 평가하지는 않는다. 부모는 자신의 가치 기준에 근거해 아동을 평가한다. 부모는 아동이 그림을 즐기고 장난감을 조립하는 것보다 책 읽기와 산수에 관심을 가지기를 요구한다. 이때 아동은 자신을 성장시키는 '실현 경향성'이 선택한 경험(그림 그리기, 조립하기)을 부정하고 부모의 요구에 따른다. '실현 경향성'의 요구로부터 아동들이 선택한 그림을 그리는 행동이나 장난감을 조립하는 행동은 긍정적으로 평가되어야 하지만 그것을 무가치하게 여기는 부모의 평가가 아동에게 더 큰 영향을 미친다. 이렇게 부모 자신의 기준에 맞춰 아동의 선택을 무시하고 부정적으로 평가할 때 아동은 부정적인 자기개념을 형성할 수밖에 없다. 결국 아동은 타인들, 특히 부모가 자신을 수용하거나 거부하는 것에 따라 스스로를 긍정적 또는 부정적으로 평가하게 된다. 아동은 타인과 상호작용하는 사회적 경험을 통해 긍정적 또는 부정적인 자기개념이나 자기상(self-image)을 형성하는데 이것이 바로 인간중심 이론의 성격 발달 과정이다.

아동기에 타인으로부터 거부당하는 부정적인 경험은 결과적으로 부정적인 자기개념을 형성한다. 그리고 이 부정적인 자기개념은 자신과 현실을 왜곡시킨다. 가령, 부정적인 자아개념을 가지고 있는 아동은 새로운 환경에서 경험하는 교사의 칭찬이나 성취에 대해 '선생님이 일부러 칭찬했겠지.' '우연히 잘한 것이야. 진짜 실력은 아니지.'와 같이 왜곡된 방식으로 지각한다. 그래서 부정적인 자아개념과 일치하지 않는 칭찬이나 성취를 부정하고 자기개념과 일치하는 부정적인 사고나 행동을 선택한다.

2. 인간중심 상담에서 다루는 심리적 문제

Rogers는 아동들이 선천적인 실현 경향성의 힘을 통해 스스로 긍정적인 경험을 추구할 수 있으며 동시에 부정적인 영향을 주는 경험들은 회피할 수 있다고 본다. 즉, 아동은 선천적인 '실현 경향성'의 욕구에 의해 자기성장과 발전이 가능한 것에 스스로 가치를 부여할 수 있다.

모든 사람은 선천적으로 자기성장과 발전에 도움이 되는 것에 가치를 부여할 수 있는 능력이 있는데 왜 자기파괴적인 행동을 선택하는가? 아동과 부모는 가치를 판단하는 기준이 서로 다른데 아동은 부모를 포함한 타인의 가치 판단기준을 수용하게 된다. 부모는 자신의 가치 기준에 맞지 않는 아동의 행동을 금지시키고 처벌한다. 반면에 부모의 가치 기준을 따르면 아동을 칭찬하고 존중해 주고 긍정적으로 평가한다. 이렇게 사회적 경험을 통해 아동들은 타인의 가치를 충족시키는 방식으로 행동함으로써 타인으로부터 인정과 긍정적인 존중을 얻을 수 있음을 알게 된다.

타인의 가치기준이나 요구에 따름으로써 얻을 수 있는 조건적인 긍정적 존중은 개인에게 심리적 불안을 유발한다. 조건적인 긍정적 존중을 얻기 위해 외부의 가치와 요구에 따라 자신을 변화시키고 발전시키는 노력은 자기실현의 불일치를 경험시키고 자기 자신을 왜곡시켜 부정적인 자아개념을 가지게 한다. 인간중심 상담에서 내담자의 심리적 문제들은 바로 타인, 특히 부모의 가치 조건(condition of worth)을 아동에게 강요함으로써 무조건적인 긍정적 존중에 대한 아동의 욕구가 좌절되고 부정적인 자아개념이 형성되는 것에서 시작된다.

1) 긍정적 존중과 자기개념

아동들은 중요한 타인(부모, 형제)과의 상호작용을 통해 자기와 타인을 구분하고 자기를 인식한다. 자기인식과 자기개념이 발달할 때 새로운 욕구가 나타나는데, Rogers는 이 욕구를 '긍정적 존중에 대한 욕구(the need for positive regard)'라고 말한다. 긍정적 존중에 대한 욕구충족은 두 가지 형태로 나타나는데 하나는 무조건적인 긍정적 존중(unconditional positive respect)이고 다른 하나는 조건적인 긍정적 존중(conditional positive respect)이다. '긍정적 존중에 대한 욕구'는 매우 강해서 특히 아동 시기의 모든 경험은 욕구의 충족 및 좌절과 연결된다. 아동이 부모를 비롯해 주위의 좋은 타인들로부터 온전히 있는 그대로 수용되고 사랑받게 되면 이 욕구는 충족된다. 특별한 조건이나 단서 없이 의미 있는 타인이 개인을 수용하고 지지하는 것이 '무조건적인 긍정적 존중'이다. 무조건적인 긍정적 존중을 받은 아동은 타인의 긍정적인 존중을 얻기 위해 자신의 가치를 무시하지 않는다. 따라서 자기존중(self-regard)은 긍정적인 존중에 대한 욕구를 무조건적으로 충족시킴으로써 발달된다.

그러나 아동들은 부모의 요구에 맞춰 행동함으로써 긍정적인 존중을 받는다. 아동은 자신이 하고 싶은 것을 선택할 경우에는 부모로부터 거절당하고, 부모의 요구에 따르고 기대를 충족시켰을 때만 존중받게 된다. 타인의 요구나 기대와 같은 특정한 조건을 충족시킴으로써 개인이 인정과 존중을 받는 것은 '조건적인 긍정적 존중'이다. '조건적'의 의미에는 개인이 존중받을 만한 가치가 있는지를 판단하는 기준이 있음을 뜻하는데 이것이 가치기준(condition of worth)이다. 아동이 부모를 비롯한 중요한 타인으로부터 조건적인 긍정적인 존중을 받는다면 자기존중을 발달시킬 수 없다. 조건적인 긍정적 존중을 받으려고 노력하는 아동은 자신의 가치를 무시할 수밖에 없다. 아동을 수용하고 존중하는 부모의 태도에 일관성이 없으면 아동은 심리적으로 불안해지고 조건적인 긍정적 존중을 받을 수 있는 방법만을 선택하게 된다.

부모의 지시와 요구에 따라 책을 읽고, 우수한 성적을 올리고, 조용하고 조심스럽게 행동할 때는 일시적으로 조건적인 긍정적 존중과 함께 자기존중이 유지된다. 그러나 아동이 이러한 요구에 맞출 수 없을 때 또는 하기 싫을 때 자기존중감은 불안해진다. 왜냐하면 부모의 무조건적인 긍정적 존중이 아닌 조건적인 긍정적 존중과 일시적인 자기존중이었기 때문이다. 인간중심 이론에 따르면, 개인이 스스로를 긍정적으로 느낄 수 있는 것은 타인이 그 개인에게 보여 주는 '긍정적인 존중의 질과 일관성'에 달려 있다. 그런데 개인에 대한 타인의 긍정적인 존중은 개인이 타인의 가치 조건을 충족시킬 때 얻을 수 있기 때문에 결국 개인은 불안한 자기존중과 부정적인 자기개념을 갖게 된다.

2) 자기와 경험의 불일치

Rogers는 긍정적인 존중에 대한 욕구가 지나치게 커질 때 조건적인 긍정적 존중을 얻기 위해 타인의 가치와 조건에 맞춰 자신의 가치와 조건을 바꿈으로써 자기와 경험 간의 불일치가 나타난다고 한다. 아동이 무조건적인 수용과 존중을 받지 못하면 아동은 부모로부터 조건적인 긍정적 존중을 얻기 위해 부모의 신념, 판단, 태도, 인생 목표를 자기의 것으로 받아들인다. 부모의 가치와 일치하는 특정한 행동만이 부모로부터 인정될 때 아동은 자신의 가치 조건을 무시하고 부모의 가치 조건을 선택한다. 아동은 부모가 가치를 두고 있는 '침착하고 인내하며 지적인 탐구에 집중하는 행동'이 자신의 모습이라고 생각할 수 있다. 그러나 아동은 이렇게 부모의 요구나 사회적 경험을 통해 '지각된 자기'와 '진정한 자기' 간의 불일치를 경험한다. 또한 부모의 기대에 맞춰 인생 목표를 성취하려는 노력이 자기충족적인 경험을 제공하지 못함을 느낀다. 가령, 부모의 반대 때문에 음악을 포기하고 의대에 진학한 학생은 학업 성취에서 자기충족적인 경험을 하지 못하며 오히려 학교생활과 학업에 부적응을 경험하기도 한다. 또한 대학을 진학한 뒤에 원했던 음악 공부를 할 수 있게 되어도 물심양면으로 지원을 아끼지 않았던 부모님에 대한 죄책감으로 갈등을 겪기도 한다.

외부의 가치 조건에 맞춰 자기개념을 발달시키면 자기개념과 불일치하는 경험은 더 증가된다. 창의적인 작업에 대한 아동의 흥미와 즐거움은 부모가 요구하는 학업활동이 아니기 때문에 부정될 수밖에 없다. 예를 들어, 만화를 그리는 것은 즐겁고 행복하지만 부모가 인정해 주는 일이 아니기 때문에 애써 외면한다. 이처럼 아동이 자신의 가치 조건을 외면하고 부정해야 하는 경험이 많을수록 자기와 경험 간의 불일치는 더욱 커진다. 이것은 개인의 자기실현을 불가능하게 하고 결국 심리적 불안과 부적응을 일으킨다.

3. 상담과정

인간중심 상담에서 가장 중요한 것은 상담자의 태도로, 내담자에 대한 무조건적인 긍정적 존중이다. 인간중심 상담에서 상담자는 내담자에게 도움을 주는 권위적인 위치가 아니다. 내담자가 어떠한 심리적 문제를 가지고 있더라도 상담자는 그들을 판단하지 않고 무조건적으로 수용하고 공감할 수 있어야 한다. Rogers는 내담자가 무가치하고 부적절하게 느껴지고, 심지어 그들의 행동이 심각하게 비정상적이더라도 상담자는 내담자를 진정으로 존중해야 한다고 강조한다. 상담자의 무조건적인 수용과 공감을 통해 내담자는 왜곡된 자기개념을 변화시키고 자기를 존중함으로써 자기성장의 방향으로 스스로 나갈 수 있게 된다.

1) 상담목표

인간중심 상담의 목표는 무조건적인 긍정적인 존중을 통해 내담자가 자기존중을 회복하고 왜곡된 자기개념을 수정함으로써 자기를 실현할 수 있도록 돕는 것이다. 내담자는 조건적인 긍정적 존중을 얻기 위해 타인의 가치 조건을 수용함으로써 자신의 가치 기준에 맞는 '모험' '활달함' '다양한 관심' '풍부한 감정'을 부정하고 왜곡된 자기개념을 형성한다. 자기충족과 불일치하는 경험들, 즉 진정한 자기와 다른 왜곡된 자기개념은 내담자의 성장과 발전을 방해한다. 따라서 인간중심 상담은 부모를 비롯한 타인과의 관계를 통해 지각한 왜곡된 자기로부터 벗어나 진정한 자신의 모습을 찾도록 돕는다. 내담자는 타인의 가치 조건에 맞춰질 때만 얻을 수 있었던 조건적인 긍정적 존중과 일시적인 자기존중으로부터 안전하게 회복되어야 한다.

타인의 가치 조건으로부터 만들어진 '거짓된 자기'에서 벗어나 '진실한 자기(real self)'를 발견하도록 돕는 것이 인간중심 상담의 목표다. 따라서 상담을 통해 내담자는 진실한 자기를 발견하고 자기성장에 부합되는 자신의 가치 조건에 따라 행동을 선택하면서 자기와 경험의 불일치를 줄여 나간다. 내담자는 자기와 일치하는 경험을 함으로써 자신을 수용하고 긍정적으로 평가하는 자기개념을 형성하게 된다. 물론 이러한 변화는 상담자의 전문가적 상담기술 때문에 나타나는 것이 아니라 상담자의 내담자에 대한 무조건적인 긍정적 존중, 수용, 공감을 통해 내담자 스스로 만들어 낸 것이다.

2) 상담기법

인간중심 상담의 상담기법은 상담자의 표면적인 상담기술보다는 내담자에 대한 상담자의 태도에 집중된다. 인간중심 상담에서 상담자와 내담자의 관계는 상담자가 내담자의 문제를 지적하거나 해석하는 지시적인 상담관계가 아니다. 내담자에 대한 상담자의 무조건적인 수용과 긍정적인 존중을 통해 내담자 스스로 자기를 발견하고 자기실현을 하도록 돕는 비지시적 상담관계다. 이러한 비지시적인 상담관계의 핵심은 바로 상담자의 '진실성(일치성), 수용과 존중, 공감'이다. 상담자의 이러한 태도는 내담자가 타인의 가치 조건으로부터 벗어나 진정한 자기를 발견하고 자기실현을 할 수 있도록 촉진한다. 결국 상담자의 이러한 촉진적 역할을 통해 내담자는 진정한 자기에 도달하고 자기개념을 변화시키며 건설적인 삶의 방향을 선택하게 된다.

Rogers는 상담자의 기본적인 태도에 반드시 포함되어야 하는 기본적인 속성을 다음과 같이 설명한다. 첫째는 객관성이다. 이것은 상담자가 내담자를 진심으로 수용하고 이해하면서 관심을 갖는 한편, 지나치지 않은 공감 능력을 유지하는 것이다. 또한 내담자의 어떠한 잘못된 행동, 사고, 경험에 대해서도 도덕적 판단을 하지 않고 행위의 결과로 부당한 대가를 치러야 할 상황도 없을 것이라는 믿음을 줄 수 있을 만큼 상담자가 내담자를 진정으로 이해해야 한다. 둘째는 개인에 대한 존중이다. 상담자는 내담자가 스스로 문제를 잘 극복하고 자기를 실현할 수 있음을 믿고 신뢰해야 한다. 내담자에 대한 상담자의 존중과 신뢰는 내담자가 자신에 대해 책임감을 갖도록 한다. 셋째는 상담자 자신에 대한 이해다. 이것은 상담자의 자기인식과 자기수용을 의미한다. 상담자가 상담전문가로서의 권위를 버리고 자신의 내면을 잘 통찰하고 수용할 때 내담자와의 진실한 만남이 가능하다. 넷째는 심리학적 지식이다. 상담자의 심리학적 지식은 내담자를 이해할 수 있는 지적 능력과 정보를 의미한다. Rogers는 이 네 가지 특성 가운데 상담자의 태도, 정서, 통찰에 영향을 주는 세 가지 특성이 마지막 네 번째의 지적 능력보다 더 중요하다고 지적한다.

다음은 인간중심 상담의 상담기법으로 상담자가 갖추어야 할 세 가지 태도다.

(1) 진실성

진실성(genuineness) 또는 일치성(congruence)은 인간중심 상담에서 가장 기본이 되는 상담자의 태도다. 진실성은 상담자 자신이 상담전문가로서의 권위와 역할로 자신을 꾸미지 않고 상담관계에서 있는 그대로 자신의 모습을 드러내는 것이다. 상담 중에 내담자에 대해 짜증스러움, 지루함, 놀람, 흥분 등의 부정적인 감정을 느낄 수 있는데, 상담자 스스로 자신의 내부에서 일어나는 이러한 경험에 대해 개방적이어야 한다. 그러나 이런 내적인 경험들을 모두 내담자에게 솔직하게 드러내고 표현해야 한다는 것은 아니다. 상담자의 진실성은 상담자 스스로 자기 내면에서 일어나는 경험이 무엇인지를 인식하면서 그 내용들이 상담자로서 부끄럽고 혼란스러운 것이더라도 부정하지 않고 수용하는 자세를 의미한다.

Rogers가 상담자로서 지녀야 할 네 가지 특성 가운데 하나로 지적한 '자기에 대한 이해' 능력이 바로 '진실성'과 관계가 있다. 상담자의 자기이해는 자기인식과 자기수용 능력을 의미한다. 상담자의 진실한 자세는 내담자가 자신을 진지하게 탐색할 수 있도록 촉진한다.

(2) 무조건적인 존중과 수용

개인의 나약한 자기존중과 왜곡된 자기개념은 타인으로부터 진실한 '긍정적인 존중'을 얻지 못했음을 의미한다. 인간중심 상담에서 상담자는 내담자의 긍정적 존중에 대한 욕구를 무조건적인 긍정적 존중을 통해 충족시킴으로써 내담자가 그 자신을 존중하고 긍정적인 자기개념을 형성하도록 돕는다.

내담자에 대한 '무조건적인 긍정적 존중'은 '무조건적 수용'을 의미하며, 이것은 내담자의 생각, 느낌, 행동에 대해서 어떠한 판단이나 평가도 하지 않는 상담자의 순수한 돌봄과 관심이다.

내담자들은 이미 자기의 가치 조건을 포기하고, 타인의 가치 조건을 따르고 수용하면서 조건적인 긍정적 존중을 얻으려고 노력해 왔다. 중요하고 의미 있는 타인들은 내담자가 그들의 가치 기준을 만족시킬 때만 내담자를 일시적으로 인정하고 존중했다. 결국 내담자들은 근본적으로 긍정적인 존중에 대한 욕구(the need for positive regard)를 충족시키지 못했다. 상담자는 내담자의 긍정적 존중에 대한 욕구를 충족시켜야 한다. 내담자가 거짓을 말하고 자신을 은폐하거나 과장하더라도 상담자는 내담자의 모든 것을 있는 그대로 수용함으로써 무조건적인 긍정적 존중을 해야 한다. Rogers는 상담자의 이러한 태도가 내담자로 하여금 자기를 탐색하도록 돕고 스스로 잘못을 바로잡아 갈 수 있도록 촉진한다고 본다.

(3) 공감

공감(empathy)은 상담자가 내담자의 경험, 감정, 생각을 최대한 이해하는 태도를 의미한다. 내담자의 긍정적 변화는 내담자가 생각하는 방식 및 세상을 바라보는 방식대로 상담자도 생각할 수 있고 바라볼 수 있을 때 가능하다.

공감은 상담자가 '마치 내담자인 것처럼' 내담자의 내면세계에 들어가 그들처럼 생각하고 느낌으로써 온전하게 내담자를 이해하는 것이다. Rogers는 내담자에 대한 상담자의 공감적 이해는 그것만으로도 내담자에게서 변화를 일으킬 만큼 큰 힘을 가지고 있다고 설명한다. 오래전에 연쇄 살인을 저지른 범인이 붙잡혀 전국을 놀라게 한 사건이 있었다. TV 뉴스에 피해가족들의 울분과 분노 그리고 복수의 마음들이 비춰졌다. 현장검증에 나타난 살인범은 피해가족의 극에 달한 울분과 관계없이 오히려 떳떳하고 당당하다는 태도를 보였다. 이 가해자는 '사이코패스'로 진단되었고 결코 용서받을 수 없는 범죄자였다. 이후 어느 TV 특집 다큐 프로그램에서 그 가해자에 의해 세 가족을 잃은 피해자가 그를 진심으로 용서하려고 노력하고 있다는 내용이 방영되었다. 피해자는 사랑받지 못하고 고통스럽게 살면서 세상을 향해 울분을 터뜨린 가해자의 분노와 아픔을 공감하려고 노력하면서 가해자의 좌절, 두려움, 분노의 감정을 느낄 수 있었다. 그리고 한참 뒤, 피해자의 가해자에 대한 이러한 온전한 수용을 통해 결코 순수한 인간성 회복이 불가능해 보였던 가해자가 죄에 대한 깊은 반성과 함께 종교에 귀의했다는 기사가 보도되었다.

피해자는 가해자의 슬픔, 고통, 분노를 공감하고, 결코 받아들일 수 없는 가해자의 잔인한 범죄행위까지 수용하고 이해하려고 하였다. 이처럼 내담자가 어떤 상황에 놓여 있든 상관없이 누군가로부터 이해받고 있고 누군가가 자신의 극단적인 감정과 행동까지 공감하고 수용해 주고 있다는 느낌은 내담자가 왜곡된 자기로부터 벗어나 진정한 자기를 찾아가도록 하는 가장 큰 힘이 된다.

3) 상담과정

인간중심 상담의 핵심은 상담자의 내담자에 대한 진실성, 무조건적인 존중과 수용 그리고 공감이다. 이러한 상담자의 태도를 통해 내담자는 무조건적인 긍정적 존중을 받게 되고 자기존중을 회복하여 스스로 자신의 문제를 극복하고 자기성장과 자기실현을 이루게 된다.

인간중심 상담에서 중심적인 역할은 바로 내담자의 경험이다. 내담자는 외적 가치 조건에 지나치게 의존하고 있었기 때문에 '진정한 자기'를 혐오하고 무가치하게 여기는 왜곡된 자기개념을 지닌다. 따라서 상담은 내담자가 부정했던 내면의 불안한 감정들을 수용하고 표현하며, 자신의 경험들이 타인의 가치 조건에 의해 어떻게 왜곡되어 있었는가를 통찰하는 과정으로 진행된다. 내담자가 상담 중에 자기에 대해 내적으로 통찰 · 수용하고 이해가 깊어지는 경험을 하면서 그의 심리적 고통은 줄어들고 자기개념이 더 긍정적인 관점으로 바뀌어 간다. 왜곡된 자기개념에서 벗어나 긍정적인 자기개념을 갖게 되면 내담자는 발전적인 행동을 실천하고 더욱 큰 자기인식 능력을 갖게 된다. 내담자가 긍정적인 자기존중과 자기개념을 가짐으로써 타인의 가치 조건에 구속받지 않고 자기성장을 위한 자신의 가치 조건에 맞는 경험을 자유롭게 선택할 수 있을 것이다. 내담자는 이러한 경험을 통해 더욱 자신감 있고 활기차고 주도적이며 영향력 있는 사람이 된다. 무조건적인 자기존중과 긍정적인 자기개념을 갖게 된 내담자는 이제 고통스럽고 좌절감을 주는 경험들도 긍정적이며 건설적이고 유용한 경험으로 수용한다. 이것은 부정적인 자기개념을 가진 내담자가 자기성장에 관련된 경험을 선택했음에도 외부 가치 조건에 따르지 않은 것에 대해 두려움과 죄의식을 느끼면서 자신의 경험을 부정하는 것과 대조적이다. 긍정적 자기개념을 지닌 내담자는 즐겁고 만족스러운 경험뿐 아니라 고통스러운 경험에 대해서도 수용적이고 개방적인 자세로 대처하며 자기의 모든 경험을 신뢰한다. 즉, 내담자는 자신이 경험하는 모든 것을 자신을 성장시키는 건전한 것으로 받아들인다.

종합해 보면, 상담자의 무조건적인 존중과 신뢰를 통해 내담자가 자신을 완전히 신뢰하고 존중하며 긍정적인 자기개념을 갖게 됨으로써 자기성장과 자기실현을 이루는 것이 인간중심 상담과정인 것이다.

인지주의 상담이론

인지(cognition)란 사고, 신념, 지각, 가치, 태도, 판단, 추론과 같은 의식적 정신과정을 의미한다. 인지주의 상담은 내담자의 행동이나 감정이 사고, 생각, 신념과 같은 정신과정에 의해 중재된다는 가정에서 시작된다. 불안, 강박, 우울과 같은 심리적 장애나 부적응적 행동은 상황이나 사건에 대한 개인의 지각, 사고, 신념, 태도에 의해 영향을 받는다. 즉, 상황에 대해 내담자가 어떻게 지각하고 판단하고 생각하느냐에 따라 상황에 대한 정서적 반응과 대처하는 행동이 달라진다. 가령, '대학진학에 실패하면 모든 것이 끝장'이라는 극단적인 생각은 진학 실패에 대해 심각한 좌절감을 느끼게 하고 극단적인 행동을 초래하기도 한다. 진학에 실패한 것이 사실이더라도 실패 그 자체보다 그 상황에 대한 극단적인 생각이 입시생에게는 더욱 큰 좌절을 경험하게 할 수 있다. 고통스러운 감정과 부적응 행동은 외부 상황이나 사건 때문에 발생한 것이 아니라 그 사건에 대한 개인의 사고와 신념의 결과라고 볼 수 있다. 긍정적인 생각은 좋은 감정과 바람직한 행동을 일으키고 부정적인 생각은 불쾌한 감정과 행동을 야기한다.

인지주의 상담은 내담자의 부정적인 신념과 사고를 합리적 신념과 사고로 변화시킴으로써 정서장애나 문제행동을 해결하는 것에 초점을 두고 있다. 신념체계의 변화라는 인지적 재구성에 초점을 둔 대표적인 인지주의 상담이론이 Albert Ellis(1913~2007)의 합리적 정서 · 행동치료(Rational Emotive Behavior Therapy: REBT)다. Ellis에 따르면, 비합리적 신념과 사고가 개인의 심리적 고통과 부적응을 유발하는 핵심적인 요인이다.

1. 인간에 대한 기본 관점

인지주의는 개인의 내적 정신과정인 사고, 가치, 신념 등에 초점을 맞추고 인간행동을 설명한다. 따라서 상황에 대한 개인의 지각방식이 개인의 감정과 행동을 결정한다고 본다. 동일한 상황에 대한 개인의 정서적 반응과 행동이 다른 것은 그 상황을 해석하고 판단하는 개인의 지각방식이 다르기 때문이다. 즉, 행동과 감정을 결정하는 것은 개인의 신념 및 사고체계다.

정신분석 이론에서 심각한 정서 문제는 그 원인이 무의식에 있다고 보기 때문에 개인의 의식적인 노력을 통해 해결될 수 없었다. 심리적 고통의 원인이 개인이 통제할 수 없는 무의식적 충동에서 발생하기 때문에 내담자는 문제해결 과정에서 수동적이며 의존적이다. 반면에 인지주의 상담이론에서 문제행동의 원인은 상황을 해석하는 개인의 의식적인 사고과정에 있기 때문에 내담자는 자신의 사고나 신념을 수정할 수 있다. 즉, 내담자는 상황을 부정적 또는 비현실적으로 해석하고 판단하는 왜곡된 사고를 재구성함으로써 문제행동을 해결할 수 있다. 인지주의 상담이론에서 내담자는 자신의 부정적 사고를 인식하고 적절한 사고로 수정하는 적극적인 노력해야 하기 때문에 능동적이고 주체적인 역할을 한다.

인지주의 상담이론에서 개인은 합리적 신념과 사고를 통해 올바른 선택을 할 수 있는 동시에 왜곡된 비합리적인 신념과 사고를 가지고 부적절한 선택을 할 수도 있다.

혼잡한 출근 시간에 지하철에서 발을 밟힌 경우, 모든 사람이 같은 반응을 보이지는 않는다. '예의 없고 조심성이 없는 사람이네. 아침부터 재수 없어.'라고 생각하는 순간에 상대방의 사과에도 불쾌한 표정을 짓고 신경질적으로 반응할 수 있다. 반면에 '사람들이 많아서 어쩔 수 없지.'라고 생각한 사람은 불쾌함을 누그러뜨리고 '괜찮다.'라고 말할 것이다. '모든 것이 생각하기 나름' '내가 바뀌면 세상이 달라진다.'라는 말이 여기에 해당된다. 결과적으로 비합리적인 생각은 부정적인 감정과 행동을 유발하고 이어서 불쾌한 상황이 지속될 가능성이 높아진다. 합리적 생각은 상황에 적절한 감정과 행동을 유발함으로써 불쾌한 상황이 발생할 가능성은 낮춘다.

각자의 정서와 행동은 개인의 신념과 사고에 의해 결정된다. 외부 자극이나 상황이 개인의 정서와 행동에 많은 영향을 주며 개인이 바꿀 수 없는 외부 상황이나 현실이 존재하는 것도 분명한 사실이다. 그러나 외부 상황에 대한 개인의 신념과 사고를 바꿈으로써 자신의 정서와 행동을 변화시킬 수 있다. 객관적인 현실과 상황에서 사람들은 자신의 신념체계를 변화시킴으로써 새로운 정서와 행동을 선택할 수 있다.

2. Ellis의 합리적 정서 · 행동치료

Albert Ellis
(1913~2007)

Ellis의 합리적 정서 · 행동치료(REBT)는 심리적 장애와 부적응 행동의 원인이 사건이나 상황에 대한 왜곡된 지각, 비합리적인 신념에 있다는 전제로부터 출발한다.

내담자의 불안, 두려움의 부정적인 감정은 외부 상황이 유발한 것이 아니라, 그 상황과 사건을 지각하는 내담자의 사고패턴, 즉 신념체계 때문이다. 사람들은 합리적이고 바람직한 신념체계를 통해 외부세계를 긍정적으로 지각하고 이해할 수 있으며, 이와 반대로 부정적인 신념체계로 외부세계를 왜곡시켜 해석할 수도 있다. 내담자에게는 합리적 신념체계와 비합리적 신념체계가 모두 가능한데 어떤 신념체계를 선택하느냐에 따라 내담자에게 전혀 다른 세상이 펼쳐진다. 그런데 내담자의 의식에 합리적 신념과 비합리적 신념이 동시에 존재할 수 없기 때문에 내담자가 합리적 사고를 한다면 비합리적 사고는 내담자의 의식에 존재할 수 없다.

따라서 Ellis의 합리적 정서 · 행동치료의 초점은 내담자의 비합리적인 신념체계를 합리적 신념체계로 전환하는 것이다. Ellis의 합리적 정서 · 행동치료는 외부 자극에 대한 개인의 비합리적인 해석 및 지각이 불쾌한 정서와 부적응적인 행동을 유발한다는 가정으로부터 시작된다. 핸드폰을 도난당해서 화가 난 것이 아니라 그 상황에 대해 '어떻게 나한테 이런 일이 있을 수 있을까? 말도 안 돼.'라고 해석하는 순간에 화가 나고 소리를 지르게 된다. 성적이 떨어진 사실에 대해 '절대 용납될 수 없는 일이야.'라고 해석하는 순간에 극단적인 행동을 하기도 한다.

즐겁고 행복한 사건들 때문에 우리가 즐겁고, 괴롭고 불쾌한 사건들 때문에 우리가 슬프고 불행한 것은 아니다. 지원한 학과의 입시 실패에 대해 '좀 더 신중하게 생각할 기회'라고 생각하는 사람과 '나는 낙오자야. 이제 모든 것이 끝이야.'라고 생각하는 사람이 느끼는 정서와 행동은 매우 다를 것이다. 오랜 시간 동안 잘 지내 왔던 연인과의 결별을 '고통스럽지만 새로운 삶의 시작' 또는 '인생의 절망' 중 어떤 것으로 해석하느냐에 따라 아픔을 딛고 희망차게 생활할 수도 있고 삶의 의지를 잃어버릴 수도 있다.

일반적으로 사람들은 어떤 사건이 특정한 결과를 이끌어 온다고 생각한다. 그러나 사건 자체보다 그 사건에 대해 개인이 어떻게 해석하느냐에 따라 그 결과는 매우 크게 달라진다. 즉, 결과는 사건에 대한 개인의 합리적 또는 비합리적 신념체계에 의해 결정된다. 개인의 심리적 고통과 부적응의 원인은 자신의 비합리적인 신념 및 사고에 있다. 이와 같은 인지, 정서, 행동의 관계는 ABC 모형으로 설명되는데 이것은 합리적 정서 · 행동치료의 핵심이 된다.

1) ABC 모형

ABC 모형에서 A(Activating events)는 일상에서 부정적인 신념을 촉발하는 선행사건(antecedents)으로 정서와 행동을 촉발하는 사건이다. 불합격통지서, 질책 등은 불쾌한 정서나 행동을 유발하는 외적 선행사건들이다. B(beliefs)는 개인의 신념체계로, 개인이 생활에서 발생한 사건들에 대해 해석하고 평가하고 의미를 부여하는 내용들이다. 이때 개인의 신념체계는 합리적일 수도 있고 또는 이와 반대로 비합리적일 수 있다. C(consequences)는 선행사건에 대한 개인의 정서 및 행동 반응이다. 사건에 대한 개인의 정서적 및 행동 반응은 사건에 대한 개인의 신념체계에 따라 긍정적일 수도 있고 부정적일 수도 있다. 결국 개인의 정서적 반응과 행동은 외부사건이 아닌 개인의 신념, 즉 '인지'에 의해 결정된다. [그림 8-1]은 부정적인 신념을 촉발하는 선행사건과 그 사건을 해석하는 개인의 신념 그리고 개인의 신념에 따른 결과가 발생하는 과정을 보여 준다.

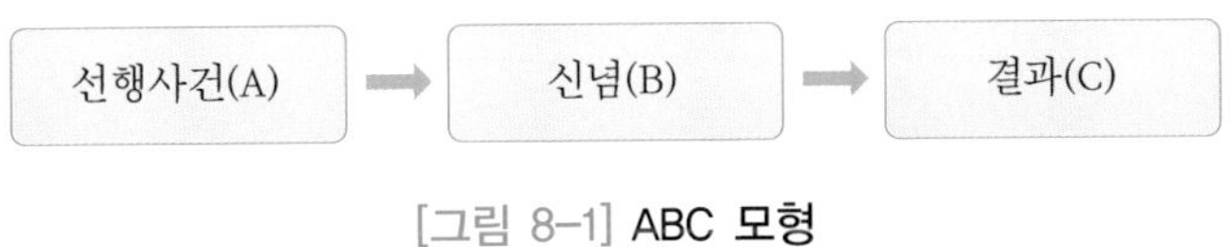

[그림 8-1] ABC 모형

공무원시험에 응시한 많은 사람이 불합격통지서를 받는다. 불합격 통보를 받은 어떤 사람은 '어떡하지? 원하는 일을 이루지 못했으니 나는 실패자야. 이제 모든 것이 끝났어.'라는 비관적인 생각을 하면서 절망과 좌절을 느낄 것이고 모든 것을 포기하고 자포자기하는 실망스런 행동을 할 수도 있다. 반면에 '속이 상하긴 하지만, 수많은 사람이 많은 노력을 하면서 응시했을 텐데…… 한 번의 실패로 좌절할 수는 없지.'라고 생각한다면 희망과 도전에 대한 마음과 함께 더욱 노력하는 행동을 할 것이다. 결국 시험 불합격이라는 사건 때문에 괴로워서 부적응적인 행동을 하는 것이 아니라 그 사건에 대해 개인의 비합리적 신념과 사고가 불쾌한 감정과 문제행동을 일으키는 것이다. 〈표 8-1〉은 시험 불합격통보에 대한 합리적 신념과 비합리적 신념에 따른 결과의 차이를 보여 주는 한 사례다.

〈표 8-1〉 **사건에 대한 합리적 사고와 비합리적 사고의 차이**

<table>
<tr><td rowspan="2">사건</td><td rowspan="2">시험 불합격 통보</td><td>합리적 신념</td><td>어느 과목 준비가 미비했는지 확인해 보고 좀 더 잘 준비해야겠다.</td><td>적응적인 정서 및 행동</td><td>희망을 가지고 좀 더 구체적으로 계획을 실천한다.</td></tr>
<tr><td>비합리적 신념</td><td>어떻게 내가 떨어질 수가 있어? 말도 안 돼.</td><td>부적응적인 정서 및 행동</td><td>홧김에 골목길에 주차 중인 자동차의 타이어에 펑크를 낸다.</td></tr>
</table>

2) 비합리적 신념과 사고

심리적인 문제를 심각하게 겪고 있는 내담자뿐 아니라 일반적인 많은 사람도 비합리적 신념과 사고로 외부세상을 해석하고 판단한다. 비합리적 신념은 자신을 포함한 모든 지각대상에 대하여 있는 그대로 보지 않고 비현실적이고 부정적으로 해석하는 나쁜 습관에서 나온다.

Ellis의 비합리적 신념은 '반드시' '언제나' '~해야만 한다.' 등의 비현실적인 절대적 당위성에 대한 요구와 지나친 기대를 의미한다. 이러한 비합리적 신념은 자신, 타인, 세상에 대한 당위성으로 나타난다.

(1) 비합리적 사고

'반드시' '언제나' '~해야만 한다.'와 같은 절대적 당위성을 가진 단호하고 독단적인 비합리적 신념은 다음의 네 가지 비합리적 사고로 연결된다.

첫째, '항상, 결코, 반드시'와 같은 무조건적이고 비현실적인 절대성에 근거한 당위적 사고다. Ellis에 따르면, 모든 문제는 자기, 타인, 상황들을 절대적 당위성의 비현실적 사고에 근거해서 해석하고 판단하는 것으로부터 출발한다. '나는 언제나 옳고 정의롭기 때문에 모든 사람들로부터 지지받아야만 한다.'라는 자신에 대한 당위성은 현실적으로 가능하지도 않을 뿐 아니라, 사소한 반대 의견에 대해서도 분노하고 비이성적인 행동을 하게 한다. '진정한 친구는 뭐든지 공감할 수 있어야 한다.' '자식은 부모의 말에 무조건 순종해야 한다.' '남자는 무조건 양보해야 한다.' 등의 친구, 가족, 연인, 동료 등 타인에 대한 비현실적인 당위적 사고는 대인관계에서의 갈등을 일으킨다. 우리가 살아가고 있는 현실에 대한 매우 비현실적인 기대인 세상에 대한 당위성은 세상에 대한 불만과 분노를 일으킴으로써 반 사회적인 행동을 하도록 한다. '가정은 언제나 즐겁고 행복해야 해.' '정의로운 사회에서는 부당한 일은 결코 없어야 한다.' '좋은 조직은 어떤 갈등도 없이 서로 존중하며 지낸다.'와 같은 외부 세상에 대한 지나친 기대는 우리를 쉽게 좌절시키고 자기 패배적인 행동을 유발할 수 있다.

자신, 타인, 세상에 대한 비현실적인 극단적 사고는 불쾌한 부정적인 정서를 느끼게 하고 부적응적인 행동으로 이끌어 건강하지 못한 삶으로 이어질 수 있다.

둘째, 상황을 극단적으로 해석하고 판단하는 파국화다. 비현실적인 당위적 사고는 결코 충족될 수 없을 뿐만 아니라, 충족이 되지 않았을 때 상황을 비현실적으로 과장하여 해석한다. 파국화는 현실을 있는 그대로 보기보다는 실제보다 더욱 과장하고 확대 해석하여 부정적인 감정에 휩싸이게 한다. 가령, '나는 반드시 1등을 해야 해.'라는 당위적 사고는 매우 우수한 실력에도 불구하고 2등을 한 사실에 대해 심각한 위기와 엄청난 파국을 몰고 올 두려운 상황으로 판단한다. '1등을 놓쳤으니 모든 게 헛수고였어.' '부모님이 실망하고 다시는 나를 사랑하지 않을 거야.' '가족들을 실망시켰으니 더 이상 집에 머물 수 없어.' 등과 같이 지나치게 부정적으로 과장된 생각은 더욱 큰 좌절과 두려움을 가져온다. '가정은 언제나 행복하고 사랑이 넘쳐야 한다.'고 생각하는 사람은 가족 간의 자연스런 갈등과 충돌에 대해서 지나치게 과장하여 심각하게 해석할 수 있다. '이제 우리 가족은 서로를 증오하고 있어.' '가족들이 곧 뿔뿔이 흩어지겠지.'라는 극단적인 생각 때문에 더욱 불안하고 화해할 수 있는 어떤 행동도 시도하지 못할 것이다. 현실을 지나치게 과장하여 해석하는 파국화는 상황을 보다 더 심각하게 생각하도록 하기 때문에 정서와 행동에 더욱 부정적으로 영향을 줄 수밖에 없다.

셋째, 당위적 신념은 인내력이 부족한 사고로 이어진다. 이것은 좌절된 상황을 '결코 있을 수 없고 참을 수 없는' 상황이라고 해석하는 비합리적 사고로, 낮은 인내력을 의미한다. '내 생각은 완벽하니까 반드시 지지받을 거야.'라고 생각한 사람은 자신의 의견이 반대에 부딪히고 수용되지 않을 때 참지 못하고 상대방에게 화를 내며 맞받아친다. 반대에 부딪힌 긴장된 상황에 대해 '절대 있을 수 없고' '결코 용납해서는 안 되는' 것으로 판단하기 때문에 몹시 분노하고 공격적으로 행동한다. 자신의 욕구좌절을 결코 용납할 수 없다는 생각은 좌절된 상황이나 갈등관계를 인내할 수 없게 만든다. 욕구가 좌절된 어려운 상황에 대한 인내력 부족은 부정적인 감정을 자극하고 바람직하지 못한 행동을 선택하도록 만든다.

넷째, 엄격하고 단호한 신념은 자신과 타인을 질책하고 비하하는 사고로 이어진다. 지나치게 비현실적인 기대와 신념은 사소한 실수에 대해 자신과 타인을 비하하고 비난받는 것이 당연하다고 생각하는 비합리적 사고로 이어진다. 기대에 미치지 못한 성적에 대해 '나는 확실히 머리가 부족해.' '내가 제대로 잘한 일이 있어나? 늘 이 모양이지.'라고 자신을 비하하거나 질책하기도 한다. 이러한 자기비하와 질책은 자신을 무가치하게 여기게 하고 무기력, 우울의 부정적인 정서와 부적응적인 행동을 유발한다. 팀과제 발표의 낮은 평가에 대해 '모두 내 책임이야. 나는 팀에 필요 없는 존재야.'라는 자신에 대한 질책과 비하는 더 큰 좌절과 우울감을 가져오고 더 이상 적극적으로 노력하는 행동을 할 수 없게 만든다. 자신의 생각과 다른 주장을 하는 친구를 의리 없는 나쁜 사람이라고 생각하면 친구에게 분노와 경멸의 감정을 표출하게 되고 친구를 괴롭히는 불쾌한 행동을 하게 될 것이다.

이 외에도 비합리적 신념과 사고들은 매우 다양하며, 개인의 신념 및 사고 특성은 개인의 타고난 성향과 성장 과정의 사회문화적 환경에 의해 영향을 받는다. 다음은 Ellis가 선별한 11가지의 대표적인 비합리적 신념들이다.

Ellis의 11가지 비합리적 신념

1. 알고 있는 모든 중요한 사람에게서 사랑받고, 인정받고, 이해받아야만 가치 있는 사람이다.
2. 우리는 다른 사람에게 의지해야만 하고 의지할 만한 강한 누군가가 있어야만 한다.
3. 타인의 문제나 혼란스러움을 함께 괴로워하고 속상해해야만 한다.
4. 어떤 사람들은 나쁘고 사악하기 때문에 비난받고 처벌받아야만 한다.
5. 완벽한 능력이 있고, 사교적이고 성공을 해야만 가치 있는 사람이다.
6. 일이 뜻대로 진행되지 않는 것은 재앙과 같이 끔찍한 일이다.
7. 인간의 문제에는 완벽한 해결책이 있고, 만약 그 해결책을 발견하지 못하면 정말 끔찍한 일이 발생할 것이다.
8. 어려움은 직면하기보다 피하는 것이 더 바람직하다.
9. 인생에서 어려움에 부딪치기보다는 피해 가는 것이 편하다.
10. 위험하거나 두려운 일이 일어날 가능성을 늘 생각하고 있어야 한다.
11. 과거의 일들이 현재의 행동을 결정한다.

(2) 비합리적 사고의 기준

합리적 정서 · 행동치료에서 합리적 사고는 긍정적 정서와 적응 행동을 유발하고 비합리적 사고는 부정적 정서와 부적응 행동을 유발한다는 전제가 치료의 핵심이다. 그렇다면 서로 상반되는 결과를 가져오는 합리적 사고와 비합리적 사고를 구분하는 기준을 무엇일까? 일반적으로 사고의 합리성을 말할 때, 사고의 논리가 적합한가 그리고 그 사고가 개인이나 조직의 궁극적 목표 달성을 이끌어 내는 데 실제적이고 실용적인가를 따진다. 논리적이고 실제적이고 실용적인 사고 특성은 상황을 왜곡하지 않고 적절한 정서와 적응 행동을 유발한다. 그리고 좋은 결과를 이끌어 내고 목표를 달성하기 위해서는 좌절된 불쾌한 상황을 긍정적인 방향으로 수용하고 이해하며 유연하게 대처해야 한다.

Ellis는 합리적 사고와 비합리적 사고를 구분하는 기준으로 논리성, 융통성, 유용성, 현실성, 긍정성을 제시한다. 합리적으로 사고하는 사람은 외부 상황에서도 대해 독단적이거나 비관적으로 판단하지 않고 논리적으로 이해하려고 노력한다. 합리적 사고의 융통성과 유용성은 다양한 현실상황에서 유연하게 대처하고 현실적인 문제를 해결할 수 있도록 돕는다. 또한 긍정적인 합리적 사고는 바람직한 정서를 유발하고 합리적인 행동을 선택하도록 이끈다. 따라서 사고의 합리성과 비합리성은 신념과 사고가 개인의 성장과 행복을 추구하는 목적에 부합하고 그 목적을 성취할 수 있도록 도와주는가에 따라 구분할 수 있다.

다음은 합리적 사고와 비합리적 사고를 구분하는 기준인 논리성, 융통성, 유용성, 현실성, 긍정성에 대한 구체적 설명이다.

첫째, 논리성은 사고의 타당성, 객관성을 의미한다. 합리적 사고의 논리성은 상황을 개인적인 감정이나 경험에 의존하기보다 논리적 이치에 맞게 이해하고 판단하는 것이다. 직장 상사가 자신의 의견을 존중하지 않는다고 불만을 제기하면서 직장 후배의 의견 제안에 대해 직장 선배인 자신을 무시하는 행동이라고 생각한다면 이것은 매우 비논리적이고 비합리적이다. 비합리적인 사고는 논리적 모순이 그대로 드러나지만 합리적 사고는 논리적 맥락을 통해 상황을 이해하고 판단한다. '사랑하기 때문에 잘못을 용서하고 인내해야 한다.'는 생각은 논리적이지만 '사랑하기 때문에 결코 용서할 수 없어.'라는 생각은 매우 비논리적이다. 사고의 합리성과 비합리성을 구분하는 기준은 상황을 이해하고 판단하는 사고과정의 논리성에 있다.

둘째, 융통성은 경직되어 있지 않고 상황을 다양한 측면에서 적절하게 이해하는 경향이다. 합리적 사고는 좌절된 상황을 다각적인 시각에서 유연하고 융통성 있게 이해하는 경향이 있다. 비합리적 사고는 '반드시 ~해야 한다.' '언제나 ~' '결코 ~해서는 안 된다.'와 같이 경직되고 극단적이기 때문에 불안한 감정과 행동을 유발한다. 융통성 있는 합리적 사고는 상황을 '결코' '반드시'와 같이 극단적인 당위성에 근거해 판단하지 않는다. 합리적 사고는 상황을 '결코 일어나서는 안 될 상황과 반드시 일어나야 할 상황'으로 구분하는 것이 아니라 단지 '일어날 가능성이 많고 적음'의 기준으로 판단한다. 입시 실패가 결코 자신에게 있을 수 없는 일이라고 생각하기보다는 일어나지 않기를 바라지만 누구든 경험할 가능성이 있는 일이라고 생각한다.

또한 융통성 있는 사고는 있을 수 있는 다양한 가능성과 상황을 고려하기 때문에 부정적인 상황에 대해 극단적으로 평가하지 않는다. 입시 실패, 취업 실패, 애인과의 이별과 같은 스트레스 상황을 결코 있을 수 없는 불행한 일로 과장하지 않는다. 합리적 사고의 융통성은 실패와 좌절을 경험하는 불행한 상황이 견디기 힘들고 괴롭지만 이겨 낼 수 없을 만큼 위협적이고 두려운 것은 아니라고 평가한다.

셋째, 유용성은 사고나 신념이 개인적 성장과 행복에 도움을 주는 것이다. 가령, 보고서를 집에 놓고 와서 오늘 제출할 수 없는 상황에서 어떤 학생은 '난 제대로 하는 일이 하나도 없어! 언제나 실수만 하고 부주의해. 구제 불능이야.'라고 자신을 심하게 질책할 수 있다. 실수에 대해 이렇게 부정적으로 생각한 학생은 신경질적이고 부적절한 행동을 하게 되고 하루를 불쾌하게 지낼 수도 있다. 반면에 '내가 오늘 부주의했어. 지금 집에 다시 갈 수는 없으니……. 할 수 없지! 일단 사정을 교수님께 말씀드려 봐야지.'와 같이 자신의 실수를 인정하며 수용하는 합리적 사고를 함으로써 불편한 마음을 위로하고 하루 일과를 잘 마무리할 수도 있다. 유용성 있는 사고는 마음을 위로하고 격려하며 편안한 마음을 갖게 한다. 결과적으로 유용성은 힘든 일을 인내하고 최선을 다함으로써 성취감, 만족감, 행복을 경험하도록 돕는다. 반면에 비합리적 사고는 개인을 불안하게 만들고 좌절시킴으로써 성취감을 얻는 데 도움을 주지 못하며, 오히려 방해하는 요소로 작용하기 때문에 유용성이 없다.

넷째, 현실성은 사고의 내용이 실제적인 경험과 연결될 수 있는 것을 의미한다. 현실성 있는 합리적 사고의 내용은 현실에서 일어날 가능성이 높은 것이다. 합리적 사고는 실현 가능한 내용으로 구성되어 있지만, 비합리적 사고는 실현 불가능한 내용으로 구성되어 있다. 가령, '모든 사람으로부터 인정받고 존중받아야 한다.'라는 생각은 현실적으로 불가능한 일이다. 예수, 부처, 간디와 같은 세계의 성인들도 모든 사람에게서 추앙받거나 존중받지 못했고 다른 사람들로부터 배척당했다. '모든 사람에게 좋은 평가만을 받을 수는 없다. 인정을 받기 위해 일하는 것이 아니라 내가 옳다고 생각하는 것을 위해 최선을 다할 뿐이다.' 라고 생각하는 것이 더 현실적이다. '시험에 반드시 합격해야 한다.'는 당위적 사고는 매우 비합리적이다. 반면에 '좋은 결과를 얻기 위해 반드시 공부를 열심히 해야 한다.'는 생각은 구체적으로 실천 가능한 사고로 합리적이다.

가령, '주식투자를 하면 틀림없이 높은 수익을 내야 한다.'라는 생각은 비현실적이다. 주식투자의 높은 수익은 투자자 자신의 신념이 아닌, 외부의 경제 상황이 결정하기 때문이다. 오히려 주식투자에 대한 지식과 경험을 조금씩 쌓아가면서 수익 가능성을 높여 가겠다는 생각이 더 현실적이고 합리적이다. 반드시 당첨될 것이라는 확신을 갖고 복권을 구입하는 것이 아니기 때문에 당첨되지 않은 많은 사람이 그 결과를 수용한다. 합리적 사고의 내용은 현실에서 일어날 수 있는 경험 가능한 것들이다.

다섯째, 긍정성은 합리적 사고가 상황에 대해 적절한 정서와 적응적 행동을 유발하는 것을 의미한다. 비합리적인 사고는 불쾌한 정서를 유발하고 역기능적인 부적응 행동을 유발함으로써 더욱 상황을 악화시킨다. 자신과 다른 의견에 대해 '새로운 관점이어서 신선하네.'라고 생각하면 호의적 감정과 행동을 하게 되어 토론이 더욱 활성화될 수 있다. 그러나 '잘 알지도 못하면서 주장만 한다.' 고 생각하면 불쾌한 감정과 적절하지 못한 행동을 하게 되고 토론은 활발하게 진행될 수 없다. 합리적 사고는 적절한 정서표현과 행동을 유발하고 비합리적인 사고는 부정적인 정서와 부적절한 행동을 유발한다.

3. 상담과정

합리적 정서 · 행동치료의 상담과정은 'ABCDEF'로 요약되고, 치료의 핵심은 내담자의 비합리적 사고(irrational Belief: irB)를 합리적 사고(rational Belief: rB)로 전환하는 것이다. A(Activating events)는 내담자가 경험하는 외부 상황으로 비합리적 사고를 일으키는 선행사건(antecedents)이다. B(Belief)는 외부 상황에 대해 합리적 또는 비합리적으로 해석하고 판단하는 내담자의 신념 및 사고체계다. C(Consequence)는 선행사건에 대한 내담자의 합리적 또는 비합리적인 신념의 결과로 나타나는 긍정적 정서 또는 부정적 정서다. D(Dispute)는 정서적 문제를 유발한 내담자의 비합리적 신념에 대한 논박이다. E(Effect)는 논박의 결과로 내담자가 합리적 사고와 신념을 갖게 되는 것이다. 논박을 통해 내담자는 외부세계를 합리적인 신념과 사고로 해석하고 판단할 수 있어야 한다. F(new Feeling and behavior)는 논박을 통한 합리적 신념과 사고로부터 발생한 긍정적인 정서와 행동을 의미하는데, 내담자의 신념과 사고가 합리적으로 변화하면 부적절한 정서와 행동은 적절하고 적응적인 정서와 행동으로 변화되어야 한다.

이 상담의 진행 과정은 ABCDEF 모형에 따라 하나의 연속적 과정으로 진행된다. 일련의 과정은, 첫째, 내담자의 비합리적 사고에 대한 '인식', 둘째, 비합리적 사고에 대한 '논박', 셋째, 논박의 '효과'로 합리적 사고의 형성과 유지, 넷째, 새로운 정서와 행동의 변화다. 합리적 정서 · 행동치료의 핵심은 내담자가 심리적 고통의 원인이 비합리적 사고임을 인식하고 사고의 비합리성과 비현실성을 논박함으로써 새로운 사고를 구축하는 것이다.

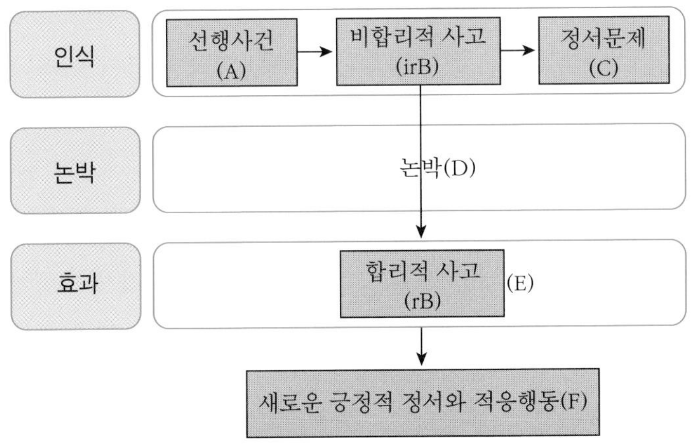

[그림 8-2] **합리적 정서 · 행동치료의 과정**

1) ABC 분석

ABC 모형을 통해 사건(A)에 대한 평가, 그 사건에 대한 내담자의 정서적 반응(C) 그리고 정서적 반응을 일으킨 내담자의 신념(B)을 분석한다. 합리적 정서·행동치료는 가장 먼저 ABC 모형에 따라 내담자의 비합리적 신념과 사고를 분석한다. 내담자의 신념과 사고를 평가하는 것은 합리적 정서·행동치료의 핵심이다. 이 과정을 통해 상담자는 내담자의 혼란스러운 감정과 행동이 사건에 대한 내담자의 왜곡된 지각, 즉 비합리적 신념과 사고에서 출발한 것임을 내담자가 인식할 수 있도록 해야 한다. 비합리적 사고가 부정적 정서와 부적응 행동의 원인이었음을 내담자가 분명하게 인식할 때 비로소 합리적 사고로의 전환이 가능하다.

여기에서 상담자는 내담자의 부정적인 정서가 사건(A) 때문에 나타난 결과(C)가 아니라 사건(A)을 해석하는 신념(B)의 결과(C)로 발생했음을 논리적으로 설명해야 한다. 사건에 대한 내담자의 비합리적 신념과 결과의 관계를 밝히기 위해서는 우선 내담자의 부정적인 정서를 유발하는 사건(A)을 정확하게 확인해야 한다. 즉, 내담자의 비합리적 사고를 유발하는 사건이 무엇인지를 정확하게 분석하는 것이 중요하다. 가령, 엄격한 아버지가 자녀의 '늦은 귀가'에 대해 심하게 화를 내고 질책하는 경우 귀가 시간 문제로 아버지와 자녀가 자주 갈등을 겪고 있다면 아버지의 화난 감정을 촉발한 사건(A)은 자녀의 '늦은 귀가'다. 다음은 사건(A)에 대한 아버지의 해석에 초점을 맞춘다. 촉발 사건에 대한 아버지의 사고에 대해 무조건적인 당위성, 지나친 과장 및 확대 등에 근거해 평가한다. 즉, 사건(귀가 시간)에 대한 아버지의 비합리적 사고를 확인하는 것이다. 자녀가 늦게 귀가할 때 머릿속에 어떤 생각이 떠올랐는가에 대해 자세히 질문하면서 아버지의 비합리적 사고를 분석해야 한다. 가령, 자녀의 늦은 귀가에 대한 아버지의 분노는 '여자는 해 지기 전에 귀가해야지.' '무조건 부모의 말에 순종해야지.' 라는 무조건적인 당위적 사고 때문일 수도 있다.

자신의 생각에 동의하지 않는 친구에 대한 배신감은 '친구니까 당연히 나를 지지해야지. 어떻게 잘 모르는 사람의 입장을 두둔할 수 있을까?'라는 당위적인 생각에서 출발한 감정일 수 있다. 내담자의 불쾌한 감정(C)을 유발한 것은 늦은 귀가와 친구의 반대(A)가 아니라, '반드시'라는 당위적 생각으로 그 사건을 해석하고 있는 내담자의 비합리적 사고(B)다.

대부분의 비합리적 사고는 앞서 제시한 Ellis의 11가지 비합리적 신념에 속하는 경우가 많다. 상담자가 내담자의 말에 주의를 기울이면 '반드시' '꼭' '절대로'와 같이 극단적인 사고를 반영하는 언어적 표현을 관찰할 수 있다. 내담자 스스로 자신의 사고가 비합리적임을 인식하는 것은 어렵다. ABC 분석에서는 내담자의 비합리적 사고가 적절하지 못한 정서를 유발하고 있음을 확인하는 것이다.

2) 논박(D)

논박(D)은 합리적 정서·행동치료의 핵심적인 방법으로, 내담자에게 부정적인 정서를 일으킨 비합리적 신념과 사고를 합리성에 근거해서 통렬하게 비판하는 것이다. 즉, 사고의 비현실성, 과장, 비논리적 특성들을 지적하고 그것이 초래한 부정적인 결과를 확인한다. 내담자의 비합리적 사고는 사고를 논리성, 융통성, 유용성, 현실성, 긍정성의 합리적 사고 기준에 근거해 논박해야 한다. 논박의 목적은 내담자의 비합리적 신념을 합리적 신념으로 변화시키는 것이다.

'나는 모든 사람에게 인정받아야 한다.'라는 비합리적 생각은 다음과 같이 논박될 수 있다. 첫째, 결코 모든 사람으로부터 인정받는 것은 불가능하기 때문에 그렇지 못할 상황들이 발생할 것이고, 둘째, 실제로 인정받지 못하는 상황이 발생했을 때, 비합리적 생각이 내담자를 더욱 힘들게 할 것이며, 셋째, 생각하는 대로 이루어져야 할 근거나 이유가 없다. '자녀는 부모에게 무조건 순종해야 한다.'는 생각은 비논리적인 것으로 실제로 무조건 순종하는 자녀들도 없으며, 그렇게 생각할수록 자녀가 따르지 않을 때 분노가 더욱 커질 수밖에 없음을 지적해야 한다.

논박은 크게 두 단계를 거친다. 첫 번째 단계는 사건이나 상황을 왜곡시키는 내담자의 비합리적 신념을 찾아 논박하는 것이며, 두 번째 단계는 논박에 그치지 않고 비합리적 신념을 대안적이고 합리적인 생각으로 발전시키는 것이다. 또한 논박은 인지적 · 심상적 · 행동적 논박의 세 가지 형태로 구분할 수 있는데, 상담자는 내담자의 특성을 고려하여 가장 효과적인 논박의 형식을 선택해야 한다. 이때 일반적으로는 두 가지 이상의 논박 형식을 사용하는 것이 더 효과적이다.

(1) 인지적 논박

인지적 논박은 내담자에게 설득과 직접적인 질문을 하고, 논리적인 이유를 물음으로써 내담자가 자신의 비합리적인 신념을 논박할 수 있도록 도와주는 것이다. Walen, DiGiuseppe와 Wessler(1980)는 인지적 논박에 사용되는 질문을 다음과 같이 제안하였다.

Walen, DiGiuseppe와 Wessler의 인지적 논박 질문

1. 그것이 사실입니까? 왜 그렇죠?
2. 그것을 증명하실 수 있으세요?
3. 어떻게 알 수 있어요?
4. 왜 그렇게 일반화시키나요?
5. 왜 그렇게 나쁜 말을 사용하나요?
6. 만약 ~한다면 무슨 일이 일어나죠?
7. 그것이 사실이라면, 일어날 수 있는 최악의 일은 어떤 것인가요?
8. 어떻게 그렇게 끔찍하다는 것인지 설명해 주시겠어요?
9. 어디에 그 증거가 있습니까?
10. 무시무시한 불이익은 어느 정도나 됩니까?
11. 당신이 행복을 찾을 수 있는 것인지 스스로 질문해 보세요.
12. 무슨 일이 일어날 것 같나요?
13. 그것으로 왜 그렇게 행동하세요?

14. 만약 ~가 일어난다면 좋은 일이 일어날 수 있습니까?
15. 당신이 원하는 것을 얻지 못해도 괜찮은가요?
16. 나쁜 결과가 나타날 확률은 어느 정도입니까?
17. ~가 일어나면 당신의 세계가 어떻게 무너질 수 있죠?
18. 원하는 것은 무엇이든 반드시 얻어야 한다는 생각은 어디에서 나온 것인가요?
19. 가치가 있는 것입니까?

(2) 심상적 논박

심상적 논박은 내담자의 심상을 이용하는 논박으로서, 합리적-정서적 심상(Rational-Emotive Imagery: REI)이라고 알려진 기법을 사용한다. 이 기법은 심상을 통해 발생하는 정서적 결과들이 실제 자극에 의해 촉발된 정서적 반응과 매우 흡사하다는 가정에 기초한다. REI 기법이 적용되는 방식에는 두 가지가 있다.

첫째, 상담자는 내담자에게 정서적 고통을 경험했던 상황을 심상하도록 하면서 정서적 고통을 경험하는 순간에 일어나는 내담자의 비합리적인 생각이 무엇인지 집중하도록 한다. 그리고 상담자는 불쾌한 감정을 느끼는 순간에 내담자가 인식한 비합리적 사고를 적절한 것으로 바꾸도록 지시한다.

둘째, 내담자에게 불쾌한 감정을 일으키는 상황을 심상하도록 하면서, 그 상황에서 이전과는 다른 감정을 느끼고 행동을 하는 것을 심상하도록 한다. 가령, 불쾌했던 발표 장면을 심상하면서 주위를 여유 있게 둘러보면서 편안한 마음으로 자신 있게 큰 소리로 발표하는 장면을 심상하도록 하는 것이다. 그리고 이때 상담자는 이전과 다른 감정 및 반응을 일으키는 생각이나 문장이 무엇인지 생각하도록 한다. 가령, '친구들에게 꼭 인정받을 필요는 없어.' '이 정도면 충분해.'와 같은 진술이 '반드시 발표에는 내가 최고여야 해.'라는 진술보다 안정적인 감정을 유발할 수 있음을 인식하도록 하는 것이다. 내담자는 적절한 정서를 경험하는 상황을 심상할 때, 순간적으로 진술하는 합리적 사고는 불쾌한 정서를 촉발하는 비합리적 정서와 양립할 수 없음을 인식하게 된다.

물론 이러한 기법을 통해 사고가 쉽게 변화되는 것은 아니기 때문에 상담자는 인내력이 필요하다는 것을 내담자에게 알려 줄 필요가 있다. 그리고 심상기법을 사용하는 동안 내담자가 더욱 부정적이고 혼란스러운 사고를 할 수도 있지만, 상담자는 이런 생각들을 심각하게 다루지 말고 자연스럽게 대처해야 한다. 상담자가 내담자의 혼란스러운 사고를 정리해 주고 벗어나도록 돕는 것이 오히려 내담자를 더 힘들게 할 수도 있기 때문이다.

(3) 행동적 논박

행동적 논박은 내담자의 행동방식과 전혀 다른 행동을 시도하게 함으로써 내담자의 비합리적 신념에 도전하는 방법이다. 동료들이 자신을 무시하고 있다고 생각하는 내담자는 늘 위축되어 있고 모임에서도 거의 말을 하지 않는다. 그래서 어떤 일에든 개인적인 의견을 제안하지 않으며 심지어 사소한 점심 메뉴를 결정할 때도 동료의 생각을 따를 뿐 먹고 싶은 음식을 말하지 않는다. 이때 행동적 논박은 지금까지 내담자가 해 보지 않았던 자신의 의견을 제안하는 시도를 해 보는 것이다. 물론 이때 내담자의 의견 제안의 첫 시도는 중요한 안건에 대한 것이 아니라 사소하지만 실천 가능한 수준의 행동부터 시작해야 한다. 가령, 내담자가 점심시간에 동료들처럼 먹고 싶은 식사 메뉴를 제안해 보는 것이다.

(4) 데시벨 기법

데시벨(DESIBEL)은 Ellis에 의해 개발된 기법으로서 비합리적 신념의 둔감화(DESensitizing Irrational BELiefs)를 줄인 말이다. 이 기법은 내담자로 하여금 자신의 사고 속에 있는 비합리적 신념을 자각하게 함으로써 고통스러운 감정을 제거하도록 도와준다. 일반적으로 일상생활 중에 작업하도록 되어 있는데, 내담자는 매일 스스로 다음과 같이 다섯 가지 질문을 하고 녹음기에 자신의 대답을 기록한다.

데시벨의 다섯 가지 질문

1. 내가 둔감해져야 하거나 줄이기를 원하는 비합리적 신념은 무엇인가?
2. 이러한 신념이 거짓이라는 것을 무엇으로 증명할 수 있는가?
3. 이러한 신념이 사실이라는 것을 무엇으로 증명할 수 있는가?
4. 내가 반드시 해야 한다고 생각한 것을 하지 못했을 때 일어날 수 있는 나쁜 일은 무엇인가?
5. 내가 반드시 해야 한다고 생각한 것을 하지 못했을 때 내가 할 수 있는 좋은 일은 무엇인가?

데시벨 기법은 매일 실천하면서 자기보상을 할 수 있는데, 가령 앞에서의 다섯 가지 질문에 대한 대답을 완성한 후 영화 보기, 음악 듣기, 쇼핑하기 등의 보상을 스스로 제시한다면 이 기법의 효과가 더 증진될 수 있다.

(5) 거꾸로 하기

거꾸로 하기(countering)는 다른 생각을 선택하고 적용해 보는 것으로 내담자는 자신의 비합리적 신념 및 사고와 반대되는 신념을 말하거나 글로 작성하는 것이다. 거꾸로 하기에서는 다음과 같은 여섯 가지 규칙이 지켜져야 한다(McMullin & Giles, 1981).

첫째, 거짓 신념에 정면으로 반대되는 것이어야 한다. 예를 들어, "내 성적이 떨어지면 부모님은 나를 사랑하지 않을 것이다."라는 비합리적 신념은 "부모님의 사랑은 나의 성적과 관계가 없어."와 같은 표현으로 바꾼다.

둘째, 현실적으로 실현 가능하고 믿음을 줄 수 있는 문장이어야 한다. 예를 들어, "좋은 대학에 가려면 고등학교에서 전 학년 전 과목 100점을 받아야 한다."라는 비현실적인 진술 대신에 "전 학년 전 과목 100점을 받아야만 좋은 대학에 갈 수 있는 것은 아니다."라는 진술이 보다 현실적이며 믿을 만한 문장이다.

셋째, 가능한 한 많은 합리적인 대안적 사고와 신념을 나타내는 문장을 개발해야 한다. 이것은 내담자들이 부정적인 사고에 젖어 있어서 비합리적 신념이 반복될 가능성이 있기 때문에 예방적 차원에서 필요하다.

넷째, 합리적 사고의 표현과 문장 구성은 내담자 스스로 만들어야 하며 상담자는 지도하는 역할만 담당한다.

다섯째, 문장은 간결하게 작성해야 하며 몇 개의 단어로 요약하는 방법도 효과적이다. 이것은 문장을 길거나 장황하게 작성하면 잊어버리기 쉽기 때문이다.

여섯째, 적극적이며 강렬한 정서로 표현하고, 활력적이고 열정적인 문장으로 신념을 진술해야 한다. 내담자들은 단순히 기계적인 방식으로 진술하고 활력이 없고 감정적인 열정이 표현되지 않는 경우가 많다.

3) 효과(E)

효과(E)는 논박의 결과로 내담자가 자신의 삶과 추구를 효율적으로 달성할 수 있도록 새로운 신념체계를 구축하는 것이다. 즉, 효과는 내담자의 비합리적 신념 및 사고가 합리적 신념 및 사고로 변화된 것이다. 논박의 과정까지 내담자의 사건에 대한 비합리적 사고를 발견하고, 이 사고를 논리성, 융통성, 유용성, 현실성, 긍정성에 근거해 반박함으로써 내담자는 신념(B)과 부정적인 정서(C)의 관계를 인식하게 된다. 내담자가 자신의 비합리적 사고를 인식하고 대안적 사고가 무엇인지를 깨달았더라도 습관적인 비합리적 사고를 쉽게 변화시키지는 못한다. 내담자의 비합리적 사고를 합리적 사고로 변화시키기 위해서는 반복적인 연습과 훈련이 필요하다.

4) 새로운 정서(F)

새로운 정서(F)는 논박을 통해 내담자가 합리적 신념과 사고를 갖게 됨으로써 새로운 긍정적인 정서와 행동을 습득하는 것을 의미한다. 합리적 사고에서 비롯된 적절한 정서를 갖게 되더라도 습관적인 부적응적 반응이나 행동을 변화시키는 것은 간단하지 않다. 따라서 내담자가 효율적인 적응 행동을 형성할 수 있도록 연습과 훈련을 통한 학습이 필요하다.

지금까지의 상담과정을 요약하면 〈표 8-2〉와 같다. ABC 분석에서 사건(A) 및 부정적인 정서와 반응(C)을 확인하고 사건과 부정적인 정서 사이에 개입된 비합리적 신념(B)을 평가한다. 비합리적 사고에 대한 논박(D), 논박의 효과(E)로 합리적 신념과 사고의 형성한다. 이 합리적 신념으로부터 새로운 정서(F)를 경험하고 적응적 행동을 학습하는 것이다.

〈표 8-2〉 **합리적 정서 · 행동치료의 ABCDEF 상담과정**

<table>
<tr><td rowspan="2">ABC 분석</td><td colspan="2">A(선행사건)</td><td colspan="2">irB(비합리적 사고)</td><td>C(결과)</td></tr>
<tr><td colspan="2">수업시간 과제 발표</td><td colspan="2">모든 사람에게 인정받아야 한다.</td><td>긴장, 우울, 공격적 행동(싸움, 욕하기)</td></tr>
<tr><td>D(논박)</td><td colspan="5">• 모든 친구에게 인정받는 것이 현실적으로 가능한가?
• 반드시 인정받아야 할 필요가 있는가? 왜 그래야 하지?
• 내가 모든 친구에게 인정받아야 하는 근거가 무엇인가?</td></tr>
<tr><td rowspan="2">E(효과)</td><td colspan="5">합리적 사고와 신념 형성</td></tr>
<tr><td colspan="5">• '반드시 모든 친구에게 인정받을 필요는 없다.'
• '내가 발표를 잘해도 모든 친구가 솔직하게 인정하며 칭찬하는 것은 아니다.'
• '내가 만족할 만큼 최선을 다하자.'</td></tr>
<tr><td rowspan="2">F(정서)</td><td colspan="3">새로운 적절한 정서</td><td colspan="2">효율적인 적응 행동</td></tr>
<tr><td colspan="3">발표 시 낮은 긴장, 편안함</td><td colspan="2">친구들과 어울리기, 적극적으로 팀활동 참여하기</td></tr>
</table>

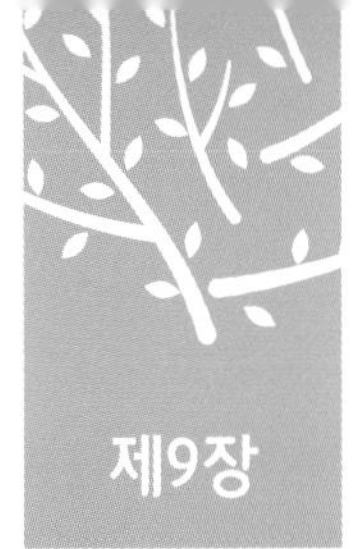

제9장

행동주의 상담이론

행동주의 상담이론은 행동주의 학습이론에 근거를 두고 행동을 변화시키는 것에 초점을 맞춘다. 물론 정신분석 상담, 인간중심 상담, 인지주의 상담도 최종적으로는 부적응 행동을 적응 행동으로 변화시키지만 무의식, 자기개념, 사고의 내적 정신과정에 초점을 둔다. 반면에 행동주의 상담은 내적인 정신과정이 아닌 환경적 단서와 개인의 부적응 행동에 초점을 맞춘다.

행동주의 상담이론에서 부적응 행동은 경험에 의한 '학습'이기 때문에 새로운 경험을 통한 재학습에 의해 수정된다. 따라서 행동주의 상담이론은 학습이론에 근거하여 부적응 행동을 적응 행동으로 수정하거나 변화시키는 행동수정(behavior modification)이다. 행동수정 전략에 적용되고 있는 대표적인 행동주의 학습이론이 Ivan P. Pavlov(1849~1936)의 고전적 조건화(classical conditioning)와 B. F. Skinner(1904~1990)의 조작 조건화(operant conditioning)다.

1. 인간에 대한 기본 관점

행동주의에서 인간은 환경에 의해 통제되는 수동적 존재다. 따라서 인간행동은 환경과 상호작용하는 경험의 과정을 통해 학습된 것으로 '환경결정론'에 기초하고 있다. 행동주의에서 경험을 통한 학습은 조건화 과정에서 자극 간의 연합과정을 통해 행동을 학습하는 것이다. 강아지에게 물렸던 경험이 있는 사람은 강아지를 두려워하며 피해 다닌다. 등굣길 어느 집 앞을 지나가지 못하는 행동은 그 집과 대문 앞 맹견이 무섭게 짖는 소리의 두 자극 간의 연합을 경험하면서 학습된 것이다. 짧은 머리 스타일에 대해 주위 사람들부터 칭찬을 받은 사람이 계속 짧은 머리를 유지하는 것은 짧은 머리에 대한 칭찬이 가져온 결과일 수 있다. 행동주의에서 개인의 정서적 반응이나 행동들은 조건화 과정에 대한 경험을 통해 학습된 것이다.

따라서 행동은 개인이 선택한 것이 아니며 환경적 자극에 대한 경험을 통해 '학습'된 것으로 환경적 단서를 통제함으로써 변화되고 수정될 수 있다. 식당에서 소리를 지르며 뛰는 아동의 행동을 변화시키려면 적절하지 못한 행동을 단호하게 제지하고 예의 바른 행동을 칭찬해야 한다.

2. 행동주의 학습이론

행동주의를 대표하는 학습이론은 Ivan P. Pavlov의 고전적 조건화와 B. F. Skinner의 조작 조건화다. Pavlov의 고전적 조건화는 타액 분비, 눈물, 두려움 같은 생리적 반응으로 자극에 의해 유발되는 반응적 행동(respondent behavior)을 다룬다. 반응적 행동이란 자극에 대한 자동적인 반사(reflex)반응으로 꽃가루 때문에 나오는 재채기, 매운 연기로 인한 눈물, 먼지바람에 대한 눈 깜박임과 같이 자극에 대한 무조건적인 반응이다. 반면에 Skinner의 조작 조건화는 유기체가 환경을 능동적으로 다루며 통제하는 의도적인 행동을 말한다. Pavlov와 Skinner의 조건화에서 다루는 행동은 각각 다르지만 환경적 자극을 통제하는 조건화 과정을 통해 새로운 행동을 학습시킨다는 점은 같다.

1) 고전적 조건화

Ivan P. Pavlov
(1849~1936)

Pavlov의 고전적 조건화는 타액반사, 동공반사, 무릎반사와 같은 자율신경계의 반사반응이 자극에 의해 학습되는 과정을 설명하기 때문에 반사 조건화(reflex conditioning)라고도 한다. Pavlov는 [그림 9-1]의 실험장치를 이용해 강아지의 타액 분비를 조건화하였는데 이 조건화 실험에는 세 가지 요소가 필요하다. 첫째, 무조건 자극(unconditioned stimulus: ucs)으로 유기체로부터 자연적이고 자동적인 반응을 인출한다. 둘째, 무조건 반응(unconditioned response: ucr)으로 무조건 자극에 의해 자동적으로 인출되는 반응이다. 셋째, 조건 자극(conditioned stimulus)으로 조건화되기 전에는 유기체로부터 자동적으로 반응을 인출하지 못하는 중성자극(neutral stimulus)이다.

Pavlov는 강아지가 음식을 먹거나 먹기 전에 타액을 분비하며 음식을 보거

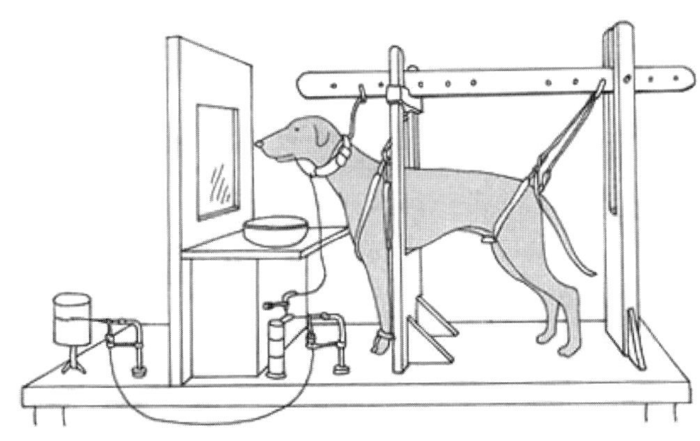

[그림 9-1] Pavlov의 고전적 조건화 실험 장치

나 음식을 주는 사람의 발자국 소리에 대해서도 타액이 분비되는 것을 관찰하였다. 이러한 관찰을 통해 Pavlov는 음식과 함께 타액 분비와 관계없는 종소리를 들려주는 것을 반복하였는데, 그 결과 종소리만 제시해도 강아지가 타액을 분비하였다.

[그림 9-2]는 음식과 종소리를 반복적으로 연합 제시하여 타액 분비를 조건화하는 과정이다. 음식에 대한 강아지의 타액 분비는 생리적인 반사반응으로 자동적으로 인출되는 학습되지 않은 무조건 반응(ucr)이다. 이때 무조건 반응인 타액 분비를 일으킨 음식은 무조건 자극(ucs)이다. 여기서 종소리는 강아지의 타액 분비 반응과 전혀 관계가 없는 중성자극(neutral stimulus)이다. Pavlov는 굶주린 강아지에게 음식과 함께 종소리(중성자극)를 함께 들려주었는데 이때 무조건 자극인 음식이 강아지의 타액 분비를 일으켰다. 종소리와 음식의 두 자극을

종소리: 중성 자극

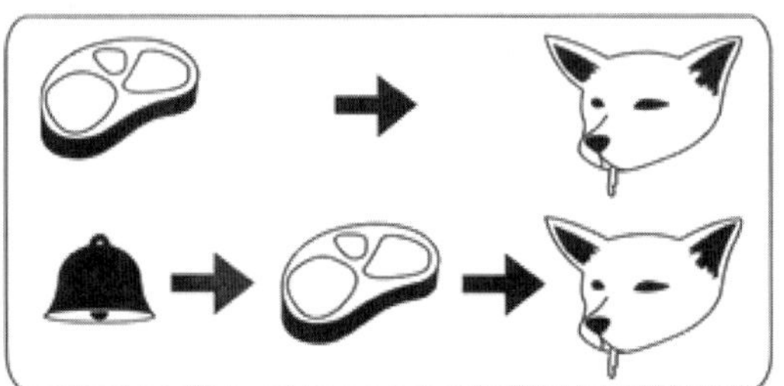

먹이: 무조건 자극　　타액 분비: 무조건 반응
무조건 자극과 중성 자극 제시

종소리: 조건 자극　　타액 분비: 조건 반응

[그림 9-2] Pavlov의 타액 분비 조건화 과정

연합하여 제시하는 조건화 과정을 반복한 결과, 강아지는 종소리(조건 자극)만 듣고도 타액(조건 반응)을 분비했다. Pavlov의 고전적 조건화는 무조건 자극(음식)과 중성자극(종소리)을 반복적으로 연합하여 조건 자극(종소리)에 대해 조건 반응(타액 분비)를 일으키는 과정이다.

(1) 자극과 반응

Pavlov의 고전적 조건화 과정에서 다뤄지는 자극과 반응은 다음과 같다.

첫째, 무조건 자극(unconditioned stimulus)이다. 무조건 자극은 반사적으로 생리반응이나 정서반응을 일으키는 자극이다. 콧물과 눈물을 쏟게 하는 매운 청양고추, 공포반응을 일으키는 무서운 장면, 땀을 흘리게 하는 무더운 날씨, 소스라치게 놀란 반응을 일으키는 큰 소음 등은 무조건 자극이다.

둘째, 무조건 반응(unconditioned response)이다. 무조건 반응은 자극에 대한 무조건적이고 자동적인 반사반응으로 생리반응이나 정서반응들이 있다. 뜨거운 주전자에서 순간 손을 떼는 것, 굉음에 깜짝 놀라는 것, 배고플 때 음식냄새를 맡으면 침이 고이는 것, 매운 고추를 먹고 눈물을 흘리는 것, 갑자기 나타난 자동차에 놀라는 것 등은 무조건 반응들이다.

셋째, 중성자극(neutral stimulus)이다. 중성자극은 조건화가 이뤄지기 전에는 무조건 반응과 관계가 전혀 없는 자극이다. Pavlov의 조건화 실험에서 종소리는 음식과 반복 연합되기 전에는 타액 분비 반응을 일으키지 못했다. 병원의 간호사(중성자극)는 주삿바늘(무조건 자극)과 반복 연합되기 전에는 어린 아동에게 두려움 반응을 일으키는 자극과 관계없는 중성자극이었다. 그러나 병원에 자주 가면서 아픈 고통을 주는 주사기와 간호사가 반복 연합되면서 어린 아동은 간호사를 보자마자 울기 시작한다.

넷째, 조건 자극(conditioned stimulus)이다. 무조건 반응과 무관한 중성자극(종소리)이 조건화 이후에 정서 또는 생리반응을 일으킴으로써 조건 자극이 된다. 조건화 이후에 타액 분비를 일으킨 종소리는 조건 자극이다. 종소리는 강아지에게 타액을 분비시키지 못하지만 종소리와 음식을 반복 연합하여 제시하는 조건화를 통해 종소리는 타액 분비를 일으켰다.

다섯째, 조건 반응(conditioned respose)이다. 조건 반응은 무조건 자극과 중성 자극(종소리)을 연합하는 조건화 이후에 조건 자극(종소리)에 의해 유발된 반응이다. 음식에 의해 분비된 타액은 무조건 반응이지만 조건화 이후에 종소리에 의한 타액 분비는 조건 반응이 된다. 광고에서 좋아하는 연예인이 마시는 음료를 선호하고, 자주 다투었던 친구 목소리에도 기분이 상하거나, 레몬이라는 단어에도 침이 고이는 것은 조건화된 반응들이다.

Pavlov의 조건화 과정을 통해 중성자극이었던 사람, 장면, 상황, 대상에 대해 정서반응이 조건화된다. 아동이 예쁜 풍선이 팽창되는 것을 바라보고 있는데 풍선이 터져서 놀랐다. 이러한 경험을 한 후에 아동은 풍선이 커지는 것을 보기만 해도 회피 반응을 보인다. 이렇게 조건화 과정을 통해 아동이 가지고 싶던 예쁜 풍선도 싫어하게 될 수 있다. 맛있는 음식을 먹고 즐거운 영화를 보면서 행복한 시간을 함께 지냈던 사람에 대해서는 좋은 감정을 갖게 되고 친해진다. 행복하고 즐거운 정서적 반응을 일으키는 무조건 자극(음식, 영화)과 반복 연합된 사람(조건 자극)은 좋으며 보고 싶어진다. 이와 반대로 불쾌하고 괴로웠던 순간에 함께 있었던 사람은 만나고 싶지 않고 싫어하는 것도 조건화의 결과다.

(2) 기본원리

Pavlov의 고전적 조건화에서 조건화가 잘 이루어지려면 근접성, 강도, 일관성의 세 가지 원칙이 지켜져야 한다.

첫째, 근접성(contiguity)이다. 이것은 시간적인 동시성으로 무조건 자극과 중성자극(종소리)이 동시에 제시되어 두 자극 간의 근접성이 있을 때 두 자극의 연합이 잘 이루어진다는 것이다. 시간적인 근접성에 의해 두 자극이 연합되면, 한 자극(감각)만 활성화되어도 다른 자극(감각)이 활성화된다. 산책길(중성자극)에서 맹견 짖는 소리(무조건 자극) 때문에 공포를 느꼈다면 그 산책길을 지날 때 긴장되고, 심장이 뛰고 땀이 나면서 두려움을 느끼게 된다. 이것은 산책길과 맹견이 동시에 제시되어 강하게 연합되면서 산책길이 두려움을 활성화시킨 것이다.

근접성의 원리는 간단한 지식이나 정보를 학습할 때 효과적으로 사용되는데 2개 이상의 자극을 반복 연합시켜 한 자극만 제시해도 적절한 반응을 하도록 한다. 아동에게 강아지 소, 말, 토끼 그림과 글씨가 함께 있는 그림책을 반복해서 읽어 준 후, 그림이 없는 글자를 제시하면 '소' '말'이라고 읽을 수 있다.

둘째, 강도(intensity)다. 이것은 무조건 자극에 대한 반응이 조건(중성) 자극에 대한 반응보다 훨씬 커야 한다는 것이다. 가령, 무조건 자극인 음식에 대한 타액 분비 반응이 조건 자극인 종소리에 대해 강아지가 놀랄 수 있는 반응보다 훨씬 강력해야 조건화가 일어날 수 있다. 음식과 종소리를 연합시킬 때 종소리가 너무 커서 강아지가 놀란다면 종소리에 대한 타액 분비반응을 조건화시킬 수 없다.

셋째, 일관성(consistency)이다. 이것은 조건화 과정에서 무조건 자극과 중성 자극이 완전히 결합될 때까지 무조건 자극과 함께 제시되는 중성자극은 동일해야 함을 의미한다. Pavlov의 실험에서 음식과 함께 제시된 종소리는 다른 소리 자극으로 바뀌면 조건화가 이루어질 수 없다. 조건화 과정에서 무조건 자극과 연합되는 종소리는 두 자극이 완전하게 결합될 때까지 일관성 있게 사용되어야 한다.

(3) Watson과 Rayner의 실험

John B. Watson과 Rosalie Rayner는 고전적 조건화를 통해 1세의 어린 아동 앨버트에게 공포반응을 학습시켰다. 조건화 실험 전에 앨버트는 다른 사람들과 마찬가지로 굉음과 같은 큰 소리에 대해 공포반응을 일으켰지만 흰쥐, 흰 토끼, 솜, 강아지 등과 같은 자극에 대해서는 공포반응을 보이지 않았다.

Watson과 Rayner는 앨버트가 흰쥐에게 다가갈 때 양철을 망치로 내려쳐서 굉음을 냈다. 갑작스러운 큰 소리에 놀란 앨버트는 숨을 몰아쉬고 소리를 지르며 울었다. 앨버트는 흰쥐에 접근할 때마다 큰 굉음 때문에 놀라 울었는데 이러한 시도가 5회 정도 반복된 뒤, 흰쥐를 보여 주자 울며 도망가는 공포반응을 보였다. 앨버트의 이러한 공포반응은 흰쥐뿐 아니라 모피코트, 솜, 흰 수염의 산타클로스 등 흰쥐와 같이 털이 있는 다른 대상에 대해서도 보였다. 이와 같이

Watson과 Rayner의 고전적 조건화 실험 결과로 앨버트가 학습한 쥐에 대한 공포반응은 다른 대상에까지 나타났다. 다음의 일반화, 변별, 소거, 강화, 억제, 자발적 회복은 고전적 조건화에서 나타나는 행동들을 설명하는 주요 개념들이다.

첫째, 일반화(generalization)는 조건 자극과 유사한 자극에 대해서도 조건 반응(공포)을 보이는 것이다. 무조건 자극(굉음)과 중성자극(흰쥐)을 반복 연합하는 조건화를 통해 조건 자극(흰쥐)에 대한 조건 반응(공포반응)을 보였다. 앨버트가 흰쥐에 대해 공포반응을 학습한 후에 털을 지닌 유사한 다른 자극에 대해서도 공포반응을 보이는 일반화가 나타났다. 예를 들어, 앨버트의 흰쥐에 대한 조건화된 공포반응이 흰 수염, 솜뭉치, 카펫과 같은 조건 자극(흰쥐)과 유사한 자극에 대해서도 나타났다. 일반화는 일종의 전이로 일상에서 아주 흔하게 다양한 형태로 나타난다. 좋아하는 사람을 닮은 낯선 사람에게 친근함을 느끼거나 국제경기에 나간 선수들이 외국 경기장 환경이 국내 경기장과 비슷할 때 잘 적응하여 기량을 발휘하는 것도 일반화의 사례다.

둘째, 변별(discrimination)은 일반화와 반대되는 개념으로 조건 자극과 유사하지만 동일하지 않은 자극에 대해 차별적인 반응을 보이는 것이다. 즉, 조건 자극에 대해서만 제한적으로 반응하는 경향성을 의미한다. 우선 조건화 과정에서 무조건 자극과 중성자극의 결합이 강할수록 변별은 증가하고 일반화는 감소한다. 타액 분비실험에서 종소리와 음식을 연합하는 훈련을 많이 할수록 강아지는 음식과 특정 조건 자극(종소리)에 대해서만 조건 반응을 보이고 그 외 유사한 자극에 대해서는 조건 반응을 보이지 않았다. 또한 조건 자극과 유사자극을 구분하면서 자극에 대해 차별적인 반응을 보이는 변별이 나타난다. 앨버트가 유사한 자극에 대해 공포반응을 보이는 일반화가 나타났지만 차츰 유사자극에 대한 공포반응은 사라지고 조건 자극에 대한 공포반응만 보였다. 이것은 앨버트가 조건 자극과 유사 자극을 구분하면서 자극에 대한 차별적인 반응을 보인 것이다.

셋째, 소거(extinction)는 무조건 자극과 조건 자극의 결합이 약해져서 조건 자극에 대한 조건 반응이 점차 소멸되는 것을 의미한다. 조건화가 형성된 후에 오랫동안 조건 자극만 제시하면 조건 반응이 점점 사라진다. Watson과 Rayner의 실험에서 조건화에 의해 학습된 흰쥐에 대한 앨버트의 공포반응이 더 이상 나타나지 않는 것이 소거다. 만날 때마다 논쟁하거나 싸웠던 사람과 오랫동안 보지 않으면 그 사람에 대한 불쾌한 감정도 줄어든다. 즉, 그 사람과 논쟁의 연합 고리를 끊음으로써 관계를 개선하는 것은 소거 전략이다.

넷째, 강화(reinforcement)는 무조건 자극(굉음)과 조건 자극(흰쥐)의 반복적 연합을 의미하며 두 자극을 자주 연합시킬수록 조건 자극에 대한 조건 반응이 쉽게 발생한다. 무조건 자극과 조건 자극의 반복 연합되어 조건 반응을 유발하기 때문에 무조건 자극은 조건 반응을 강화한다.

다섯째, 억제(inhibition) 또는 제지는 조건 자극(흰쥐)과 연합된 원래의 무조건 자극(굉음)을 다른 무조건 자극으로 대치하면 조건 반응이 약해지는 것이다. 굉음 대신에 목소리, 나팔소리, 확성기 소리와 같은 다른 무조건 자극으로 대치하면 조건 자극에 대한 조건 반응이 약해진다.

여섯째, 자발적 회복(spontaneous recovery)은 조건 자극에 대한 조건 반응이 소멸된 상태에서 조건 자극을 다시 제시하면 일시적으로 조건 반응이 나타나는 것이다. 종소리에 대한 타액 분비반응이 사라진 상황에서 무조건 자극(음식)와 조건 자극(종소리)을 다시 연합시키지 않아도 조건 자극(종소리)에 대해 일시적으로 조건 반응(타액 분비)이 일어난다.

2) 조작 조건화

B. F. Skinner의 조작 조건화는 자극에 의해 유발되는 반응이 아닌 능동적으로 환경을 다루는 의도적인 조작 행동(operant behavior)을 다룬다. Skinner는 대부분의 행동은 환경을 통제하고 임의로 조작하며 능동적이지만 일차적으로 그 행동의 결과에 의해 통제를 받는다고 설명한다. 즉, 산책하기, 발표하기, 심부름하기 등의 개인의 자발

B. F. Skinner
(1904~1990)

적인 행동의 지속 여부는 그에 따른 좋은 결과, 가령 체중 감소, 칭찬, 용돈 등의 후속자극에 의해 영향을 받는다. Skinner의 조작 조건화는 개인의 능동적인 조작 행동이 후속자극에 의해 어떻게 조건화되는가를 보여 준다.

Skinner는 능동적인 행동이 환경적 자극에 의해 조건화되는 과정을 실험하기 위해 [그림 9-3]과 같이 일명 스키너 상자(Skinner box)를 제작하였다. 실험 상자인 스키너 상자에는 배식기계, 먹이통, 배식기계와 연결된 레버, 전구 불빛, 스피커, 정전기 장치가 설치되어 있다.

Skinner는 실험 시작 전에 먹이 공급을 중단하는 박탈 과정을 시행하고 쥐를 스키너 상자에 넣은 후, 가끔 배식기계를 조작하여 먹이통에서 음식을 먹을 수 있게 했다. 이 절차가 끝난 뒤 스키너 상자 안에 혼자 남게 된 쥐는 우연하게 지렛대를 눌렀다. 이때 상자 밖의 배식기계가 작동하고 먹이가 배식 투입구를 통해 상자 안 먹이통으로 공급되어 쥐는 먹이를 먹었다. 레버를 누를 때마다 먹이를 공급하는 과정이 반복되자, 쥐는 상자 안에 들어가면 즉각 레버를 눌렀고 점차 레버 누르는 행동이 증가하였다.

다음 단계 실험에서는 쥐의 레버 누르는 행동에 대해 먹이 공급을 중단하자 레버 누르는 행동이 약해지기 시작했고 결국에는 사라졌다. 또 다른 실험에서는 쥐의 레버 누르는 행동에 대해 정전기 충격을 반복해서 제시하자 레버 누르는 행동이 감소했다. 그런데 레버 누르는 행동이 사라진 뒤 다시 스키너 상자에 들어간 쥐는 한동안 다시 레버를 누르는 행동을 하였다. Skinner는 이것을 자발적 회복(spontaneous recovery)이라고 불렀다. 이와 같은 일련의 실험을 통해 Skinner는 쥐의 레버 누르는 행동에 대해 먹이 또는 정전기 충격을 제공함으로써 레버 누르는 행동을 증가시키거나 감소시키는 과정을 보여 주었다. Skinner의 조작 조건화는 임의의 행동에 대해 보상 또는 처벌의 후속적 변별자극을 제시하여 행동을 강화시키거나 소거시키는 과정이다.

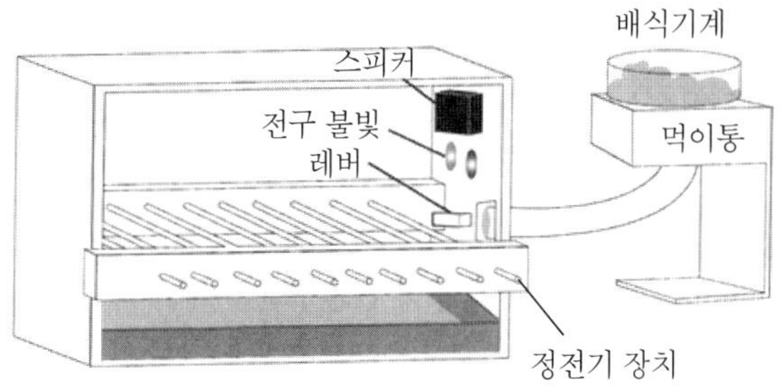

[그림 9-3] **스키너 상자**

(1) 강화, 소거, 처벌

강화(reinforcement)는 임의의 행동에 후속적 변별자극을 주어 행동의 반응비율을 증가시키는 것으로, 여기에서 사용된 후속적 변별자극은 강화물(reinforcer)이다. 스키너 실험에서 강화는 레버 누르는 행동비율을 증가시키기 위해 먹이를 공급하는 것이고 먹이는 강화물이 된다. '후속적 변별'이란 임의의 행동이 발생한 뒤에 제시되는 것으로 이 후속자극의 형태(먹이, 정전기)에 따라 행동이 증가 또는 감소함을 의미한다. 과제 발표에 대한 친구들의 칭찬, 인정은 발표행동을 강화하는 후속적 변별자극으로 강화물이다. 운동의 결과로 나타나는 체중 감소, 봉사활동에 대한 표창장, 노동에 대한 수고비 등은 각각의 행동을 강화하며 체중 감소, 표창장, 수고비는 강화물이다. 강화가 잘못 사용되는 경우가 자주 있는데, 떼를 쓰는 아동에게 떼를 쓰지 않는다는 조건으로 장난감을 사주면 아동의 떼쓰는 행동을 강화하게 되어 다시 반복될 것이다.

소거(extinction)는 행동을 강화하는 후속자극이 제시되지 않음으로써 행동이 사라지는 것을 의미한다. 스키너 실험에서 쥐의 레버 누르는 행동에 대해 더 이상 음식을 제공하지 않자 행동이 감소했다. 시험공부를 열심히 했는데 성적이 오르지 않으면 공부하는 행동이 약화될 것이다. 수업시간 발표에 대해 친구들이 관심을 두지 않거나 선생님의 칭찬이 없다면 더 이상 발표를 하지 않을 것이다.

처벌(punishment)은 행동에 대해 불쾌한 후속자극을 제시함으로써 행동을 감소시키는 것이다. 소거는 더 이상 후속적 변별자극을 제공하지 않음으로써 행동발생 비율을 낮추는 것이고, 처벌은 불쾌한 후속 변별자극을 제시하여 행동을 감소시키는 것이다. 스키너 실험에서 쥐의 레버를 누르는 행동에 대해 정전기 충격을 주어 행동을 감소시킨 것이 처벌이다.

(2) 강화와 처벌의 종류

강화에는 정적 강화(positive reinforcement)와 부적 강화(negative reinforcement)가 있다. 정적 강화는 행동발생 직후에 행동을 증가시키기 위해 칭찬, 인정, 심부름 값, 포상 등의 강화물을 제시(+)하는 것이다. 경찰관의 범인 검거에 대한 표창, 상품 구입에 대한 사은품, 학생의 질문에 대한 교사의 칭찬은 정적 강화의 예다. 반면에 부적 강화는 행동발생 직후, 정전기 충격, 비난, 벌 등 혐오자극을 제거함으로써 행동을 증가시키는 것이다. 가령, 운전자가 안전벨트를 착용하면 안전벨트 경고음이 중단되는 것, 일찍 귀가하여 어머니의 꾸중을 차단하는 것, 열심히 공부해서 낙제를 면하는 것 등은 부적강화의 예다. 이때 경고음, 꾸중, 낙제 등의 혐오자극은 부적 강화물이며, 불쾌한 자극이 제거됨(−)으로써 행동발생이 증가하기 때문에 '부적 강화'라고 한다.

처벌은 부적 강화와 자주 혼돈되지만 그 목적과 방법에 있어서 분명한 차이가 있다. 처벌의 목적은 행동발생을 감소시키기 위해 행동에 대해 혐오자극을 제시하는 것이고 부적 강화의 목적은 행동발생 비율을 증가시키기 위해 혐오자극을 제거하는 것이다. 처벌도 강화와 마찬가지로 '제시형 처벌'과 '박탈형 처벌'로 구분된다. 제시형 처벌은 혐오자극을 제시해서 행동발생 비율을 억제하거나 감소시키는 것이다. 소란스러운 행동에 대한 체벌, 지각에 대한 벌점, 법규 위반에 대한 사회봉사명령은 제시형 처벌이다. 박탈형 처벌은 자극을 제거하거나 빼앗아 행동발생 비율을 억제하거나 감소시키는 것으로 반응대가와 기회박탈이 있다. 반응대가(response cost)는 부적절한 행동에 대해 개인의 특권, 이득, 권리, 자유를 빼앗는 것이다. 가령 규칙을 위반한 학생에게 돈, 시간, 권리, 즐거움을 빼앗는 것으로 지각에 대한 벌금 부과, 졸업학점 미달에 대한 방학 반납, 음주 운전에 대한 범칙금 부과 등이 있다. 수업시간에 노트 필기를 하지 않은 학생에게 쉬는 시간에 노트 정리를 하도록 하여 자유, 즐거움을 빼앗음으로써 처벌할 수 있다. 기회박탈(time out)은 적절하지 못한 행동이 환호나 관심 등의 정적 강화를 받을 수 있는 기회 혹은 상황을 차단하는 것으로 일종의 '사회적 고립(social isolation)'이다. 기회박탈에는 격리 기회박탈과 비격리 기회박탈의 두 가지의 형태가 있다. 격리 기회박탈은 문제를 일으킨 사람을 강화자극이 있는 곳에서 일정 시간 동안 강화물이 없거나 적은 곳으로 격리하는 것이다. 소란을 피우며 친구를 괴롭히는 행동으로 주위로부터 관심과 주목을 받는 아동을 빈 교실로 보내서 5~10분 동안 관심 받지 못하도록 하는 것이 그 예다. 비격리 기회박탈은 다른 곳으로 격리시키지 않고 문제행동이 강화받지 못하도록 하는 것이다. 선생님과 학생들이 사전에 함께 약속을 하고 친구의 독특한 행동에 관심을 보이지 않는 것, 퀴즈게임에서 두 번 연속 오답을 했을 경우 다음 문제에 도전할 기회를 주지 않는 것은 비격리 기회박탈의 한 예다. 〈표 9-1〉은 강화와 처벌의 종류를 요약하여 제시한 것이다.

〈표 9-1〉 **강화와 처벌의 종류**

행동 / 자극	행동 장려	행동 억압
자극 제시(+)	정적 강화 (Positive Reinforcement)	제시형 처벌 (Type I Punishment)
자극 제거(-)	부적 강화 (Negative Reinforcement)	박탈형 처벌 (Type II Punishment)

(3) 강화계획

강화계획은 새로운 행동의 학습과 유지를 위해 후속자극을 제공하는 시간을 체계적으로 관리하는 것이다. 매번 강화를 받던 행동은 강화물이 제공되지 않는 소거과정에 들어가면 가끔 강화를 받던 행동보다 급격하게 감소하는 경향이 있다. 매번 강화물을 제공하는 계속강화보다 부분적으로 강화하는 부분강화 또는 간헐강화가 소거에 강하다. 혼자 등교할 때마다 보상을 주거나 독서할 때마다 칭찬을 제시함으로써 새로운 행동을 학습시킨 후에는 보상, 칭찬, 인정과 같은 후속자극이 제시되지 않아도 그 행동이 지속될 수 있도록 해야 한다. 강화계획에는 계속강화계획과 간헐강화계획이 있다.

계속강화계획(continuous reinforcement schedule)은 행동이 발생할 때마다 강화물을 제시하는 것이다. 행동이 발생할 때마다 후속자극을 제시하는 계속강화는 새로운 행동을 학습시킬 때 효과적이다. 스키너 실험에서 쥐의 레버를 누르는 행동을 학습시키기 위해 매번 먹이로 행동을 강화해야 한다. 취침 전 양치질을 할 때마다 칭찬하기, 독서할 때마다 관심과 지지 보내기는 계속강화를 통해 새로운 행동을 학습시키는 것이다. 그러나 계속강화는 소거에 매우 약하기 때문에 매번 칭찬과 관심을 받던 행동은 더 이상 관심이 주어지지 않으면 쉽게 중단되기 쉽다. 새로운 행동을 효과적으로 학습시키는 것뿐 아니라 학습한 행동을 습관화할 수 있도록 체계적으로 강화해야 한다.

간헐강화계획(inermittent reinforcement schedule)은 행동에 대해 부분적으로 강화물을 제공하는 것으로 부분강화계획이라고도 한다. 행동의 유지 또는 지속을 위해 선택적으로 강화하는 방법이다. 즉, 행동이 발생한 뒤에 선택적으로 강화를 하거나 때에 따라서 강화를 하지 않는 것이다. 간헐강화의 목적은 강화하지 않아도 바람직한 행동이 지속될 수 있도록 하는 것이다. 간헐강화는 시간(time) 단위의 주기강화계획과 행동반응(ratio) 단위의 비율강화계획으로 구분된다. 주기강화계획은 고정시간 단위의 고정간격 강화계획인 정기강화와 변동시간 단위의 변동간격 강화계획인 부정기강화가 있다. 비율강화계획은 고정된 반응비율 단위의 정률강화계획인 정률강화와 변동되는 반응비율 단위의 부정률강화계획인 부정률강화로 구분한다.

정기강화(Fixed Interval reinforcement: FI)는 일정한 시간 간격을 두고 강화물을 제시하는 것으로 한 강화와 다음 강화 사이의 간격이 일정하다. 강화물이 제공되는 시간의 간격이 고정되어 있기 때문에 행동발생과 관계없이 일정한 시간 간격을 두고 강화하는 것이다. 50분 수업 후 10분 휴식, 5일 근무 후 2일 휴무 등은 정기강화의 예다. 강화의 시간 간격이 일정하기 때문에 강화시간 단위 초기에는 반응이 약하거나 나타나지 않지만 강화시간이 가까워지면 강화물에 대한 기대로 반응이 증가한다. 휴일이 다가오는 목요일이나 금요일은 업무효율이 높아지고 휴일 직후인 월요일에는 업무효율이 떨어지는 '월요병'을 앓는 것이 바로 이러한 예다. 이처럼 반응이 강화받기 직전에는 증가되고 강화받은 후에는 급격하게 떨어진다. 이것을 열이 빨리 전달되고 동시에 빨리 식는 양은 냄비의 특성에 비유해서 냄비효과(scallop effect)라고 부른다. 토요일, 일요일 다음 날인 월요일은 주말까지 많은 시간을 기다려야 하기 때문에 일의 능률이 오르지 않는다. 그러나 주말에 가까운 목요일, 금요일은 피로가 누적되었지만 일의 능률이 오른다. 이처럼 정기강화는 소거에 약하고 행동을 일정한 수준으로 유지시키기 어려운 단점이 있다.

부정기강화(Variable Interval reinforcement: VI)는 강화물을 제시하는 시간 단위를 변화시키는 방법으로, 한 강화물을 제시한 후 다음 강화물을 제시하기까지의 시간 간격이 변한다. 일주일에 쉴 수 있는 이틀간의 휴일을 임의로 상황에 따라 바꾸는 것이다. 또한 월, 수, 금요일 도서관 방문자에게 커피 쿠폰을 제공하는 행사를 요일을 정하지 않고 임의로 일주일에 세 번 쿠폰을 제공하는 것도 부정기강화다. 이렇게 정기강화를 부정기강화로 바꾸면 월, 수, 금요일에 몰리는 도서관 방문이 평일에 일정하게 유지될 수 있다. 정기강화와 부정기강화는 강화물을 제공하는 시간 단위는 서로 다르지만 제시되는 강화의 수는 같을 수 있다.

정률강화(Fixed Ratio reinforcement: FR)는 일정한 행동 반응단위에 근거해 강화하는 것으로 몇 번째 반응을 강화할 것인지를 결정해야 한다. 가령 5회의 반응단위로 강화한다면 5, 10, 15, 20, 25번째에 발생한 행동에 강화물을 제시하는 것이다. 정률강화는 일정한 반응이 누적되어야 강화를 받을 수 있기 때문에 반응을 많이 할수록 더 많은 강화를 받을 수 있다. 정률강화는 반응의 누적에 따라 강화되기 때문에 동일한 시간이라도 각 개인이 받는 강화 기회는 다를 수 있다. 옷 단추를 꿰매는 일을 할 때 완성된 작업량에 따라 일당을 지급하는 것이나 피아노곡을 20번 연습한 뒤에 휴식을 갖는 것은 정률강화의 예다. 그런데 정률강화의 경우도 강화물이 제시되고 나면 반응률이 급격하게 떨어질 수 있다. 가령 피아노 레슨을 할 때 10회 단위로 연습하고 휴식을 갖도록 하는 경우, 처음 1회 피아노 연습은 마지못해 시작하고 9, 10회째 연습은 휴식 시간이 다가왔기 때문에 적극적으로 수행할 수 있다.

부정률강화(Variable Ratio reinforcement: VR)는 강화할 반응비율 단위를 다양하게 변동시켜 강화하는 방법으로, 강화를 받을 시기를 예측하기 어렵다. 몇 번째 행동이 강화받을지를 전혀 예측할 수 없기 때문에 행동 반응률을 일정하게 유지하도록 하며 강화를 받은 직후에도 행동수준이 떨어지지 않는다. 몇 번째의 로또 구매 행동이 당첨으로 강화될 수 있을지에 대해 확신할 수 없고 당첨되지 않아도 계속해서 구매한다. 로또를 구매하는 사람은 당첨 가능성이 희박해도 당첨될 수 있다는 기대를 가지고 평생 동안 로또 구매를 계속하기도 한다. 부정률강화는 높은 행동발생 비율을 유지시키고 소거에도 강하다. 즉각적인 보상이 결코 주어지지 않아도 언젠가 대박의 행운이 올 것이라고 기대하며 지속하는 복권 구입, 도박은 부정률강화의 예다.

〈표 9-2〉 **간헐강화의 종류**

구분 \ 강화단위	시간(주기강화)	반응비율(비율강화)
고정	정기강화 (Fixed Interval Reinforcement: FI)	정률강화 (Fixed Ratio Reinforcement: FR)
변화	부정기강화 (Variable Interval Reinforcement: VI)	부정률강화 (Variable Ratio Reinforcement: VR)

3. 행동수정

행동수정(behavior modification)은 행동주의 학습이론을 적용하여 행동을 체계적으로 변화시키는 방법이다. 행동수정에 적용되고 있는 대표적인 행동주의 학습이론이 I. V. Pavlov의 고전적 조건화와 B. F. Skinner의 조작 조건화다. 다음은 이 두 이론에 기초한 행동수정의 상담전략들이다.

1) 고전적 조건화에 기초한 행동수정

(1) 단계적 둔감법

단계적 둔감법(systematic desensitization)은 두려움이나 불안, 공포와 같은 정서적 문제를 해결하는 데 효과적인 방법으로 학습된 불안이나 공포를 역조건화(counterconditioning)하는 방법이다. 즉, 불안과 같은 긴장된 정서와 연합된 대상, 장면, 상황을 불안과 양립할 수 없는 정서적 반응(편안함, 즐거움)과 다시 연합시키는 것이다. 이것은 긴장이나 불안이 유발될 때 이와 반대되는 정서를 유발하여 불안을 감소시키는 역제지의 방법이다. 역제지(reciprocal inhibition)는 불안반응과 안정반응이 동시에 발생할 수 없기 때문에 안정반응을 일으켜 불안반응을 억제시키는 방법이다. 가령, 면접시험 대기실에서 느끼는 긴장과 불안은 재미있고 편안했던 장면을 떠올림으로써 감소될 수 있다. 긴장된 상황에서 콧노래를 부르거나 심호흡을 하면 불안이 완화되기도 한다.

단계적 둔감법은 이완훈련, 불안위계 작성, 단계적 둔감의 순서로 진행된다. 불안과 두려움을 느낄 때 근육은 긴장되며, 안정된 상황에서는 이와 반대로 근육이 이완되기 때문에 긴장상태를 근육이완을 통해 역제지한다.

첫째, 이완훈련은 근육의 긴장과 이완 상태를 경험하면서 내담자가 충분히 신체적 이완을 할 수 있게 해야 한다. 팔, 얼굴, 목, 어깨, 가슴으로부터 허벅지, 정강이의 신체 각 부위를 충분히 이완할 수 있어야 한다.

둘째, 불안위계 작성은 불안을 일으키는 상황이나 장면을 불안을 느끼는 강도에 따라 순서적으로 목록을 작성하는 것이다. 불안위계를 0에서부터 100까지 평가한다면 가장 불안이 높은 불안은 '100'이고 '0'은 전혀 불안을 느끼지 않는 것이다.

셋째, 단계적 둔감은 충분한 이완 상태에서 불안을 야기하는 장면이나 상황에 직면하는 것이다. 완전히 이완된 상태에서 불안위계에 따라 가장 낮은 수준의 불안장면부터 상상하게 하고, 이 장면에 대한 불안 정도를 확인하여 불안 정도가 '0'이 될 때까지 반복한다.

① 이완훈련

이완훈련의 일반적인 형식은 몸의 긴장을 완화하는 방법이다. 몸이 굳어지거나 목이 뻣뻣해지는 근육의 긴장은 불안 또는 스트레스를 과도하게 느낄 때 나타난다. 이완훈련은 내담자가 근육의 긴장과 이완 상태를 인식하도록 하고 자기지시나 단서를 통해 이완시킴으로써 불안을 감소시키는 방법이다.

이완훈련은 일반화된 불안과 스트레스, 두통, 신체적 고통, 불면증 등 다양한 상황에 적용되며 훈련 절차는 근육의 긴장과 이완을 반복하면서 몸의 긴장 상태와 이완 상태를 인식하도록 한다. 이완훈련을 실시할 때는 집중할 수 있는 조용하고 안락한 주변 환경이 필요하다. 이때 환경은 산란한 빛, 소음, 간섭이 없는 조용한 환경, 편안히 누울 수 있는 긴 의자와 안락의자, 등을 댈 수 있는 푹신한 바닥, 마음을 안정시키는 명상 음악 등이다. 또한 상담자도 내담자의 마음을 가라앉힐 수 있도록 침착하면서 조용한 음성으로 안내해야 한다.

이완훈련의 일반적인 절차

1. 근육을 긴장시키고 이완시키는 훈련: 10~15초 실행하다가 10~15초 멈추는 것을 반복하여 근육을 긴장시키고 이완시킴(전체 절차는 20~30분 정도 소요)
2. 긴장감과 이완감을 알아차리는 훈련
3. 긴장감을 풀어 주도록 스스로 암시함으로써 이완을 유도하는 훈련
4. 앞의 절차에 대한 반복적인 연습

근육이완훈련

- **오른팔:** 오른팔에 마음과 생각을 집중해 보세요. 특히 오른손에 집중하세요. 오른팔에 힘을 꽉 쥐어 보세요. 오른손과 오른팔의 긴장감을 느껴 보세요(멈춤).
  오른손을 풀어 주고 의자에 걸쳐 두세요(멈춤). 그리고 긴장과 이완의 차이를 느껴 보세요(10초 멈춤).
- **왼팔:** 왼팔에 힘을 주세요. 긴장감에 집중하세요(5초 멈춤). 풀어 주세요. 긴장과 이완의 차이를 느껴 보세요(10초 멈춤).
- **양손:** 손등과 팔목의 근육을 긴장시키기 위해서 양손의 손목을 꺾으세요. 손가락을 천장으로 향하게 하세요. 긴장감을 느껴 보세요. 풀어 주세요(멈춤). 긴장과 이완의 차이를 느껴 보세요(10초 멈춤).
  다시 양손 주먹을 꽉 쥐고 양 어깨 가까이로 가져가세요. 이렇게 하면 팔 윗부분의 근육인 이두박근이 긴장됩니다. 긴장감을 느껴 보세요(멈춤). 풀어 주세요. 팔을 허리 옆에 내려놓으세요. 긴장과 이완의 차이를 느껴 보세요(10초 멈춤).
- **어깨:** 어깨 부분에 집중하고 어깨에 힘껏 힘을 주어 귀에 가까워지도록 올려 보세요. 어깨의 긴장감을 느껴 보세요. 어깨를 풀어 주세요. 어깨의 긴장과 이완을 느껴 보세요.
- **얼굴 근육**(이마와 눈썹): 얼굴의 여러 근육을 이완시키는 작업을 할 차례입니다. 우선 이마와 눈썹을 찡그리세요. 당신의 눈썹에 주름이 생긴다는 느낌이 들 때까지 해 보세요(멈춤). 이제 풀어 주세요. 이마를 부드럽게 하고 편안함을 느껴 보세요(10초 멈춤).
  눈에 힘을 주고 꼭 감으세요. 눈 주위에 긴장감이 느껴지세요(5초 멈춤)? 이제 풀어 주세요. 긴장과 이완을 구별하는 데 주목하세요(10초 멈춤).
- **턱:** 이를 꽉 물어서 턱에 힘을 주세요. 턱을 앞으로 당기세요. 턱의 긴장감을 느껴 보세요(5초 멈춤). 이제 풀어 주세요. 긴장과 이완을 구별할 수 있

겠어요(10초 멈춤)?

- **입술:** 입술을 모아 힘을 주세요. 그러면서 입 주위의 긴장감에 주목하세요(멈춤). 이제 풀어 주세요. 입과 얼굴 전체의 이완을 느껴 보세요(멈춤).
- **목:** 목 근육으로 주의를 옮기겠습니다. 의자에 기대어 머리를 뒤로 미세요. 목의 긴장감이 느껴지세요? 긴장감을 느껴 보세요. 이제 머리를 편안히 하세요. 구별하세요. 이완을 유지하세요(멈춤).
  목에 계속 집중할 것입니다. 턱과 가슴이 맞닿을 듯이 턱을 가슴 쪽으로 당겨 보세요. 목 앞부분의 간장감에 주목하세요. 이제 풀어 주고 편히 쉬세요.
- **등:** 이제 등 윗부분으로 주의를 옮길 것입니다. 등을 가슴과 배를 부풀리는 것처럼 아치형으로 해 보세요. 등에 긴장감이 느껴지세요? 긴장감을 느껴 보세요(멈춤). 이제 풀어 주세요. 긴장과 이완을 구별하세요.
- **가슴:** 이제 숨을 깊게 쉬세요. 당신의 폐를 가득 채우고 멈추세요. 가슴과 배의 긴장감을 느껴 보세요(멈춤). 이제 풀어 주고 쉬세요. 숨을 편히 쉬세요. 편한 감각을 느껴 보세요(10초 멈춤).
- **배:** 이제 배에 주의를 주세요. 복근에 힘을 주세요. 긴장감을 느껴 보세요. 이제 풀어 주세요(10초 멈춤). 등과 가슴처럼 배가 이완되나요(근육 비교)?
- **엉덩이:** 엉덩이 부분에 집중합니다. 엉덩이 부분을 꽉 조이고 긴장을 느껴 보세요. 이제 풀고 쉬세요(10초 멈춤).
- **다리:** 다리에 집중합니다. 양다리를 뻗으세요. 허벅지의 긴장감을 느껴 보세요(5초 멈춤). 이제 푸세요. 허벅지의 긴장과 이완을 구별해 보세요(10초 멈춤).
- **종아리와 발:** 이제 종아리와 발에 집중하세요. 발가락을 발등 방향으로 당겨서 종아리 근육에 힘을 주세요. 발가락을 당기세요. 긴장감을 느껴 보세요(멈춤). 이완하세요. 다리를 편히 쉬게 하세요. 긴장과 이완을 구별해 보세요(10초 멈춤).
- **정리:** 이제 각 몸의 상태를 다시 짚어 보려고 합니다. 제가 몸의 부위를 말하면 그 부위에 마음을 집중하세요. 어떤 긴장이 느껴지면 긴장을 풀라고

> 마음으로 말해 보세요(암시). 당신 몸 중에서 아직 남아 있는 긴장감에 집중해 보세요. 우선 발, 발목, 종아리의 근육을 편안하게 하세요(멈춤). 이제 무릎과 허벅지로 옮깁니다(멈춤). 엉덩이를 편안하게 하세요(멈춤). 몸 아래쪽을 편하게 하세요(멈춤). 배, 허리, 등을 편안하게 하세요(멈춤). 등, 가슴, 어깨를 편안하게 하세요(멈춤). 몸의 전체 근육을 편안하게 하세요(멈춤). 당신 몸의 모든 긴장을 푸세요(멈춤). 이제 눈을 감고 몸 전체를 편안하게 하세요.

이제 0~5의 척도를 생각하세요. 0은 완전히 이완된 것이고, 5는 극도의 긴장감입니다. 이제 당신의 상태를 수치로 말해 보세요.

② 불안위계 작성

불안위계 작성은 불안을 일으키는 상황이나 장면을 여러 자극 단계로 나누어 불안을 유발하는 강도에 따라 순서대로 나열하는 것이다. 우선, 불안반응을 일으키는 다양한 자극을 확인하고 각 자극을 구별하여 목록 카드에 기록한다. 내담자가 느끼는 불안의 강도에 따라 각 목록 카드를 위계적으로 배열하여 불안을 유발하는 자극의 위계 구조(hierarchy construction)를 설정한다. 이때 내담자는 기록된 카드를 비교하여 가장 낮은 수준의 불안 유발 항목부터 가장 높은 수준의 불안 유발 항목까지 순서를 정하면서 각 카드에 불안 유발 점수를 기록한다. 불안이 아주 낮은 '0' 수준에서 매우 높은 수준인 '100'까지를 표시하고 각 항목을 서로 비교하여 순서대로 배열한다. 주의할 점은 위계 순서에서 인접한 두 항목 간의 점수 차이가 10점 이상 날 때에는 새로운 항목을 추가해야 한다는 것이다. 예를 들어, 시험 불안을 가지고 있다면, 집에서 혼자 문제 풀기, 학원의 모의시험, 학교의 중간시험, 기말시험, 수능시험, 대학 입시 등 시험 장면에 대해 개인이 느끼는 불안 정도는 다르다. 발표에 대한 두려움도 친구, 학과, 학회, 낯선 모임에 따라 불안 정도가 다르다. 가령, 비행기 탑승에 대한 불안을 가지고 있는 경우 공항버스 타는 것, 공항 대합실에 있는 것, 발권하는 것, 탑승 수속하는 것,

비행기 좌석에 앉아 있는 것 등의 순서로 불안위계가 작성될 수 있다.

③ 단계적 둔감화

충분한 이완훈련이 이루어지고 불안위계 목록이 작성되면 단계적 둔감화를 시작한다. 단계적 둔감화 절차는 근육이완과 함께 불안위계 목록에서 불안의 정도가 제일 낮은 장면부터 점차 높은 자극 장면을 내담자가 심상을 통해 떠올리도록 하는데, 각 수준의 불안의 강도가 0이 될 때까지 수차례 반복해야 한다. 낮은 수준의 불안이 완전히 사라져서 0이 되면 다음 수준의 불안자극을 내담자가 심상화하는 절차를 반복한다. 단계적 둔감화는 내담자가 겪는 불안의 강도에 따라 평균 10~30회기로 진행된다.

다음은 불안상황과 근육이완을 연합시키는 과정이다. 불안자극의 위계가 결정되고 이완훈련이 이루어지면 불안상황과 근육이완의 두 자극을 연합시키는 단계적 둔감화 절차가 다음과 같이 진행된다.

첫째, 상담자는 내담자가 불안을 느낄 때 손가락을 올리는 형태로 상담자에게 신호를 보내도록 한다. 둘째, 내담자를 편안하게 이완시킨다. 셋째, 내담자가 깊게 이완되었을 때 상담자는 내담자에게 자극 위계의 첫 번째 항목을 실제 경험하는 것처럼 상상하도록 요구한다. 이때 상담자는 불안한 자극 상황을 잘 묘사함으로써 내담자가 실제 상황처럼 상상하도록 한다. 처음에는 약 10초 동안 장면을 상상하게 하고 이 시간 동안 불안신호를 보내지 않을 경우에 상담자는 멈추라는 지시를 한 후 이완이나 즐거운 상상을 하도록 지시한다. 넷째, 상담자는 같은 위계 항목을 다시 제시한다. 두 번째 제시의 노출 시간은 약 30초로 늘린다. 또한 같은 장면의 두 번째 제시 때는 첫 번째 제시 때보다 내용이 구체적이어야 한다. 다섯째, 2회의 제시에서 어떤 불안도 나타나지 않는다면 상담자는 다음 위계 항목으로 이동한다. 보통 한 위계 항목을 2회 연속적으로 제시했을 때 불안을 느끼지 않는다면 그 상황에 대한 불안은 사라졌다고 할 수 있다. 그러나 매우 심한 불안을 일으키는 불안수준 위계가 높은 항목은 3회의 연속적인 반복이 필요하다.

만약 한 항목에서 내담자가 불안을 일으킨다면 상담자는 상상을 중단시키고 대신에 이완하게 하거나 즐거운 장면을 상상하게 한다. 내담자가 충분히 이완되면 같은 장면을 다시 제시한다. 다음의 사례는 초등학생의 학교 불안과 등교 거부에 단계적 둔감화를 적용한 사례다.

단계적 둔감화의 사례

9세의 초등학생인 영희는 최근 들어 학교에 가기를 무척 싫어하고 있다. 한 달 전에 선생님에게 집에 보내 달라고 조르는 행동을 보이기 시작하면서 지난 2주 동안 아침 등교시간에 몸이 아프다고 하며 등교를 거부하였다.

영희의 등교 거부에 대한 이유는 정확하지 않지만 학교가 싫어졌으며, 학교에 있으면 불안해져서 집에 가고 싶은 마음뿐이라고 했다. 현재 등교 거부를 하면서 집에 있는 영희의 행동은 학습된 상태이고, 학교와 관련된 것들에 대해 불안을 느끼면서 회피하고 있다. 상담자는 단계적 둔감화를 사용하여 학교에 대한 불안을 줄이고자 하였다.

상담자는 우선 영희에게 이완훈련을 시켰고, 이완훈련을 성공적으로 마친 뒤에 학교와 관련된 불안상황들을 논의했다. 영희가 초등학생이기 때문에 상담자는 쉬운 표현을 통해 영희의 불안상황에 대해 질문하였다. 따라서 '불안'이라는 단어를 사용하는 대신에 "학교에서 영희를 괴롭히고 아프게 하는 일이 무엇이니?"와 같은 표현을 사용하여 질문하였다. 다음은 영희의 불안상황을 불안의 정도에 따라 위계 항목으로 기술한 것이다.

항목1. 금요일 밤, 주말 동안에 학교에 가지 않아도 되지만, 이틀이 지나면 다시 학교에 가야 한다.
항목2. 토요일, 숙제를 시작하고 월요일에 학교 갈 생각을 한다.
항목3. 일요일 밤, 주말이 끝나 가는 것이 싫다. 배가 아파 오기 시작한다.
항목4. 월요일 아침, 몸이 아프다. 학교 가기 싫다.
항목5. 아침 시간이지만 배가 고프지 않다. 줄곧 배 아픈 생각만 하고, 집에 있고 싶다는 생각만 했다.

항목6. 엄마는 학교에 가기 위해 옷을 입으라고 말한다. 아주 천천히 옷을 입는다. 배가 몹시 아프고 심장이 뛰기 시작한다.

항목7. 이제 학교 갈 시간이다. 책과 공책을 챙겨야 한다. 심장이 마구 뛴다.

항목8. 아빠가 차에 시동을 건다. 그 소리를 듣는다. 가기 싫다. 침대에 달려가서 눕는다.

항목9. 차에 올라탄다. 줄곧 무서운 생각만 한다. 울기 시작했고 울음을 그칠 수 없다.

이완훈련과 불안위계 목록이 완성되면, 가장 낮은 수준의 불안상황을 떠올리면서 근육이완을 하는 단계적 둔감화의 실제 작업을 시작한다.

- 단계적 둔감화 1회기: 상담자는 내담자에게 불안장면을 상상하다가 불안을 느끼면 손가락으로 신호를 보내라고 지시하고 근육이완을 15분간 실시했다. 상담자는 영희에게 근육이완을 실시하고 있는 동안 가장 낮은 수준의 불안상황을 떠올리라고 했고 영희는 15초 후에 불안을 느끼고 있다는 신호를 보냈다. 상담자는 다시 근육이완을 30분간 실시하면서 동일 수준의 불안장면을 떠올리게 했는데 이번에는 15초 동안 신호를 보내지 않았다. 다음 근육이완 실시에서는 50초 동안 신호를 보내지 않았는데 상담자는 각 불안 자극항목이 적힌 카드에 불안을 경험하는 데 걸린 시간을 기록했다(예: 항목#1=-15+15+50).

- 단계적 둔감화 2회기: 근육이완을 실시하고 첫 번째 불안 항목을 제시하였는데, 연속된 두 번의 제시에도 불안 신호를 보내지 않아서 상담자는 다음 수준의 불안상황을 제시했다. 영희는 20초 후에 불안 신호를 보냈고 다음 두 번의 근육이완 실시에서는 50초 동안 신호를 보내지 않았다(예: 항목#2=-20+50+50).

- 단계적 둔감화 3회기: 상담자는 세 번째 불안상황을 제시했고 영희는 10초, 20초에 신호를 보냈으며, 다음 두 번의 시도에서는 50초 동안 신호를 보내지 않았다(예: 항목#3=-10-20+50+50).

이러한 단계적 둔감화는 12회 실시되었는데, 이후 영희는 가끔 학교에 가기 싫다고 했지만 등교시간에 앓던 배앓이는 없어졌다. 담임선생님은 영희가 활기차게 학교생활을 하지 못할 때도 있지만 등교하는 것을 두려워하거나 회피하지는 않는다고 했다.

(2) 주장반응

주장반응(assertive response)은 대인관계에서의 불안을 제거하는 방법으로 상대방의 권리를 침해하지 않고 불쾌하지 않은 범위 내에서 자신의 권리, 욕구, 의견, 생각, 느낌을 그대로 표현하도록 함으로써 불안을 역제지하는 것이다. 강압적인 부모 앞에서 늘 긴장하고 순종하며 자신의 생각을 표현하지 못하거나 권위적인 직장상사가 두려워서 회의 때 말을 더듬는 경우도 있다. 상대방에게 자신의 의견이나 생각을 표현하지 못하면 이들과의 대인관계에서 불안이 더욱 커진다. 주장반응법은 이런 경우에 단호하지만 상대방에게 불쾌감을 주지 않는 범위에서 자기주장을 하게 함으로써 불안을 억제하는 방법이다. 가령, 부하직원을 늘 무시하는 직장상사의 양복에 있는 머리카락을 지적하며 떼어 주거나 상사의 지시에 호응하는 말을 표현하는 방법 등이다. 그러나 불안을 유발하는 사람 앞에서는 사소하고 간단한 말을 하는 것도 어렵기 때문에 자기주장 표현에 대한 체계적인 훈련과 연습이 필요하다.

여기서 주의해야 할 것은, 첫째, 주장반응과 공격반응을 정확하게 구분하고 주장반응을 훈련하는 것이다. 즉, 언어표현을 주장성, 공격성, 비주장성의 기준에 따라 분석하고 주장적 표현과 함께 효과적인 언어, 동작, 표정을 훈련해야 한다. 둘째, 내담자와 상담자의 역할 연기를 통해 실제 상황에서 효과적으로 자기를 표현하고 주장할 수 있도록 연습한다.

(3) 혐오기법

혐오기법(aversive method)은 부정적인 행동에 대해 혐오자극을 제시하여 부정적 반응과 '쾌' 자극의 연결을 끊는 것이다. 가령, 유쾌하고 편안한 기분과 결합된 술에 혐오자극인 구토제를 넣으면 구토의 괴로움과 술이 결합되면서 술을 즐기던 사람이 구토의 괴로움 때문에 술을 싫어하게 된다. 즐거운 자극이었던 술과 구토의 괴로움을 유발하는 무조건 자극인 구토제를 연합시켜서 술이 구토의 괴로움을 유발하는 조건 자극이 된다. 결국 술과 '쾌' 반응의 조건화가 해지되는 해제조건화(de-conditioning)가 형성된 것이다. 겨울철에 자동차 문을 열 때 정전기가 발생하는 불쾌한 경험을 반복하면 자동차 문에 손이 닿는 것을 꺼리게 되는데, 이것도 일종의 혐오기법이다. 고도 비만의 내담자에게 아주 불쾌하고 지저분한 식사행동에 대한 심상을 하게 함으로써 먹는 행동을 불쾌한 자극과 연결시키기도 한다.

혐오기법은 주로 알코올중독, 흡연, 약물중독, 강박증, 도박, 동성애 등의 부적응 행동에 대해 혐오자극을 제시하여 행동을 억제시키는 데 효과적이다. 부정적인 행동에 대해 제시하는 혐오자극은 다양하다. 첫째, 심리적 혐오자극은 불쾌한 상황이나 장면에 대한 심상을 통해 혐오자극을 제시하는 것으로, 고도 비만 내담자에게 더러운 식사장면을 심상하게 하는 것과 같은 방법이다. 둘째, 물리적 혐오자극은 내담자에게 불쾌자극을 제시하는 것인데, 도박을 할 때 상품이 나오기까지 150회의 가벼운 전기쇼크를 주는 방법이다. 셋째, 화학적 혐오자극은 화학적 효과를 이용하여 혐오자극을 제시하는 것으로 알코올중독을 치료하기 위해 구토제를 술에 넣는 등의 방법이다.

(4) 부정적 연습법

부정적 연습법(negative practice)은 한 가지 반응을 반복하게 하여 신체적 피로감이나 심리적 싫증을 느끼게 함으로써 행동을 감소시키는 방법이다. 신체적 피로나 싫증은 일종의 혐오자극이기 때문에 이 자극과 연합되는 부정적인 행동은 감소될 수 있다. 가령, 아이스크림을 좋아하는 사람에게 건강에 해롭다고 강제로 금지시키면 더욱 먹고 싶을 것이다. 이때 부정적 연습법은 건강에 문제가 되지 않는 범위에서 아이스크림을 실컷 먹게 함으로써 싫증을 느껴 더 이상 먹지 않도록 하는 것이다. 자주 결석하고 이유 없이 빈둥거리는 학생이 방학 동안 아무것도 하지 않고 맘껏 놀기만 하다 보면 오히려 지루하고 심심해져서 노는 행동을 중단할 수도 있다. 다리 흔들기, 눈 깜빡이기, 코를 킁킁거리기 등의 틱 현상을 억제하는 데 부정적 연습법이 자주 사용된다. 다리를 흔드는 틱 행동을 다리가 아플 때까지 계속해서 의식적으로 반복하도록 강요함으로써 감소시킬 수 있다.

2) 조작 조건화에 기초한 행동수정

(1) 강화와 프리맥의 원리

행동을 변화시키는 행동수정 방법 중에 가장 기본적인 방법이 바로 '강화'다. 내담자의 바람직한 행동에 초점을 맞추어 강화하는 것은 긍정적인 행동을 증가시키는 데 효과적이다. 그런데 칭찬, 인정, 격려 및 물질적 보상 등이 모든 내담자에게 강화물로서 동일한 효과를 가지고 있는 것은 아니다. 강화물의 효과는 내담자에 따라 다를 수 있기 때문에 내담자에게 효과적인 강화물을 선택하는 것이 중요하다.

내담자가 선호하는 활동을 강화물로 사용해서 어떤 특정 행동을 강화하는 방법이 프리맥(Premack)의 원리다. 내담자에게는 발생빈도가 낮은 행동과 발생빈도가 높은 행동이 있다. 가령, 공부, 청소, 심부름과 같은 발생빈도가 낮은 행동은 내담자가 싫어하지만 증가시켜야 할 활동들이다. 반면에 발생빈도가 높은 행동인 컴퓨터 게임, 만화책 보기, TV 보기, 친구와 놀기, 그림 그리기 등은 내담자가 자발적으로 선택하며 즐긴다. 프리맥의 원리는 내담자의 선호행동인 발생빈도가 높은 행동을 강화물로 제시하여 내담자가 선호하지 않는 발생빈도가 낮은 행동을 강화하는 방법이다. 가령, 방과 후 집에 돌아와 학교과제를 먼저 하면 30분 동안 컴퓨터 게임을 할 수 있도록 허락함으로써 과제 수행 행동을 강화하는 것이다. 강화물 목록은 내담자가 선호하는 활동 순으로 작성하고 먼저 덜 선호하는 행동을 수행하게 한 후에 선호행동을 강화물로 제시한다. 어린 아동의 경우, 교사의 지시에 따른다면 그림 그리기, 장난감 가지고 놀기, 마음대로 뛰기 등 아동이 좋아하는 활동을 할 수 있게 하는 것으로 보상할 수 있다. 1시간 독서 후 음악 듣기, 과제물 마감 후 영화 보기, 시험공부를 끝낸 뒤 친구에게 전화하기 등은 선호하며 즐기는 행동을 강화물로 사용해서 덜 선호하는 활동을 할 수 있게 강화하는 것이다.

프리맥의 원리를 적용하려면 우선 내담자의 활동목록을 작성하여 가장 발생빈도가 높은 선호행동을 찾아야 한다. 〈표 9-3〉은 내담자가 가장 선호하는 행동목록을 작성하는 질문지의 예다.

〈표 9-3〉 **선호행동목록 작성**

하고 싶은 활동은 무엇입니까?
이름: ______________ 학년: ______________ 날짜: ______________ 다음 질문에 솔직하게 답해 주세요.
1. 가장 좋아하는 교과목은? 2. 학교에서 가장 하고 싶은 세 가지는? 3. 학교에서 매일 30분간 자유 시간을 준다면 가장 하고 싶은 활동은? 4. 가장 좋아하는 과자는? 5. 휴식시간에 하고 싶은 세 가지는? 6. 만 원이 있다면 사고 싶은 것은? 7. 학급에서 맡고 싶은 세 가지 역할은? 8. 학교에서 함께 작업하고 싶은 두 사람은? 9. 집에서 즐기고 있는 활동 세 가지는?

(2) 2차 강화와 토큰 시스템

Skinner의 실험에서는 레버를 누르는 쥐의 행동을 먹이로 강화하였는데, 이때 먹이를 공급할 때마다 작동하는 기계소리가 났다. 그리고 두 번째 과정에서 음식을 주지 않는 소거를 실시한 결과, 쥐의 레버 누르는 행동이 감소되었다. 세 번째 과정에서는 먹이를 제공하지 않고 기계소리만 들려주었는데 레버 누르는 행동이 증가했다. 여기서 기계소리는 일종의 강화물의 역할을 했는데 이것은 먹이가 제공될 때 기계소리가 함께 들리면서 먹이와 강하게 연합되었기 때문이다. 이때 먹이는 처음부터 강화물의 성격을 가지고 있었던 1차 강화물이고 기계소리는 '2차 강화물'이다. 2차 강화물은 원래는 강화하는 기능은 없었지만 1차 강화물과 반복적으로 연합되면서 강화물의 성격을 갖게 된 것이다. 2차 강화는 이런 2차 강화물을 통해 행동을 증가시키는 방법이다.

토큰(token)은 1차 강화물과 교환될 수 있는 2차 강화물을 의미한다. 가령, 도박게임의 칩, 커피전문점의 쿠폰, 선행에 대한 스마일 스티커는 바로 토큰의 예다. 이것은 직접적인 강화의 효과는 없지만 일정량을 누적한 뒤 1차 강화물과 교환할 수 있기 때문에 강화물의 역할을 한다. 마트에서 물건을 사면 쿠폰을 주는데 일정량의 쿠폰을 모으면 휴지, 세제 등의 필요한 물건으로 교환할 수 있다. 이 쿠폰이 바로 구매행동을 강화하는 2차 강화물로, 1차 강화물과 교환할 수 있어서 유가증권의 가치가 있다. 이렇게 행동을 강화하기 위해 유가증권(토큰)을 사용하는 방법이 토큰 시스템(token system)이다.

(3) 행동조성

복잡한 행동들은 여러 단계의 강화를 통해 순차적으로 학습해야 한다. 행동조성(shaping)은 학습해야 할 최종의 목표행동에 도달하기 위해 순차적이고 단계적으로 학습하는 방법이다. 수영에서 자유형은 기초적인 각 동작을 단계별로 충분히 연습하면서 완성되어 간다. 조성은 학습할 목표행동을 여러 단계의 하위 행동으로 나누어 각 단계의 행동들을 순차적으로 강화하면서 결국 최종 목표행동을 강화하는 방법이다. 처음에는 목표행동과 관련된 간단한 행동만을 강화하지만 강화할 행동수준을 단계적으로 높여 가면서 결국 최종의 복잡한 행동을 학습시킨다.

행동조성에는 차별적 강화(differential reinforcement)와 점진적 접근(successive approximation)의 요소가 있다. 차별적 강화는 강화해야 할 행동과 강화하지 않을 행동을 정확하게 구분하여 강화하는 것이며, 점진적 접근은 차별적 강화를 하면서 목표행동에 점차적으로 접근해 가는 행동을 강화하는 것이다. 가령, 강아지에게 쓰레기통 페달을 밟는 행동을 훈련시키기 위해 처음에는 쓰레기통 주위에 머무르는 행동만을 강화하고 이 외의 행동은 강화하지 않는 것이 차별적 강화다. 그리고 다음 단계에서는 쓰레기통에 접근하는 행동을 강화하고 주위에 머무르는 행동은 강화하지 않았는데, 앞 단계의 행동이 습득되면 이 행동에 대한 강화물을 중단하고 다음 수준의 행동을 강화하면서 점차적으로 목표행동에 접근하도록 하는 것이다. 이때 차별적 강화와 점진적 접근이 함께 진행되었다. 세 번째 단계에서는 접근하는 행동은 더 이상 강화하지 않고 쓰레기통을 발로 건드리는 행동만을 강화하였고, 네 번째 단계에서는 발로 페달을 건드리는 행동만을, 다섯 번째 단계에서는 페달을 누르는 행동을 강화하였다. 이렇게 단계에 따라 특정 행동을 점진적으로 강화함으로써 강아지는 쓰레기통 페달 누르는 행동을 훈련받게 되었다.

행동조성의 절차는 다음과 같다.

첫째, 목표행동(target behavior)을 구체화한다. 내담자가 학습해야 할 새로운 목표행동을 분명하고 구체적으로 정해야 한다. 가령, 목표행동을 '열심히 공부한다.'로 진술하면 강화해야 할 행동기준이 무엇인지 알기 어렵다. '하루에 2시간 책상에 앉아서 독서하기'와 같이 구체적으로 진술해야만 강화해야 할 행동이 분명해지고 행동을 하위단계 행동으로 세분화할 수 있다. 목표행동을 설정할 때는 내담자의 발달특성이나 생활환경을 고려하여 내담자가 구체적으로 목표행동을 달성할 수 있도록 해야 한다.

둘째, 시작행동(starting behavior)을 구체화한다. 시작행동은 목표행동에 접근하는 첫 번째 단계의 행동이다. 가령, '하루에 2시간 책상에 앉아서 독서하기'의 목표행동에 접근하는 시작행동을 '책상에 앉아서 책가방 정리하기'로 할 수 있다. 시작행동을 구체화할 때는 아동의 행동을 잘 관찰하여 아동이 쉽게 시작할 수 있는 행동 중에서 선택해야 한다. 부모나 교사가 성급하게 목표행동을 달성하기 위해 아동과 무관하게 일방적으로 시작행동이나 목표행동을 설정하면 행동조성이 실패하기 쉽다. 목표행동에 이르기까지 너무 멀고 초보적인 수준의 시작행동이지만 행동조성의 첫 단계 행동을 성공적으로 강화함으로써 다음 단계로 접근할 수 있다.

셋째, 조성단계를 설정한다. 조성단계는 시작행동에서 목표행동에 이르기까지 전 과정을 하위단계 행동으로 세분화하는 것이다. 목표행동에 대해 점진적으로 접근하는 순차적 하위단계 행동들을 세분화할 때 한 단계 행동과 다음 단계 행동 사이의 변화 폭이 내담자에게 적절해야 한다. 목표행동으로 접근하는 조성단계의 적절성이 행동조성의 성공과 실패를 결정한다.

넷째, 적절한 강화물을 선정한다. 내담자에게 가장 효과적이고 적절한 강화물을 찾아 강화해야 한다. 관찰이나 질문을 통해 내담자가 좋아하는 물건이나 활동을 확인해야 한다.

다섯째, 계획을 실행한다. 목표행동, 시작행동, 조성단계를 설정하고 강화물 선정한 후에는 행동조성을 실행하는데 이때 몇 가지 유의해야 할 사항들이 있다. 첫 번째, 한 단계에서 다음 단계로 너무 빨리 진행하지 말아야 한다. 각 하위단계 행동마다 내담자에게 충분하게 강화하여 학습이 잘 이루어져야 한다. 예를 들어, 하루에 1시간 독서하기가 최종 목표의 시작행동인 '10분' 독서를 첫째 날에 잘 수행했더라도 곧바로 다음 단계 '20분' 독서로 건너뛰면 행동조성이 실패할 가능성이 높아진다. 보통 한 단계 행동은 5회 이상 실행하고 다음 단계 행동으로 넘어가는 것이 바람직하다. 두 번째, 어느 특정 하위단계 행동을 너무 많이 강화하거나 또는 너무 적게 강화하는 것에 주의해야 한다. 행동을 학습시키는 데 필요한 강화가 각 하위단계마다 큰 차이가 있다면 조성단계의 행동의 순차적 세분화를 다시 점검해야 한다. 세 번째, 어느 한 하위단계 행동의 강화에 오랫동안 지체되고 있다면 이 단계의 행동을 여러 단계를 다시 세분화해야 한다. 네 번째, 목표행동과 관련이 없는 다른 행동들은 강화하지 않도록 주의해야 한다. 행동조성을 실시하고 있는 동안에 목표행동과 관련이 없는 내담자의 바람직한 행동을 강화하면 목표행동과의 유관을 약화시킬 수 있다. 가령, 내담자가 수업 중에 떠들지 않으면서 교사를 바라보는 행동은 강화를 받아야 하지만 떠들지 않으면서 다른 곳을 바라보고 있는 행동은 강화하지 말아야 한다.

행동조성을 '책상에 앉아서 1시간 독서하기'의 목표행동에 적용한다면 우선 목표행동을 '책상에 앉는 행동'과 '책상에 앉아 있는 시간'으로 구분해야 한다. 우선, 책상에 앉는 행동을 학습시키는 행동조성의 시작행동은 아동이 좋아하는 동화책을 책상에 앉아서 읽는 것이다. 책상 이외의 다른 장소인 방바닥, 소파, 침대에서 불편한 자세로 동화책을 읽는 행동은 강화되지 않으며 책상에 앉아서 읽는 행동만 강화한다. 그리고 이와 동시에 책상에 앉아 있는 시간을 증가시켜 나가기 위해 처음 시작 시간을 10분으로 결정했다. 처음 며칠 동안 아동은 10분간 그리고 다음 며칠 동안에는 20분간 책상에 앉아서 책을 읽었고 독서시간을 순차적으로 10분씩 증가하고 강화함으로써 목표행동을 달성했다.

(4) 행동연쇄

행동연쇄(chaining)는 목표행동을 구성하는 일련의 반응들을 여러 단계로 나누어 한 단계씩 순차적으로 강화하여 최종 목표행동을 학습시키는 방법이다. 단일한 하나의 행동도 단순한 반응들이 순서적으로 연결된 복잡한 행동들이다. 가령, 이 닦는 행동은 칫솔에 치약을 묻히기-칫솔로 이 닦기-물로 입 헹구기-칫솔 세척하기-칫솔을 통에 넣기의 일련의 연속적인 여러 단계 반응으로 구성된 복잡한 행동이다. 이 닦는 행동이 완성되려면 이러한 일련의 행동들이 연속적으로 수행되어야만 가능하다. 행동연쇄는 '이 닦는 행동'처럼 이 행동을 구성하는 일련의 행동들이 하나의 고리로 이어져 있는 것을 의미한다. 따라서 한 자극이 특정한 반응을 일으키면 이 반응이 다음 반응을 유발하는 단서로 이어지는 과정이다. 즉, 하나의 고리로 순서적으로 연결된 반응들은 앞 단계의 행동이 다음 단계의 행동을 유발하는 선행자극으로 기능한다. 옷 입기, 양말 신기, 운동화 신기, 세수하기 등 아주 단순하고 간단한 행동들도 작은 단위의 행동들로 구성된 복잡한 행동들이다.

행동연쇄는 이렇게 여러 단계의 반응들로 구성된 복잡한 행동을 단계적으로 학습시키는 방법이다. 따라서 행동조성과 마찬가지로 행동을 일련의 연속되는 작은 단위의 행동으로 세분화하는 과제분석(task analysis)을 해야 한다. 행동연쇄에는 순행행동연쇄(forward chaining)와 역행행동연쇄(backward chaining)가 있다.

순행행동연쇄는 한 행동을 구성하고 있는 연속적인 행동들 가운데 처음 시작단계부터 순차적으로 학습하는 것이다. 예를 들어, '바지 입기' 행동을 과제분석하여 의자에 앉기-바지허리를 양손으로 잡기-한 발 넣기-다른 발 넣기-의자에서 일어나기-바지를 허리까지 올리기의 6단계로 구분한다. 그리고 우선, 어린 아동은 6단계 가운데 행동의 시작단계인 1단계, '의자에 앉기'를 수행한 후 강화를 받고, 나머지 2~6단계 행동은 부모의 도움을 받는다. 다음 단계는 의자에 앉아서 바지허리를 양손으로 잡는 행동까지 아동 혼자 수행하고 강화를 받은 뒤 나머지 3~6단계의 행동은 부모의 도움을 받아 바지 입기를 완성한다. 이렇게 해서 점차 아동이 혼자 할 수 있는 행동 단계는 증가하고 부모가 도와주는 행동 단계는 감소하면서 결국 1~6단계의 바지 입는 모든 행동을 아동이 혼자 할 수 있게 된다.

역행행동연쇄는 행동의 마지막 단계부터 강화하는 것이다. 예를 들어, 상의를 입는 행동을 상의 목 찾기-머리 넣기-왼팔과 오른팔 소매 찾기-팔 넣기-옷 내리기의 5단계로 과제분석했다면, 앞의 4단계 행동은 부모의 도움을 받고 아동은 마지막 옷 내리기 행동을 수행한 후 강화를 받는다. 다음으로는 앞의 3단계 행동은 도움받고 팔 넣기와 옷 내리기를 혼자 수행한 후 강화를 받는데, 이렇게 점차 도움받는 행동 단계를 줄이고 혼자 수행하는 행동이 늘어나면서 결국 혼자서 상의를 입을 수 있게 된다.

옷 입기, 이 닦기, 식사 지도, 악기 연주, 무용 등 단순한 행동부터 복잡한 동작이나 기술까지 그것을 가르칠 때 행동연쇄를 효과적으로 사용할 수 있다. 한편, 행동과제에 따라 행동연쇄와 행동조성을 함께 사용할 수도 있다. 바지 입는 행동을 학습시킬 때는 속옷, 반바지, 긴바지 입기 순서로 학습시키는 것이 효과적이고, 이때 속옷, 반바지, 긴바지를 입는 각각의 행동을 혼자 잘할 수 있도록 학습시키는 것은 행동연쇄다. 그리고 긴바지를 입는 행동은 속옷과 반바지를 입는 행동을 잘할 수 있어야 가능하기 때문에 행동조성의 과정이다.

행동조성과 행동연쇄의 공통점은 복잡한 새로운 목표행동을 학습하기 위해 목표행동과 관련된 실행 가능한 소단위의 행동들을 단계적으로 학습한다는 것이다. 그런데 행동조성은 목표행동과 유사한 행동이나 목표행동에 접근해 가는 행동들을 단계적으로 강화시키는 반면에, 행동연쇄는 목표행동의 일련의 연속적 과정 가운데 일부분의 행동을 순서적으로 강화하는 것이다. 예를 들어, 목표행동이 혼자 학교에 가는 등교 행동이라면 행동조성은 첫 단계로 아침에 가방을 들고 집을 나가는 행동을 강화한다. 이때 학교에 가지 않더라도 이 행동을 강화하고 점차 목표행동을 조성해 간다. 반면에 행동연쇄는 가방을 들고 집을 나서는 행동까지 아동이 혼자 실행한 후 강화를 받고, 그다음의 등교 행동은 부모와 동행하는 것이다.

제10장

현실치료 상담이론

William Glasser
(1925~2013)

William Glasser(1925~2013)는 현실치료를 시작하기 이전에 Jung이나 Freud처럼 전통적 심리치료 방법을 사용해 왔다. 하지만 그가 레지던트로 있던 LA의 Veterans Administration Psychiatric Hospital에서 아론이라는 소년환자에 대한 치료 실패가 반복되자 그는 정신분석의 효과에 회의를 품게 되었다. 이를 계기로 Glasser는 치료에 대한 새로운 접근을 시도하게 되었고, 이 새로운 시도가 현실치료의 출발이 되었다. 이후 그는 G. L. Harrington과 함께 그 이론과 실제를 발전시켜 나갔다.

Glasser는 전통적인 심리치료가 소수의 환자들만을 다룰 수밖에 없고 상당한 치료기간을 필요로 하며 때로는 몇 년간의 시간을 소비하면서도 뚜렷한 치료 효과가 없다는 사실에 주목하게 되었다. 그는 비행소녀들의 수용시설인 Ventura School의 자문의사로 있으면서 그들의 문제행동 변화에 현실치료를 적용하여 괄목할 만한 효과를 가져왔다. 그리고 더 나아가 알코올 중독, 약물중독, 비만증, 범죄자 교육 등 다양한 문제의 해결에 현실치료를 적용하여 놀랄 만한 변화를 가져왔으며, 일반학교의 카운슬링, 교수, 그룹지도의 교육현장에 적용하여 새로운 전환점을 제시했다.

1. 인간에 대한 기본 관점

무엇이 우리의 행동을 통제하는가에 대한 물음의 답은 간단하지 않다. 우리의 행동은 무의식적 동기에 의해 결정되기도 하고 환경적인 단서나 자극으로부터 영향을 받을 수도 있으며 사고나 신념, 가치관 등 개인의 내적 특성에 의해 결정될 수도 있다. 그리고 우리는 의식적 수준의 자율적인 통제능력으로 행동을 스스로 결정하기도 한다. 우리를 움직이게 하는 것이 우리 자신의 내·외부에 존재하는 것인지, 아니면 우리의 의식 수준을 벗어난 무의식이나 본능인 것인지에 대한 결론은 그리 간단하지 않다.

전화를 받거나 운전 중 신호대기를 하는 행동이 단순히 전화벨 소리나 신호 등 때문에 발생한 것이라고 말하는 것은 너무 단순한 설명이다. 요란한 벨 소리에도 전화를 받지 않을 수 있으며 신호를 무시하고 주행할 수도 있다. 즉, 벨 소리나 신호가 우리의 행동과 전혀 관계가 없는 것은 아니지만 우리의 행동을 결정짓는 유일한 요인은 아니다. 정지 신호에 주행을 멈추는 것은 단순히 신호에 따른 행동일 수도 있으며 생존과 관련된 안전에 대한 강렬한 욕망 때문일 수도 있다.

Glasser는 우리를 움직이게 하는 것이 우리의 외부에 존재한다고 주장하는 결정론적 입장에 반대한다. 우리는 생명력 있는 존재로서 어떤 행동이 자신을 만족시킬 것인지를 스스로 결정함(self-determined)으로써 전화를 받거나 주행 정지를 선택한다. Glasser는 옳고 그름, 효율과 비효율, 고통과 즐거움, 광란과 이성, 건강과 질병, 음주와 금주 등 어떤 행동이든 간에 그것은 우리 내부에 존재하는 강력한 욕구를 만족시키기 위한 우리 자신의 선택이라고 본다.

인간은 성장 과정을 통해 자신을 가치 있고 사랑받을 만한 존재로 인식하는 성공 정체감을 발달시키며 자신의 심리적 욕구를 효율적이고 합리적으로 충족시킨다. 이와 반대로 성장 과정에서 실패 정체감을 형성한 사람은 분노, 우울, 공격과 같은 행동을 통해 욕구를 충족시키려고 하는데, 이 또한 그들 자신이 선택한 것이다. Glasser에 의하면 모든 사람은 일생 동안 인간관계를 통해 성공 정체감을 얻고자 하는 심리적 욕구를 지니며, 내적 욕구와 개인적 바람을 충족하기 위해 끊임없이 동기화된다. 중요한 것은 과거의 실패와 좌절 경험과 무관하게 모든 사람은 합리적이고 효율적으로 욕구를 충족시키는 행동을 학습함으로써 삶의 통제력을 키우고 성공적이고 행복한 삶을 살아갈 수 있다는 것이다.

2. 현실치료의 핵심

1) 행동의 동기

우리를 움직이게 하는 힘(욕구)은 생존, 소속, 힘, 자유, 즐거움의 다섯 가지로 구성되어 있고 그중 가장 본능적이고 생득적인 것이 바로 생존에 대한 욕구다 (Glasser, 1981). 생존 욕구를 충족시키기 위한 행위들은 우리의 의식과는 관계없이 어느 정도까지는 자동적으로 이루어진다. Glasser(1981)는 이 기능을 의식적인 행위를 담당하는 신뇌(new brain)의 기능과 구분하여 구뇌(old brain)의 기능이라고 부른다. 구뇌는 생존을 위한 생리적인 동질정체(homeostasis)와 신체적 건강을 유지하는 데 중요한 기능을 담당하며, 호흡, 맥박, 소화, 땀 분비는 구뇌에 의해 자동적으로 통제되는 생존 활동이다. 가령, 구뇌는 운동을 할 때 좀 더 많은 산소를 신체에 공급하기 위해 심장박동을 증가시키고 외부에서 병균이 침입하면 자동면역체계를 작동시킨다. 또한 구뇌는 우리의 의식과 상관없이 외부 온도 변화에 따라 땀구멍을 열거나 수축하여 열을 방출하거나 열손실을 방지하여 체내 온도(36.5℃)를 유지시킨다.

그러나 온도 변화에 적응하는 구뇌의 기능이 한계에 도달하면, 효과적으로 체내 온도를 유지하기 위한 의식적이고 의도적인 행동이 필요하게 된다. 즉, 생존을 위해 단순히 구뇌의 생득적인 적응기능에만 의존할 수 없으며 그 이상의 적극적이고 의식적인 신뇌의 기능이 요구된다. 예를 들어, 생득적인 생존능력의 한계를 넘어가는 극심한 더위나 추위로부터 생명을 보호하기 위해 우리는 의식적이고 합리적인 적절한 행동을 해야 하는데, 이것은 신뇌의 역할이다.

물이 부족할 경우, 구뇌는 물의 부족을 생존과 관련시켜 탐지하고 구조신호를 신뇌로 보낸다. 신뇌는 이것이 갈증임을 학습하게 되고 비로소 의식적인 신뇌에 의해 갈증을 해결할 수 있는 그 무엇인가를 찾기 시작할 것이다. 구뇌는 생존에 관련된 결핍의 신호를 신뇌로 전달하고, 신뇌는 이 신호를 배고픔, 갈증, 추위, 공기 결핍 등으로 학습한 후 이것을 만족시키기 위한 의도적인 노력을 시작한다. 그리고 일단 충족되면 더 이상 이것에 주의를 기울이지 않는다. 지적이며 의식적인 대뇌의 기능을 신뇌라고 부르는 것은 이것이 구뇌보다 상당히 늦게 발달했기 때문이다(Glasser, 1985). 무의식적이며 작은 구뇌와 거대하고 의식적인 신뇌는 서로 다른 활동 영역이면서도 서로 끊임없이 상호작용한다. 생존에 대한 구뇌의 욕구는 음식 공급과 청결 유지라는 간단한 의식적인 신뇌의 기능에 의해 충족되며, 대부분의 구뇌의 지시는 신뇌의 의식적인 기능을 통해 잘 충족된다.

현실치료에서 Glasser의 관심은 생존에 대한 욕구충족이 아니라 좀 더 복잡하고 의식적인 신뇌로부터 나오는 사랑과 소속, 힘, 자유, 즐거움에 대한 욕구충족에 관한 것이다. 우리의 많은 행동은 신뇌에서 발생하는 이 심리적 욕구(psychological need)를 충족시키기 위해 다양한 대안 가운데 우리가 스스로 선택한 것이다. 이 심리적 욕구를 느끼는 정도는 개인에 따라 다를 수 있고 더욱 강력하게 우세한 욕구도 각기 다르지만, 대부분의 행동은 신뇌의 욕구를 충족시키기 위해 개인이 선택한 것이다. 결국 모든 행동은 심리적 욕구를 충족시키기 위해 개인이 선택한 대안이라고 할 수 있다. 옳은 행동이든 우울, 분노, 공격, 파괴 심지어 정신분열과 같은 비정상적인 행동이든 매 순간 욕구를 충족시키기 위해 개인이 선택한 것이다. 현실치료에서 Glasser는 모든 행동이 생존, 소속, 힘,

자유, 즐거움의 욕구를 충족시키기 위해 내적으로 동기화되고 선택된 것이라고 본다. Glasser는 소속, 힘, 자유, 즐거움의 심리적 욕구에 대해 다음과 같이 설명한다.

(1) 소속에 대한 욕구

Glasser(1984)는 생존에 대한 욕구가 가장 강한 기본적인 욕구로 누구에게나 공통적이지만 소속에 대한 욕구도 이에 못지않게 삶의 원동력이 되는 강렬한 욕구임을 강조한다. 그는 인간이 자살 행위나 즐거움을 얻기 위해 자신의 목숨을 위협하는 행동을 선택하는 것을 통해 분명히 인간의 다른 욕구도 생존에 대한 욕구만큼 강하다고 말한다. 가령, 자살을 하는 이유는 외로움의 고통 속에 사는 것보다 죽는 것이 훨씬 나은 선택이라고 생각하기 때문이라고 설명한다.

결국 생존에 대한 욕구만큼이나 외로움에서 벗어나려는 마음, 소속에 대한 욕구가 강하게 존재한다. 우리는 가족, 친구, 연인, 이웃과 사랑하고 나누고 협력하며 살아가고자 한다. 그래서 가족과 친구, 연인과 함께 시간을 보내고 같은 취미를 공유하며, 필요할 때는 도움을 주고받으면서 소속감을 경험한다. 사랑을 나누고 공감대를 형성할 수 있는 대상이 없다는 것은 매우 큰 욕구좌절이며 고통스러운 경험이다.

(2) 힘에 대한 욕구

Glasser는 힘에 대한 욕구에 대해 인간만의 독특한 특성으로, 다른 사람으로부터 복종과 존중을 얻으려는 것이라고 설명한다. 그는 재력가가 국회의원에 선출되기 위해 재산의 상당 부분을 사용하는 것은 더 큰 힘에 대한 욕구에 의해 동기화되는 것이라고 본다. 일반적으로 사람들은 인간성, 정중함, 겸손함, 교양 등 다양한 면에서 다른 사람과 비교하여 우위를 점하고 존중받고자 한다. 옷, 식사, 나이 등 아주 사소하고 일상적인 모습에서 다른 사람과 어떻게 다른가를 비교하면서 그 누구보다도 멋있게 옷을 입고, 미식가이며, 더 젊고 문화를 즐길 줄 알고 지적인 사람이기를 원한다. 물론 모든 것에서 힘의 욕구를 충족시킬 수는 없지만 어느 특정한 측면에서는 우월한 지식, 능력, 기술을 가짐으로써 타인으로부터 복종과 존중을 얻고자 한다.

힘에 대한 욕구는 소속감에 대한 욕구와 직접적으로 갈등관계에 놓이기도 한다. 사랑과 소속에 대한 욕구를 충족시키기 위해 결혼했지만 부부는 서로를 통제하고 존중받기를 바라며, 힘에 대한 욕구충족을 위해 경쟁하기도 한다. 이와 반대로, 한 가정의 가장인 아버지는 사회적 지위, 부, 명성, 승진과 같은 힘과 존중을 얻기 위해 가족과의 약속을 무시함으로써 소속 및 사랑에 대한 욕구와의 갈등을 경험하기도 한다.

(3) 자유에 대한 욕구

자유란 신체적 속박이나 구속이 없는 자유뿐 아니라 삶을 살아가는 방법을 선택하는 자유, 자신을 자유롭게 표현하는 자유, 원하는 사람과 친분을 나눌 자유, 만족스러운 일을 선택하여 즐길 수 있는 자유, 좋아하는 것을 선택하고 소유할 수 있는 자유, 믿음대로 신앙을 지키거나 숭배하지 않아도 되는 자유 등 마음대로 이동하고 선택하는 것을 의미한다.

그러나 완전한 자유란 없다. 자유에 대한 욕구도 힘, 소속에 대한 욕구와 갈등관계에 놓이게 되며 타인의 자유에 대한 욕구를 침해하기도 한다. 가령, 결혼을 함으로써 소속, 사랑에 대한 욕구는 충족되지만 자유에 대한 욕구는 부분적으로 좌절된다. 따라서 이웃, 가족, 친구 등의 권리를 침해하지 않으면서 자유에 대한 욕구를 충족시킬 수 있는 효율적인 방법을 선택하는 것이 중요하다.

(4) 즐거움에 대한 욕구

Glasser는 즐거움에 대한 욕구도 다른 욕구들과 마찬가지로 매우 중요하며 기본적이고 생득적인 욕구라고 설명한다. 즐거움을 추구하는 욕구가 얼마나 강렬한 것인지는 생명의 위협을 감수하고 모험을 즐기는 스카이다이빙, 암벽등반, 산악자전거, 번지점프와 같은 익스트림 스포츠를 통해서도 쉽게 알 수 있다. 일반적으로 사람들은 즐거움에 대한 욕구를 충족시키기 위해 놀이(play)를 선택하지만, Glasser는 학습(learning)이 즐거움을 충족시키는 매우 중요한 활동이라고 설명한다. 학습자가 학습활동에서 즐거움을 얻지 못한다면 학습활동은 지속되기 어렵다. 학습활동이 즐거우면 또 다른 배움을 추구하고 어려운 과제도 기꺼이 수행하려고 하지만, 지루하다면 배움을 외면하고 포기할 것이다. 학생들이 공부를 하는 것은 학교 성적, 부모나 교사의 기대 때문만은 아니다. 학습활동을 통해 모르던 것을 잘 이해하게 되고 그리고 새로운 사실을 알게 되었을 때 느끼는 기쁨 또한 크다.

Glasser는 놀이는 살아가는 데 필요한 지식을 배우는 좋은 방법이 되며 학습과 놀이를 분리해서는 안 된다고 설명한다. 초등학생이 사과 1개를 3명의 친구들과 2~3조각씩 나눠 먹는 놀이를 하거나 30명의 학생이 원을 돌며 노래를 부르다가 교사의 지시에 따라 3, 4, 5, 6명씩 짝을 이루는 산수 놀이를 함으로써 분수와 나눗셈을 더 쉽게 이해할 수 있다.

따라서 그는 학습활동 자체가 즐거워야 할 뿐 아니라 학습장면이 부드럽고 유머스럽고 활력이 넘치는 분위기여야 함을 강조한다.

2) 행동의 선택

행동은 우리의 심리적 욕구를 충족시키려는 개인적인 독특한 행위들이다. 개인이 어떻게 행동하느냐에 따라 욕구충족의 성공 또는 실패 경험을 하며, 행복과 불행을 느끼는 것도 바로 자신이 선택하는 행동특성에 달려 있다. 현실치료는 모든 행동이 우리 자신의 선택이라는 선택이론(choice theory)에 기초한다.

욕구충족에 대한 개인의 생각, 상, 지각은 성장하면서 발전하는데, 개인의 경험에 따라 욕구충족에 대한 독특한 정신적 상을 형성한다. 우리는 서로 다른 경험과 학습을 통해 욕구충족에 대한 다른 정신적 상을 갖게 되며 새로운 것을 추가시키거나 삭제하기도 한다. 가령, 젊은 운전자가 곡예운전이나 과속운전을 힘의 욕구충족에 대한 정신적 상으로 가지고 있다면 위험한 질주를 즐길 것이다. 그러나 나이가 들어 이러한 행동이 욕구를 충족시키는 정신적 상에서 제외

되면 양보운전이나 교통법규 준수를 힘의 욕구를 충족시키기 위한 행동으로 선택할 것이다. 욕구충족에 대한 개인의 정신적 상에 따라 개인이 행동을 선택하고 통제하는 것은 자동 온도조절 장치의 설정온도와 실내온도에 비유할 수 있다. 자동 온도조절 장치는 실내온도와 설정온도의 차이를 감지하면 난방로를 작동시키고, 일치되면 동작을 멈춘다. 이와 마찬가지로 개인의 욕구충족에 대한 정신적 상과 실제로 지각하는 것에 차이가 생기면 행동이 발생한다. 가령, 어린 아동은 다른 형제보다 언제나 자신에게 먼저 관심이 주는 것을 '엄마 애정'에 대한 '정신적 상'으로 가지고 있지만, 사실 엄마는 한 아동만을 늘 먼저 보살필 수는 없다. 우선 아동은 사랑의 욕구충족에 대한 정신적 상(개인적 바람, 개인이 지각한 좋은 세상)과 실제와의 불일치가 발생하면 밥 굶기, 화내기, 말썽 부리기, 아프기 등의 행동을 통해 어머니의 관심을 얻음으로써 욕구를 충족시키려고 할 것이다. 결국 아동은 욕구충족을 위해 부모와의 관계에서 학습한 행동, 가령 밥 굶기와 같은 부적절한 행동을 효과적으로 사용하기도 한다.

이와 마찬가지로 성인이 우울, 화내기와 같은 부적절한 행동을 선택하는 것은 이를 통해 타인을 통제하는 경험을 했기 때문이다. Glasser는 사람들이 '분노하기' '우울해하기' '비통해하기'와 같은 부적절한 행동을 선택하는 이유를 세 가지로 지적하고 있다. 첫째, 이러한 행동을 선택함으로써 일어난 일이나 상황에 대한 책임을 회피할 수 있고, 둘째, 다른 사람의 동정을 얻을 수 있으며, 셋째, 좌절된 상황에서의 우울증이나 분노는 정상적인 선택으로 보일 수 있고, 이때 자신의 행동체계에 없는 효율적인 행동을 선택하지 않아도 되기 때문이다.

Glasser는 우리 자신이 모든 행동을 선택하고 실행하고 있는 것이기 때문에 '우울해진' '불안해진' '혼란스러운' 등의 수동적이고 개인적인 책임을 부정하는 표현은 적절하지 않다고 지적하고 있다. 따라서 '우울해 하고 있는' '불안해하고 있는' '혼란해 하고 있는'과 같이 현재 선택한 동작행위로 표현하는 것이 더 적절하다고 설명한다.

개인이 욕구를 충족시키기 위해 선택한 다양한 행동은 효율적인 것이든 비효율적인 것이든, 경험을 통해 학습한 것으로 독특한 행동체계를 형성한다. 이 행동체계에서 선택한 행동이 적절하고 합리적이라면 욕구충족이라는 성공적인 경험을 하게 된다. Glasser는 개인의 행동이 현실에서 적절할 때 효과적으로 욕구를 충족시킬 수 있기 때문에 현재 행동이 욕구충족의 성공 또는 욕구좌절의 실패 경험을 가져온다는 것에 초점을 맞춘다. 욕구좌절이 반복되면 실패 정체감이 형성되고, 이것은 비현실적이고 부적절한 행동의 선택으로 이어지며, 다시 욕구좌절과 실패의 악순환을 이룬다. 우리는 경험을 통해 욕구충족에 대한 독특한 정신적 상을 가지고 이에 따라 행동들을 선택하지만 언제나 효과적인 결과를 가져오는 것은 아니다. 선택한 행동이 적절하지 못하고 비효율적이어서 반복적으로 욕구좌절을 경험하면 실패 정체감을 갖게 된다.

따라서 현실치료에서 가장 중요한 것은 개인이 합리적으로 욕구를 충족시키는 행동을 선택하고 성공적인 경험을 함으로써 실패 정체감(failure identity)에서 벗어나 성공 정체감(success identity)을 갖도록 하는 것이다. Glasser는 성공 정체감 행동은 다음의 세 가지 특성을 갖춰야 한다고 강조한다. 이 행동의 세 가지 특성은 현실성(reality), 책임감(responsibility), 옳은 것(right)으로 3R로 표현된다.

(1) 현실성

현실치료의 가장 기본적인 개념은 '현실성(reality)'이다. 내담자가 선택한 현재 행동이 지금 이 시점에서 욕구를 충족시키기에 현실성이 있는가를 확인해야 한다. 현실치료는 내담자의 현재 행동에 초점을 둔다. 전통적인 치료에서는 과거의 경험, 감정, 사고에 초점을 두고 내담자의 문제를 해결하려고 한다. 흔히 사람들은 자신이 지금 무엇을 행하고 있는가보다 어떻게 느끼고 생각하고 있는가에 집중함으로써 현재 행동이 가져온 결과에 대해서는 관심을 두지 않는다. 현실치료는 내담자의 감정, 정서보다 현재 행동에 초점을 둠으로써 비현실적인 행동으로 욕구좌절을 겪고 있는 내담자가 현실적이고 긍정적인 행동을 통해 욕구충족을 할 수 있도록 지원한다. 물론 내담자의 감정, 사고 등이 중요하지 않다고 보는 것은 아니다.

우리가 선택한 모든 행동은 활동하기, 생각하기, 느끼기, 생리적 반응으로 구성되고 통합되어 있다. Glasser는 이 네 가지 요소로 구성되고 통합되어 기능하는 행동을 전행동(total behavior)이라고 하며 활동, 생각, 감정, 생리적 반응의 네 가지 요소의 상호관계를 설명한다. 따라서 이 네 가지 요소 가운데 한 요소가 변화하면 나머지 세 요소도 함께 변화한다. 가령, 애정에 대한 욕구를 충족시키기 위해 울음을 터뜨리면, 슬픈 생각을 하게 되고 우울한 감정을 느끼고 신체적 변화(심장박동의 변화, 호르몬 분비의 변화)도 함께 일어난다. 현실치료에서는 전행동의 '활동하기(acting)' 요소에 초점을 맞추는데, 이것은 생각하기, 느끼기, 신체적 반응과 비교해 볼 때 내담자가 완전하게 통제하고 선택할 수 있기 때문이다. 일반적으로 '생각하기'도 '활동하기'만큼은 아니지만 통제가 가능하다고 보지만, 반면에 '느끼기'는 통제가 수월하지 않으며 '신체적 반응'은 더욱 통제하기 어렵다. 따라서 욕구충족을 위해 통제 가능한 합리적인 '활동하기'를 선택하고 실천함으로써 생각하기, 느끼기, 신체적 반응의 변화를 통제하는 것이다. 현재 선택한 활동이 합리적이고 효과적으로 욕구를 충족시키는 성공적인 결과를 가져오면 나머지 세 요소인 생각하기, 느끼기, 신체적 반응도 함께 긍정적으로 변화할 수 있다.

내담자의 문제는 현재의 행위가 욕구를 충족시키지 못하는 것에 있기 때문에 내담자가 새로운 활동을 선택함으로써 욕구를 충족시킬 수 있다면 개인의 과거사는 내담자에게 어떠한 영향도 주지 못한다. 따라서 과거보다 '현재' 그리고 '행동의 현실성' 여부에 초점을 맞추는 것은 내담자의 문제해결에 핵심이 된다.

(2) 책임감

Glasser(1965)는 책임감(responsibility)이란 '다른 사람들이 그들의 욕구를 충족시키는 능력을 그들로부터 박탈하지 않으면서 자신의 욕구를 충족시키는 능력'이라고 했다. 책임 있는 사람은 사랑을 베풀고 받으며, 스스로 자존감을 가지고 행동하고, 다른 사람이 자신을 가치 있게 느끼도록 행동한다. 따라서 책임감 있는 사람은 타인을 위해 그리고 자신의 가치를 재차 측정하기 위해 요구된 일을 성취하려고 노력하며, 그렇게 함으로써 다른 사람들로부터 존경과 자기가치(self-worth)를 얻게 된다. 반면에 무책임한 사람은 자기 기분에 따라 행동하고 노력도 하지 않기 때문에 존경뿐 아니라 자존감도 충족시키지 못하면서 자신뿐 아니라 다른 사람들에게까지 고통을 준다. Glasser(1989)는 우리 모두가 순수한 욕구(need)를 가지고 있으며 우리의 모든 행동은 욕구들을 만족시키기 위한 최선의 노력이라고 말한다. 인간은 생존을 위해 투쟁하지만 자존감을 충족시키기 위해서도 고난을 겪으며 투쟁한다. 소속, 힘, 자유, 즐거움의 심리적 욕구를 충족시키기 위해서는 그 무엇보다도 많은 노력이 필요하다. 욕구충족은 저절로 성취되는 것이 아니라 책임감 있고 가치 있는 노력을 통해 성취되는 것이다. 책임감 있는 행동은 누구에게나 가치 있는 행동이 되며 심리적 욕구를 성공적으로 충족시킬 수 있다.

(3) 옳은 것

현실에서 개인의 욕구가 성공적으로 충족되려면 행동이 합리적이고 옳은 것(right)이어야 한다. 개인의 행동은 각 개인의 가치 기준에 적합해야 할 뿐 아니라 사회적 가치 기준에도 합당해야 한다. 개인이 속해 있는 사회의 가치 기준에 적합하지 못한 행동은 집단으로부터 거절되기 때문에 사회적 관계에서의 심리적 욕구를 충족시킬 수 없다. 욕구충족을 위해 선택한 현재의 행동이 현실적으로 만족스럽고 합리적이면 타인의 권리도 침해하지 않으며 책임감 있는 행동이 된다. 피해망상, 학교폭력, 게임중독, 등교 거부, 분리불안 등 내담자가 선택한 적절하지 못한 행동들도 욕구를 충족시키려는 노력이지만 현실적으로 무책임하고 사회 기준에 비춰 보면 잘못되고 옳지 못한 행동들이다. 중요한 것은 욕구충족을 위한 올바르고 바람직한 행동이 무엇인지를 확인하는 것이다. 내담자들이 어떤 문제행동을 가지고 있든 간에 욕구충족을 위한 행동의 선택에 차이가 있을 뿐이다. Glasser는 정신적 질병을 앓고 있는 사람의 경우 그들의 행동이 파괴적인 것이더라도 그 순간에는 가장 만족스러운 것이라고 믿는 행동을 선택한 것이라고 말한다. 가령, 알코올 중독자들은 더 나은 행동을 선택하는 것을 학습하기 전까지는 술을 마시는 것을 욕구충족을 위한 행동으로 선택한다. 결국 욕구를 만족시키는 방법에 결함이 있는 내담자들은 올바르게 욕구를 충족시키는 방법을 선택하고 실천함으로써 만족스러운 욕구충족을 경험할 수 있어야 한다.

3. 현실치료의 특성

우리는 개인의 욕구와 바람을 충족시키기 위해 행동을 동기화하며, 우리의 행동은 적절하든 아니든 간에 모두 우리 자신의 선택에 의해서 결정된 것이다. 문제는 우리가 선택한 행동이 언제나 심리적 욕구를 충족시키는 것은 아니라는 것이다. 만약 우리가 자신의 욕구와 바람을 성취시키지 못하고 있다면 현재 우리가 선택한 행동을 평가해야만 한다. 현실적으로 적절하고 책임 있는 옳은 행동만이 우리의 욕구와 바람을 성공적으로 성취시킬 수 있다. 따라서 현실치료는 다른 치료나 상담에서 초점을 두고 있는 과거의 경험, 관계성, 개인의 사고, 정서, 태도에 대해 다르게 접근한다. 다음은 현실치료의 특성에 대한 설명으로 정신분석, 인지주의, 행동주의와의 차이를 보여 준다.

첫째, 현실치료에서는 정신질환을 인정하지 않는다. 조현병, 신경증, 우울증 등의 정신질환 행동들은 책임성이 결여된 다양한 표현으로 내담자가 자신의 욕구충족을 얻기 위해 선택한 행동에 지나지 않는다. 정신질환을 앓고 있는 사람들은 비현실적으로 적절하지 못한 무책임한 행동을 통해 자신의 욕구를 충족시키려 함으로써 결국 욕구를 충족시키지 못하는 무능력 때문에 고통받고 있는 것이다. 정신적으로 건강한 사람은 자신의 욕구충족을 위해 책임감 있는 행동을 선택한다. 현실치료는 이처럼 무책임한 욕구충족에서 벗어나 책임감 있게 욕구를 충족시키는 행동을 선택하도록 촉구한다.

둘째, 현실치료는 내담자의 정서, 감정 혹은 태도보다 현재 행동에 초점을 맞춘다. 흔히 사람들은 부적절한 행동의 원인으로 자신이 통제할 수 없는 감정이나 정서에 초점 맞추고 책임을 자신이 아닌 다른 곳으로 돌림으로써 부적절한 행동을 합리화하고 정당화하려고 한다. 비록 잘못된 사고나 감정의 내면적 요인 때문에 내담자가 어려움을 겪고 있어서 사고와 감정의 변화에 초점을 맞춘다고 해도 이것이 행동 변화를 확실하게 보장하는 것은 아니다. 오히려 행동 변화를 통해 이전과 다르게 느끼고 생각하며 태도를 변화시킬 수 있다. 따라서 현실치료에서는 내담자가 어떻게 느끼고 생각하며 어떤 태도를 가지고 있는가에 관심을 두기보다 현재의 행동이 현실적으로 얼마나 무책임한 것인가를 분명히 인식하고 책임감 있는 행동으로 변화시키는 것이 중요하다고 본다.

셋째, 현실치료는 과거(past)가 아닌 현재(present)에 중점을 둔다. 지나간 과거는 불변하지만 현재와 미래는 변할 수 있다. 전통적 치료의 초점은 문제를 일으킨 과거의 주요 사건을 알아내기 위해 개인의 과거사를 주의 깊게 탐색하는 것에 맞춰져야 한다. 현실치료는 현재, 지금-여기(here and now)에 집중한다. 현실치료에서는 내담자가 관심을 가지고 있는 모든 것에 주의를 기울여야 하기 때문에 '과거'를 다루더라도 그것은 반드시 현재 행동과 관련이 있어야 한다. 그러나 Glasser는 내담자가 문제의 근원에 대해 계속적으로 이야기하도록 방치하면 현실치료의 기초가 되는 인간적인 유대관계를 형성하기 어려우며 내담자 또한 자신의 현재 상황에 대한 책임을 회피하게 된다고 한다. 현실치료에서는 '왜(why)'라는 질문을 피하며 '무엇(what)'에 관한 질문을 한다. 문제행동의 원인을 발견했다 하더라도 그것을 통해 문제행동이 변화하지는 않는다. '왜 그렇게 하느냐?'라고 질문하는 것이 아니라 '무엇을 하느냐?'라고 질문함으로써 현재의 행동을 인식하도록 해야 한다. 내담자가 자신이 처한 조건, 과거, 감정에 대해 이야기하려고 할 때 치료자는 단호히 거절하고, 끈기 있게 '현재'에 주의하도록 요구해야 한다.

넷째, 현실치료는 내담자의 가치판단을 강조한다. 현실치료에서는 내담자가 자신의 행동을 평가하도록 요구한다. 행동의 질을 스스로 평가하는 내담자의 역할은 자신의 실패에 무엇이 결정적으로 작용했는지를 확인하는 데 매우 중요하다. 내담자가 자신의 행동을 인식하지도 못하고 행동의 합리성 여부를 깨닫지도 못한다면 행동의 변화는 일어날 수 없다. 내담자 스스로 자신이 기대하는 모습이 아님을 인식하고 자신의 행동도 자기파괴적임을 깨달아야 한다. 이로써 내담자는 새로운 대안을 모색하게 되고 행동 변화의 가능성을 발견할 수 있는

데, 이것이 현실치료의 핵심이라고 할 수 있다. 간혹 치료자와 내담자의 유대관계가 깊어짐에 따라 치료자가 주관적이고 감정적인 반응을 하면서 내담자의 행동을 평가하고 설득하려고 한다. 그러나 이러한 외부의 평가, 설득, 설교는 타인의 행동을 변화시키는 데 효과적이지 못하다. 행동 변화에 가장 중요한 것은 행동에 대한 내담자 자신의 평가다. 자기평가(self-evaluation)는 자신의 가치와 행동 변화에서 주역이 되도록 하며, 이는 모든 인간이 자신의 운명을 이성적으로 통제할 수 있다고 보는 인본주의 철학과도 일치한다.

다섯째, 현실치료는 전이(transference)를 강조하지 않는다. 정신분석에서는 내담자가 자신의 문제와 연관되어 있는 과거의 중요한 사람에 대해 가지고 있는 태도를 치료자에게 전이시키는 것을 중요하게 다룬다. 이러한 '전이'를 통해 치료자는 내담자에게 그의 과거에 있었던 어려운 경험들을 재생시키고 그것을 해석한다. 그리고 이 해석을 통해 내담자는 자신을 통찰하고 과거로부터 벗어나 합리적인 행동을 선택할 수 있다. 그러나 현실치료에서 치료자는 내담자의 전이 대상이 아니며, 두 인격은 순수하고 개인적인 인간관계를 형성해야 한다. 치료자와 내담자가 친밀한 유대관계를 형성함으로써 내담자는 구체적이고 건설적으로 욕구를 충족시키는 방법을 새롭게 학습할 수 있게 된다.

여섯째, 현실치료는 처벌을 피한다. 학습이론에서 처벌은 두려움, 고통, 외로움을 통해 내담자의 행동을 변화시키는 효과적인 방법이다. 하지만 Glasser는 행동 변화를 위해 처벌을 사용하는 것은 비효과적이며 오히려 실패 정체감을 더욱 강화시켜 치료의 근본인 친밀한 유대관계를 악화시킨다고 주장한다. 이탈행동에 대해 처벌을 주는 것은 내담자에게 심리적 · 신체적 고통을 줄 뿐만 아니라 치료자가 가치판단을 하는 것이기 때문에 내담자의 책임감을 박탈하는 것으로서 현실치료의 기본 정신에 어긋난다. 실패했을 때 처벌하는 것보다 성공했을 때 칭찬과 보상을 사용하는 것이 더욱 효과적이며, 치료자의 지지, 관심, 인정과 같은 비언어적 보상과 사회적 보상은 훌륭한 의사소통의 수단이 되고 유대관계를 더욱 강화한다.

일곱째, 현실치료는 변명(excuse)을 용인하지 않는다. 내담자가 스스로 가치

판단을 하고 행동 변화를 실천할 때 그것을 완수하지 못한 것에 대한 변명을 용납하지 않는다. 행동이 실천되지 않은 상황에서는 행동 변화에 대한 계획을 세우고 그 계획을 실행하려는 의지가 보일 때까지 일시적으로 불편한 상황이 발생할 수 있다. 실제로 Glasser는 현실치료를 학교 장면에서 적용할 때 내담자의 불이행에 대해 학급에서 나가 'time-out room'에 있도록 했다. 그러나 이러한 고통은 개인의 행동에 대한 자연스럽고 현실적인 후속결과이기 때문에 처벌의 성격과 다르다고 지적한다. 내담자의 잘못된 행동을 허용한다면 그들을 진정으로 돌보지도 않고 사랑하지도 않는 것이며 이것은 다시 유대관계를 무너뜨린다. 치료자는 내담자의 행동 결과에 관심을 가지고 행동의 한계를 정하며 계속 책임감을 갖도록 하고 바람직한 행동을 하도록 촉구해야 한다.

4. 상담과정

Glasser의 현실치료의 핵심은 실패 정체감을 성공 정체감으로 변화시키는 것이다. 문제아동, 비행청소년, 학교폭력, 성인들의 부적응 행동의 원인은 바로 내담자 자신이 가지고 있는 비관적인 정체감인 실패 정체감에 있다. 현실치료에서는 치료자가 내담자와 긴밀한 유대관계를 맺으면서 내담자가 책임감 있고 현실성 있으며 바람직하고 옳은 행동을 하도록 이끌어 줌으로써 성공 정체감을 갖도록 돕는다.

현실치료의 핵심은 다음 두 가지로 요약할 수 있다. 첫째, 인간은 자신이 원하는 것과 현실세계에서 지각하는 것에서 차이를 경험할 때 갈등을 겪게 되고 원하는 것을 얻기 위해 행동이 동기화된다. 둘째, 이렇게 동기화된 행동은 욕구나 원함을 충족시키는 데 효과적일 수도 있고 또는 비효과적일 수도 있지만, 개인이 선택한 것이다. 상담이 필요한 내담자의 불행한 상황도 그들 자신의 선택에 따른 것이지만 대부분의 내담자는 자신이 힘든 상황을 선택했다고 인식할 수 없을 뿐 아니라 인정하기 어려울 것이다. 그렇지만 현실치료에서는 내담자의 행위 요소에 초점을 맞추고 그들이 바람직하고 효율적인 행동을 선택할 수 있도록 도와야 한다.

1) 상담목표

현실치료의 상담목표는 내담자가 소속, 힘, 자유, 즐거움의 심리적 욕구를 효율적으로 충족시키는 방법을 찾도록 돕는 것이다. 현실치료에서 내담자는 심리적으로 건강하고 현실적이며 책임감 있고 옳은 행동을 스스로 선택할 수 있는 힘을 가지고 있다. 따라서 어떤 결과이든 내담자는 그것이 자신이 선택한 행동의 결과임을 인식하고 책임을 지며, 더 나은 경험을 위해 스스로 선택해야 함을 인식할 수 있어야 한다. 내담자가 행동에 대한 통제력을 회복하고 이로 인해 더 만족스럽고 조화로운 행복한 삶을 살면서 성공 정체감을 형성하면 내담자는 심리적 욕구를 효율적으로 충족시킬 수 있다. 이를 위해 현실치료에서는 다음과 같은 세부적인 목표를 설정한다.

첫째, 상담자와 내담자 간의 긴밀한 유대관계를 형성해야 한다. 이것은 현실치료에 있어서 유대관계의 질이 상담과정의 성패를 좌우하기 때문이다. 실패 정체감을 가지고 있는 내담자와 유대관계를 맺는 것은 쉬운 일이 아니다. 사회적 관계에서 많은 좌절을 경험한 내담자는 상담자에게 적개심을 보이고 의심하면서 상담자의 적극적인 노력을 방해할 수도 있다. 가령, 빈정거림, 약속시간 불이행, 손해 입히기 등의 습관화된 무책임하고 잘못된 행동을 하면서 상담자와의 관계를 부정적으로 이끌어 갈 수 있다. 현실치료에서 상담자와 내담자의 개인적인 따뜻한 인관관계는 내담자가 합리적이고 책임 있는 행동을 선택할 수 있는 힘을 갖게 하고 중요한 타인들과 올바른 관계를 맺는 방법을 배우게 한다. 상담자는 내담자를 무한한 가능성이 있는 사람으로 인식하고 높은 기대를 유지하면서 내담자가 적극적으로 변화할 수 있도록 조력해야 한다. 따라서 상담자는 내담자에게 순수한 애정을 지녀야 하며 그들의 고통에 대해 진정한 동정심을 가지고 있으면서도 그들의 보다 나은 개선을 위해 감정을 절제할 수 있어야 하며 강인해야 한다. 또한 내담자의 사소한 질문에 대해서도 진실하게 응해야 하고 그들과의 친밀한 관계를 촉진하기 위해서 개인적으로 개방하고 정직해야 한다.

상담자가 내담자의 현재 생활의 모든 면에 관심을 가지고 이야기를 나누는 것은 유대관계의 형성을 촉진할 수 있다. 내담자의 취미, 흥미, 두려움, 가치관 등에 대해 이야기하며 다양한 관점에서 토론하고, 관심과 흥미의 영역을 넓혀 주며 새로운 흥미로운 삶과 세상을 볼 수 있도록 도와주어야 한다. 상담자는 내담자를 있는 그대로 수용하고 비난받아 왔던 내담자의 비이성적인 행동에도 결코 놀라지 않는다는 사실을 인식하게 함으로써 내담자와의 신뢰를 형성할 수 있어야 한다.

둘째, 현재 행동에 초점을 맞춰야 한다. 내담자의 문제는 현재 선택한 행동이 욕구충족을 좌절시키고 이로 인해 부정적인 생각, 느낌, 신체적 반응이 일어나 결국 실패적인 삶을 경험할 수밖에 없다는 것이다. 현재 행동에 초점을 맞추어 내담자의 무책임한 행동에 주의를 기울이고, 욕구를 충족시키기에 그 행동이 얼마나 부적절한가를 내담자가 인식하는 것이 중요하다. 내담자 스스로 자신의 행동이 환경을 통제하기에 부적절한 행동임을 인식할 때 다른 행동을 선택할 수 있는 힘을 갖게 된다. 내담자는 현재 행동을 변화시킴으로써 생각, 감정, 생리적 반응에 변화가 일어나고 환경을 바람직하게 통제할 수 있다는 것을 인식할 수 있어야 한다. 행동의 네 가지 요소인 활동하기, 생각하기, 느끼기, 신체적 반응 가운데 '활동하기'만이 의식적으로 통제하고 선택할 수 있는 것임을 내담자가 분명하게 알아야 한다. 즉, 내담자는 현실적으로 바람직하고 옳은 방법으로 욕구를 충족시키는 행동을 새롭게 선택하고 학습함으로써 성공적인 경험을 하게 될 것이고 효율적으로 삶을 통제하고 관리하는 힘을 갖게 될 것이다. 현실치료에서 상담자는 내담자가 현재 통제할 수 있는 것이 무엇인지를 정확하게 인식하도록 돕는다.

셋째, 내담자의 가치판단에 초점을 맞춰야 한다. 내담자는 자신의 삶에서 원하는 것과 이를 위해 선택한 행동이 가치 있는 것인지에 대해 스스로 판단할 수 있어야 한다. '무엇을 원하는가?(what do you want?)' 그리고 '무엇을 하고 있는가?(what are you doing now?)'의 질문을 통해 원하는 것이 무엇인지를 명료화하고 현재 행동이 원하는 것을 충족시키는 결과를 가져왔는지에 대해 검토할 수 있도록 도와야 한다. 우선, 내담자가 원하는 것이 현실적으로 실현 가능한 것인지를 확인하고 진정으로 원하는 것을 찾음으로써 인생의 목표를 명료화해야 한다. 그리고 내담자는 선택한 행동이 실제로 욕구를 충족시키고 목표 성취에 도움이 되는지를 스스로 평가하고 판단해야 한다. 내담자가 행동을 변화시키려면 자신의 선택을 검토하고 행동의 가치를 검토해야 한다. 가령, 내담자는 가출이 부모와의 갈등관계를 해결해 주는 최선의 선택이었는지를 평가하고 가장 적절한 행동에 대한 가치판단을 해야 한다. 행동의 적절성을 판단하고 변화를 선택하는 것은 상담자의 설득과 권유가 아닌 내담자의 판단과 결정에 달려 있다. 따라서 현실치료에서는 내담자가 자신의 삶의 목표와 현실을 직시하고, 그 의미와 가치를 평가하고 판단할 수 있도록 돕는 것이 중요하다.

넷째, 책임 있는 행동에 대한 계획을 세워야 한다. 내담자가 자신의 삶의 목표와 현실을 통제하는 행동들에 대해 자기평가를 한 후에는 성공적인 삶을 위한 가치 있고 실천적인 행동을 계획해야 한다. 이때 상담자는 내담자가 행동을 변화시키기 위해 구체적인 계획을 세울 수 있도록 도와주어야 한다. 내담자가 지나치게 의욕적으로 무리한 계획을 세우지 않고 실행 가능한 행동을 계획하여 성공적인 경험을 할 수 있도록 도와야 한다. 내담자가 현실을 효과적으로 통제하지 못함으로써 실패 정체감을 형성해 왔다는 사실에 주의하고 성공적으로 실천할 수 있는 최소한의 계획을 세울 수 있도록 해야 한다. 내담자의 문제를 일시에 해결하려는 시도보다는 한 단계씩 실천할 수 있는 행동계획을 세울 수 있게 해야 한다.

다섯째, 실행해야 한다. 실천 가능한 행동계획을 수립한 후에는 반드시 실천해야 한다. 내담자의 행동이행을 더욱 동기화하기 위해서는 내담자로부터 실행에 대한 약속을 받아야 한다. 이것은 상담자가 내담자로 하여금 새로운 행동의 시도를 촉구하고 박차를 가하도록 돕는 한 방법이 된다. 가령, 글로 작성한 내담자의 약속은 행동 변화에 대한 분명한 의지를 담고 있어서 강한 동기로 작용할 수 있다. 내담자의 행동을 통제할 수 있는 유일한 사람은 행동을 실천해야 하는 내담자 자신뿐임을 인식시키는 것이 중요하다.

여섯째, 변명을 허용하지 않아야 한다. 내담자의 변명을 수용하지 않으면서 내담자 자신의 선택에 따르는 책임을 갖도록 해야 한다. 상담자는 내담자가 행동계획을 잘 수행하고 실천하고 있는지를 계속 확인해야 한다. 그러나 내담자가 행동계획을 제대로 실천하고 있지 못하더라도 그것에 대해 비난이나 제재를 가해서는 안 되지만 내담자의 변명에 주의를 기울이지 않아야 한다. 내담자가 다른 계획이나 좀 더 쉬운 계획을 원한다면 기꺼이 새롭게 계획을 세울 수 있도록 돕고 내담자의 능력과 개인적 관심에 맞춰 계획을 변경시킬 수 있는 융통성을 지녀야 한다. 현실치료는 실패 정체성을 가지고 있는 내담자가 과거에 겪었던 처벌과 비난의 두려움으로부터 벗어나도록 돕지만 상담자는 지난 일에 대한 내담자의 변명을 허용하지 말고 내담자가 자신의 선택에 대한 책임을 수용하도록 도와야 한다.

2) 상담기법

현실치료는 상담환경 가꾸기와 행동 변화를 위한 절차의 두 과정으로 구성된다. 현실치료에서 상담자는 내담자가 스스로 자신의 삶을 평가하고 판단할 수 있도록 하고, 바람직하고 효율적인 행동을 선택하는 것을 조력한다.

(1) 상담환경 가꾸기

상담환경 가꾸기에서 가장 중요한 것은 상담자가 내담자에 대해 긍정적인 관심을 보이고 수용적이며, 그들의 바람직한 변화를 기대하며 상호신뢰를 쌓는 것이다.

현실치료에서 효과적인 상담을 위해 상담환경을 가꾸는 12가지 방법은 다음과 같다(김인자, 1999).

- **내담자에게 주의를 기울여 경청하기:** 내담자에 대한 경청은 상담자와 내담자의

관계형성에 주요한 요소다. 상담자의 눈 맞춤이나 진지한 관심을 보이는 표정, 수용적 자세, 경청하고 있음을 보여 주는 언어적 행동, 내담자에게 주의를 기울이는 비언어적 행동, 바꾸어 말하기 등은 내담자와의 관계형성에 중요하다.

- **AB(Always Be)-CDEFG 사용하기:** 이것은 상담자가 상담환경 가꾸기 과정에서 반드시 지켜야 할 다섯 가지 태도다. 첫째, 항상 침착하고 예의바를 것(Always Be Calm & Courteous), 둘째, 항상 신념을 가질 것(Always Be Determined)으로 상담자는 내담자가 올바른 선택을 할 수 있고 더 나은 삶을 살아갈 수 있다는 신념을 가지고 있어야 한다. 셋째, 항상 열정적일 것(Always Be Enthusiastic)으로 상담자는 개인적인 상황과 무관하게 기분 좋은 상태를 유지하고 긍정적인 태도로 내담자를 만나야 한다. 넷째, 항상 확고할 것(Always Be Firm)으로 상담과정에서의 계획과 실천 등에 있어서 일관성이 있어야 하고 확신을 가지고 있어야 한다. 다섯째, 항상 진실할 것(Always Be Genuine)으로 상담자가 내담자와 정직하고 솔직한 관계를 유지함으로써 내담자가 바람직한 인간관계를 경험하도록 해야 한다.
- **내담자의 행동에 대한 판단 보류하기:** 상담자가 내담자의 모든 행동이 내담자 자신의 욕구와 원함을 충족시키기 위한 최선의 선택임을 확신하는 것이다. Glasser의 선택이론에 기초하여 상담자는 판단과 비판 없이 내담자의 부적절한 행동을 이해할 수 있어야 한다.
- **예상하지 못한 행동하기:** 상담자는 내담자가 호소하고 있는 좌절과 고통 이외에 다른 소망이나 바람을 나눔으로써 잠시나마 내담자가 불행한 상황에서 벗어나도록 도울 수 있다.
- **유머 사용하기:** Glasser는 즐거움의 욕구가 충족되는 것은 매우 중요하다고 보았다. 상담장면이 즐겁고 편안한 분위기라면 내담자는 상담자와의 만남을 기대할 것이다. 현실치료에서는 유머를 적극적으로 사용할 것을 권장한다.
- **가장 자기다운 방법으로 상담하기:** 상담자는 특정한 어떤 상담자 역할을 연기

하는 것이 아니라, 자신의 모습과 강점이 자연스럽게 표현되는 편안한 태도로 상담해야 한다. 만약 상담자가 조용하고 진지한 성향이라면 편안하고 안정된 분위기로 상담을 이끌어 가고 혹은 진취적이며 쾌활한 성향이라면 자신의 장점을 살려 활기 있고 밝은 분위기로 상담을 할 수 있다.

- **개방하기:** 상담자의 진지하면서도 개방적인 태도는 내담자로 하여금 스스로 개방할 수 있도록 도우며, 이것은 신뢰관계 형성에도 중요하다.
- **은유적 표현에 귀 기울이기:** 상담자는 내담자의 표면적인 표현 이면에 내포되어 있는 진실이 무엇인지를 살펴봄으로써 내담자가 그 자신에 대해 더 깊은 통찰을 할 수 있도록 돕는다.
- **주제에 귀 기울이기:** 상담자는 내담자의 이야기를 경청하면서 문제가 무엇인지 확인하고, 핵심주제를 찾고 주제에 주의를 기울이며 효과적인 방향을 설정할 수 있어야 한다.
- **요약하고 초점 맞추기:** 상담자는 내담자의 이야기를 요약하고 원하는 것에 초점을 맞출 수 있도록 도와야 한다. 내담자의 이런저런 많은 좌절과 실패의 경험들을 몇 가지 요점과 주제로 요약하고 내담자가 충족시켜야 할 욕구, 이를 위한 준비와 미비점이 무엇인지를 파악할 수 있도록 돕는다.
- **결과를 허용하고 책임지도록 하기:** 상담자는 내담자가 바람직하지 않은 행동을 선택했을 때 이에 대해 스스로 책임지도록 해야 한다.
- **침묵을 허용하기:** 내담자가 침묵을 통해 자신의 생각을 정리하고 올바른 행동의 선택을 명료화하여 문제해결을 위한 계획을 세울 수 있도록 도와야 한다.

(2) 행동 변화를 위한 절차

행동 변화를 위한 상담과정에는 바람과 욕구 탐색하기(Wanting & needs), 방향과 행동 파악하기(Diretion & doing), 바람, 행동, 계획 평가하기(Evaluation), 계획과 실천하기(Planning & commitment)가 있다. Wubbolding은 행동 변화를 위한 상담과정을 이러한 WDEP로 요약 기술하고 있다.

① 바람과 욕구 탐색하기(W)

바람과 욕구 탐색은 내담자의 행동 변화를 위한 시작으로 상담자가 내담자의 욕구・바람・지각・노력 수준을 파악하고 확인하는 과정이다. 이와 관련된 질문은 다음과 같다.

1. 무엇을 원하는가?
2. 진정으로 원하는 것이 무엇인가?
3. 주위 사람들이 당신에게 원하는 것이 무엇이라고 생각하는가?
4. 당신은 어떤 시각으로 사물과 환경을 바라보는가?
5. 상담자에게 바라는 것이 무엇인가?
6. 문제해결을 위해 최선의 노력을 다할 것인가?(상담에 대한 확실한 약속)

② 방향과 행동 파악하기(D)

활동, 생각, 감정, 신체적 반응으로 구성된 전행동을 탐색하여 평가하는 과정으로 내담자가 상담의 전반적인 방향을 파악하도록 돕는 것이다. 즉, 내담자가 어디로 가고 있는지를 파악하고 실행할 수 있도록 하는 과정으로 스스로 통제할 수 있는 활동요소를 탐색할 수 있다. 내담자는 활동요소를 바꿔서 생각하기, 느끼기, 신체적 반응의 변화를 가져올 수 있음을 알게 됨으로써 행동의 변화를 시작할 수 있다. 이를 위해 상담자는 내담자에게 '당신은 무엇을 하고 있습니까?(What are you doing now?)'라는 핵심적인 질문을 하게 된다. 이 질문은 삶의 방향을 결정했던 내담자 자신의 구체적이고 독특한 행동에 초점을 맞춤으로써 욕구좌절을 극복하고 충족하는 삶을 위한 행동체계로의 변화를 인식하도록 돕는다. Glasser는 다음의 What, Are, You, Doing에 관한 각각의 질문은 행동 변화로 이끄는 매우 의미 있고 중요한 단어들이라고 말한다.

전행동 탐색을 위한 질문

1. '무엇을(What)?'

상담자는 이 질문을 통해 내담자가 그 자신의 시간을 어떻게 보내고 있는지에 대해 정확하고 아주 세부적으로 대답하도록 한다. 여기서 내담자는 자신이 통제할 수 있는 행동과 통제할 수 없는 행동을 확인하고 효율적인 욕구충족 행동에 대해 가치판단하고 평가함으로써 자신의 내면세계를 확인하고 이해하는 기회를 갖는다.

2. '있습니까(Are)?'

내담자가 현재 자신의 욕구충족을 위해 어떻게 하고 있는가를 질문하는 것으로 현재의 활동, 행위에 초점을 맞추는 것이다. 내담자의 현재와 과거는 연결되어 있고, 과거가 현재 상황에 많은 영향을 주는 것은 사실이다. 그래서 내담자와 그의 현재를 이해하기 위해 과거를 다룰 수도 있지만 과거는 되돌릴 수 없고 욕구좌절과 실패는 현재에 일어나고 있기 때문에, 현재의 내담자의 행위와 활동에 대해 질문한다. 과거를 다룰 때는 성공적인 경험, 행복했던 경험에 대한 구체적인 질문을 통해 언제, 어디서, 누구와 함께, 무엇을 하였으며 그때 내담자의 어떤 욕구가 충족되었는지를 구체적으로 질문해야 한다.

3. '당신은(You)?'

상담과정에서 내담자 당사자(당신)에게 초점을 맞추고 있는 것은 당연한 것처럼 보이지만, 내담자는 자신의 욕구좌절과 관련하여 다른 사람들의 행동에 대해 더 많이 얘기하려고 한다. 상담자는 내담자가 다른 사람이 아닌 자신의 행위에 초점을 맞추고 탐색할 필요성을 설명하고, 내담자 자신이 변화해야 함을 이해시켜야 한다. Glasser는 이 시점에서 내담자의 저항이 강하게 나타난다고 설명한다. 가령, 가출이나 싸움을 어머니의 급한 성격이나 친구의 이기적인 행동 탓으로 돌리고 내담자 자신의 행위에 대해서는 회피하려고 한다. 현실치료 상담과정에서 다른 사람의 행위를 완전히 배제하는 것은 아니지만 융통성 있게 다루면서 상담자는 초점이 내담자의 행위에서 벗어나지 않도록 주의해야 한다.

4. '하고(Doing)?'

전행동 가운데 '행위'에 초점을 맞추어 우울, 불안과 같은 감정의 원천을 통찰하도록 한다. 이것은 불안하기 때문에 불안한 것이 아니라 비효율적인 행동을 선택한 결과로 불안을 겪게 되는 것임을 통찰하도록 돕는 질문이다. 시험 기간이 다가오는데 영화를 보고, 친구를 만나고, 놀러 다니면서 시험 준비를 미루다 보니 불안해지기 시작한다. 이처럼 불안함은 시험 준비 시기에 적절하지 못한 행동을 함으로써 자연스럽게 부수적으로 뒤따르게 된다. Glasser는 감정을 통제하는 것은 쉽지 않기 때문에 감정을 변화시키기 위해 구체적으로 계획을 세우고 실천하는 것은 어렵다고 말한다. 반면에 행위는 통제가 가능하기 때문에 내담자가 자신의 행위를 스스로 선택했음을 분명하게 인식하게 되면 효율적인 적절한 행동을 구체적으로 계획할 수 있다. 가령, 사춘기 청소년이 분노 감정을 누그러뜨리는 것을 선택하기보다는 어머니에게 말대꾸 없이 방으로 들어가는 행위를 선택하는 것이 더 쉽다.

③ 바람, 행동, 계획 평가하기(E)

평가하기(가치판단하기)는 내담자의 욕구, 바람, 행동, 계획에 대해 내담자가 평가하는 것으로 내담자 개인의 욕구 및 욕구충족과 관련된 행동 그리고 계획의 관계를 점검하는 것이다. 현실치료에서 행동 변화는 내담자의 선택이기 때문에 스스로 평가하는 것이 중요하다. 따라서 상담자는 다음과 같은 7개의 질문을 통해 내담자가 그 자신의 행동과 수행능력을 스스로 평가할 수 있도록 해야 한다.

평가를 위한 질문

1. 현재 행동이 당신에게 도움이 됩니까?

이 질문은 내담자에게 그 자신의 행동이 내담자에게 이익이 되는지 또는 손해를 끼치는지를 스스로 판단하게 하는 것이다. 내담자가 선택한 행동이 현재 그리고 미래에도 바람직한 방향으로 자신의 삶을 이끌어 가는지를 평가하게 함으로써 내담자가 행동의 전반적인 방향에 대해 가치판단을 하도록 한다.

2. 당신이 지금 하고 있는 것이 당신이 원하는 것을 얻는 데 진정으로 도움이 됩니까?

내담자가 현재 선택하고 있는 구체적인 행위들이 그 자신의 욕구와 바람을 충족시키는 데 효과적인지를 판단하도록 하는 질문이다. 가령, 늦잠을 자고 TV를 보고, 잡담을 나누고, 비디오를 보고 잠자리에 드는 내담자에게 다음과 같이 가치판단을 요청하는 질문을 한다. '하루 종일 집에 있으면서 운동도 안 하고 앉아 있는 것이 기분을 좋게 하고 의욕을 갖도록 하나요?'

3. 현재 당신이 행하는 것이 규칙에 어긋납니까?

내담자의 행동이 수용할 만한 행동인가를 질문하는 것은 내담자가 거울을 들여다보듯이 자신의 행동을 관찰하도록 돕는다. Glasser는 상담장면에 있는 내담자뿐 아니라 일반 사람들도 자신의 행동에 대한 한두 번의 직면을 통해 행동을 바꾸기는 아주 어렵다고 말한다. 자신의 행위를 자주 반복해서 관찰하는 것이 중요한데, 이것은 일반적으로 현재 순간의 행위에 대해 의식하지 못하기 때문이다.

4. 당신이 원하는 것이 현실적이고 실현 가능한 것입니까?

내담자의 바람이 실현 가능한 것인가를 내담자 스스로 판단하도록 하기 위해 그들이 원하는 것이 현실적인가를 평가하도록 한다. 상담자는 내담자의 바람이나 욕구에 대해 평가하지 않으면서 내담자의 바람이 성취 가능한지에 대해 초점을 맞춘다.

5. 그런 식으로 보는 것이 당신에게 도움이 됩니까?

내담자가 세상을 바라보는 관점에 초점을 두고 스스로 평가하도록 하는 질문으로 부정적인 시각을 인식하도록 한다. 내담자가 외부세계를 어떻게 지각하는가에 따라 그가 선택하는 행동이 달라진다. 가령, 내담자가 자신의 부모를 사랑이 부족하고 권위적인 존재로 지각하고 부모에게 적대적으로 행동하기 때문에 결국 갈등이 해결될 수 없음을 내담자가 이해하도록 돕는다. 그러나 세상을 바라보는 관점이나 시각을 변화시키는 것은 쉬운 일이 아니기 때문에 현실치료에서는 여전히 통제 가능한 행위를 변화시키는 것이 중요하다.

6. 상담의 진행과 당신의 인생 변화에 대해 어떻게 약속하시겠습니까?

현재의 약속 수준이 내담자에게 도움이 될 것인지에 대해 평가하는 질문이다. 약속은 5수준으로, 1수준 '자신의 문제를 다른 사람에게 전가하고 변화하려는 의지가 없다.', 2수준 '변화의 결과는 기대되지만 노력할 자신이 없다.', 3수준 '노력해 보겠다.', 4수준 '최선을 다하겠다.', 5수준 '결과가 어떻게 되든 실천하겠다.'이다.

약속 수준에 대한 가치판단은 내담자가 자신의 문제해결과 자기통제에 대해 성실하게 노력하도록 촉구하는 것으로 상담자는 내담자의 약속 수준을 진단하고 수준을 높일 수 있도록 도와야 한다.

7. 당신의 계획이 당신의 욕구나 바람 충족에 도움이 됩니까?

이 질문은 계획에 대한 내담자의 가치판단을 요구하는 내용이지만 앞의 약속 절차 중 약속 수준을 높이는 과정에서도 반복되는 질문이다. 내담자는 자신의 계획이 욕구를 만족스럽게 충족시킬 수 있는지와 계획을 실행할 수 있는지를 평가해야 한다.

④ 계획과 실천하기(P)

계획하기에는 계획과 실행 과정이 포함되어 있어 계획 이행에 대한 약속 그리고 상담과정의 마무리까지도 여기에 해당한다. 상담자는 내담자가 자신의 욕구와 바람을 충족시키는 계획을 수립할 수 있도록 도와야 한다. 따라서 다음과 같은 원칙에 기초하여 내담자가 자신의 활동, 행위에 대한 긍정적인 계획을 세울 수 있도록 해야 한다.

- 욕구가 충족되는 계획이어야 한다. 계획은 내담자의 욕구와 연결되고 충족될 수 있어야 하는데, 가령 다른 사람에게 아무리 즐거운 활동이라도 내담자에게 재미가 없다면 무의미하다. 상담자는 내담자가 그 자신의 욕구가 잘 충족될 수 있는 방향으로 계획하고 그 계획을 끝까지 실행할 수 있도록 도와야 한다.
- 계획은 단순해야 한다. 내담자에게 적절하면서 간단하게 실천할 수 있는

계획을 세워야 한다. 내담자는 욕구를 충족시키는 아주 간단하고 구체적인 행위의 실천을 시작으로 단계적으로 행동을 변화시켜 나가야 한다.

- 계획은 현실적이고 실현 가능해야 한다. 내담자가 실제로 수행할 수 있는 계획을 세워야 하는데, 이를 위해 상담자는 내담자의 수행 수준을 잘 이해하고 있어야 한다.
- 계획은 적극적인 활동을 수행하는 내용이어야 한다. 내담자의 어떤 행위를 중지하는 것이 아니라 바람직한 행동을 하도록 권장하는 내용이어야 한다. 내담자가 부적절한 행위를 '하지 않도록' 하는 부정적인 계획보다 욕구 충족을 위해 새로운 좋은 활동을 '하기'로 계획하는 것이 바람직하다. 즉, 활동을 중지시키는 계획보다 '활동하기'와 같은 긍정적인 계획이어야 한다. '~하지 마라'는 요구는 오히려 내담자를 더욱 긴장하게 함으로써 더 많은 실수를 하게 하는 경향이 있다. 물이 가득 든 컵을 들고 오는 아이에게 '물 쏟지 마라.'는 부정적인 지시를 하면 아이는 오히려 물을 쏟는 실수를 하는 경우가 더 많다.
- 계획은 행위자에 기초해야 한다. 내담자가 스스로 혼자 할 수 있고 해야만 하는 활동을 계획하는 것을 의미한다. 다른 사람의 지원이나 지지를 받으면서 내담자가 실행할 수 있는 계획을 세우는 것은 내담자가 자신의 책임을 다른 사람에게 전가시키도록 한다. 현실치료의 핵심은 통제 불가능한 외부에 초점을 두는 것이 아니라 행위의 주체자인 내담자가 통제할 수 있는 행위에 초점을 맞추는 것이다.
- 계획은 구체적이어야 한다. 상담자는 내담자가 실행해야 할 일을 명확하고 세부적으로 계획하도록 도와야 한다. 그래서 상담자는 '무엇을' '언제' '어디서' '누구와' '얼마나 자주' 할 것인지에 대해 질문한다.
- 계획은 반복적이며 측정 가능해야 한다. 내담자가 새로운 행위를 완전한 자신의 습관적인 행위로 만들기까지는 그 행위를 수없이 반복해야 한다. 가령, 산책을 생활습관으로 만들기 위해 일주일의 산책 횟수와 산책 시간 기준을 정하고 측정하면서 반복하는 것이 그 예다.

- 계획은 즉각적이어야 한다. 이것은 내담자가 오늘 바로 실행할 수 있는 계획을 세워야 함을 의미한다.
- 계획은 현실적이어야 한다. 내담자의 노력으로 실행 가능한 계획을 세워야 한다.
- 계획은 진행 중심적이어야 한다. 이것은 최종 결과보다 현실적으로 실행 가능한 행위를 하고 있는 것에 초점을 맞추는 것이다. 가령, '친구를 세 번 칭찬한다.'는 진행 중심의 계획이고 '친구와 사이좋게 지낸다.'는 최종 결과를 나타낸다. '일주일에 산책을 네 번 한다.'는 진행 중심이며, '건강해진다.'는 결과 중심이다. 진행 중심의 현실적으로 실행 가능한 계획은 내담자가 통제할 수 있는 행동들이지만 결과 중심의 계획은 행위의 결과로 얻어지는 부산물이다.
- 계획은 평가해야 한다. 상담자는 계획이 실행되기 전에 내담자와 함께 검토해야 한다. 계획 내용이 내담자의 욕구 및 바람과 관련되어 있는지, 효과적으로 충족시킬 수 있는지 그리고 즉각 실행할 수 있는지 등을 검토하고 평가한다.
- 계획은 강화되어야 한다. 이것은 계획을 완성한 후에 그 내담자가 그 계획을 수행함으로써 얻게 되는 좋은 결과들을 다시 말해 줌으로써 내담자가 실천에 대한 의욕과 책임 있는 행동을 하도록 촉구한다.
- 계획은 이행 약속이 있어야 한다. 가장 중요한 것은 내담자가 계획을 바로 이행하는 것에 대한 확고한 약속이다. 사소하고 단순한 계획이더라도 이를 실천하면서 조금씩 개선될 수 있음을 내담자에게 확신시키고, 내담자가 계획을 실천할 수 있도록 격려하는 것이다.

계획에 대한 약속은 계획 단계의 마지막 과정이라고 할 수 있다. 내담자로부터 약속을 받는 과정에서 내담자는 계획 내용을 적고, 말하기도 하고, 서명을 함으로써 실천에 대한 확고한 의지를 갖게 된다. 약속을 하면서 내담자에게 계획 내용을 확인하기 위한 질문은 다음과 같다.

계획 내용 확인을 위한 질문

1. 당신은 정말 이 계획을 실천하시겠습니까?
2. 지금 당신이 실행하기로 한 계획을 다시 말씀해 주시겠습니까?
3. 실행하겠다고 약속한 내용에 서명해 주시겠습니까?
4. 마음이 변하거나 계획대로 하지 않게 되면 어떤 결과가 발생하는지 알고 있습니까?

제3부

청소년상담의 실제

제3부에서는 청소년상담자로서 알아야 할 구체적이고 실제적인 상담전략을 다룬다. 청소년상담자는 청소년들을 대면하고 상담을 진행할 때 효과적인 상담방법과 기술을 다룰 수 있어야 한다. 상담자는 대면기술을 통해 내담자와 신뢰관계를 형성하고 상담을 좀 더 심층적으로 진행할 수 있다. 또한 청소년상담 활동을 시작할 때 상담목표를 효과적으로 달성할 수 있도록 체계적인 상담전략도 세워야 한다. 더불어 현재 운영 중인 청소년상담 프로그램 실제를 살펴보는 것은 청소년상담 활동에 필요한 정보와 기술을 습득하고 상담전략을 계획하는 데 도움이 될 것이다.

대면기술

1. 경청

사람을 대할 때의 가장 기본적인 자세는 상대방의 말을 잘 듣는 것이다. 누군가 자신의 말을 잘 들어 줄 때 그가 자신에 대해서 관심을 가지고 있음을 알게 되고, 좀 더 편안한 마음을 가지게 되며, 자신의 이야기를 더 많이 나눌 수 있게 된다.

상담실에 찾아오는 청소년 내담자를 보면, 말하는 것을 좋아하는 내담자도 있지만 이와 반대로 말하기를 회피하려는 내담자도 있다. 어떤 내담자는 굉장히 빠른 속도로 장황하게 매우 많은 이야기를 해서 상담자가 내담자의 말을 이해하고 내용을 정리하는 데 어려움을 겪는다. 반대로 상담시간 내내 한 마디도 하지 않고 조용히 앉아 있다가 시간이 종료되어 상담실을 나가는 내담자도 있다. 하지만 내담자가 이야기를 많이 하든 적게 하든 간에 내담자는 누군가 자신에 대해 관심을 가져 주기를 바라며, 자신의 고통에 대해 이야기를 들어 주기를 바란다. 그래서 상담자는 내담자가 다루기 힘든 사람일지라도 상대방에 대해서 잘 듣고 있다는 경청의 태도를 보여 주어야 한다. 잘 듣고 있다는 것은 상대방에 대해 큰 관심을 가지고 있으며 존중하고 있음을 표현하는 것이다.

상담에서 상담자의 주된 활동은 내담자의 말을 듣는 것이다. 잘 듣는다는 것은 단순히 말만 잘 듣는 것을 의미하는 것은 아니다. 내담자에게서 얻는 정보는 언어적인 것과 비언어적인 것으로 나뉜다. 언어적인 정보는 내담자의 말에서 얻는 정보이며, 비언어적인 정보는 내담자의 습관적인 행동, 표정, 옷차림, 억양 등을 관찰하는 데에서 얻는 정보다. 때로는 내담자의 직접적인 말에서 얻는 정보보다 내담자의 태도와 행동으로부터 얻는 정보가 훨씬 유용할 때도 있다. '백 마디 말보다 행동이 먼저다.'라는 속담이 있듯이, 말보다는 태도와 행동이 내담자에 대해 보다 신뢰할 수 있는 정보를 제공하기도 한다. 자신의 감정에 대한 자각이 부족한 내담자는 자신의 현재 마음 상태를 잘 표현하지 못하는 경향이 있다. 가령, 불안을 느끼는 내담자에게 상담자가 "지금 느낌이 어떠세요?"라고 질문하면, 자신의 감정에 대해 자각하지 못하는 내담자는 덤덤하게 "그저 그래요." "잘 모르겠어요."라고 대답할 수 있다. 그러나 상담자는 다리를 떨거나 입술을 깨물거나 눈의 초점이 불안정한 내담자의 행동 등을 관찰함으로써 내담자가 불안을 느끼고 있음을 알 수 있다. 따라서 상담자가 잘 경청한다는 것은 단순히 내담자의 언어에만 집중하는 것이 아니라 내담자의 전반적인 태도와 행동에 주의를 기울여 잘 관찰한다는 것을 의미한다.

Long(1996)은 '경청'을 내담자가 언어적으로 또는 비언어적으로 그리고 직접적 · 간접적으로 전달하는 메시지를 포착하기 위해 내담자가 말할 때 주의집중(attention)하면서 듣는 것이라고 정의하였다. 상대방에 대해서 주의집중한다는 것은 상대방에 대해 적극적으로 관심을 갖는다는 것을 말한다. 따라서 단순히 잘 듣는 것만 중요한 것이 아니라 내담자에 대해 적극적인 관심을 보이는 것이 중요하다.

1) 주의집중

내담자는 자신의 상황이 매우 어렵고 힘들기 때문에 누군가와 함께하기를 간절히 원한다. 그래서 내담자와 함께한다는 느낌을 전달해 주는 것은 상담에서 매우 중요한 기법이라고 하겠다. 이러한 기법 중의 하나가 주의집중이다.

내담자의 태도와 행동이 상담자에게 여러 가지 의미를 전달하듯이 상담자의 비언어적인 행동과 태도도 내담자에게 많은 메시지를 전달한다. 그러므로 상담자의 태도에 따라서 내담자는 자신의 문제에 대해 자신을 좀 더 개방하기도 하고 상담자에 대한 신뢰를 가질 수도 있으며, 반대로 상담에 대해 저항하거나 불신하기도 한다. 전자의 경우는 상담자가 내담자에게 적극적으로 주의집중을 하는 경우이며, 후자의 경우는 소극적인 주의집중을 하는 경우다. 상담자가 내담자를 대하는 주의집중의 태도에 따라 내담자가 상담에 참여하는 태도와 효과가 달라질 수 있다.

(1) 주의집중 기술

효과적인 주의집중을 하는 데는 크게 두 가지 방법이 있다. 하나는 내담자에게 당신과 함께하고 있다는 느낌을 주도록 친밀한 관계형성(rapport)을 하는 것이고, 다른 하나는 내담자에게 최선을 다하고 있다는 태도를 유지하는 것이다.

Gerard(1991)에 따르면 주의집중의 기술은 다섯 가지 방법으로 나눌 수 있다.

첫째, 내담자와 마주 대한다(face the client squarely). 상담자는 자신의 시선, 몸의 방향을 내담자에게 맞춤으로써 내담자에게 상담자가 몰두하고 있다는 느낌을 전달한다. 서구 문화에서 다른 사람과 정면으로 마주 대하는 자세는 그 사람에게 몰두하고 있다는 표시로 간주된다. 그런데 우리 문화에서 상대방을 똑바로 쳐다보며 대면하는 것은 자칫 경계를 유발할 수도 있다. 내담자가 상담자를 마주 대하는 것을 불편하게 느끼면, 상대방이 불편하지 않게 상담자는 약간 몸을 돌리고 시선은 내담자를 부드럽게 응시하며 대화하는 것이 바람직하다. 상담자는 내담자와 이야기하는 중에 다른 사람을 향해 얼굴을 돌리거나 다른 곳을 응시하지 말아야 하고, 시선과 귀는 내담자 쪽으로 향해 있어야 한다.

둘째, 개방적인 자세를 취한다(adopt an open posture). 상대방이 이야기할 때 다리를 꼬거나 팔짱을 끼고 있는 자세는 타인에게 좋은 인상을 주지 못한다. 팔짱은 상대방의 이야기를 평가하거나 선택해서 듣는다는 느낌을 내담자에게 전달할 수 있다. 또한 우리 문화권에서 처음 만나는 사람이 이야기할 때 다리를 꼬고 듣는 행동은 자칫 건방진 태도로 오인받을 수 있다. 상담자는 자신의 태도가 상대방에게 존중을 전달하고 개방적 자세를 취하고 있는지 여부를 스스로 점검하고 올바른 자세를 유지하도록 노력해야 한다.

셋째, 가능한 한 내담자를 향해 몸을 기울인다(it is possible at times to lean toward the other). 연인이나 아주 친한 사람들이 이야기하는 것을 관찰하다 보면, 상대방에게 자신의 몸을 기울이며 대화하는 것을 볼 수 있다. 상대방에게 자신의 몸을 기울이면 상대방은 "나는 당신과 함께하고 있습니다." 혹은 "나는 당신과 당신이 한 말에 관심을 가지고 있습니다."라는 느낌을 받을 수 있다. 반대로 몸을 뒤로 젖히는 것은 "당신의 이야기가 지루합니다."라고 느껴진다. 한편으로 상담자의 몸을 내담자에게 지나치게 가깝게 기울이는 것은 친밀한 표현이라기보다는 오히려 내담자에게 불편함을 줄 수 있다. 따라서 가능한 한 자연스럽게 내담자 쪽으로 상담자의 상체를 기울이는 자세가 필요하다.

넷째, 눈의 접촉을 유지한다(maintain good eye contact). 상대방의 눈을 부드럽게 응시하면서 이야기하는 것은 서로의 대화를 더 깊고 신뢰할 수 있게 해 준다. 연인들의 대화 행동을 살펴보면, 촉촉하게 젖은 시선으로 상대방의 눈을 바라보면서 이야기하고 서로에게서 시선을 떼지 않으려고 한다. 그리고 '눈은 마음의 창이다.'라는 속담도 있듯이, 상대방의 눈을 보면서 이야기한다는 것은 자신의 말이 진솔하며 거짓이 없다는 표현이다. 반대로 상대방의 시선을 피하고 눈을 마주치지 못하는 것은 불안을 나타내는 것이며, 진솔한 대화를 하지 못한다는 표현일 수 있다. 따라서 상담자는 내담자와 눈의 접촉을 피하지 말고 내담자를 잘 바라보는 것이 좋다. 그러나 서구 문화권과 달리 우리 문화권에서는 상대방의 눈을 똑바로 응시하는 것은 싸움이나 위협으로 느껴지기도 한다. 따라서 상담자는 내담자에게 시선을 유지하되 상대방이 불편해하지 않게 바라보는 훈련을 해야 한다.

다섯째, 앞의 네 가지 행동을 하는 동안 상담자는 긴장하지 않도록 한다(try to be relatively relaxed while engaged in these behaviors). 상담을 시작한 지 얼마 되지 않은 초보 상담자일수록 상담에 대한 긴장이 크다. 상담자는 '내담자의 말을 놓치지 말아야 하는데' '내담자가 나를 싫어하면 안 되는데' '내담자에게 친절하고 상냥한 모습을 보여야 하는데' 등의 생각으로 내담자를 자연스럽게 대하지 못하고 긴장하게 된다. 상담자가 긴장을 하게 되면 몸이 경직되고 불안이 표정과 말투에 배어 나오게 되어 내담자를 불편하게 한다. 더 큰 문제는 상담자의 긴장 행동이 내담자에게 주의를 기울이고 정확한 정보를 얻는 데 방해가 된다는 것이다. 따라서 상담자는 자신의 긴장감을 잘 알아차리고 이를 이완하기 위한 노력을 해야 한다.

2) 경청

경청은 언어적인 것을 잘 듣는 것뿐만 아니라 비언어적인 것을 잘 관찰하는 것까지 포함한다. 상담자는 주의집중을 통하여 내담자의 비언어적인 행동과 태도를 깊게 경청할 수 있다. 경청을 잘하면 내담자와 관련된 핵심 자료들을 얻을 수 있으며 이 자료들로부터 문제를 명확하게 규명할 수 있다.

(1) 언어적 경청

내담자의 언어를 경청한다는 것은 단순히 내담자가 하는 말을 빠짐없이 잘 듣는 것이 아니다. 언어적 경청은 내담자의 문제를 확인할 수 있는 언어적 자료들을 상담자가 구조화하여 듣고 정리하는 것이다. 구조화하여 경청할 때는 다음 세 가지로 나누어 내담자의 이야기를 정리할 수 있다.

구조화된 경청

- 경험: 내담자에게서 일어난 일로서 자신에게 닥친 문제 상황을 이야기하는 것
  예: "친구들에게 따돌림 당하고 있어요."
  "학교에만 가면 머리가 아파요."

- 행동: 내담자가 실패했거나 성취했던 일로서 문제 상황에서 자신이 하고 있는 행동에 대해서 이야기하는 것
  예: "친구들이 괴롭히면 교실에서 울어요."
  "학교 가기 싫어서 부모님 몰래 도망쳐요."

- 정서: 행동이나 경험으로 인해 생겨난 감정 및 느낌으로, 자신의 문제 상황과 관련되어 있는 감정을 이야기하는 것
  예: "울고 나면 나 자신이 부끄럽고 창피해요."
  "학교를 몰래 안 가는 날은 혼날까 봐 무섭고 두려워요."

내담자가 자신의 어려움과 고통을 상담자에게 잘 이야기하는 것은 어려운 일이다. 특히 청소년 내담자의 경우 자신에 대해서 이야기하는 것은 매우 어색하고 서툰 일일 수 있다. 그래서 보통 상담을 처음 시작할 때 무슨 이야기를 꺼내야 할지 잘 몰라서 두서없이 이야기를 나열하곤 한다.

상담자는 내담자가 지루하게 나열하는 언어적 메시지들을 구조화하여 경청하는 것이 필요하다. 내담자의 현재 경험은 어떤 것인지, 어떤 행동으로 문제 상황이 일어났고, 대처하고 있는 행동은 무엇인지, 지금 가지고 있는 정서는 어떠한 것인지 등 경험적 · 행동적 · 정서적 측면에서 이야기를 구조화하여 듣는 것이 필요하다.

(2) 비언어적 경청

Knapp(1978)은 '비언어적 행동'을 글로 쓰거나 말로 표현된 언어 외의 모든 의사전달의 사건이라고 정의하였다. 표정, 몸동작, 목소리의 특성, 내담자의 신체반응이 비언어적 행동들이다. 때에 따라서는 이러한 비언어적 행동들이 언어적 표현보다 더 중요한 메시지를 전해 준다. Mehrabian(1971) 등의 연구를 살펴보면, 다른 사람에게 표현하는 데 있어 표정이 가장 큰 영향을 주고, 다음으로 목소리의 억양이었다. 따라서 표정과 말이 일치하지 않으면 표정으로 전달하는 표현이 더 우세하다는 것이다.

상담자는 내담자의 말에만 의존해서는 안 되며, 내담자의 표정, 말의 억양, 몸동작 등 비언어적인 행동에 주의집중하여 관찰할 필요가 있다. 비언어적 경청에서 주의집중하여 관찰해야 할 내용들은 다음과 같다.

 **비언어적 경청에서 관찰해야 할 내용**

- **표정:** 미소, 얼굴 찡그림, 입술 삐죽거림 등
- **목소리 억양:** 목소리의 높낮이, 속도, 긴장, 말의 간격, 강조, 멈춤, 침묵, 유창함 등
- **몸의 행동:** 자세, 몸 움직임, 제스처 등
- **신체반응:** 호흡의 속도, 얼굴 및 목의 색, 눈동자 움직임, 입술 떨림, 눈물 등
- **신체적 특징:** 체격, 키, 몸무게 등
- **일반적인 외모:** 옷 입는 스타일, 화장 등

이러한 비언어적 행동을 관찰함으로써 내담자가 말하는 내용과 현재의 마음이 일치하는지를 확인할 수 있다. 예를 들어, 화가 많은 내담자가 자신은 쉽게 화를 내지 않는다고 말할 때 얼굴은 붉어지고 목소리를 더듬고 입술이 떨리는 등의 비언어적 행동이 관찰된다면, 내담자의 말과 행동이 일치하지 않는다고 해석할 수 있다.

또한 내담자의 말과 일치하는 비언어적 행동들은 내담자의 말을 신체적으로 강조하기도 한다. 예를 들어, 괴롭히는 아이에게 무척 화가 난다는 말과 함께 목소리가 격앙되고 주먹을 쥐는 행동 등을 보이는 것은 화가 많이 나 있음을 강조하는 의미로 해석할 수 있다.

주의집중과 경청은 내담자에 대한 관심의 표명이며, 내담자를 존중하고 있다는 메시지를 전달하고자 하는 목적뿐만 아니라 내담자의 문제를 명확하게 하기 위한 자료 수집 면에서도 매우 중요하다. 내담자의 언어적 메시지를 경청함으로써 내담자의 경험, 행동, 정서를 파악하며, 비언어적 행동을 관찰함으로써 내담자가 말하고 있는 내용과의 일치성과 강도를 파악할 수 있다.

경청을 통해 유용한 자료를 얻고자 할 때 주의할 점은 내담자가 이야기하는 내용과 태도에 대해서 편견을 갖지 않는 것이다. 내담자의 비도덕적 태도나 상담자의 가치관과 맞지 않는 내용에 대해서 상담자는 어떠한 판단도 하지 않고 있는 그대로 자료로 담아 두어야 한다. 상담자의 특정 가치관에 따라 자료를 해석한다면 내담자에 대한 전체적인 상을 그릴 수 없고 지엽적인 문제만 다루게 될 수 있으며, 더 큰 문제는 내담자의 문제를 왜곡시켜 다루게 된다는 것이다. 따라서 상담자는 자신이 가지고 있는 사회적 편견이나 선입관에 대해서 잘 관찰하고 내담자에 대한 시각이 왜곡되어 있는지를 잘 점검해야 한다.

연습 1

- 서로 이야기를 나눌 수 있는 짝을 구하고 5분 동안 번갈아 가면서 최근에 있었던 경험을 나눈다.
- 상대방의 이야기를 듣는 동안 언어적인 내용뿐만 아니라 말의 억양, 표정 등 비언어적인 내용도 잘 경청한다.
- 서로 이야기가 모두 끝나면 경청했던 이야기를 짝에게 전달한다. 이때 상대방의 표정과 말의 어조 등 비언어적 내용도 전달한다.
- 상대방이 전달하는 이야기를 들은 후 자신이 했던 말과 행동이 일치하는

지에 대해 논의한다. 그리고 자신의 이야기를 상대방이 전달할 때, 상대방이 경험한 느낌에 대해서도 피드백을 나눈다.

2. 질문

흔히 좋은 상담자는 잘 듣는 사람이라고 말한다. 하지만 잘 듣는 것만으로는 훌륭한 상담자가 될 수 없다. 잘 듣기만 하고 문제를 정확히 파악하지 못한다면 그것은 녹음기에 불과하다. 상담자는 잘 듣는 것 외에 내담자에게서 꼭 필요한 정보를 얻어 내는 기술이 필요하다. 내담자는 자신의 상황을 논리정연하게, 조리 있게 이야기하지 못하는 경향이 있다. 그래서 내담자는 지루하게 자신의 이야기를 늘어놓는 경우가 많고, 상담자가 이러한 내담자의 이야기만 듣다 보면 제한된 상담시간 내에 얻어야 할 중요한 정보를 놓치게 된다. 따라서 상담자는 필요한 정보를 얻기 위해 정확히 '질문'하여 효과적으로 정보를 수집해야 한다.

Long(1996)에 따르면, 질문은 직접적으로 내담자에게 특정한 반응을 요구하는 메시지다. 앞서 말했듯이 내담자는 자신에 대한 진술을 논리정연하게 말하지 못하는 경향이 있다. 그래서 상담자는 두서없이 진술하는 내담자의 말을 정리해 줄 필요가 있다. 상담자는 내담자의 문제에 대해서 '언제?' '어디서?' '무엇을?' '어떻게?' '누구와?' '왜?'라는 6하원칙에 근거하여 직접적으로 질문함으로써 내담자의 상황을 정리해 주어야 한다.

문제 상황이 정리되면 그것 자체로도 상담의 효과를 거둘 수 있다. 무척 혼란스러운 내담자는 자신이 경험하고 있는 상황이 잘 정리되지 않아 고통을 겪는 경우가 많다. 이때 일단 상황을 일목요연하게 정리함으로써 자신의 문제에 대해서 객관적으로 바라볼 수 있는 기회를 가지고, 문제를 해결할 수 있는 새로운 힘을 얻어야 한다. 따라서 상담자는 내담자가 말하는 대로 그냥 내버려 두지 않고 문제를 잘 진술할 수 있도록 도와주는 차원에서 질문을 해야 한다.

질문은 폐쇄형 질문과 개방형 질문의 형태로 제시될 수 있다. 폐쇄형 질문은 내담자로 하여금 '예' '아니요' 혹은 특정 정보나 분명한 답을 요구하는 형태이며, 내담자의 반응을 크게 제한하는 형태다. 반면, 개방형 질문은 특정 답을 요구하기보다는 내담자가 반응할 수 있는 여러 가능성을 제시하는 질문 형태다. 개방형 질문을 통해 내담자는 자유롭게 반응할 수 있으며 그만큼 더 많은 정보를 상담자에게 제시할 수 있다. 폐쇄형 질문과 개방형 질문 형태의 예는 다음과 같다.

 **폐쇄형 질문과 개방형 질문**

- 폐쇄형 질문: 엄마에게 혼이 나서 기분 나빴지?
- 개방형 질문: 엄마에게 혼이 나서 기분이 어땠니?

- 폐쇄형 질문: 학교 가지 않고 PC방 갔니?
- 개방형 질문: 학교에 가지 않고 어디에 갔니?

질문을 어떻게 사용하는가에 따라 내담자에 대한 정보 탐색을 촉진할 수도 있고 저해할 수도 있다. 상담자가 내담자에 대해 선입관을 가지고 질문을 하다 보면, '예' '아니요'의 반응을 유발하는 폐쇄형 질문을 하기 쉽다. 하지만 일반적으로 폐쇄형 질문은 많은 정보를 얻는 데 실패하게 된다. 또한 냉정하고 차가운 말투로 질문을 계속하다 보면, 내담자는 자신이 취조받는 것으로 느껴 저항할 수도 있다. 폐쇄형 질문이 유용하게 쓰일 때는 내담자의 말을 다시 확인하고자 할 때다. "엄마가 참고서 사라고 돈을 만 원 주셨단 말이지?" "5년 전에 아버지가 돌아가셨단 말이지?" 등 내담자의 진술에서 중요한 정보를 다시 확인하고 강조하는 차원에서 폐쇄형 질문을 사용한다. 또한 상담에 매우 낯선 내담자는 말을 무척 꺼리는데, 이때 "낯선 사람과 이야기하다 보면 긴장되고 어색할 수 있는데, 이 자리가 좀 불편하게 느껴지겠네?" 등 내담자의 상황을 이해하는 차원에서 폐쇄형 질문을 사용할 수 있다.

하지만 다양한 반응을 유도하려면 개방형 질문을 하는 것이 여러 측면에서 유용하다. 개방형 질문을 적절하게 사용함으로써 상담자는 내담자의 문제 상황이나 경험에 대한 구체적인 정보를 얻을 수 있고, 문제와 연관된 객관적인 사실과 내담자의 반응을 구체화 · 명료화할 수 있다.

효과적인 질문을 위한 세 가지 지침은 다음과 같다.

 **효과적인 질문 지침**

첫째, 간결하고 명확한 질문을 한다. 내담자는 한꺼번에 여러 의도가 섞인 애매한 질문을 받으면 의도를 정확히 파악하기 어려워하며, 정리된 답변을 내놓는 것을 힘들어한다. 따라서 상담자는 간결하고 명확한 질문을 사용하여 내담자가 쉽게 자기진술을 할 수 있도록 도와야 한다.

둘째, 반드시 필요한 정보에 국한하여 질문을 한다. 어떤 상담자는 가능한 한 많은 정보를 탐색할 목적으로 많은 질문을 사용한다. 하지만 그렇게 되면 질문을 남용하게 되어 내담자는 자신이 취조받는 것으로 느낄 수 있다. 또한 질문을 통해 매우 많은 정보를 얻게 되면 오히려 문제를 명확히 하는 데 방해를 받을 수 있다. 따라서 상담자는 탐색의 목적에 맞는 몇 가지 핵심적인 질문을 해야 한다.

셋째, 개방적인 질문을 사용한다. '예' '아니요' 혹은 한두 마디로 내담자가 응답하도록 하는 폐쇄형 질문을 사용하다 보면, 더 많은 정보를 얻고자 더 많은 질문을 사용하게 된다. 만일 내담자에 대해 좀 더 많은 정보를 효과적으로 얻고자 한다면, 가급적 개방형 질문을 사용하되 부드럽고 명확하게 질문해야 한다.

연습 2

• 다음의 질문들을 개방형 질문으로 바꿔 보시오.

질문: "엄마가 동생 편만 들 때 기분이 나쁜 거야?"

개방형 질문: ____

질문: "친구들이 너의 마음을 잘 모른다고 생각하는 거니?"
개방형 질문: ____

질문: "왜 동생이랑 싸우는 거야?"
개방형 질문: ____

• 다음 내담자의 반응을 좀 더 명확히 할 수 있는 질문을 사용해 보시오.

내담자: "아빠하고 이야기하고 싶지 않아요. 얼굴만 봐도 기분이 나빠요."
상담자 질문: ____

내담자: "성적을 올리고 싶지만 솔직히 자신이 없어요. 제가 왜 이런지 모르겠어요."
상담자 질문: ____

내담자: "친구가 어느 날부터 저를 멀리해요. 이유를 알지 못해서 너무 답답해요."
상담자 질문: ____

3. 반영

반영(reflection)은 내담자가 표현한 느낌, 태도, 가정, 신념 등을 상담자가 정리하여 보다 참신한 말로 표현해 주는 것이다. 반영은 경청하기와 매우 밀접하게 연관되어 있는데, 정확하고 민감한 반영은 내담자로 하여금 자신이 잘 이해받고 있음을 알게 해 주기 때문이다.

반영은 내담자의 말이나 행동 이면에 내재해 있는 느낌과 감정이 무엇인지 내담자가 분명히 깨닫도록 도와준다. 감정 표현이 빈약한 내담자는 자신이 현재 어떤 느낌을 가지고 있으며 문제 상황에서 어떤 느낌을 가졌는지 잘 자각하지 못하는 경우가 많다. 어떤 내담자는 눈에 눈물이 가득하면서도 자신이 왜 울고 있는지를 분명하게 설명하지 못한다. 내담자가 자신의 감정이 어떤 것인지를 알고 이를 수용하도록 하는 것은 상담에서 매우 중요한 작업이다. 자신의 감정을 자각하지 못하고 통합하지 못할 때 매우 건조하고 의미 없는 단조로운 삶을 살아가는 경우가 많으며, 심하게는 인성이 분리되는 문제를 경험할 수도 있다. 반면에 자신의 감정을 충분히 자각하고 느끼면서 수용한다면 풍성한 삶을 살아갈 수 있다. 따라서 상담자는 내담자가 말하고 표현하는 비언어적인 행동들로부터 내담자의 정서 상황을 인지하고 이것을 적절하게 내담자에게 전달해야 하는데, 이것이 반영이다.

반영

내담자: 저만 빼고 우리 반 아이들 모두 핸드폰을 가지고 있어요!
상담자: 너도 다른 아이들처럼 핸드폰을 갖고 싶은가 보구나.

내담자: 다른 아이들은 모두 공부도 잘하고 칭찬도 많이 받는데, 저만 이 모양이에요.
상담자: 너도 다른 아이들처럼 인정받고 싶은데, 잘 안 되어서 속상하구나.

내담자의 감정을 적절히 반영하기 위한 기술은 다음과 같다.

첫째, 상담자는 내담자의 정서 상태에 대해서 민감해야 한다. 이를 위하여 상담자는 내담자의 말과 비언어적 행동에서 드러나는 감정 상태의 흐름과 변화에 주의를 집중해야 한다. 내담자가 직접 진술하는 감정 표현, 직접 말하지는 않지만 내용에서 짐작할 수 있는 감정, 표정이나 신체 변화에서 느껴지는 감정, 내담자가 처한 상황에서 느껴지는 상담자의 감정이입이나 상담자 스스로에게 일어나는 감정 상태 등을 잘 관찰하여 내담자의 감정 흐름을 잘 이해할 수 있어야 한다.

둘째, 내담자가 느끼는 감정을 나타내는 가장 적절한 단어를 찾아야 한다. 이를 위해서는 우선 감정이 긍정적인 느낌인지 부정적인 느낌인지를 구분하고 불안, 우울, 슬픔, 분노 등 감정 유형을 판단한다. 그리고 그 감정의 정도가 어느 정도인지 판단하여 내담자가 잘 이해할 수 있는 언어로 적절하게 전달해야 한다.

셋째, 내담자의 표면적인 감정을 우선 반영하고, 점차 심층적인 감정을 반영한다. 감정은 쉽게 드러나고 알아챌 수 있는 얕은 수준의 표면적인 감정과 그 이면을 매우 구체적으로 탐색해야 알 수 있는 깊은 수준의 심층적인 감정으로 구분될 수 있다. 표면적인 감정은 내담자가 사용하는 말이나 말하는 방식에서 분명하게 드러나고 진술되는 상황과 명백하게 연관되어 있다. 심층적인 감정은 내담자가 직접 표현하지는 않지만 내담자에 대한 여러 정보를 종합한 결과 추론하거나 해석할 수 있는 감정을 말한다. 상담 초기에는 내담자의 언어적인 혹은 비언어적인 행동에서 쉽게 드러나는 감정을 반영함으로써 내담자가 이해받고 있다는 느낌을 전달해 줄 필요가 있다. 상담이 점차 진행된 이후에는 보다 심층적인 감정을 반영함으로써 내담자가 자각하지 못했던 감정을 수용할 수 있도록 도와주어야 한다. 심층적인 감정을 반영하기 위해서는 심층 감정을 수용할 수 있는 내담자의 수준을 신중하게 판단해야 한다.

넷째, 내담자에게 감정을 유발하는 맥락을 적절하게 연관시켜야 한다. 단순하게 '슬픔이 느껴지네요.' '우울한가 보네요.'라고 감정만 반영하는 것이 아니라 그러한 감정이 어떠한 맥락에서 일어났는지 연관하여 반영하는 것이 효과적이다. 예를 들어, '엄마가 믿어 주지 않기 때문에 무척 속상하고 우울한가 보네요.' '여자친구가 이유도 없이 헤어지자고 해서 많이 슬프고 화가 나는가 봐요.' 등 감정과 연관된 맥락과 함께 반영하면 내담자는 자신의 현재 감정이 어떻게 일어나게 됐는지 객관적으로 이해할 수 있게 된다.

다섯째, 무미건조한 말투로 반영하기보다는 상담자의 표정, 말의 억양을 적절히 활용하여 내담자가 충분히 감정을 알아차릴 수 있도록 해야 한다.

여섯째, 상담자의 감정 반영이 내담자에게 일치하는지를 파악해야 한다. 감정 반영 이후의 내담자의 표정, 말의 억양 등 내담자의 반응을 살펴보고 상담자의 감정 반영이 적절한 것인지를 살펴보아야 한다.

연습 3

• 다음의 내담자의 말을 듣고 내담자의 감정을 반영해 보시오.

내담자: "엄마와 싸운 이후로는 얼굴을 마주하기가 힘들어요. 식탁에 같이 앉아도 얘기도 안 하고 밥만 먹어요."

상담자: ______________________________

내담자: "그 아이에게 말을 걸고 싶지만 몸이 움직이지를 않아요. 팔다리가 떨리고 입술이 도저히 열릴 것 같지 않아요."

상담자: ______________________________

내담자: "아빠는 이번 중간고사에서 90점 이상을 받아 오라고 하세요. 그런 말 들을 때마다 머리가 아파요."

상담자: ______________________________

4. 재진술

재진술(restatement)은 내담자가 한 이야기의 내용을 상담자가 다시 진술해 주는 것을 말한다. 상담자는 내담자가 했던 말을 한 단어도 틀림없이 그대로 다시 말해 주기보다는 좀 더 참신하고 간단명료하게 되풀이해 주어야 한다.

재진술

내담자: 엄마가 어떤 때에는 정말 잘해 주시다가, 어떤 때에는 무섭게 대하세요. 엄마 비위를 도저히 맞출 수가 없어요.

상담자: 엄마의 마음이 자주 바뀌어서 진짜 마음이 어떤 것인지 잘 모르겠다는 것이구나.

내담자: 친구들이 일주일 전부터 나를 따돌리기 시작하는데, 왜 그런지 이유를 잘 모르겠어요. 특별히 잘못한 것도 없는데……. 어떻게 하면 그 친구들 마음을 다시 돌릴 수 있을까요?

상담자: 친구들 마음이 왜 변하게 되었는지 이유를 몰라 답답하고 다시 그 친구들과 친해지기를 원하는구나.

재진술은 내담자가 말한 사실적인 내용을 포함하되, 간결하고 구체적이며 분명하게 표현해야 한다. 재진술과 반영은 강조점에 차이가 있는데, 재진술은 내담자가 말한 내용적 측면 혹은 인지적 측면, 사실적 측면을 강조하지만, 반영은 내담자의 주관적인 감정의 측면을 강조한다. 재진술을 사용할 때 상담자는 내담자가 말한 것 이상을 다루지 않고, 감정이나 행동의 원인에 깊숙이 파고들지 않는다. 재진술은 단지 내담자의 관점과 입장에서 정리하여 말해 주는 것이다.

재진술의 기능은 다음과 같다.

재진술의 기능

첫째, 내담자의 말을 잘 듣고 있음을 내담자에게 전달해 준다.
둘째, 내담자의 입장을 이해하고자 노력하고 있음을 내담자에게 전달해 준다.
셋째, 내담자의 생각, 의견, 경험을 구체화시켜 준다.
넷째, 상담자 자신이 내담자의 말을 정확하게 이해하고 있는지 확인하게 해 준다.

연습 4

• 다음 내담자의 말을 듣고 재진술을 사용해 보시오.

내담자: "학교생활은 너무 지루해요. 친구들도 촌스럽고, 선생님들이 가르치는 것도 재미없고. 학교에 있는 것 자체가 기분 짱이에요."

상담자: ______________________________

내담자: "그깟 성적 좀 나쁘다고 동생을 더 좋아하는 엄마를 보면 내가 친자식이 맞는지가 의심스럽다니까요."

상담자: ______________________________

5. 공감

공감(empathy)은 내담자가 경험하고 있는 세계 속으로 들어가서 내담자의 감정을 같이 느끼고 내담자의 삶의 틀을 통해 세계를 바라보는 것으로, 내담자의 감정과 연결된 경험이나 행동을 충분히 이해하고 전달해 주는 것이다. 앞서 설명한 반영과의 차이점은, 공감은 내담자의 경험에 대해서 상담자가 깊이 이해하고자하는 태도로 정의할 수 있고 반영은 상담자가 이해한 것을 내담자에게 전달하는 세부적인 기술이라고 할 수 있다.

상담자의 공감 능력은 내담자에게 그 자신이 충분히 이해받고 있다는 느낌을 매우 강하게 전달하며, 그가 보다 심층적으로 자기 자신을 들여다볼 수 있도록 한다. 따라서 상담과정에서의 상담자의 정확한 공감은 내담자에게 매우 중요하며, 그 자체로서 치료적인 효과가 있다. 대부분의 사람은 자신의 마음을 타인이 어떠한 비판도 없이 있는 그대로 정확히 이해해 주기를 바란다. 내담자의 마음을 정확히 이해한다는 것은 내담자가 지각하는 방식대로 세상을 바라보며 경험한다는 것을 의미한다. 자신이 충분히 이해받고 있다고 느낄 때 상담에 대한 저항감은 크게 줄어들며, 상담자에게 자신의 경험을 더 많이 드러낼 수 있는 용기를 갖게 된다. 또한 상담자의 적절한 공감 반응을 통해 내담자는 거울을 보듯이 자신의 경험을 관찰하고 객관적인 판단을 할 수 있다.

'열 길 물속은 알아도 한 길 사람 속은 모른다.'는 속담처럼 한 사람의 마음을 하나도 빠짐없이 정확히 이해한다는 것은 불가능하다. 배우자나 가족과 같이 가까운 사람도 내담자에 대해 빠짐없이 정확히 알지는 못한다. 그래서 사람은 주변에 많은 사람이 있어도 외로움을 느낄 수 있으며, 결국 혼자라는 실존적인 고독을 경험하게 된다.

고민 많은 청소년 내담자일수록 타인에게서 이해받고자 하는 마음이 크다. 가정에서 문제를 일으킨 청소년들은 이미 부모와 대화가 단절된 상태인 경우가 많으며, 자신은 아무에게도 인정받지 못하고 사랑받을 수 없을 것이라는 부정적인 사고를 한다. 따라서 초기 상담에서 청소년 내담자는 자기 경험을 얘기하지 않고 상담시간 내내 지루하게 앉아 있다가 자리를 뜨는 경우가 많다. 그러나 상담자가 이런 상황에서 겪는 내담자의 경험을 민감하게 인식하고 그것에 적절하게 반응한다면 청소년 내담자의 닫힌 마음은 성인에 비해 쉽게 열릴 수 있다.

Gerard(1991)는 공감의 수준을 크게 두 가지 수준으로 나누었다. 첫 번째는 기초 공감(primary-level accurate empathy)으로 내담자의 표면적인 수준에서의 공감이고, 두 번째 수준의 공감은 발전 공감(advanced accurate empathy)으로 보다 심층적인 공감이다.

1) 기초 공감

기초 공감은 내담자가 현재의 순간에 느끼는 감정을 정확하게 이해하고 그 감정과 관련이 있는 경험이나 행동들을 인식하여 그것을 내담자에게 전달하는 것이다. 이러한 기초 공감은 내담자의 문제 상황을 탐색하고 명료화하기 위한 것으로 내담자의 감정을 적절하게 반영할 수 있어야 한다. 따라서 상담자는 내담자가 모호하게 말하는 것에 깊게 반응하기보다 표면적으로 드러난 감정에 초점을 맞추고 반영해야 한다.

 기초 공감

내담자: 아빠가 내 생활을 너무 간섭하고 화를 자주 내세요. 하루 종일 공부하다가 좀 쉬려고 컴퓨터를 켜면, 왜 공부는 하지 않고 컴퓨터를 하냐고 화를 내세요. 아빠는 내 마음을 전혀 이해하려고 하지 않아요.

상담자: 아빠가 마음을 이해해 주지 못하고 화만 내시는 것이 몹시 서운하고 속상하구나.

내담자: 네, 맞아요. 아빠는 그동안 나에게 칭찬하거나 잘했다는 이야기를 거의 하지 않으셨어요. 내가 성적을 올려도 늘 더 잘해야 된다는 식이었어요.

상담자: 아빠가 칭찬에 인색하고 늘 잘해야 한다고 말하는 것에 마음이 많이 지친것 같구나.

내담자: 그래요. 이제는 아무것도 하고 싶지 않아요. 아무리 노력해도 아빠 마음에 들지 않으니…….

상담자: 아빠 마음에 들고자 하는 노력이 너무 힘들어서 이제는 포기하고 싶어지는가 보네.

기초 공감의 예에서 보듯이, 내담자가 진술한 내용에서 표면적으로 드러난 감정을 상담자가 적절히 반영함으로써 내담자는 이해받고 있다는 느낌을 받을 수 있으며, 문제와 관련된 여러 가지 정보를 더 많이 진술할 수 있다. 내담자가 이해받고 있다는 느낌은 친밀한 상담관계를 형성하고, 내담자의 문제를 더 많이 개방하도록 한다. 이와 같이 기초 공감은 상담자와 내담자의 관계형성을 촉진하며, 내담자가 상담에 대해 진실성과 개방성을 갖도록 한다. 이러한 의미에서 기초 공감은 관계형성의 기술이며 자료를 수집하고 문제를 명료화하는 기술이다.

상담 초기에서의 공감은 내담자의 감정을 깊게 반영하지 않도록 주의해야 한다. 깊은 수준의 공감은 내담자가 아직까지 인식하지 못한 깊은 수준의 감정을 상담자가 알아채고 이를 적절하게 반영하는 것을 말한다. 하지만 상담의 초기

단계에서 깊게 공감하면 내담자는 당황할 수 있으며 상담자의 공감 내용을 수용하지 못하고 저항할 수 있다. 따라서 내담자와 친밀감을 형성하는 단계에서는 내담자의 표면적인 감정에 공감함으로써 내담자에게 안정감을 줄 필요가 있다.

2) 발전 공감

발전 공감은 내담자가 진술한 내용에서 드러난 표면적인 감정을 반영할 뿐만 아니라 내담자가 표현하지 못했거나 말하지 않고 암시만 한 채 지나친 것까지도 이해하도록 도와주는 공감기술이다.

예를 들어, 중학교 3학년인 한 내담자는 최근 공부에 집중하지 못해 학업 성적이 떨어졌다. 지금까지 상담을 총 5회 진행했는데, 가끔씩 성적인 호기심과 관련된 주제를 조금 언급했다가 갑자기 다른 화제로 주제를 돌리곤 했다.

 발전 공감

내담자: 다른 아이들은 저처럼 고민하지 않는 것 같아요. 다들 열심히 공부에만 집중하는 것 같고…… 자꾸 왜 이러는지 모르겠어요. 공부에만 집중하고 싶은데 책상에 앉아 있다 보면 자꾸 여러 가지가 생각이 나요. 그래서 인터넷을 자주 하게 돼요. 인터넷을 하면 아무 생각 없이 컴퓨터만 할 수 있으니까.

상담자: 책상에 앉아 있으면 어떤 생각들이 자주 떠오르지?

내담자: 음…… 어제는 낮에 친구들이 했던 이야기들이요……. 어떤 아이가 야한 이야기를 하더라고요. 성인용 비디오 본 이야기를 하는데……. 그 이야기가 자꾸 떠올랐어요……. 공부에만 집중하면 될 텐데, 공부에 집중이 안 되니까 그런 생각이 자꾸 나는 것 같아요. 쓸데없는 생각이죠. 공부하기 싫으니까 그런 생각이 나는 것 같아요, 게으르니까…….

상담자: 다른 아이들은 열심히 공부하고 있는데, ○○이는 공부에 집중이 잘 안 되어서 많이 답답하고 무기력하게 느껴지나 보다.

상담자: 최근에 쓸데없다고 생각하는 것들이 자주 떠올라 공부에 방해가 되는 것

> 같아. 어제는 친구가 했던 야한 이야기들이 생각이 났었고. 이전 상담 시간에도 다른 성적인 이야기를 했던 것 같은데, ○○이가 이야기를 자주 흐리곤 했어. 그래서 정확하지는 않지만 성과 관련된 생각이 ○○이를 자주 괴롭히는 것 같아.

앞의 예에서 상담자의 두 번째 반응은 단순히 표면적으로 드러난 내담자 진술에 기초 공감을 한 것이다. 반면, 상담자의 세 번째 반응은 내담자의 문제행동에 대해 이전 회기의 내담자 반응과 연결하여 반응함으로써, 좀 더 깊은 문제 탐색을 하도록 하고 있다. 내담자는 성적인 주제에 대한 생각을 부정하고 회피하고 있는데, 그러한 생각이 자주 떠오르자 공부에 집중하기가 어려워진 것으로 생각된다. 상담자는 내담자가 성과 관련된 이야기를 잠깐 언급하면서 말꼬리를 자주 흐리는 것을 감지하고, 이전 회기에서도 비슷한 행동이 있었는지를 알아차림으로써 내담자가 성적인 생각으로 고민하고 있음을 알게 되었다. 내담자가 성과 관련된 문제를 드러내지는 않았지만 상담자가 이를 발견하고 적절하게 반응한다면 내담자는 좀 더 자신의 문제에 대해서 깊이 살펴볼 수 있게 될 것이다. 단순한 기초 공감으로는 상담이 더 깊이 진행되기 어렵다. 따라서 상담이 좀 더 진행되면 상담자는 내담자의 문제에 대해 여러 자료를 수집하고, 이로써 문제를 통찰하고 내담자에게 적절히 반영할 수 있는 발전 공감을 제공해야 한다. 하지만 내담자와 상담자의 관계형성이 이루어졌더라도 발전 공감을 자주 사용하면 내담자에게 부담이나 저항감을 유발할 수 있다. 따라서 발전 공감은 내담자를 충분히 이해하고 검토한 후 신중하게 전달되어야 한다.

3) 감정 표현이 어려운 내담자의 공감반응

감정 표현을 어려워하는 내담자에게 공감반응을 전달할 때는 주의할 필요가 있다. 내담자에 따라서 슬픔이나 분노 등 부정적인 감정 표현을 타인에게 드러내는 것을 매우 꺼리며 그것을 수치스럽게 여기는 경우도 있기 때문에 감정 표현을 자극하는 공감반응이 오히려 관계형성을 방해할 수 있다.

Hackney와 Cormier(1979)에 따르면, 내담자가 자신의 감정에 대해 상담자와 함께 이야기하는 것을 어려워한다면, 상담자는 처음에 내담자의 이야기를 강조하는 것부터 시작해서 점차 감정을 이야기하는 방향으로 상담을 진행해야 한다. 상담자가 감정 표현이 어려운 내담자의 감정을 파악할 수 있는 또 하나의 방법은 상담자 자신이 그와 유사한 상황에서 느끼게 될 감정을 내담자에게 이야기해 주는 것이다.

사람과 친해지는 것을 두려워하는 내담자는 상담자와 친해지는 것도 두려워한다. 이때 내담자와의 관계형성을 위해 상담자는 적극적으로 다가가기보다 점진적으로 진행하는 것이 바람직하다. 공감은 관계형성을 위하여 매우 탁월한 상담기술이지만, 정서 표현이 서툴고 어려운 내담자에게는 주의해서 사용해야 한다. 이러한 내담자에게는 자주 적극적으로 공감하기보다 내담자의 말에 주의를 집중해서 경청하고 표면적인 내용을 단순 반영하는 수준이 적절하다.

감정 표현이 어려운 내담자에 대한 공감반응

내담자: 반 아이들이 나보고 병신이래요. 말도 잘 못하고 싸움도 못해서 병신이래요. 그래서 저를 괴롭히나 봐요. 제가 병신 같아서.

상담자: 아이쿠! 내가 만약 그런 상황이었다면 무척 화가 났을 것 같다!

4) 공감의 세 가지 요소

Gerard(1991)는 정확한 공감을 전달하기 위한 방법으로 이해(awareness), 전달방법(know-how), 적극적 대응력(assertiveness)이라는 세 가지 기술을 강조했다.

첫째, 이해는 상담자가 내담자의 세계에 들어가거나 내담자의 입장이 될 수 있어야 한다는 것이다. 상담자에게 내담자의 세계에 대한 이해가 결여되어 있다면 그 상담자의 공감은 정확할 수 없다. 그런 경우, 내담자는 자기의 문제 상황을 명료화하는 것이 아니라 오히려 문제를 더욱 왜곡시킬 수 있다.

둘째, 전달방법은 상담자가 내담자의 이야기 속에 포함된 경험, 행동, 감정을 깨닫고 자기가 이해한 것을 내담자에게 전달하는 것이다. 정확한 공감을 한다는 것은 내담자에게 내담자의 메시지 내용과 감정, 두 측면에 대한 이해를 전달하는 능력을 의미한다.

셋째, 적극적 대응력은 내담자를 상담대화에 참여시키며 그 대화를 통하여 문제 상황을 명료화시키고 적극적인 관계를 발전시켜 나가는 것이다.

5) 효과적인 공감반응을 위한 몇 가지 주의점

내담자에게 유용하고 도움이 되는 공감반응을 위하여 몇 가지 주의해야 할 것이 있다.

첫째, 처음 상담에 접하는 상담자들은 내담자가 말을 멈추었을 때 조급하게 반응을 하고자 하는 경향이 있다. 하지만 내담자의 이야기를 충분히 심사숙고하지 못한 채 반응을 하면 상담과정이 발전하지 못하고 피상적인 방향으로 흐르기 쉽다. 따라서 상담자는 내담자가 말을 멈추거나 침묵하더라도 반드시 필요하고 도움이 되는 반응을 해야 한다. 상담자는 내담자가 말을 멈출 때, 방금 내담자가 표현한 감정은 무엇인지, 내담자가 전달하고자 하는 주요 메시지는 무엇인지 스스로 질문하고 정리하여 내담자에게 적절히 전달해야 한다. 상담자는 급하게 반응할 필요가 없으며 신중하게 정리하고 전달하도록 주의해야 한다.

둘째, 내담자에게 상담자의 공감반응을 전달할 때는 간결하게 하는 것이 좋다. 내담자가 지루하게 말을 늘어놓더라도, 상담자는 내담자의 핵심 메시지들을 간결하게 정리하여 짧게 응답하는 것이 바람직하다. 내담자에게 잘 전달하려는 의도에서 중요한 메시지라고 생각되는 것을 장황하게 늘어놓게 되면, 오히려 내담자는 상담자의 말을 잘 알아듣지 못할 수 있다. 따라서 상담자는 중요한 메시지를 압축하여 짧고 간결하게 전달하는 것이 효과적이다.

셋째, 전달해야 할 말의 내용과 일치하게 억양을 사용해야 한다. 내담자가 신이 나서 이야기하는 것을 상담자가 맥없고 힘없는 억양으로 공감반응한다면 내담자는 상담자가 자신을 잘 이해하지 못하고 있다고 느낄 것이다. 앞서도 설명했듯이, 말의 내용보다는 태도가 상대방에게 더 큰 영향을 미친다. 상담자는 내담자의 감정에 공감반응을 할 때 그 내용에 맞게 억양과 행동을 일치시켜서 전달하는 것이 효과적이다.

넷째, 내담자가 사용하는 언어를 사용하여 전달하는 것이 효과적이다. 청소년 내담자의 경우 일반 성인과 달리 그들만의 언어를 사용하며, 저연령일수록 어른들의 용어를 잘 이해하지 못한다. 따라서 상담자가 말을 고급스럽게 전달하려는 의도에서 어려운 용어를 사용한다면 그것을 이해하지 못하는 청소년 내담자에게는 큰 도움이 되지 못한다. 그 대신 청소년들이 흔히 사용하고 있는 은어나 인터넷 용어 등을 적절히 사용하면 내담자와의 친밀한 관계형성에 도움이 될 수 있다. 언어 사용에 있어 중요한 것은 내담자가 경험하는 삶의 틀에 눈높이를 맞추어 전달하는 것이다.

연습 5

- 5~6명으로 조를 이루어 서로 마주할 수 있게 원형으로 둘러앉는다.
- 누군가 최근의 일상에서 경험한 생각이나 행동, 감정들을 1~2분 정도로 짧게 이야기한다.
- 이야기를 들은 조원들이 그 이야기에 대해 공감반응 피드백을 준다.
  예: "○○가 ~했다고 하니 ○○의 마음이 ~하게 느껴져 나의 마음도 ~하게 느껴졌어."
- 서로 돌아가면서 자신의 경험을 나누고 조원들의 공감반응 피드백을 공유한다.
- 경험 나누기와 공감반응 피드백이 끝나면 이 활동에서 경험한 느낌을 서로 나눈다.

6. 직면

직면(confrontation)은 내담자와의 관계형성이 이루어진 후 상담과정이 문제 탐색에서 문제 개입으로 진행될 때 효과적으로 사용할 수 있다.

김진숙(2003)에 의하면, 직면은 내담자가 스스로 깨닫지 못하고 있는 어떤 불일치나 모순 또는 부적응적 사고나 반응양식 등을 상담자가 지적하여 내담자가 이를 검토하도록 안내하는 기법이다.

상담자는 종종 내담자의 말과 태도가 다르게 표현되는 것을 관찰할 수 있다. 즉, 말과 태도가 일치하지 않는 것을 볼 수 있는데, 예를 들어 화가 난 내담자가 말로는 "저는 화나지 않았어요."라고 하면서 흥분하여 소리를 높이고 주먹을 쥐는 행동을 보이는 것은 말과 태도가 일치하지 않는 것이다. 이것은 내담자가 자신의 감정을 알아채지 못하는 불일치 상황이다. 이를 통해 내담자가 분노와 같은 부정적인 정서를 잘 수용하지 못하고 있음을 직감할 수 있다. 이때 상담자는 내담자의 이러한 태도를 지적해 줌으로써 내담자가 자신의 말과 태도의 불일치를 알아차릴 수 있도록 도와주어야 한다.

 직면

• 부모님과의 갈등으로 상담실을 찾게 된 내담자로, 상담 5회기가 지나도록 부모님에 대해서 잘 이야기하지 않으려 한다.

상담자: 부모님과 ○○는 요즘 어떻게 지내지?
내담자: (작은 목소리로) 엄마, 아빠는 보통 부모님처럼 잘해 주세요.
상담자: 어떻게 잘해 주시지?
내담자: 그냥 뭐…… 그냥 그래요.
상담자: 우리가 지난 시간에도 부모님에 대해서 이야기를 나누려고 할 때 ○○는 말수가 적어지고 목소리가 작아지더구나. 말끝도 흐리는 편이고, 목소리

를 들어 보면 부모님에 대해서 별로 이야기하고 싶어 하지 않는 것 같아.

• 욕을 많이 하고 거친 내담자와의 상담이다.

내담자: 반 여자아이들이 왜 저를 싫어하는지 모르겠어요. 쌍! 뭐 ××! 이야기만 하려고 하면 피하기나 하고 모두가 나를 싫어해요.

상담자: 이성친구를 사귈 때 지금처럼 욕하고 거칠게 이야기하면 나 같아도 싫어하겠는데?

직면은 앞의 예처럼 내담자의 말과 행동이 일치하지 않을 때 효과적으로 사용할 수 있다. 내담자가 보이는 불일치 유형은 다음의 세 가지로 분류할 수 있다. 첫째, 말과 비언어적 표현 간의 불일치다. 내담자가 하는 말의 언어적 메시지와 표정이나 억양 등의 비언어적 표현이 일치하지 않을 수 있다. 둘째, 말과 행동 간의 불일치다. 내담자가 하는 말과 실제 행동이 서로 다른 것이다. 예를 들어, 컴퓨터 사용 시간을 잘 통제할 수 있다고 말하는 내담자가 실제로는 과다하게 컴퓨터에 매달리는 경우다. 셋째, 비언어적 표현들 간의 불일치다. 내담자가 말하는 동안 또는 상담자의 말을 듣고 있는 동안에 나타내는 비언어적 표현들이 서로 일치하지 않는 것을 말한다. 예를 들어, 항상 미소를 짓는 내담자의 표정이 자연스럽지 않거나 웃고 있으면서도 눈빛이 불안하고 얼굴이 굳어 있는 경우가 있다.

직면은 내담자의 실제 모습을 상담자가 있는 그대로 지적해 주어 새로운 시각으로 자신을 볼 수 있게 한다. 내담자는 직면을 통하여 자신을 점검하고 자신의 문제가 무엇인지를 알 수 있다. 직면은 내담자가 깨닫지 못한 자기 자신의 문제와 연관되어 있는 행동의 불일치나 모순을 내담자가 스스로 자각하게 함으로써 불일치를 해소하여 문제를 해결하도록 돕는다.

직면을 사용하기 위해서는 먼저 상담자와 내담자의 충분한 관계형성이 이뤄져야 한다. 내담자가 아직 상담자와의 관계에서 신뢰감이 없고 불안을 느끼고 있을 때 상담자가 직면을 사용하게 되면, 내담자는 상담자의 말을 있는 그대로 받아들이기 어렵다. 내담자에 따라서 상담자가 자신을 비난하는 것으로 오해하여 상처를 받는 경우도 있다. 따라서 직면은 상담 초기에 사용하기보다 내담자와의 관계형성이 충분히 이루어진 후에 사용하는 것이 바람직하다.

직면을 효과적으로 사용하려면 내담자의 문제를 단순히 지적하기보다 충분히 공감을 형성한 뒤 사용해야 한다. 다음 예에서 상담자는 직면을 사용할 때 감정 없이 무미건조하게 이야기하는 모습으로 단순히 지적만 한 것이 아니라 내담자가 경험하고 있는 정서를 반영한 후에 직면을 사용했다. 내담자는 상담자의 공감반응과 직면을 통하여 자신이 존중받고 있다는 느낌을 갖게 되고 자신이 경험한 정서가 어떤 것이며 어떻게 행동하고 있었는지를 새롭게 조망할 수 있다.

효과적인 직면

내담자: (표정이 거의 없고 무덤덤하게 이야기를 함) 학교에서 늘 친구들에게 놀림을 받아요. 한 달 전에도 그렇고 어제도 그렇고. 늘 그런 식이죠. 친한 친구가 한 번도 없었어요. 늘 나를 이용하고 떠나 버리는 식이죠. 늘 그러니까 아무렇지도 않아요.

상담자: 말을 들으니 학교생활이 많이 힘들고 외로움도 많이 클 것 같은데, 어떻게 버텨 왔는지 대견하구나. 그런데 그렇게 힘든 말을 하면서도 마치 남의 이야기를 하듯이 말하는 모습이 선생님 눈에 자주 들어오는구나.

상담자는 직면을 사용할 때 전달하는 말의 억양에 주의하여야 한다. 공격적이거나 따지는 것과 같은 억양은 피해야 하고, 잘못을 지적해서 추궁하거나 내담자의 인정을 강요하는 것과 같은 태도 역시 피해야 한다. 또한 상담자가 지나치게 조심스러워서 말소리가 작거나 말을 얼버무리거나, 말꼬리를 흐리면서 전달하는 것도 주의해야 할 점이다. 상담자는 관찰자의 입장에서 객관적으로 관찰한 내담자의 행동을 부드럽고 친절하게 전달하는 자세를 유지해야 한다.

상담자의 직면에 대해 내담자들은 그것을 전면 부인하거나 일부 수용하는 등 다양한 반응을 보인다. 상담자는 이러한 반응들을 주의 깊게 관찰할 필요가 있다. 내담자가 상담자의 직면에 대해 완강히 저항하고 부정한다면 상담자는 이를 인정하라고 강요하기보다 저항하는 모습 그대로를 수용하는 것이 좋다. 그리고 상담이 좀 더 진행되면서 내담자의 모순된 행동이 다시 나타나면 적절한 시기에 다시 직면시키는 것이 효과적이다. 그리고 직면 이후 반응이 없는 내담자에게는 어떻게 느끼는지 혹은 어떻게 생각하는지를 질문하여 내담자의 반응을 탐색해야 한다.

연습 6

• 다음 내담자의 반응에 대해서 직면을 사용해 보시오.

내담자는 고등학교 3학년으로 9월에 상담실을 방문하였다. 성적이 전교 하위권으로 대학 진학이 어려운 상황에서 상담실을 찾아왔다.

내담자: "대학을 가고 싶어요. 서울 명문대를 가고 싶어요. 남은 기간 공부 열심히 하면 대학에 갈 수 있겠죠?"

상담자: ____________________

친구들이 싫다는 내담자로, 친구들이 자신을 잘 알지 못해서 재미가 없고 이야기가 통하지 않는다고 불평하고 있으면서도 외로움이 크다.

내담자: "친구들은 앞으로도 필요 없고 저는 혼자서 살아갈 거예요."

상담자: ____________________

7. 자기개방

직면과 같이 내담자에게 자신의 행동을 새롭게 조망하게 하고 대안 행동을 가질 수 있도록 하는 기술에는 상담자의 자기개방(self-disclosure)이 있다. 자기개방은 상담자 자신에 관한 것을 내담자와 나누는 것이다.

앞서 직면의 예에서 상담자는 내담자의 경험과 관계된 자신의 유사한 경험을 내담자와 나누어 내담자의 경직되고 왜곡된 사고를 새로운 시각으로 전환하고자 하였다. 이처럼 상담자가 자신의 경험을 개방함으로써 내담자에게 도움을 주고자 하는 것이 상담자의 자기개방이다. 상담자의 자기개방은 다음과 같다.

첫째, 상담자가 자신의 경험을 개방함으로써 내담자에게 모델링(modeling)을 제공할 수 있다. 즉, 내담자는 상담자의 자기개방을 통해 자신도 어떻게 개방할 수 있는지를 배울 수 있다. 상담자의 자기개방은 자신이 무엇을 해야 할지 모르는 내담자 혹은 자기 자신에 관해 말하기를 꺼리는 내담자에게 부드럽게 접근할 수 있는 방법이다. 그래서 상담자의 자기개방은 상담 초기의 관계형성에서 유용하게 사용될 수 있다.

둘째, 상담자의 자기개방은 목표설정과 행동실천에 필요한 새로운 시각 개발에 도움을 준다. 상담자의 경험이 내담자의 왜곡된 삶의 방식에 새로운 시각으로 전달될 수 있다. 상담자는 내담자가 경험하고 있는 것과 유사한 자신의 경험을 생각해 보고 그것이 내담자의 대안 행동에 영향을 줄 수 있다고 생각되면, 자신의 경험을 개방하여 내담자가 새로운 시각으로 자신의 경험을 바라볼 수 있도록 도와줄 수 있다.

셋째, 상담자의 자기개방은 상담자를 좀 더 인간적으로 보이게 하여 내담자에게 친밀감을 더 제공할 수 있다. 이렇게 상담의 관계형성이 촉진되면 보다 안정적이고 신뢰적인 상담을 진행할 수 있다.

넷째, 내담자가 겪고 있는 문제가 혼자만의 경험이 아니라는 것을 알게 하여 혼란스러운 느낌을 줄이고 안정감을 갖도록 도와줄 수 있다. 내담자의 문제가 상담자도 한때 겪은 경험이라는 것을 알게 될 때, 내담자는 그것이 자신만의 힘든 문제가 아니고 보통 사람들이 흔히 겪는 일이라는 것을 깨닫게 된다. 이로써 내담자는 안정감을 갖게 되고 보다 객관적으로 자신의 문제를 볼 수 있는 힘이 생기게 된다.

자기개방

내담자는 학교에서 한 달 전 친구들과 싸운 이후로 화해를 하지 못하여 점심 시간에도 혼자 밥을 먹고 외롭게 지내고 있다. 그는 자신은 이제 왕따이며 친구를 영원히 사귀지 못할 것이라고 생각하고 있다.

내담자: 저는 이제 친구들을 사귈 수 없을 것 같아요. 내년에 반이 바뀌어도 마찬가지라고 생각해요. 고등학교에 올라가도, 대학에 가도 마찬가지일 거예요. 이제 저는 친구 사귀는 것은 정말 못할 것 같아요.

상담자: 지금 친구들 없이 혼자 지내는 것이 정말 많이 힘든가 보구나. 사실 나도 중학생 때 친구들과 크게 싸운 적이 있어. 그리고 화해를 하지 못해서 그 친구들과 몇 달 동안 얼굴도 보려고 하지 않았어. 그때 나도 ○○처럼 많이 힘들고 외로웠고, 영원히 친구들을 사귈 수 없을 거라 생각했지. 그래서 ○○의 힘든 마음 충분히 이해해. 그런데 선생님 경험으로는 몇 달 지나고 나니 다시 친구들을 사귈 수 있게 되었어. 전에 싸웠던 친구들에게도 시간이 지나고 나니까 화가 났던 감정이 많이 사라졌고, 그래서 화해를 할 수 있었어. ○○ 말처럼 영원히 친구들을 사귈 수 없는 것은 아니었어. 그리고 새로운 반이 되고, 새로운 학년에 올라가면서 다시 새로운 친구들을 만나게 되었어. 그때 만났던 친구들은 아직까지도 만나고 있지. ○○도 지금은 너무 힘든 시기여서 친구들을 사귈 수 없다고 생각할지 모르지만, 희망을 가지고 기다리면 그 친구들과 화해할 수도 있고 좋은 친구들도 많이 사귀게 될 거야.

상담자의 자기개방이 효과적이기 위해서는 다음의 몇 가지 원칙이 지켜져야 한다.

첫째, 선택적이고 집중적으로 자기를 개방해야 한다. 상담자의 자기개방은 전적으로 내담자의 관점에서 이뤄져야 하며 자신의 문제로 빗나가지 말아야 한다. 그래서 상담자의 경험을 두서없이 나누어서는 안 되며 내담자의 경험과 관련된 몇 가지 주제를 선택하고 그것을 집중적으로 나누어야 한다.

둘째, 내담자에게 부담을 주지 말아야 한다. 매우 힘들고 지친 내담자에게 상담자 자신의 문제까지 지나치게 개방하게 되면 내담자는 자신의 문제뿐만 아니라 상담자의 문제까지 짊어지는 것처럼 느낄 수 있다. 상담자가 자기개방을 하는 것은 내담자의 문제와 유사하다고 해서 자신의 문제를 같이 나누려는 것이 아니라, 내담자에게 희망적이고 그 자신을 새롭게 조망할 수 있는 대안 행동을 제시하는 차원에서 이루어져야 한다.

셋째, 자기개방을 지나치게 자주 하는 것은 바람직하지 못하다. 상담자의 자기개방 횟수가 많으면 문제해결 중심의 상담자와 내담자 관계이기보다 일반적인 사적 관계로 변할 수 있다. Murphy와 Strong(1972)에 따르면, 상담자가 매우 자주 자기개방을 하게 되면 내담자는 상담자를 숨은 동기를 가진 사기꾼이나 요주의 인물로 판단하는 등 오해할 수 있다고 하였다. 이처럼 상담자의 자기개방 횟수가 지나치게 많으면, 전문적인 상담관계가 흐트러지고 사적인 관계로 발전하여 상담의 효과가 저하될 수 있다.

연습 7

- 다음 내담자의 반응에 대해서 자기개방을 사용해 보시오.

내담자: "저는 아무것도 잘하는 게 없는 것 같아요. 제 주변의 친구들은 공부를 잘하거나 얼굴이 잘생겨서 친구들한테 인기가 많아요. 저는 공부도 못하고 잘하는 게 없어요. 아무것도 못하는 제가 도대체 뭘 해야 할까요? 선생님은 이런 저를 이해하지 못하시겠죠?"

상담자: ____________________

내담자: "저희 부모님은 너무 가난하세요. 주변 아이들과 비교하면 우리 집이 제일 못살아요. 급식비도 잘 내지 못하는 정도니까요. 잘사는 친구들은 학원도 다니고 과외도 받지만 저는 그런 것 꿈도 꾸지 못해요. 다른 아이들에 비해서 자꾸 주눅이 드는 것 같아요. 가난하면

정말 희망이 없는 걸까요?"

상담자: ____

8. 정보 제공

때때로 내담자는 충분한 정보를 제공받지 못하여 어려움을 겪는 경우가 있다. 이때 상담자는 내담자에게 필요한 정보를 제공하거나 내담자 스스로 정보를 얻을 수 있도록 도움을 줄 수 있다. 청소년 내담자의 경우 많은 정보 제공이 필요하다. 특히 진로 결정에 어려움을 가진 내담자의 경우, 진로 관련 정보를 충분히 갖지 못해 어려움을 겪는 경우가 많다. 이때 상담자는 알고 있는 진로 정보를 제공하거나 내담자와 함께 진로 관련 정보를 찾아보는 시간을 가질 수 있다.

정보 제공 I

내담자: 선생님, 저는 도대체 제가 무엇을 잘하고 무엇에 관심이 있는지 잘 모르겠어요. 곧 문과나 이과를 결정해야 하는데 고민이에요. 혹시나 잘못 선택하면 어떻게 하나, 걱정이 많아요.

상담자: 그래. 이 시기에는 많은 아이가 진로 때문에 걱정을 하고 있지. 혹시 진로적성검사를 받아 본 적 있니?

내담자: 들어는 봤는데 아직 해 보지는 않았어요.

상담자: 그래. 진로적성검사는 내가 가진 관심과 내가 적성을 갖고 있는 분야를 객관적으로 알아볼 수 있는 검사야. 검사 시간도 오래 걸리지 않고 어렵지 않아서 많은 아이가 검사를 받아 보고 있어. ○○도 한번 검사를 받아 보고, ○○의 적성과 관심 분야를 같이 알아보자.

또한 내담자는 자신의 문제에 대한 잘못된 정보로 인해 문제를 악화시키는 경우가 있다. 청소년은 성과 관련된 문제를 많이 호소하는데, 대부분 충분한 성

지식을 갖지 못해 왜곡된 정보를 갖는 경우가 많다. 예를 들면, 자위행위를 하면 '에이즈에 걸릴 수 있다.' '대머리가 된다.' '키가 자라지 못한다.' 등의 잘못된 정보들을 가진 내담자가 있다. 이러한 잘못된 정보로 고민을 하고 있는 내담자에게 정확한 정보를 제공하는 것이 필요하며, 이것은 정보 제공 기술의 중요한 기능이다.

 정보 제공 II

내담자: 선생님 저는…… 지옥에 갈 것 같은 생각 때문에 불안해요.

상담자: 어떤 일 때문에 그렇게 불안하지?

내담자: 사실은 제가 교회를 다니는데, 음란한 생각을 해서는 안 되잖아요? 그런데 인터넷에서 야한 것 찾아보고 제 성기를 만져요……. 부모님이 아시면 무척 놀라시고 저를 싫어하실까 봐 걱정돼요.

상담자: 그래. ○○로서는 남에게 이야기하기 쉽지 않았을 텐데, 선생님에게 이야기를 해 줘서 무척 고맙구나. 그런데 ○○가 하는 행동을 대부분의 남자아이가 하고 있다는 사실을 알고 있니?

내담자: 네? 저는 제가 성욕이 많아서 그렇다고 생각했는데요? 다른 아이들도 그렇게 하나요?

상담자: 물론이지. ○○ 나이 또래의 아이들은 성에 대해서 한창 관심을 가질 나이이고 ○○와 같은 자위행위를 대부분 하고 있어.

앞의 예처럼 대인관계가 빈약하고 사고가 경직된 내담자일수록 성적인 지식이 부족한 경우가 많다. 상담자는 왜곡된 정보에 대해서 교정할 수 있는 정확한 정보를 제공하여 내담자가 새로운 시각으로 자신의 문제를 볼 수 있도록 도와줄 수 있다.

정보 제공에 있어서 상담자가 몇 가지 주의할 점이 있다.

첫째, 많은 정보 제공으로 내담자를 압도하지 말아야 한다. 상담자는 도와주고 싶은 마음에 필요 이상의 많은 정보를 내담자에게 제공하는데, 이는 효과적이지 못하다. 내담자에게 매우 분명하고 문제 상황에 적절한 정보를 선택하여 제공해야 한다.

둘째, 충고하는 것처럼 정보 제공하는 것을 피해야 한다. 내담자가 무지해서 벌어진 문제일지라도 상담자는 충고하듯이 정보를 제공해서는 안 된다. 아무리 유익한 정보일지라도 충고식의 정보 제공은 내담자의 기분을 상하게 만들 수 있으며 정보 수용을 어렵게 만들 수 있다.

셋째, 상담자 자신의 가치관이 개입된 정보 제공은 피해야 한다. 상담자는 정보 제공에 앞서 이것이 중립적이고 객관적인 자료인지를 확인하고 정보를 제공해야 한다. 상담자의 주관적인 경험에서 얻어진 정보는 내담자에게 일치하지 않을 수 있으며, 오히려 혼란을 일으킬 수 있다. 예를 들어, 학업성적이 오르지 않아 고민인 내담자에게 상담자가 개인적으로 알고 있는 학원을 알려 주는 것은 적절하지 않다.

연습 8

- 다음을 보고 내담자에게 필요한 정보를 찾아서 적절하게 제공해 보시오.

내담자: "대학을 가야 하는데 어느 전공을 택해야 할지 모르겠어요. 공부는 상위권이어서 대학 가는 것은 어렵지 않지만 전공을 무엇으로 해야 할지 정말 고민이에요. 진로 관련해서 저를 알 수 있는 검사가 있을까요? 그리고 진로와 관련해서는 성격도 중요하다는데 제 성격도 잘 모르겠어요."

상담자: ______________________________

내담자(위기 전화상담): "제 아들이 가출했어요. 평소 저와 사이가 별로 좋지 않았는데 어젯밤에 크게 싸운 뒤로 아침에 방문을 열어 보니 짐을 싸서 집을 나갔어요. 경찰에 신고를 해야 하나요? 어디서 아이를 찾을 수 있는지 도움을 줄 만한 곳을 알 수 있을까요?"

상담자: ____________________

내담자: "학교에서 지난 6개월 동안 따돌림을 당했어요. 단순히 놀리는 것뿐만 아니라 몇몇 아이들은 저를 때리기도 해요. 도저히 견딜 수 없어서 담임선생님에게 도움을 청했더니, 저를 위로만 해 주시고 아이들이 저를 괴롭히는 것을 막지 못하세요. 이런 경우에는 어떻게 도움을 받아야 하나요?"

상담자: ____________________

9. 해석

내담자와의 관계가 충분히 형성된 초기 상담단계가 지나면 상담자는 문제해결을 위한 개입단계에 들어서게 된다. 이때 상담자는 내담자의 문제를 자신의 이론적 지식에 근거해서 적절하게 해석해 주어야 한다. 해석은 내담자가 그 자신의 경험을 새롭게 자각할 수 있도록 문제에 대한 새로운 이해의 틀을 제시하는 기법이다. 여기서 이해의 틀이란 상담자가 가진 이론적 배경이다. 상담자는 내담자의 문제를 이해하는 데 있어 다양한 이론적 접근을 할 수 있다. 예를 들어, 상담시간에 자주 지각하는 내담자의 행동은 정신분석 이론에 근거해 상담자에 대한 저항으로 해석할 수 있으며, 행동주의 이론에 근거하면 지각 행동을 강화하는 보상 측면으로 해석할 수도 있다. 어떤 이론적 접근 방식이 더 바른 해석이라고 말할 수는 없지만 상담자는 자신이 가진 이론적 틀에 근거해 내담자가 충분히 이해할 수 있도록 문제를 해석해야 한다. 적절한 해석을 통해 내담자는 자신이 가진 문제의 원인이 무엇이며, 무엇 때문에 문제가 반복되는지를 인식할 수 있다.

 해석

내담자: 도무지 의욕이 생기지 않아요. 학교도 가기 싫고, 공부도 하기 싫고, 친구들 만나는 것도 별로 재미없고. 의미가 없어요, 이제는. 우울해요. 그냥 방 안에서만 있고 싶어요. 아무하고도 이야기하기 싫어요.

상담자: 우리 이제까지 많은 이야기를 나누었는데, 아빠가 엄마를 ○○이가 보는 앞에서 때린 때부터 ○○이가 무기력해지고 우울했던 것 같아. 아마도 ○○이의 우울함은 아빠의 무서운 행동을 ○○이가 본 것에서 나타난 것 같아. 한 번도 아빠의 무서운 행동을 보지 못했는데, 갑자기 엄마를 때리는 것을 봤으니 얼마나 놀랐겠니. 아빠에 대해서 원망, 미움, 화 등 여러 가지 감정이 남아 있을 텐데, 그러한 감정이 해결되지 못하고 계속 마음속에 남아 있게 되면 지금처럼 우울하고 무기력한 행동들이 나타날 수 있어. 그래서 무기력한 행동에서 벗어나고자 한다면 아빠에 대해 해결되지 못한 감정을 상담에서 표현해 보고 정리하는 것이 필요해.

앞의 예에서 상담자는 내담자의 우울함이 아버지에 대한 원망, 미움, 화 등 부정적인 감정을 충분히 인식하지 못하고 수용하지 못한 것에서 기인한다고 해석하고 있다. 정신분석학적 관점은 우울증이 타인에 대한 분노와 적개심이 적절히 표출되지 못하고 자신에게로 향할 때 발생한다고 보고 있다. 상담자는 이러한 해석을 내담자가 충분히 이해할 수 있도록 설명해 주어야 한다. 내담자는 상담자의 해석을 통하여 막연하게 생각했던 자신의 우울함을 아버지와 관련시켜 다시 생각해 볼 수 있고 아버지에 대한 부정적인 감정을 자각하는 등 문제에 대한 새로운 시각을 얻을 수 있다.

효과적인 해석을 위한 몇 가지 지침은 다음과 같다.

첫째, 내담자의 준비 정도를 파악해야 한다. 상담자가 내담자 문제에 대해서 매우 정확하게 해석하더라도 내담자가 해석을 이해할 준비가 되어 있지 않으면 그것은 유용하지 못하다. 해석은 내담자의 현재 문제와 이전 경험이 어떻게 연관되는지, 어떤 경로를 통해 문제가 발생하고 지속되는지를 내담자에게 설명하는 것이다. 그러나 내담자가 이러한 연관성과 경로를 이해하지 못한다면 해석의 준비가 되어 있지 않은 것이다. 따라서 상담자는 해석을 제시할 때 내담자의 반응을 잘 살펴보아야 한다. 내담자가 해석에 대해서 '절대 그런 일 없다.'며 완강히 저항하거나 이해할 수 없다는 표정을 지으면 일단 해석을 멈추는 것이 바람직하다.

둘째, 내담자 스스로 문제를 이해하고 있는 수준을 파악해야 한다. 상담자는 내담자에게 문제의 원인이 무엇인지, 또 무엇 때문에 지속되는지를 스스로 해석할 것을 요구할 수 있다. 내담자 스스로의 해석을 통해 상담자는 해석에 필요한 유용한 자료를 얻을 수 있다.

셋째, 내담자가 수용할 수 있을 정도의 해석을 해야 한다. 아버지를 살인하고 싶을 정도로 매우 강한 적개심을 가지고 있지만 이를 부인하는 내담자에게 그것을 있는 그대로 해석해 준다면 내담자는 자신에 대해 충격을 받고 상담자의 해석을 수용하지 않을 수 있다. 따라서 내담자가 수용할 수 있을 정도의 해석이 필요하다.

넷째, 해석을 할 때 비판적이거나 평가적인 억양은 피하는 것이 좋다. 예를 들어, 내담자의 지각행동을 평가적인 억양으로 "아버지에 대한 적개심이 수동-공격성으로 표현되고 그것이 상담자에게 전이되고 있다."라고 해석한다면 내담자는 문제행동에 관심을 두기보다 그것을 자신에 대한 비판이라고 오인할 수 있다.

다섯째, 해석은 내담자가 수용할 수 있도록 반복해서 제공하는 것이 바람직하다. 내담자가 준비되어 있지 않거나 저항이 있다면, 내담자는 한 번의 해석에 대해 잘 받아들이지 못하는 경우가 많다. 이때 상담자는 해석의 기회를 여러 차례 살펴서 적절한 때에 이를 반복 제시하는 것이 바람직하다. 또한 해석을 뒷받침해 줄 수 있는 근거들과 함께 반복해서 제시하면 내담자의 해석에 대한 준비 수준이 높아질 것이다. 만약 내담자가 처음부터 해석을 수용하더라도 효과적인 문제해결을 위해서는 반복적인 해석이 필요하다.

여섯째, 몇 가지 근거에 기초해서 단정적으로 해석하지 말고 다양한 가능성을 고려하여 주의 깊게 해석해야 한다. 몇 가지 사실에 근거해 해석한다면 상담자의 주관적인 생각이 더 크게 작용할 수 있고 내담자의 문제와 관련이 적은 해석을 할 수도 있다. 따라서 내담자에게 해석을 제공할 때는 "당신의 어려움은 ~로 인해 생긴 것이 아닌가 싶습니다."라고 다른 가능성을 열어 두고 전달하는 것이 바람직하다.

연습 9

- 다음 내담자의 반응에 대해서 해석을 사용해 보시오.

내담자: "주변 아이들에게 내 말을 잘 못하겠어요. 말을 하려면 입술이 떨리고 말을 더듬어요. 특히 발표 시간이면 머리가 어지러울 정도예요."

상담자: "혹시 가족과 함께 있어도 긴장되는 경험이 있었니?"

내담자: "가족은 괜찮은데……. 아버지한테는 말을 잘 하지 못해요. 아버지는 저를 어려서부터 자주 혼내셨어요. 특별히 잘못하는 것도 없는데 왜 저를 혼내시는지 몰랐어요. 그래서 아버지 얼굴을 보는 것만으로도 긴장되고 아버지 앞에서는 말이 잘 나오지 않았어요."

상담자: ____

내담자: "정말 공부에 집중할 수가 없어요. 왜 이런지 모르겠어요. 성적을 빨리 올려야 하는데 집중은 안 되고 마음이 무척 초조해요. 서울에 있는 대학에 가려면 내신 점수를 많이 올려야 하는데 마음은 급하고 집중은 안 되고……. 공부를 하려고 책상 앞에 앉아 있으면 빨리 외워야 하는데 잘 안 되고……. 빨리 집중할 수 있는 방법이 있었으면 좋겠어요."

상담자: ____

<연습문제 답안>

연습 2

질문: "엄마가 동생 편만 들 때 기분이 나쁜 거야?"

개방형 질문: "엄마가 동생 편만 든다고 생각할 때 기분이 어떠니?"

질문: "친구들이 너의 마음을 잘 모른다고 생각하는 거니?"

개방형 질문: "친구들이 네 마음을 어떻게 생각하는 것 같니?"

질문: "왜 동생이랑 싸우는 거야?"

개방형 질문: "동생과 다툼이 생기는 이유는 어떤 것이라고 생각하니?"

내담자: "아빠하고 이야기하고 싶지 않아요. 얼굴만 봐도 기분이 나빠요."

상담자 질문: "어떤 계기로 (혹은 무슨 일로) 아빠 얼굴만 봐도 기분이 나쁘게 됐니?"

내담자: "성적을 올리고 싶지만 솔직히 자신이 없어요. 제가 왜 이런지 모르겠어요."

상담자 질문: "언제부터 공부에 자신이 없어졌지?"

내담자: "제 생각에는 6개월 전부터인 것 같아요."

상담자 질문: "그래. 6개월 전에 공부와 관련해서 혹은 주변 생활과 관련해서 어떤 변화가 있었는지 기억해 볼까?"

내담자: "친구가 어느 날부터 저를 멀리해요. 이유를 알지 못해서 너무 답답해요."

상담자 질문: "언제부터 친구가 ○○이를 멀리하기 시작한 것 같아?"

내담자: "기억이 잘 나지 않지만 3주 전인 것 같아요."

상담자 질문: "3주 전에 친구와 어떤 일이 있었니?"

연습 3

내담자: "엄마와 싸운 이후로는 얼굴을 마주하기가 힘들어요. 식탁에 같이 앉아도 얘기도 안 하고 밥만 먹어요."

상담자: "엄마와 싸운 이후로 말 건네기도 어려울 만큼 불편하구나."

내담자: "그 아이에게 말을 걸고 싶지만 몸이 움직이지를 않아요. 팔다리가 떨리고 입술이 도저히 열릴 것 같지 않아요."

상담자: "그 아이한테 말을 붙이는 것이 몸이 경직될 만큼 긴장되는구나."

내담자: "아빠는 이번 중간고사에서 90점 이상을 받아 오라고 하세요. 그런 말 들을 때마다 머리가 아파요."

상담자: "성적에 대한 아빠의 기대감이 높아서 ○○이가 머리가 아플 정도로 무척 힘들구나."

연습 4

내담자: "학교생활은 너무 지루해요. 친구들도 촌스럽고, 선생님들이 가르치는 것도 재미없고. 학교에 있는 것 자체가 기분 꽝이에요."

상담자: "학교 다니는 것이 지루하고 마음에 드는 친구도 없고, 수업도 흥미가 없어서 학교가 마음에 들지 않는다는 말 같구나."

내담자: "그깟 성적 좀 나쁘다고 동생을 더 좋아하는 엄마를 보면 내가 친자식이 맞는지가 의심스럽다니까요."

상담자: "성적 때문에 엄마가 동생을 편애하는 것 같아 무척 서운하다는 말 같구나."

연습 6

내담자는 고등학교 3학년으로 9월에 상담실을 방문하였다. 성적이 전교 하위권으로 대학 진학이 어려운 상황에서 상담실을 찾아왔다.

내담자: "대학을 가고 싶어요. 서울 명문대를 가고 싶어요. 남은 기간 공부 열심히 하면 대학에 갈 수 있겠죠?"

상담자: "서울 명문대학 진학이라는 목표는 좋지만 달성하려면 많은 시간과 노력이 필요해. 그런데 ○○이의 현재 성적으로는 열심히 노력만 해서는 시간이 턱없이 부족할 것 같구나. 대학 진학의 선택을 좀 더 신중히 검토하는 것이 필요할 것 같아."

친구들이 싫다는 내담자로, 친구들이 자신을 잘 알지 못해서 재미가 없고 이야기가 통하지 않는다고 불평하고 있으면서도 외로움이 크다.

내담자: "친구들은 앞으로도 필요 없고 저는 혼자서 살아갈 거예요."

상담자: "혼자서 살아갈 거라는 말에서 ○○이의 마음이 외롭다는 것이 느껴져. 친구가 필요 없다는 것보다는 마음을 나눌 수 있는 친구가 필요하다는 말처럼 들리는 것 같아."

연습 7

내담자: "저는 아무것도 잘하는 게 없는 것 같아요. 제 주변의 친구들은 공부를 잘하거나 얼굴이 잘생겨서 친구들한테 인기가 많아요. 저는 공부도 못하고 잘하는 게 없어요. 아무것도 못하는 제가 도대체 뭘 해야 할까요? 선생님은 이런 저를 이해하지 못하시겠죠?"

상담자: "주변 친구들과 비교하면서 나는 아무것도 잘하는 것이 없을 것 같다는 생각으로 의욕이 많이 떨어진 것 같아. 그런데 아무것도 잘하는 것이 없는 사람들은 결코 없어. 남들과 비교해서 잘하지 못한다고 생각하는 것뿐이지 결코 못하는 것은 아니라고 생각해. 내 경험

을 이야기하자면, 나는 중·고등학교 다닐 때 내 외모가 못생겨서 이성친구들에게 인기가 없을 것이라고 생각했어. 그래서 평생 이성친구가 없을 것이라고 생각했지. 하지만 결국 이성친구를 사귀게 됐고 그 친구에게 물어봤지. '나 못생겨서 싫지 않아?'라고 말이야. 그런데 그 친구는 '목소리가 좋아서 매력적이야.'라고 대답을 했어. 나는 이성친구를 사귀는 데 외모만 중요하다고 생각했는데 사실은 여러 가지 매력이 있었던 거지. ○○이도 지금은 주변 친구들보다 잘하는 것이 없다고 생각할지도 모르지만 그 친구들과 더 친해져 보고 또 더 많은 다른 친구들을 만나다 보면 ○○이가 더 잘하고 더 매력적인 부분을 찾을 수 있을 것이라고 생각해."

내담자: "저희 부모님은 너무 가난하세요. 주변 아이들과 비교하면 우리 집이 제일 못살아요. 급식비도 잘 내지 못하는 정도니까요. 잘사는 친구들은 학원도 다니고 과외도 받지만 저는 그런 것 꿈도 꾸지 못해요. 다른 아이들에 비해서 자꾸 주눅이 드는 것 같아요. 가난하면 정말 희망이 없는 걸까요?"

상담자: "주변의 풍족하게 사는 아이들처럼 공부하기가 쉽지 않아 많이 속상하겠구나. 하지만 가난해서 희망이 없다는 것은 맞지 않는 말이라고 생각해. 세상은 부유한 사람들보다는 가난한 사람들이 훨씬 많기도 하고 가난 속에서 성공한 사람들이 아주 많아. 우리가 알고 있는 큰 부자들도 사실은 가난한 가정에서 성장한 사람들이 매우 많아. 그리고 서울 명문대학의 학생들이 모두가 부유한 가정의 자녀들은 아니지. 나도 그리 넉넉한 가정에서 성장하지는 못했어. 부모님 모두 맞벌이하시고 어렵게 세 자녀를 키우셨어. 그래서 ○○이처럼 학교 외에 학원이나 과외는 생각하지도 못했거든. 하지만 내 여건에서 열심히 공부하고 노력해서 대학을 가게 되었고 결국 석·박사까지 하게 됐어. 공부를 하고자 하는 마음과 노력이 있다

면 주변 여건은 그리 중요한 것이 아니라고 생각을 했지. ○○이도 지금 여건에 좌절하기보다는 희망을 가지고 노력하다 보면 정말 좋은 결과를 얻을 것이라 확신해."

연습 8

내담자: "대학을 가야 하는데 어느 전공을 택해야 할지 모르겠어요. 공부는 상위권이어서 대학 가는 것은 어렵지 않지만 전공을 무엇으로 해야 할지 정말 고민이에요. 진로 관련해서 저를 알 수 있는 검사가 있을까요? 그리고 진로와 관련해서는 성격도 중요하다는데 제 성격도 잘 모르겠어요."

상담자: "진로 선택에 있어서는 무엇보다 자신의 관심과 역량이 무엇인지 잘 알고 있는 것이 중요해. 자신에 대해서 잘 알고자 한다면 진로상담과 함께 심리검사를 받는 것도 필요해. 진로와 관련된 검사는 굉장히 많지만 가장 많이 사용되는 검사는 Holland 진로적성검사야. 이 검사는 사람들의 성격유형에 따라 적절한 진로와 직업을 탐색해 볼 수 있도록 도와주는 검사야. 그리고 진로에 있어서는 자신의 성격을 아는 것이 중요하기 때문에 성격검사를 받는 것도 필요해. 성격검사와 관련해서도 많은 것이 있지만 보통 상담실에서는 MBTI를 많이 사용하고 있어. MBTI는 사람의 성격을 16가지 유형으로 구분해서 자신이 어느 유형에 해당하는지 알려 주고 관련한 진로에 대한 정보도 제공하고 있어. 검사 시간은 두 가지 모두 할 경우 1시간에서 1시간 30분 정도 소요돼. 검사 신청은 가까운 청소년상담지원센터에 문의하면 되고, 예약을 한 후 정해진 날짜에 검사를 실시하면 돼. 그리고 결과는 보통 1주일 정도 기다려야 하고 담당 상담 선생님께서 해석을 해 주실 거야. 심리검사와 관련해서 더 궁금한 사항 있니?"

내담자(위기 전화상담): "제 아들이 가출했어요. 평소 저와 사이가 별로 좋지 않았는데 어젯밤에 크게 싸운 뒤로 아침에 방문을 열어 보니 짐을 싸서 집을 나갔어요. 경찰에 신고를 해야 하나요? 어디서 아이를 찾을 수 있는지 도움을 줄 만한 곳을 알 수 있을까요?"

상담자: "갑작스러운 일에 무척 당황하시고 많이 놀라셨을 것 같아요. 그런데 청소년기 가출은 부모님 자녀에게만 해당하는 것이 아니라 상당수 많은 자녀가 경험하는 일입니다. 중 · 고등학교 학생 중 80%가 가출 충동을 느끼고 실제 가출을 시도한 아이들의 비율이 10%를 넘으니까요. 그리고 보통 처음 가출을 한 아이들은 1주일 내에 다시 돌아오는 경우가 대부분입니다. 그러니까 너무 당황해하지 마시고 침착하게 아이를 기다리면서 찾는 것에 주의를 기울였으면 합니다. 가출할 때 보통 친한 친구들과 연락을 주고받는 경우가 많기 때문에 우선 자녀분의 친구에게 연락을 하시는 것이 필요합니다. 친구들이 잘 모르겠다고 하면 혹시라도 자녀로부터 연락이 오면 부모님이 기다리고 있다면서 꼭 알려 줄 것을 부탁하는 것이 좋습니다. 그리고 청소년전화 1388로 전화를 하시면 가까운 청소년상담지원센터와 연락이 됩니다. 그곳에 자녀의 가출 사실을 알려 주면 자녀가 청소년상담지원센터의 도움을 구하러 찾아 왔을 때 연락을 드리게 될 것입니다. 며칠이 지나도 자녀의 소식이 없을 경우에는 경찰의 협조를 얻는 것이 좋을 것 같습니다."

내담자: "학교에서 지난 6개월 동안 따돌림을 당했어요. 단순히 놀리는 것뿐만 아니라 몇몇 아이들은 저를 때리기도 해요. 도저히 견딜 수 없어서 담임선생님에게 도움을 청했더니, 저를 위로만 해 주시고 아이들이 저를 괴롭히는 것을 막지 못하세요. 이런 경우에는 어떻게 도움을 받아야 하나요?"

상담자: "오랜 시간 집단따돌림을 당했다고 하니 너무 많이 힘들고 도움이

절실히 필요했겠다. 담임선생님도 큰 도움이 되지 못했다고 하니 ○○이가 너무 많이 힘들었을 것 같아. 따돌림을 당한 지 반년이 넘었고 신체적인 해도 당한다고 하니 그냥 참기보다는 ○○이가 좀 더 적극적으로 도움을 구해야 할 시기라고 생각해. 우선, ○○이가 직접 학교에 도움을 구하기보다는 부모님께 도움을 부탁하고, 부모님이 학교로 찾아가서 도움을 구하는 것이 필요하다고 생각해. 만약 학교로부터 적절하게 도움을 얻지 못한다면, 지역 내 교육청에 학교폭력으로 도움이 필요하다고 말하는 것이 필요해. 이 일도 ○○이가 하기보다는 부모님께서 하시는 편이 좋아. 그리고 그동안 ○○이가 너무 많은 상처를 받아 왔기 때문에 전문상담을 받는 것이 좋을 것 같아. 청소년전화 1388로 전화를 하면 따돌림과 관련해 도움을 받을 수 있는 보다 상세한 정보도 얻을 수 있고 ○○이가 그동안 힘들어했던 상처도 치유받을 수 있는 기회가 될 거야."

연습 9

내담자: "주변 아이들에게 내 말을 잘 못하겠어요. 말을 하려면 입술이 떨리고 말을 더듬어요. 특히 발표 시간이면 머리가 어지러울 정도예요."

상담자: "혹시 가족과 함께 있어도 긴장되는 경험이 있었니?"

내담자: "가족은 괜찮은데⋯⋯ 아버지한테는 말을 잘 하지 못해요. 아버지는 저를 어려서부터 자주 혼내셨어요. 특별히 잘못하는 것도 없는데 왜 저를 혼내시는지 몰랐어요. 그래서 아버지 얼굴을 보는 것만으로도 긴장되고 아버지 앞에서는 말이 잘 나오지 않았어요."

상담자: "주변 아이들에게 말을 할 때 긴장되는 것이 아버지와의 경험과 상당히 유사하게 느껴지네. 이유도 없이 혼내시는 아버지를 보면 어떻게 말을 걸고 행동해야 할지 갈피를 잡기 힘들 수 있지. 그래서 아버지를 보면 긴장이 되고 말이야. 아마도 아버지와의 이러한 경험이 현재 주변 아이들과의 관계에 영향을 미치는 것 같아. 심리학

에서는 이러한 것을 '전이'라고 표현해. 특정 대상에게 가졌던 느낌이나 경험이 다른 대상에게 옮겨지는 것을 말하지. ○○이의 경우도 아마 아버지에게 느꼈던 두려움이 주변 아이들에게 전이된 것으로 생각되는구나."

내담자: "정말 공부에 집중할 수가 없어요. 왜 이런지 모르겠어요. 성적을 빨리 올려야 하는데 집중은 안 되고 마음이 무척 초조해요. 서울에 있는 대학에 가려면 내신 점수를 많이 올려야 하는데 마음은 급하고 집중은 안 되고……. 공부를 하려고 책상 앞에 앉아 있으면 빨리 외워야 하는데 잘 안 되고……. 빨리 집중할 수 있는 방법이 있었으면 좋겠어요."

상담자: "○○이 얘기를 들으면서 마음이 급한 게 느껴지네. ○○이가 지금 말을 하면서 '빨리'라는 말을 많이 사용하고 있는 것으로 보아 마음이 급해 보이고 공부에 대한 불안이 많아 보여. 공부 집중에 있어서 크게 방해가 되는 것은 불안이야. 마음이 급하거나 초초하다는 것은 불안의 다른 표현일 수 있어. 공부를 잘하고 싶은 기대감이 클수록 '잘못되면 어떻게 하지?'라는 불안감은 더욱 커질 수 있어. 그러한 생각은 마음을 더 급하게 만들고 더 초조하게 만들지."

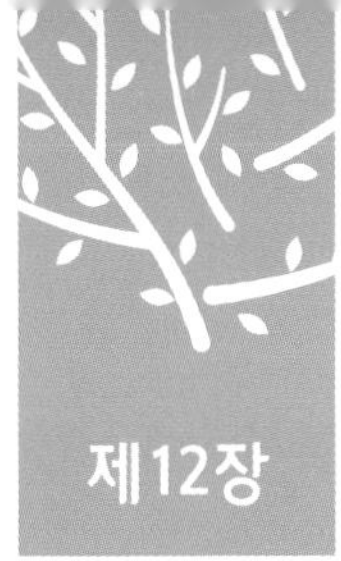

제12장

청소년상담의 전략과 개입

1. 상담전략과 개입

상담의 전략과 개입은 상담목표를 달성할 수 있도록 고안된 행동계획이다. 흔히 기업 경영에서는 기업의 비전을 달성하기 위하여 구체적인 목표를 설정하고, 이를 달성하기 위해 여러 가지 전략을 계획한다. 상담도 이와 마찬가지로 내담자의 변화를 위하여 내담자와 협의하에 구체적인 목표를 세우고, 이를 달성하기 위해 세부적인 상담전략을 계획한다.

따라서 효과적인 전략과 개입을 사용하기 위해 먼저 내담자의 문제가 잘 정의되어 있어야 하며 상담의 목표가 매우 구체적이어야 한다. 목표를 '공부 잘하는 것' '친구들과 친해지는 것' '부모님과 잘 지내는 것'과 같이 막연하게 기술하면 구체적인 전략을 계획하기 어렵다. 내담자의 문제를 정확하고 분명하게 정의한 후 상담목표를 측정 가능하도록 구체적으로 설정해야 한다. 공부 잘하는 것이 목표라면, 현재 성적이 어느 정도인데 몇 점까지 올릴 것인지 등 확인 가능한 목표를 세워야 한다. 그리고 목표 수준의 성적을 올릴 수 있도록 상담자는 구체적인 전략을 세우고 내담자와 협의하여 이를 실행할 수 있어야 한다.

1) 내담자에 따른 개입전략 이론

모든 전략과 개입은 정신분석 접근, 행동주의 접근, 인본주의 접근 등 특정한 상담이론에서 유래한다. 각각의 이론은 그들의 상담이론과 연관된 특별하고 구체적인 전략과 개입방법을 가지고 있다. 그러나 상담이론에 대한 현대적 관점에서는 모든 내담자에게 만병통치약 같은 '단일한 신화'를 거부한다. 즉, 모든 내담자에게 동일하게 적용될 수 있는 하나의 상담이론은 없다는 것이다. 또한 상담전략을 효과적으로 사용하는 상담자는 선호하는 이론에 내담자를 맞추지 않고, 항상 내담자의 관점에서 이론을 적용하고 적절한 전략을 세운다. 따라서 상담자는 단편적인 이론에 의존하기보다는 내담자에게 유용한 다면적인 상담기법과 전략들을 개발하는 것이 필요하다.

2) 개입전략에 대한 경험과 완성도

상담자가 사용하는 개입전략들은 상담자가 이미 잘 알고 있고, 이전에 사용했던 경험이 있으며, 효과적으로 사용할 수 있는 것들이어야 한다. 그리고 필요에 따라 알려지지 않은 새로운 전략 기법과 기술을 사용하기 위해서는 수퍼바이저의 조언을 구하는 것이 필요하다. 상담자가 전략을 사용하기에 경험이 부족하거나 불안정하면 내담자의 상담에 대한 신뢰는 쉽게 훼손된다.

3) 내담자 반응에 따른 개입전략

상담자가 특정 내담자 문제에 대해 전형적으로 사용되는 전략을 알고 있고, 전략에 대한 내담자의 반응결과를 알고 있다면 보다 능숙하게 상담전략을 사용할 수 있다. 예를 들어, 특정 대상에 심한 공포감을 가지고 있는 내담자에게는 흔히 단계적 둔감법을 개입기법으로 사용한다. 이 기법은 공포를 유발하는 대상이나 상황을 낮은 수준에서 높은 수준으로 분류하여 내담자에게 낮은 단계에서부터 높은 단계까지 점진적으로 공포 자극을 노출시킴으로써 내담자가 각 단계의 공포감을 극복할 수 있도록 도와준다. 상담자는 이러한 개입기법에 대해서 충분한 지식과 경험을 가지고 내담자에게 적절히 사용할 수 있어야 한다.

또한 상담자는 특정 기법에 대한 내담자의 전형적인 반응을 미리 감지하고 그 반응에 효과적으로 대응할 수 있어야 한다. 예를 들어, 인지적 변화 기법을 사용하는 상담자는 내담자의 '비합리적 생각'에 대한 전형적인 반응을 미리 잘 알고 있어야 한다. 보통 상담자가 내담자의 비합리적인 생각을 지적할 때, 내담자는 '난 그렇게 생각한 적 없어요.'와 같이 부정하는 반응을 보인다. 상담자는 이러한 전형적인 반응을 미리 감지하고 적절하게 대응할 수 있는 기법들을 개발해야 한다.

4) 문제와 개입전략의 특성

성공적인 개입은 내담자 문제의 특성에 달렸다. 즉, 내담자 문제와 잘 부합되는 상담전략이 선택될 때 효과적인 결과를 얻을 수 있다. 예를 들어, 슬프고 우울한 감정을 가지고 있는 내담자에게 정서적 개입기법이 적용될 수 있고, 자기를 계속 부정적으로 생각하는 내담자에게 인지적 개입기법이 적용될 수 있다. 또한 나쁜 습관을 가지고 있는 내담자에게는 행동적 개입기법이 적용될 수 있다.

복합적인 문제의 경우, 정서적 · 인지적 · 행동적 영역을 모두 수반하기도 한다. 예를 들어, 불안은 정서적인 문제이지만, 특정 생각에서 유발되는 불안은 인지적인 문제이며, 불안 때문에 집 밖에 나가지 못하는 행동적인 문제를 보이기도 한다. 이때에는 각 영역에 맞추어 정서적 · 인지적 · 행동적 기법들을 적절히 병행할 필요가 있다.

5) 내담자 특성과 개입전략

전략을 선택하는 데 있어 중요한 요인 중 하나는 내담자의 특성이다. 효과적인 전략은 상담자와 내담자가 상호 협력하는 전략이다. 내담자의 신념이나 가치관에 혼란을 야기하는 개입전략은 내담자의 저항을 유발하거나 내담자가 수동적인 태도를 갖게 한다. 예를 들어, 보수적인 기독교 가치관을 가지고 있는 내담자에게 예배가 있는 일요일에 또래 캠프에 참석하도록 하는 것은 내담자의 가치관과 맞지 않아 실패할 여지가 많다.

또한 개입전략이 내담자에게 위협적인 경우 내담자는 크게 저항할 수 있다. 대인관계에서 매우 소심하여 자기표현을 잘하지 못하는 내담자에게 처음부터 적극적인 자기주장 훈련을 제안한다면 내담자는 위축되어 전략을 실행하기 어렵게 될 수 있다.

따라서 상담자는 내담자의 특성에 따라 적절한 전략을 제안하고 이를 내담자와 협의하는 과정이 필요하다.

내담자와 전략에 대해서 협의하는 과정은 다음과 같다.

첫째, 상담자는 내담자에게 상담전략에 대해 자세하게 설명해야 한다.

상담자는 특정한 문제를 가지고 있는 내담자를 위해서 모든 유용한 기법과 절차에 대해서 내담자가 이해할 수 있도록 충분히 설명해야 한다. 그리고 각 절차에서 상담자와 내담자의 역할을 설명하고 일어날 수 있는 불편함이나 위험을 알려 주어야 한다. 더불어 절차의 결과로서 기대할 수 있는 이점과 소요될 시간 및 경비 등을 설명해야 한다.

둘째, 상담자는 내담자가 상담개입에 적극적으로 참여할 준비가 되어 있는지를 파악해야 한다. 예를 들어, 내담자에게 특별한 상담개입 절차를 수행할 수 있을 정도로 내담자가 충분한 자아 강도를 가지고 있는지, 또는 자기통제력이 있는지를 고려할 필요가 있다. 또한 지지받을 수 있는 사회적 자원이 있는지, 상담 밖의 상황에서도 특별한 개입 절차를 잘 실행할 수 있는 여건이 준비되어 있는지도 역시 살펴보아야 한다.

셋째, 전략을 제안할 때 내담자의 이전 문제의 해결 방법을 확인해야 한다. 문제를 다룰 때 종종 내담자는 부적절한 해결책을 사용한다. 그래서 상담자는 내담자의 세계를 가능한 한 잘 이해해야 한다. 내담자의 부적절한 문제해결 시도를 확인함으로써 상담자는 이전의 실패한 노력들을 반복하지 않을 수 있다.

6) 상담개입 전략의 범주

상담개입 전략의 범주는 크게 정서적 전략, 인지적 전략, 행동 전략으로 나눌 수 있다. 이러한 범주는 Hutchins(1979, 1982, 1984)의 사고 · 감정 · 행동 모형(T-F-A)과 L'Abate(1981)의 정서적 · 사고적 · 행동적 모형(E-R-A)에 따른 것이다. 이러한 분류는 내담자의 문제 영역을 정서적 · 인지적 · 행동적 차원으로 분류할 때 유용하게 사용될 수 있다.

정서적 전략은 내담자의 감정과 정서에 일차적인 초점을 두며 몸의 떨림, 눈물 흘림 등 신체 자각활동이 포함된 개입들이다. 또한 인지적 전략은 내담자의 사고, 신념, 태도 등을 다루는 개입이며, 행동적 전략은 내담자의 행동과다, 행동결함 등 행동과 습관에 초점을 맞춘 개입이다.

보통 내담자의 문제는 정서적 · 인지적 · 행동적 차원에 따라 명확히 구분되는 단일 차원이라기보다는 복합적인 경우가 많다. 따라서 상담전략을 사용할 때는 단일 차원의 전략보다는 내담자 문제에 적합한 복합적인 전략들을 사용해야 한다.

전형적인 상담은 특정 이론적 접근에 내담자를 맞추는 형식이었지만, 현대 상담은 내담자의 특성에 따라 이론과 기법을 적절히 조합하는 형식이다. 따라서 상담자는 상담목표를 가장 쉽게 달성할 수 있는 전략이 무엇인지 끊임없이 자문해야 한다. 이를 위해서 상담자는 우선 내담자의 문제 요인을 평가하고 각 요인에 적절한 접근방법들을 선택해야 한다.

예를 들어, 나쁜 학업 습관 때문에 학교에 가기 싫어하는 내담자의 경우, 단편적인 전략보다 다차원적인 전략을 사용해야 한다. 학교에 대한 불안감과 과도

한 긴장감을 다룰 수 있는 정서적인 전략과 학교 및 학업에 대한 부정적이고 비합리적인 사고를 변화시킬 수 있는 인지적인 전략 그리고 효과적인 학업 기술을 증진시키는 행동 전략들을 적절히 사용할 필요가 있다.

7) 개입전략 사례: 철수의 사례

철수는 18세 고등학생으로 술을 마시고 학교에 등교하여 정학을 당하였다. 중학교 때부터 술을 마시기 시작하여 조금씩 주량이 늘었는데, 올해 들어 술을 자주 마시고 과음하여 문제가 심각해졌다. 철수는 학교 축구부 선수로, 작년에 감독에게서 신임을 얻었고 주변 사람들에게서도 기대를 얻기 시작하였다. 이 때문에 잘해야 한다는 중압감에 시달렸고 중요한 경기가 시작되기 몇 주 전부터는 심한 불안과 긴장을 느끼고 있다. 철수는 자신이 축구를 잘하지 못하면 주위 사람들로부터 버림받게 될 것이고 모든 희망이 사라질 것이라고 생각했다. 철수는 축구 외에 어떤 관심이나 취미도 없으며 공부에는 전혀 관심을 두고 있지 않다.

(1) 문제 분석

철수의 문제

- 행동적 요소: 과도한 알코올 섭취로 인한 부적절한 행동
- 정서적 요소: 불안과 중압감, 축구 이외의 영역에 대한 낮은 자존감
- 인지적 요소: 중요한 경기를 잘할 수 없을 것 같고, 축구를 못하면 아무것도 못할 것 같은 반복적이고 지속적인 사고

(2) 적용할 수 있는 개입전략

철수의 알코올 남용 문제에 사용될 수 있는 개입전략은 다음과 같이 정서적 개입, 인지적 개입, 행동적 개입 순으로 진행한다.

 **개입전략**

◆ 정서적 개입

- 인간중심적 접근: 철수의 불안과 긴장감을 줄이고 낮은 자존감을 높임
  - 적극적 경청과 공감, 진솔함, 긍정적인 존중감을 통한 수용적 분위기 조성
- 게슈탈트 자각(awake) 작업: 철수가 자신의 불확실한 미래에 대한 생각을 자각하게 하여 불안을 줄임

◆ 인지적 개입

- 합리적 정서 개입 또는 인지치료: ABCDE 분석으로 사고의 비합리적인 신념을 찾아내고 반박함으로써 적응적인 신념체계로 변화시킴
  - A(Activating event): 활성화 사건
  - B(Belief system): 활성화 사건에 대한 철수의 독특한 신념체계
  - C(emotion and behavioral Consequences): 신념체계로 인한 정서적-행동적 결과
  - D(Dispute): 비합리적 또는 자기패배적 신념에 대한 이성적 논박을 배움
  - E(Effect): 논박을 통해 얻게 된 새로운 효과

◆ 행동적 개입

- 긴장이완 훈련: 근육의 긴장상태와 이완상태를 자각케 하여 불필요한 스트레스와 긴장을 낮춤
- 단계적 둔감법: 불안을 일으키는 상황을 낮은 수준에서 높은 수준까지 나열하게 하고 낮은 수준부터 점진적으로 적응할 수 있게 도와줌
- 역조건 형성(covert conditioning or covert sensitization): 알코올과 불쾌감을 연합시켜 알코올에 대해 거부감을 갖게 함

- 계약하기(contracting): 대안 행동을 유지할 수 있도록 대안 행동에 대해 스스로 계약하게 하고 행동에 대해 책임감을 갖게 함
- 정보 주기: 알코올이 갖는 부작용에 대한 정보를 알려 줌
- 모델링: 불안과 긴장상태에서 적응적으로 행동할 수 있는 모델을 보여 줌으로써 내담자가 스스로 적응할 수 있도록 도와줌

철수의 사례에서처럼 한 가지 이상의 개입이 사용되는 경우, 개입전략을 차례대로 나열하는 것이 바람직하다. 알코올 남용의 직접적인 원인(불안)이 되는 정서적인 개입에서 시작하여 점차 자기패배적인 사고를 다루는 인지적 접근, 습관화된 행동을 변화시키는 행동적 개입 등으로 체계적으로 진행하는 것이 상담목표를 달성하는 데 효과적이다. 즉, 상담의 개입전략은 다양한 상담이론에 근거를 두고, 상담자는 내담자의 문제와 상담목표 특성에 부합하는 전략을 사용해야 한다.

또한 전략은 상담자가 일방적으로 선택하는 것이 아니라 내담자와 협의하여 선택해야 한다. 내담자의 기대와 가치관, 얻을 수 있는 자원들을 고려하여 전략을 선택하고 내담자가 적응할 수 있는 수준으로 개입전략을 실행하는 것이 필요하다. 그리고 내담자 문제의 우선순위를 두고 개입전략을 순서대로 나열하여 점진적으로 진행하는 것이 상담목표를 달성하는 데 효과적이다.

2. 정서적 개입전략

감정(feeling)은 인간 경험의 자연스러운 부분이다. 어떤 일이 잘될 때 우리는 행복감을 느끼고, 반대로 상실의 경험을 겪을 때 슬픔을 느낀다. 또한 원하는 것이 이루어지지 않을 때 분노와 좌절을 느끼며 사람과의 관계가 단절될 때 외로움을 느낀다. 이와 같이 감정은 우리가 경험하는 것과 독립적으로 구분할 수 있는 것이 아니며 경험의 일부다.

또한 감정은 경험의 일부이지만, 모든 사람에게 동일하지 않다. 누군가에게 행복한 경험이 다른 사람에게는 일상의 경험일 수 있으며, 누군가에게 사랑스러운 경험은 다른 이에게 유치한 경험일 수 있다. 감정은 이전 경험의 기억으로부터 많은 영향을 받기 때문에 같은 상황이더라도 이전에 느꼈던 감정의 기억에 따라 달라질 수 있는 것이다. 그래서 불안, 우울, 분노 등의 정서적 고통은 각 사람의 경험에 따라 그 강도와 지속성이 달라진다.

그러므로 상담의 핵심은 내담자가 경험하고 있는 독특한 정서적 고통의 정도를 파악하고 이러한 고통에서 벗어날 수 있도록 내담자를 도와주는 것이다.

1) 정서적 이론

대부분의 정서적 개입은 현상학적 이론(phenomenological theories)으로부터 유래한다. 현상학자들은 실재(reality)와 우리의 지각(perception)을 구분한다. 실재와 우리의 지각에는 차이가 있으며, 우리는 실재를 보는 것이 아니라 자신의 경험, 사고, 신념 등에 따라 해석하기 때문에 실재를 각자 다르게 지각할 뿐이다. 그래서 사람마다 동일한 상황이나 자극에 대해서도 다르게 지각하며 다르게 경험한다. 인간중심적 상담과 게슈탈트 상담, 실존주의적 접근 상담 등은 이와 같은 현상학적 관점에 근거한 것이다.

이러한 상담 접근들은 갈등의 원인을 개인에게서 찾는다. 정서적 접근은 개인의 자아정체감, 자기 가치, 자기 책임, 자아실현 등을 강조한다. 또한 정서적 접근의 상담자들은 특별한 기법을 사용하기보다는 상담자와 내담자 간의 친밀한 관계를 중시한다. 이들은 특별한 기법 대신 현재, 이 순간에 느끼는 충분한 감정과 삶의 의미를 내담자와 나누는 절차를 강조한다.

2) 정서적 개입의 목표

정서적 개입의 주요 목적은 내담자가 자신의 감정을 표현할 수 있도록 도와

주며, 감정들을 서로 구분하고, 그러한 감정을 수용할 수 있도록 도와주는 것이다.

내담자들은 자신의 삶에서 고통을 받고 있다고 느끼지만, 구체적으로 그것이 무엇인지 잘 알지 못한다. 이러한 고통의 감정을 표현하는 것은 내담자들에게 새로운 경험이 될 수 있다. 특히 감정 표현이 매우 서툴거나 자유로운 감정 표현이 제한된 환경에서 성장한 내담자에게는 매우 특별한 경험이 될 수 있다.

정서적 개입이 시작되면 내담자는 그동안 표현하지 못했던 다양한 감정을 표출하며 자신이 이렇게 많은 감정을 가지고 있다는 사실에 놀라기도 한다. 이때 상담자는 내담자가 현재 느끼고 있는 복잡하고 다양한 감정을 내담자 스스로 알아차릴 수 있도록 도와주어야 한다.

정서적 개입이 한층 진행되면 내담자는 자신의 감정을 수용하고 새로운 대안 감정을 갖게 된다. 상담자는 내담자가 그동안 수용하지 못하고 왜곡해 온 감정을 내담자 자신의 것으로 받아들이고 새롭게 자기 지각을 할 수 있도록 조력한다. 이러한 과정을 통해 내담자는 그동안 오래된 경험과 감정에 집착했던 자신을 발견하고 그것에서 벗어날 수 있는 길을 찾게 됨으로써 참된 자기 자신을 얻을 수 있게 된다.

요약하면, 정서적 개입의 목표는 현재 내담자가 경험하는 것을 있는 그대로 표현하게 도와줌으로써 참된 자기를 발견하도록 하는 것이다.

3) 내담자의 정서 표현 돕기

내담자가 자신의 문제와 관련된 감정을 알고 있는 것과 그것을 표현하는 것은 질적으로 다르다. 누군가에게 자신의 감정을 표현하는 것은 단순히 생각으로 알아차리는 것보다 훨씬 깊게 자신을 이해하는 방법이다. 그래서 상담자의 역할은 내담자가 그 자신의 감정을 표현할 수 있도록 도와주는 것이다. 상담자는 내담자가 자유롭게 표현할 수 있도록 무비판적이고 수용적인 분위기를 제공하고 내담자에 대한 정확한 이해를 전달해야 한다.

또한 상담자는 내담자의 감정을 탐색해야 한다. 아직 표현이 서툰 내담자는 자신의 감정이 구체적으로 어떤 것인지 정확하게 알지 못한다. 상담자는 내담자의 비언어적 단서와 언어적 단서를 통해 내담자의 감정을 알아차려야 한다.

4) 감정 분류 돕기

내담자가 감정을 표현하고 자신의 감정을 알아차릴 때, 그동안 참아 왔던 감정에 의해서 압도되는 경우가 있다. 예를 들어, 상담장면에서 내담자는 알코올 중독 아버지에 대해 쌓아 온 분노 감정을 상담자를 향해 위협을 느낄 정도로 폭발시킬 수 있다.

이때 상담자의 역할은 내담자가 다양한 정서적 반응을 인식하고 그러한 감정을 조절할 수 있도록 도와주는 것이다. 상담자는 "지금 당신에게 일어나는 감정은 어떤 것이죠?"라고 질문하여 내담자가 현재 이 순간에 느끼는 감정을 알아차리게 하고 그것이 무엇 때문에 일어났는지 알 수 있도록 도와준다.

내담자의 감정이 매우 복합적이고 다양하게 일어날 수 있기 때문에 상담자는 내담자가 느끼는 여러 가지 감정을 하나하나 분류하여 알아차리게 도와주는 것이 필요하다. 이때 종이와 연필을 사용하여 내담자의 감정을 기록하는 방법도 있을 수 있으며 상담자와의 역할 연기를 통해 내담자의 감정을 강렬하게 보여 줄 수도 있다. 어떠한 방법이든지 중요한 것은 내담자가 자신에게 의미 있는 감정들을 새롭게 구조화할 수 있고 체계화할 수 있도록 도와주는 것이다.

내담자의 정서적인 고통의 원인은 자신이 만들어 놓은 비논리적인 감정의 구조다. 예를 들어, 이전 철수의 사례에서처럼 축구를 잘하지 못하는 것은 곧 자신이 쓸모없는 존재라고 구조화하게 만들어 불안을 일으키게 한다. 실제는 축구를 잘하지 못하는 것과 무가치한 존재와는 아무런 상관이 없음에도 그것을 사실로 받아들여 불안을 조성한다. 이처럼 사람에 따라서 고통스러운 감정을 유발하는 자신만의 왜곡된 감정 구조를 만들어 놓을 수 있다.

따라서 상담자는 내담자가 현재 느끼는 다양한 감정을 체계적으로 분류하고 객관적으로 바라보게 함으로써 내담자의 감정의 구조를 이해하고 사실 그대로 인식할 수 있게 도와주어야 한다. 이러한 과정을 통하여 내담자는 자신의 삶을 개인에게 가치 있고 의미 있는 방식으로 새롭게 개념화할 수 있다.

감정을 분류할 수 있는 여러 가지 개입과 훈련이 있다. 간단하게 필기도구로 감정을 분류하는 것에서부터 정서 경험을 다시 재연하는 드라마 형식의 훈련까지 그 범위는 다양하다. 하지만 이러한 방법들은 내담자의 특성에 따라 적절히 사용해야 효과적이다. 모두에게 적용될 수 있는 신화와 같은 기법은 어디에도 존재하지 않는다.

청소년 내담자들은 성인과 다르게 자신의 감정을 잘 표현하지 못하는 경우가 많다. 감정을 표현하더라도 "좋아요." "그저 그래요." "별로예요."와 같이 몇 가지 단순한 표현에 그치는 경향이 있다. 그래서 언어적으로 감정을 표현하기보다는 종이와 펜을 이용하여 자신의 감정 상태를 표현하게 하는 것이 효과적이다. 다음은 청소년들에게 유용하게 사용될 수 있는 감정 표현 기법들이다.

(1) 감정 도표 그리기

감정 도표 그리기는 청소년 내담자와의 상담 초기에 매우 효과적인 방법이다. 종이 한 면에 2개의 큰 원을 그리고 하나의 원에는 상담자가 예시로 감정 도표를 그려서 보여 준다. 그리는 방법은 큰 원을 백분율로 생각하여 감정의 크기만큼의 면적을 피자 자르듯이 선을 그어 나누는 것이다. 불안이 50% 정도라고 생각하면 원의 반을 자르는 선을 그리고, 우울이 30%라면 그에 해당하는 면적만큼 선을 그어 표시하면 된다. 상담자가 먼저 시범을 보여 준 후 내담자에게 연필을 건네주어 직접 그려 보게 한다.

상담자는 내담자에게 다음과 같이 지시할 수 있다.

"사람들은 감정을 느낄 때 한 가지 감정만 느끼는 것이 아니라 여러 가지 감정을 동시에 느낄 수 있어. 이러한 복잡한 감정들은 사람에 따라 느낌의 크기가 서로 다를 수 있단다. 여기 있는 원에 현재 네가 느끼는 감정들을 표시해 볼래?"

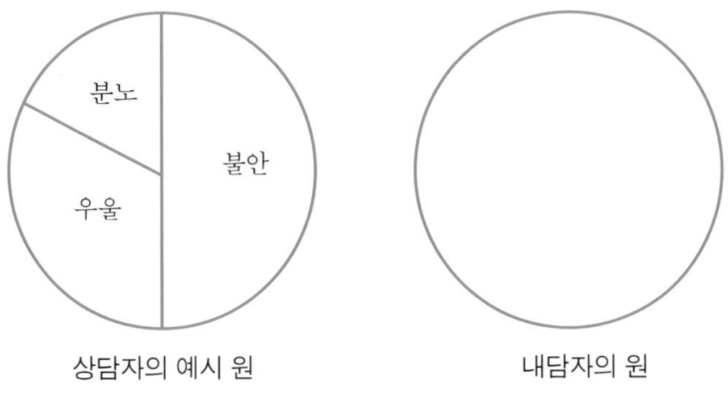

[그림 12-1] **감정 도표 그리기의 예**

(2) 감정 체크리스트 표시하기

감정 체크리스트는 상담 첫 회기에서 유용하게 사용할 수 있다. 상담자는 감정 체크리스트를 통해서 내담자가 느끼는 다양한 감정을 확인하고 어떤 정서적인 도움을 줄 것인지를 판단한다. 상담자는 내담자에게 지난 몇 달간 경험한 주요한 감정을 체크리스트에 표시하게 한다.

최근 몇 달간 경험한 감정들을 네모 칸에 모두 표시하세요.

□ 우울	□ 긴장	□ 들뜸
□ 화	□ 염려	□ 환희
□ 슬픔	□ 무서움	□ 즐거움
□ 좌절	□ 공포	□ 기쁨
□ 흥분	□ 미움	□ 사랑
□ 실망	□ 질투	□ 행복
□ 외로움	□ 의심	□ 만족
□ 걱정	□ 시기	□ 안도
□ 혼란	□ 의기소침	□ 편안함

(3) 풍선 표정 그리기

내담자의 감정은 언어뿐만 아니라 비언어적으로도 표현되기 때문에 반드시 언어적 표현을 통해서만 확인되는 것은 아니다. 특히 청소년 내담자에게는 비언어적 감정 표현이 더 쉽게 느껴질 수 있다. 상담자는 내담자가 최근에 느낀 여러 감정을 풍선 그림 위에 얼굴 표정으로 표현하도록 한다. 그림을 그린 후에는 풍선이 어떤 표정인지 내담자에게 질문을 해서 다시 확인한다. 그리고 감정 도표와 마찬가지로 풍선의 크기에 따라 감정의 크기를 나타내도록 한다.

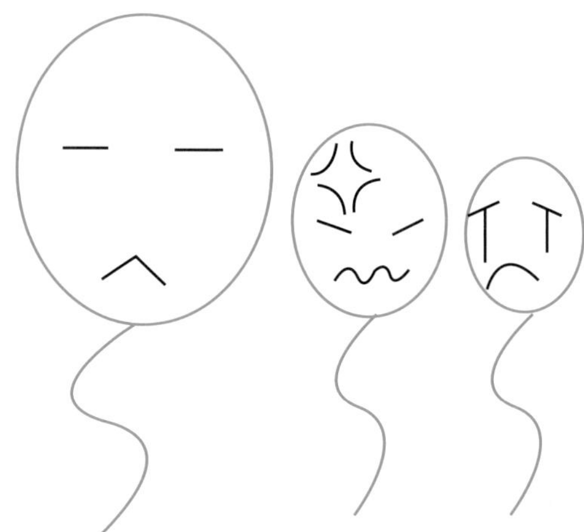

[그림 12-2] **풍선 표정 그리기의 예**

(4) 인형을 이용하여 감정 표현하기

어린 내담자는 낯선 사람에게 자신의 감정을 표현하는 것이 매우 어려울 수 있다. 특히 상담 초기에 상담자가 아무리 편안한 분위기를 제공하더라도 낯선 이에게 자신의 감정을 직접 드러내는 것은 쉬운 일이 아니다. 이처럼 직접 자신의 감정을 드러내기 어려운 경우, 인형이라는 매개를 이용하여 간접적으로 내담자의 감정을 확인할 수 있다.

이 경우 상담실에 많은 인형을 배치해 놓아야 한다. 상담자는 내담자에게 마음에 드는 인형을 선택하라고 권유하고, 한동안 내담자가 인형을 가지고 노는 모습을 관찰한 후에 인형에 대해서 내담자의 마음을 간접적으로 파악할 수 있는 여러 가지 질문을 한다. 예를 들어, "그 인형 나이는 몇 살이니?" "인형의 이름은?" "인형은 누구랑 살고 있니?" "인형은 지금 기분이 어떤 것 같니?" 등 내담자의 마음을 투사할 수 있는 질문을 함으로써 내담자의 감정을 확인할 수 있다. 또한 상담자도 인형을 선택하여 인형들끼리 서로 이야기를 주고받게 함으로써 내담자의 감정 상태를 확인할 수 있다.

인형을 이용한 대화의 장점은 내담자가 상담자에 대한 경계를 완화시킬 수 있으며 보다 풍부하게 내담자의 투사된 감정과 행동을 확인할 수 있다는 것이다. 그러나 고학년인 청소년이나 성인에게는 인형의 사용이 유치하게 여겨질 수 있으며 거부감을 가질 수도 있기 때문에 주의해서 사용해야 한다.

5) 초점 맞추기 기법

초점 맞추기(focusing)는 내담자가 자기 내면을 들여다볼 수 있도록 하며 문제를 확인할 수 있도록 돕는다. 또한 현재 또는 과거 상황에 대해 현재 느끼는 감정에 주의를 기울이게 한다.

내담자에게 최대한 편안한 자세를 가질 것을 지시한 후 조용히 자신의 의식에 흐르는 감정을 관찰할 수 있도록 한다.

다음은 Gendlin(1969)의 초점 맞추기 지시문이다.

> "어떤 대상이나 문제에 대해 당신이 느끼는 감정에 집중해 보십시오. 잠시 침묵을 유지하면서 편안하게 하십시오. (내담자는 눈을 감고 편안한 자세를 취함) 이제 당신의 긴장을 몸 밖으로 내보내십시오. (한동안 멈춤) 당신 스스로 '나는 지금 무엇을 하고 있지?' '나는 지금 무엇을 느끼고 있지?'라고 질문을 하고 무엇이 일어나고 있는지 지켜보십시오. 어떤 생각들이 나타나는지 살펴보십시오. 당신에게서 일어나는 반응들을 있는 그대로 지켜보십시오. (한동안 멈춤) 당신에게 주요한 문제 혹은 관심은 무엇인지 생각해 보십시오. 당신에게 가장 의미 있는 것들을 선택해 보십시오." (잠시 멈춤)

초점 맞추기 6단계

1단계: 내담자가 지닌 문제 혹은 관심에 관한 전반적인 느낌에 주의를 기울인다.

2단계: 전체적인 느낌에 주의를 기울이는 동안, 주의를 끄는 하나의 관심을 찾아내고 그것에 주의를 기울인다. 하지만 그것을 설명하거나 말하려고 하지는 않는다. 단지 느끼기만 한다.

3단계: 하나의 감정에 주의를 유지하면서 감정으로부터 나타난 단어나 이미지를 떠올린다.

4단계: 하나의 감정이 다른 감정으로 바뀌면 그냥 그렇게 하도록 내버려 둔다. 그것이 무엇이든 간에 감정의 흐름에 따라 주의를 기울인다. 그것을 판단하지 말고 단지 경험하게 한다.

5단계: 현재 내담자가 자신의 문제에 관해 느끼는 새로운 감정을 가져오게 한다. 이 감정에 대한 새로운 단어나 이미지를 찾도록 한다.

6단계: 5단계를 거치면서 의식에 나타났던 단어나 이미지를 묘사하게 한다.

초점 맞추기 과정을 통하여 내담자가 자신의 감정 흐름을 알아차리게 하고 그것을 새로운 감정으로 전환할 수 있도록 도와준다. 감정 알아차리기는 내담자가 그동안 자신도 모르게 휘말렸던 감정을 깨닫게 함으로써 그 감정으로부터 벗어날 수 있게 돕는다.

6) 내담자가 자신의 감정을 통합하고 변화시키도록 조력하기

내담자들은 고통스러운 감정을 느끼지 않으려고 회피하거나 부정하는 등 자신과 거리를 두고자 한다. 하지만 이러한 감정 처리 방식은 자신을 통합된 방식으로 보지 못하게 하고 단편적인 부분만 인식하게 하여 참된 자기실현을 방해한다. 또한 감정을 피함으로써 문제 상황을 직면하지 못하여 해결의 길을 찾지 못하게 만든다. 따라서 정서적 접근의 상담자는 내담자가 그동안 회피하고 부정하였던 감정들을 찾아내고 이것을 수용 · 통합할 수 있도록 도와주어야 한다.

이전 회기에서 내담자들의 감정과 정서에 대한 분류 작업으로 내담자의 감정이 확인되면, 상담자는 이것을 내담자 스스로 통합하게 하고 새로운 방식으로 감정을 처리할 수 있도록 도와주는 작업을 진행할 필요가 있다. 감정을 통합하고 새롭게 변화시키는 개입전략에는 역할 바꾸기, 반대로 하기, 자기 분신, 꿈 작업, 빈 의자 기법 등 여러 가지가 있다.

(1) 역할 바꾸기

역할 바꾸기(role reversal)는 내담자가 자신의 자아상과 모순되거나 갈등을 겪는 상황에 직면할 때 유용하게 사용된다. 역할 바꾸기의 목적은 내담자에게 역설적인 관점과 신념, 태도를 시험적으로 경험하게 함으로써 그것을 자신의 것으로 통합하게 하는 것이다.

예를 들어, 철수는 축구부 감독의 기대와 주변 어른들의 기대에 맞추어 축구 시합을 반드시 성공적으로 해야 한다는 생각에 큰 부담감과 지나친 긴장감을 가지고 있다. 이때 상담자는 철수가 생각하는 것과 반대되는 역할을 하도록 한다. 즉, 감독의 기대와 주변 어른들의 기대를 맞추지 않아도 되는 역할을 하도록 지시한다. 대신 상담자는 철수의 역할을 맡고 서로 자신의 역할에 충실하게 대화를 나누도록 한다. 이러한 역할 바꾸기를 통하여 철수가 그동안 느껴 온 주변의 중요한 어른들의 기대에 맞추어 살아야 한다는 중압감에서 벗어나 다른 관점을 수용함으로써 통합될 수 있도록 도와준다.

역할 바꾸기 초기에는 내담자의 저항이 예상되지만 상담자는 내담자의 기대와 반대되는 역할을 하도록 지속적으로 격려함으로써 저항을 줄여야 한다. 또한 역할 바꾸기를 마치면 그 과정에서 느낀 여러 가지 감정을 상담자와 나누도록 한다. 이 과정에서 내담자는 이전에 느껴 보지 못했던 새로운 경험에 대한 감정들을 가지게 되고 이것을 점차 자신의 것으로 수용할 수 있게 되며 이전 감정을 새로운 것으로 변화시킬 수 있는 계기를 맞게 된다.

(2) 반대로 하기

반대로 하기는 게슈탈트에서 사용되는 기법 중의 하나다. 내담자들은 문제 상황에서 자신에게 익숙한 방식에 집착하여 다른 해결책을 전혀 생각하지 못한다. 하지만 집착에서 벗어나서 조금만 달리 생각해 보면, 해결할 수 있는 방법들이 많다는 것에 놀라곤 한다. 반대로 하기는 지금껏 내담자가 집착해 온 방식과 반대되는 행동을 하게 함으로써, 문제해결의 새로운 방식을 찾을 수 있도록 도와준다.

내담자가 현재 집착하는 습관은 실제 자신의 욕구와 반대되는 경우가 많다. 지나치게 엄격한 가정에서 성장한 내담자는 솔직한 감정 표현에 어려움을 겪을 수 있다. 이 경우 다른 사람들과 친해지고 싶고 같이 어울려 놀고 싶지만, 친해지고 싶다는 자기표현에 어려움을 겪어 오히려 혼자 지내는 것을 선택한다. 이러한 내담자는 친해지고 싶다는 욕구를 가지고 있지만 실제는 이와 반대되는 행동을 하고 있는 것이다.

이 경우 반대로 하기 기법은 혼자 있는 행동과 반대되는 특정 행동을 할 수 있게 한다. 초기에는 내담자의 저항이 예상되지만 상담자는 지속적으로 내담자를 격려하고 지지하여 내담자가 지금껏 한 번도 해 보지 못한 행동을 시도할 수 있도록 돕는다. 상담자는 그동안 내담자가 회피해 온 친해지고 싶다는 표현을 하게 한다. 예를 들어, 자기표현을 하는 데 있어 내담자가 그동안 부정적으로 생각해 왔던 사교적인 사람의 역할을 하게 할 수도 있다. 일례로 개그맨이 될 수도 있고 물건을 직접 들고 파는 외판원이 될 수도 있다. 이때 상담자는 내담자의 상대편 역할을 하여 대화를 서로 주고받는다.

그동안 자신이 회피했던 역할을 수행함으로써 내담자는 반대되는 모습을 통해 자신이 진정 원하는 욕구가 무엇인지 알아차릴 수 있다.

(3) 자기 분신

자기 분신(alter ego)은 역할 바꾸기와 유사하지만 이를 새롭게 변형한 것이다. Webster 사전에서는 자기 분신을 '나의 다른 편, 다른 자기'라고 정의하였다. 이 개념은 개인적인 동기와 가치, 숨겨진 의도를 보다 잘 자각하고 더 정직하며, 더 잘 인식할 수 있는 성격의 다른 차원이 존재한다는 것이다. 그리고 우리가 의무와 책임감을 거부할 때 이 자기 분신이 우리의 양심을 괴롭힌다는 것이다. 그래서 자기 분신 기법은 우리의 내적 동기를 보다 정직하게 알 수 있게 해 주는 기법이다. 자기 분신 기법은 게슈탈트 기법의 '자기 부분 간의 대화'와 유사하다. 즉, 내담자의 내적 부분들끼리 서로 대화를 하게 함으로써 자신의 내면을 통합할 수 있도록 도와준다는 차원에서 두 기법은 매우 유사하다.

자기 분신 기법에서 내담자는 남들에게 알려지지 않은 자신의 또 다른 자기 역할을 맡고, 상담자는 내담자의 현재 역할을 맡는다. 다음은 철수의 사례로 자기 분신 기법의 예를 제시하였다.

철수의 자기 분신 기법 사례

상담자: 이번 상담에서 나는 철수가 그동안 상담에서 보여 왔던, 그리고 표현했던 역할을 맡으려고 해. 그리고 철수 너는 너의 마음속에서 일어나는 다른 모습의 역할을 맡아 보자. 그러니까, 나는 철수의 지금까지 표현된 역할을 맡는 것이고, 철수는 아직까지 알려지지 않는 또 다른 자신의 역할을 맡는 거야. 이해하겠니?

철 수: 예. 한번 해 보죠, 뭐.

상담자: 좋아. 내가 먼저 할게.

상담자(철수의 역할): 나는 이번 경기에 나가서 실수할까 봐 걱정이 돼.

철 수(또 다른 철수): 너는 이번 경기에서 꼭 잘해야 한다고 생각하는 것 같아.

상담자(철수의 역할): 경기를 망치면 감독님이나 우리 부모님이 나에 대해서 실망할 거야.

철 수(또 다른 철수): 항상 경기를 잘해야지만 다른 사람들이 너를 좋아한다고 생각하는 것 같아.

상담자(철수의 역할): 내가 다른 사람들한테 인정받아 온 것은 축구밖에 없었어. 축구도 못하게 되면 나는 인생 낙오자야.

철 수(또 다른 철수): 이번 경기에서 못한다고 해서 꼭 낙오자가 된다는 법은 없어. 그건 너의 잘못된 생각일 뿐이야.

이 예처럼 자기 분신 기법이 효과적일 때 내담자는 자기 자신에 대해서 보다 유익하고 창조적인 자기를 만나게 된다. 지금껏 단편적인 모습으로 살아왔던 내담자는 대안적인 자기 분신을 통해 새로운 자신을 만나게 되고 그것을 통하여 자신에게 유익한 모습이 무엇인지 배울 수 있게 된다.

상담의 초기에 자기 분신 효과를 기대하기는 어렵다. 그러므로 상담자와 내담자의 충분한 관계형성과 내담자에 대한 정확한 이해가 생긴 후에 이러한 기법을 적용하는 것이 효과적이다.

(4) 꿈 작업

흔히 꿈 작업(dreamwork)을 정신분석이나 분석심리학에서 사용되는 해석에 초점을 맞춘 작업으로 생각하지만, 이것은 게슈탈트 접근에서도 사용되는 기법 중의 하나다. 정신분석에서는 내담자의 무의식이 꿈을 통하여 상징적으로 나타나는 것으로 꿈을 해석함으로써 내담자의 무의식을 탐색할 수 있다. 게슈탈트 접근에서의 꿈은 내담자의 투사로서, 꿈에 등장하는 모든 것을 내담자의 투사물로 본다. 그래서 꿈을 통해서 내담자 자신이 무엇을 투사하고 있는지를 알아볼 수 있다.

게슈탈트 꿈 작업의 중요한 특징은 꿈에 나타난 대상과 자신을 동일시하여 역할을 수행한다는 것이다. 예를 들어, 꿈에서 무서운 귀신에게 쫓기는 경험을 했다면 내담자 자신이 그 귀신 역할을 해 보는 것이다. 내담자는 꿈에서의 귀신과 자신을 동일시함으로써 귀신이라는 것이 결국 자기 자신의 한 부분이라는 것을 체험할 수 있다. 또한 내담자는 꿈에서의 귀신은 자신이 두려워하고 회피하고 싶어 했던 특정 욕구였음을 깨달을 수 있다. 상담자는 내담자가 연기를 통하여 직접 체험한 느낌들을 나누고 내담자의 꿈이 내담자 자신의 투사물이라는 것을 알 수 있도록 도와주어야 한다.

3. 인지적 개입전략

인지적 개입전략들은 내담자의 고통스러운 감정과 관찰된 행동이 신념 및 태도, 지각에 의해 영향을 받는다고 가정한다. 잘못된 생각은 부정적인 감정을 유발하고 문제행동을 일으킨다. 예를 들어, 극단적인 사고, 과잉 일반화, 왜곡된 지각, 모두를 기쁘게 해 줘야 한다는 생각, 절대적으로 자기가 옳다는 생각 등은 인지적 전략의 대상들이며 이러한 신념, 태도, 지각을 변화시키는 데 있어 인지적 개입전략은 큰 도움이 된다.

인지적 개입전략은 불안, 스트레스, 분노, 습관 조절, 강박, 우울 등 다양한 문제에 적용될 수 있다. 특히 부정적인 생각으로 고통받는 내담자에게 매우 효과적으로 사용될 수 있다.

1) 인지적 전략의 목표

인지적 전략의 주요 목표는 내담자의 사고, 지각, 신념을 변화시켜 정서적 고통을 감소시키고 부적응적 행동 패턴을 교정하는 것이다. 즉, 내담자의 왜곡된 생각을 교정하고 보다 현실적인 방식으로 생각하도록 도와주는 것이 인지적 전략 과정이다. 인지적 전략들은 또한 자기통제의 중요성을 알게 하여 상황에 의존하기보다는 자신이 문제를 풀어 가는 적극적인 주체임을 깨닫게 한다.

2) 지시와 재결단 작업

교류분석(Transactional Analysis: TA)에서 지시(injunction)는 부모와 같은 메시지(언어적 · 행동적)로 정의된다. 이것은 어린아이가 생존하기 위해서 그리고 인정받기 위해서 반드시 해야 한다는 메시지 유형이다. 교류분석에 따르면 아이들은 지시에 기초해서 결정하고 이것을 사실로 수용한다. 이러한 결정들은 나이가 어리다면 적절할 수 있지만, 어른에게는 부적절한 결정이 될 수 있다. 인지적 교류분석 개입에서는 내담자가 어린 나이에 받아들였던 특정 지시를 자각하고 그것의 효과를 다시 검토하며, 그러한 지시에 따라 삶을 지속하기를 원하는지 혹은 새롭게 결정하기를 원하는지 자각할 수 있도록 도와준다.

이 전략에서 사용하는 절차는 다음과 같다.

첫째, 당신이 4세에서 8세 사이에 성장하면서 어머니가 부정적이거나 나쁜 일이라고 말했던 것은 어떤 것이었습니까?

둘째, 아버지가 부정적이거나 나쁜 일이라고 말했던 것을 떠올려 봅시다.

셋째, 다음 지시로부터 당신이 성장하면서 가장 많이 들었던 두세 가지의 말을 떠올려 봅시다.

지시문의 예

- 하지 마라(Don't)
- 그렇게 있지 마라(Don't be)
- 가까이하지 마라(Don't be close)
- 거드름 피우지 마라(Don't be important)
- 어린아이처럼 굴지 마라(Don't be a child)
- 너처럼 하지 마라(Don't be you)
- 어울리지 마라(Don't belong)
- 느끼지 마라(Don't feel)

넷째, 이러한 지시들 가운데 하나를 선택하십시오. 지시에 따라 당신의 삶을 결정한 경우에 대해 기술하거나 말씀해 보십시오.

다섯째, 그 결정에 대해서 어떤 생각이 일어났습니까? 그것은 사실입니까? 그것은 당신이 느끼고 행동하는 데 영향을 주어야 하는 것입니까?

여섯째, 이러한 결정이 당신에게 현재 적절한 것인지 판단해 보십시오. 현재 당신에게 맞는 방식의 결정을 적어 보십시오. 새로운 결정에 있어 당신의 행동을 변화시킬 수 있는 현실적인 것을 적어 보십시오. 이 새로운 결정에 대해서 어떻게 느끼십니까?

일곱째, 새로운 결정이 효과적일 수 있도록 계획을 세워 봅시다. 어떤 장애가 있을 것 같습니까? 이것을 결정하지 못하게 하는 생각은 무엇이 있습니까? 당신의 계획을 유지하는 데 필요한 생각들은 무엇입니까?

3) 사고억압기법

사고억압기법(thought suppression techniques)은 불쾌하거나 어렵게 만드는 생각을 제거할 수 있도록 하기 위해 고안되었으며 다양한 기법을 가지고 있다. ABCDE 분석과 비교해 볼 때 사고억압기법은 내담자가 사고 내용을 분석하는 과정 없이 생각을 수정하도록 도와준다.

사고억압기법은 일반적으로 문제가 되는 내담자의 정서와 행동이 부적응적 사고와 관련이 있을 때 적절하게 사용된다. 또한 내담자의 사고, 심상, 자기시각화(self-visualizations)가 명확히 역기능적일 때 사용되어야 한다. 사고억압기법에는 '자극통제 사고억압기법(stimulus control thought suppression strategies)'이 흔히 사용된다.

자극통제 사고억압기법은 내담자를 힘들게 하는 사고와 심상이 분리된 상황에서 일어날 때 매우 유용하게 사용된다. 이 기법의 목적은 내담자를 힘들게 하는 생각이 일어나는 시간과 장소에의 노출을 줄이고 내담자가 그러한 생각을 통제할 수 있도록 도와주는 것에 있다.

예를 들어, 내담자에게 문제가 되는 생각을 한 장소에서만 제한하여 하도록 도울 수 있다. 즉, 특정 방이나 의자에서만 걱정 및 강박사고를 하도록 지시하고 그러한 부정적인 생각이 멈출 때까지 그 자리에서 떠나지 말라고 지시한다.

또한 특정 시간으로 제한할 수도 있는데, 내담자의 걱정, 불안, 강박적인 사고들을 매일 특정 시간에만 하도록 제한하는 것이다. 시간은 10분이나 15분 정도

일 수 있다. 이때 알람을 이용하는 것이 좋다. 알람이 울리고 난 후, 내담자는 그러한 생각을 멈추고 다른 활동적인 생각을 하도록 지시한다.

4) 사고중지기법

사고중지기법(thought-stopping strategies)은 내담자가 문제 사고에 집중하고 상담자가 신호를 주면 그 사고를 멈추도록 하는 기법이다. 사고중지기법은 지속적인 문제 사고를 갖는 내담자에게 효과적이다. 사고중지기법은 초기에는 강박적인 사고 패턴을 감소시키거나 제거시키기 위해 사용되었지만, 최근에 와서는 부정적인 사고에서 나타나는 불안을 감소시키는 데도 효과적으로 사용되고 있다.

사고중지기법

1. 내담자에게 편안하게 의자에 앉도록 지시하고 문제 상황을 회상하도록 한다.
   "몇 분 동안 눈을 감고 몸을 편안하게 하십시오. 그리고 당신이 힘들어하는 상황을 회상해 보십시오."
2. 내담자에게 회상하면서 일어나는 생각이나 심상이 무엇인지 집중하게 하고 말로 표현하게 한다.
   "그 상황에서 당신 마음속에 나타나는 생각에 주의를 기울이십시오. 어떤 생각인지 알아차렸으면 나에게 말씀해 보세요."
3. 내담자가 생각이나 심상을 부정적이거나 비합리적으로 말하였을 때, 상담자는 '그만!'이라고 말하여 중지시킨다. 상담자가 개입하는 강도는 내담자가 놀라기에 충분해야 하며 부적응적인 생각이나 심상을 사라지게 하는 데 효과적이어야 한다.
4. '그만!' 하고 상담자가 중지시킨 후에 내담자의 부적응적 사고에 어떤 일이 나타났는지 물어본다. 보통 내담자는 "생각이 없어졌어요."라고 말한다. 중요한 것은 내담자 자신이 스스로 이러한 절차를 사용할 수 있도록 하는 것에 있다. 상담자는 "내가 '그만!' 하고 말하지 않더라도, 당신 스스로 생각을 멈추게 하세요."라고 말할 수 있다.

상담자는 내담자가 처음에는 사고중지기법을 상담장면에서만 적용하다가 후기에는 상담 밖의 일상 장면으로까지 확대할 수 있도록 내담자를 도와준다.

4. 행동적 개입전략

행동적 개입전략은 상담 분야에서 유용하게 사용되는 접근법이며, 계속해서 발전하고 있다. 현재 행동적 개입전략은 인지적 개입 전략과 상당수 많은 부분에서 병행하여 사용되고 있다.

행동적 개입전략은 몇 가지 중요한 공통 요소를 가지고 있다. 즉, 행동적 개입전략은 내담자의 부적응적 반응들을 수정하도록 돕기 위해서 학습이론과 절차를 사용한다. 행동 기법이 효과적으로 적용되는 내담자는 강한 목표 지향성, 행동 지향성, 행동 변화에 관심을 지닌다는 특성을 가지고 있다.

행동적 개입 전략의 공통 요소

1. 부적응 행동은 학습된다.
2. 부적응 행동은 약화되거나 제거될 수 있으며 적응 행동은 강화되거나 향상될 수 있다.
3. 행동(적응적 · 부적응적 반응)은 특정한 상황에서 일어나며 선행되고 후속되는 특정한 사건과 연관된다.
4. 명확하게 정의된 개요나 상담목표들은 행동적 개입의 전체 효과성을 높이는 데 중요하며, 각각의 내담자에게 개별적으로 정의된다.
5. 상담전략은 과거보다는 현재에 초점을 맞추며, 내담자의 문제와 관심사에 따라 선택되고 적용된다.

1) 행동적 개입의 목표

행동 개입의 전반적인 목표는 다양한 상황에서 내담자가 적응적인 행동을 개발하도록 돕는 것이다. 행동이라는 용어는 관찰될 수 있는 반응뿐만 아니라 사고, 신념, 감정과 같은 보이지 않는 부분까지도 포함한다. 적응 행동의 개발은 부적응적 반응을 약화시키거나 제거하기도 하고 적응적 반응을 얻게 하거나 강화하기도 한다.

행동적 개입은 학습 문제, 동기, 수행 문제, 대인관계 기술, 불안, 과식, 비만 행동, 흡연, 미루는 습관 등 다양한 문제 상황에 적용된다.

2) 행동 기법

(1) 사회적 모델

사회적 모델링(social modeling)은 내담자가 다른 사람(모델)의 행동을 관찰하여서 바람직한 반응을 획득하거나 두려움을 없애도록 도와주는 것에 사용된다. 관찰은 실황 모델링, 매체 모델(media-taped models)을 통한 상징 모델링 또는 내담자의 상상을 매개로 한 내현적 모델링 등이 있다.

① 실황 모델링

실황 모델링(live modeling)은 내담자의 현 상황에서 바람직한 행동을 수행하게 하는 것이다. 모델들은 바람직한 행동을 수행하는 상담자, 교사, 내담자의 동료 등이 될 수 있다. 보통 상담자는 역할 연기(role-playing)로 모델시범을 보여주는데, 역할 연기는 상담자가 내담자의 역할을 수행함으로써 내담자에게 바람직한 행동방식을 보여 주는 것이다.

실황 모델링: 철수의 사례

철수는 현재 소년원 보호처분 상태다. 술을 마시고 차를 훔쳐서 소년원에서 1년간 지냈다.

(영철은 문을 두드리고 철수는 대답한다.)

철수: 안녕, 영철아. 잘 지내니?

영철: 다시 보게 되어서 기뻐. 소년원에서 나온 것을 축하해! 이리 와. 우리 모임에 가서 술이나 마시자!

철수: 아! 나 손 씻었어.

영철: 무슨 소리야, 손 씻었다는 게? 이리 와, 이 파티는 너를 위해 준비했어. 영희하고도 만나기로 했단 말이야. 이번 한 번만 그렇게 하자.

철수: 글쎄, 너도 알다시피, 나는 보호처분 상태야. 나는 술을 마시러 갈 수 없어……. 나는 체포당할지도 몰라. 체포당하면 나는 정말 미쳐 버릴 거야.

영철: 이봐! 우리는 그렇게 쉽게 잡히지 않아!

철수: 음, 너는 잡혀 본 일이 없을지 몰라도 내가 문제를 일으킨 그날 밤에 나는 술을 마시고 차를 훔쳤어. 너도 알겠지만, 나는 다시 또 감옥에 갇히게 됐어.

영철: 야! 너는 술 마시지 않아도 돼. 다만 파티에 와서 조금 재미를 보라는 거야. 영희하고 얘기하고 싶지 않아?

철수: 술 마시는 곳에 경찰이 있다는 걸 너도 잘 알잖아! 그리고 영희는 어떤 문제도 원치 않을 거야.

영철: 그 말은 영희와 어울리기 싫다는 말이야?

철수: 이 파티에선 안 된다는 얘기지. 아마도 어떤 일이 생길 것 같아.

영철: 참! 나는 널 이해하지 못하겠어. 너 감옥에 갔다 온 이후에 정말 변했어. 너 우리랑 절교할 생각이니?

철수: 아니야. 그런 뜻이 아니야. 네가 말썽 없는 곳에 가자고 하면…… 영화 보러 가거나 차 마시러 가자고 하면 같이 갈 텐데. 그런데…… 나는 감옥에 두 번, 세 번 간 사람들을 알고 있어. 그 사람들은 그런 생활을 끊지 못해. 너도 보호처분이 뭔지 잘 알잖아.

영철: 알았어. 그러면 차 안에서 맥주 한 잔만 하자, 해후를 위해서.

철수: 안 돼! 나는 술을 마신 후의 결과가 어떤 것인지 알아. 그러다 보면 한 잔, 두 잔 더 하게 되고, 곧바로 취하게 될 거야. 나는 그런 것 못해.

영철: 제기랄! 뭐가 문제야! 맥주 한 잔 가지고.

철수: 다른 밤이면 몰라도, 우리 아버지가 오늘 밤에 집에서 작업하는 걸 도와주길 바라서. 내가 그걸 어기면 문제가 생길 거야. 미안해. 다른 때에 생각해 보자. 괜찮니?

영철: 그래, 어쩔 수 없구나. 우린 영희네 집에 있을 거야. 생각나면 나중에라도 와라.

철수: 그래, 내일 보자.

실황 모델링은 내담자가 대안적인 행동을 가지고 있지 못할 때 유용하게 사용된다. 앞서의 사례와 같은 모델 시범은 내담자가 새로운 반응을 학습할 수 있는 기회를 제공한다.

② 상징 모델링

실황 모델링은 바람직한 행동을 체계적으로 시범하는 데 여러 사람이 필요하여 통제가 어렵고 역할 연기를 실제 진행하기에도 어렵다는 단점이 있다. 이러한 이유로 많은 상담자는 바람직한 행동을 소재로 한 오디오테이프, 비디오테이프 또는 영화 등의 상징적 모델(symbolic model)을 사용하기도 한다.

③ 내현적 모델링

내현적 모델링(cover modeling)은 내담자가 바람직한 행동이나 행위를 수행하는 것을 스스로 상상해 보게 하는 방법이다.

다음은 문제 상황과 바람직한 반응을 묘사하는 대본(script)이다.

자녀와 개방적으로 의사소통하는 방법을 배우고 싶은 부모

자녀가 학교에서 돌아왔습니다. 자녀에게 이것저것 하고 싶은 말은 많지만, 자녀는 매우 지쳐 있습니다. 당신은 방으로 들어가면서 당신이 원하는 것에 대해서는 아무 말도 하지 않습니다. 그러나 당신은 ________을/를 하기 위해 방에서 나옵니다. 그리고 말을 합니다. "○○아, 나는 네가 매우 지쳐 있다는 것을 알아. 하지만 나는 오늘은 짧은 시간이라도 너와 같이 이야기하고 싶어."

내담자가 문제 상황과 바람직한 반응 장면을 묘사하는 데 있어, 그 장면에는 내담자가 원하는 결과가 있어야 한다. 그리고 그 원하는 결과는 현실적이고 내담자가 달성할 수 있는 것이어야 한다.

앞서의 장면들이 구조화되면 상담자는 그 대본을 읽거나 녹음 장치에 대본을 입력함으로써 장면을 들려줄 수 있다. 내담자는 그것을 들으면서 자신과 비슷한 사람을 상상한다. 보통 내담자는 약 15~30분 동안 그 장면을 상상한다. 이러한 절차가 효과적이려면 가능한 한 생생하면서 강하게 그 장면을 상상하도록 해야 한다.

④ 모델링 사용의 주의점

상담자는 내담자의 지적 능력을 적절히 고려하여 모델링을 제안해야 한다. 모델링을 사용할 때는 우선 모델이 되는 행동의 특징에 대해서 상담자가 충분히 설명해야 한다. 이것은 내담자가 모델의 행동을 모방하는 데 있어서의 부정적인 태도와 갈등을 줄일 수 있다. 또한 모델 사용에 대한 이론적 설명을 통하여 모델링의 절차와 효과에 대해서 내담자가 미리 이해하도록 해야 한다.

대본과 반응들은 복잡하지 않게 차례로 배열되어 있는 것이 좋다. 한꺼번에 아주 많은 행동을 나열하는 것은 내담자를 압도되게 만들 수 있다.

모델의 대안적인 행동을 내담자가 잘 관찰함으로써 내담자는 보다 쉽게 이

행동을 생각하게 되고, 다른 다양한 상황에서 이 반응을 적용할 수 있다.

그리고 상담자는 모델 행동과 관련한 주요 특징을 내담자에게 말해 보도록 할 수 있다.

의기소침하고 대인관계가 어려운 내담자에게 제시할 수 있는 자기주장 행동의 모델

식당 음식에서 머리카락이 나온 것을 알게 된 장면이다. 모델은 다른 음식을 가져오라고 종업원을 부르는 연기를 하고, 자기주장 행동에 대해서 다음과 같이 설명할 수 있다.

"이러한 행동은 자기주장 반응의 예입니다. 나는 좋은 음식을 먹을 자격이 있습니다. 그리고 그것을 위해 기꺼이 돈을 냈습니다. 나는 종업원에게 가능한 한 친절한 태도로 불편한 점을 설명했고, 종업원에게 다른 음식을 가져와 달라고 요청했습니다. 그 후에 나는 스스로에게 좋은 감정을 가지게 되었고, 식사를 즐겁게 하였습니다."

모델 행동을 적극적으로 모방하는 내담자는 이러한 정보를 잘 배우고 잘 적용하는 경향이 있다. 또한 모델 행동의 실습은 모델링 효과를 증진시킨다. 실습은 모델 행동을 자기 것으로 만드는 데 큰 도움이 된다. 상담자는 상담장면 밖에서 실습하도록 내담자에게 숙제를 줄 수도 있다.

⑤ 모델의 특성

모델을 선택하는 데 있어서는 내담자와 유사한 모델이 가장 좋다. 나이, 성, 생김새, 태도 등에서 내담자의 특성과 비슷한 모델은 내담자가 모방할 가능성을 높인다. 또한 모델은 완벽하게 숙련된 모델보다는 시행착오를 보여 주는 모델이 더 효과적이다. 내담자는 약간의 두려움과 갈등을 보여 주는 모델에게 보다 잘 동일시한다. 예를 들어, 매우 수줍음이 많은 내담자는 주장이 강한 모델에게 압도당할 수 있다. 이때에는 점진적으로 주장 행동을 하는 모델이 필요하다. 그리고 모델의 온화한 태도와 친절한 태도는 모델링 효과를 촉진한다.

3) 역할 연기와 시연

역할 연기와 시연 전략들은 바람직한 반응의 생생한 연기를 통해서 행동 변화를 증진시키는 기법이다. 이러한 역할 연기와 시연 행동은 Salter(1949)의 조건화된 반영치료, Moreno(1946)의 사이코드라마 기법 그리고 Kelly(1955)의 고정된 역할 치료로부터 유래하였다.

역할 연기와 시연의 공통 요소는 다음과 같다.

역할 연기와 시연의 공통 요소

1. 내담자에 의해서 자기 모습, 다른 사람, 사건, 반응들을 재연함
2. 재연은 현재(here and now)에 초점을 맞춤
3. 처음에는 내담자에게 덜 어려운 장면을 재연하고 나중에 점점 더 어려운 장면을 재연하는 점진적인 과정을 거침
4. 상담자나 다른 보조가 내담자에게 피드백을 해 줌

(1) 행동 변화의 방법으로서의 역할 연기와 시연

행동 변화를 위한 역할 연기와 시연은 다음과 같은 상황에서 내담자에게 효과적으로 사용될 수 있다. 즉, 첫째, 내담자가 문제 상황에 대처할 만한 기술을 습득하지 못하는 경우, 둘째, 내담자가 문제해결 기술을 적용할 때 이것이 긍정적인지 부정적인지 잘 구별하지 못하고 있으며, 이것을 시기적절하게 적용하지 못하는 경우, 셋째, 문제 상황을 직면하는 데 있어 내담자의 불안이 매우 커서 이미 학습한 문제해결 기술을 사용하는 데 어려움이 있는 경우에 역할 연기와 시연이 효과적이다.

행동 역할 연기와 시연은 내담자가 실제 생활에서 어떻게 행동하는지에 대해 상담자에게 중요한 단서를 제공한다. 이것은 내담자가 자신에 대해서 기술한 정보 및 역할 연기에서 나타난 행동과 모순되는 경우에 유용한 정보로 활용될 수 있다.

그리고 역할 연기와 시연은 내담자 상황의 어려움 또는 스트레스 수준에 따라서도 적절히 배열될 수 있다. 즉, 역할 연기와 시연은 하나의 상황에 국한되기보다는 내담자가 지닌 여러 문제 상황을 나열하고 어려움의 수준에 따라 배열하며, 낮은 수준에서부터 어려운 수준까지 점진적으로 실행하는 것이 좋다.

그리고 각 문제 상황의 재연은 내담자의 환경에서 일어나는 상황과 유사할수록 좋다. 따라서 이때는 내담자와 연관된 유사한 사람과 함께 작업을 하고 실제 생활에서 사용하는 소품들을 사용하는 것이 효과적이다.

행동 역할 연기와 시연은 반드시 여러 사람 앞에서 진행할 필요는 없으며, 내담자가 문제 상황에서 적절하게 대처하는 행동을 상상하게 하는 내면적인 활동을 통해서도 가능하다. 내면적인 역할 연기와 시연은 내담자가 다른 사람 앞에서 직접 행동하는 것을 매우 어려워할 경우에 사용된다.

보통 상담 초기에는 내담자가 내면적으로 실습하고 후기에 외면적인 역할 연기를 재연하는 것이 바람직하다. 그리고 한 가지 문제 상황이 완료되면 다른 문제 상황으로 옮기는 것이 좋다. 문제 상황이 완료되기 위한 기준은 다음과 같다.

문제 상황 완료의 세 가지 준거(Lazarus, 1966)

1. 내담자가 불안 없이 장면을 자유롭게 재연할 수 있다.
2. 문제 상황을 대하는 내담자의 태도와 말이 일치한다.
3. 문제 상황을 대하는 내담자의 말과 행동이 상담자나 다른 관찰자에게 합리적으로 보인다.

내담자가 역할 연기와 시연을 마친 후에는 상담자나 다른 관찰자의 피드백이 주어져야 효과적이다. Melnick(1973)은 '피드백'을 내담자의 수행을 평가하고 관찰하는 것이며, 수정된 행동을 도입하는 것이라고 정의하였다. 즉, 피드백은 역할 연기와 시연 동안 내담자가 성공했던 것과 어려웠던 것에 대해 다른 사람이 말해 줌으로써 내담자가 자신의 수행을 알아차리게 하는 것이다. 피드백은 내담자가 변화하기를 원하는 것에 초점을 맞추어 적절하게 주어져야 효과적이다. 느껴지는 대로 산만하게 내담자에게 피드백을 주는 것은 오히려 혼란을 가중시킬 수 있다. 그리고 피드백은 내담자가 변화시킬 수 있는 구체적인 행동에 대해서 내담자가 받아들일 수 있도록 친절하게 해 주는 것이 좋다.

피드백을 주는 방법 중에는 녹음장치나 캠코더 같은 영상기록장치를 사용하는 것도 있다. 내담자와 함께 녹화된 모습을 보면서 내담자의 수행에 나타난 강점과 약점에 대해 적절하게 피드백을 주고 점차 내담자 혼자서 자신의 행동을 분석할 수 있게 한다.

(2) 사례: 만수

만수는 17세이고 고등학교 1학년으로, 우울 증상 때문에 상담실에 오게 되었다. 만수는 중학교 입학 이후 학교 친구들과의 관계가 별로 없고 우울한 감정을 가지게 되었다. 주로 친한 친구가 없다는 것이 우울하며, 진로에 대해서도 갈등을 느끼고 있다. 친해지고 싶은 사람은 있지만 먼저 인사하지 못하고 피하는 자신을 자책하곤 한다. 어려서부터는 부모님과의 관계에서 항상 시키는 대로 하는 수동적인 태도가 많았고, 그래서 남들 앞에서 자기주장을 못하고 머뭇거리면서 손해를 입는 경우가 많았다. 만수는 다른 사람에게 복종과 침묵을 보이는 것 외에는 다른 기술이 없어 보인다. 상담자는 자기주장 훈련기술을 권하였다.

우선 상담자는 자기주장 훈련에 많은 역할 연기가 포함된다는 것을 알려 주면서 절차에 대해 설명했다. 또한 상담자는 수동적 · 자기주장적 · 공격적 행동의 차이를 설명하였다. 이러한 설명은 매우 중요한데, 왜냐하면 수동적인 사람은 자기주장적인 행동을 하는 대신에 공격적인 행동을 함으로써 다른 사람과의 상호작용에서 과잉보상을 받으려 하는 경향이 있기 때문이다. 만수의 경우에도 친구 관계를 개선하는 데 있어서 자칫 공격적인 태도로 변할 위험성이 있다. 상담자는 수동성을 바꾸는 과정에서 공격성을 갖기 쉽다고 설명한다. 반면에 자기주장 행동은 독단적인 요구나 다른 사람의 권리를 침해하는 일 없이 원하는 것을 요구하고 하기 싫은 일은 거절할 수 있는 권리라고 설명하였다.

다음으로 만수와 상담자는 자기주장 행동을 할 수 없는 여러 가지 어려운 상황 목록을 작성했다. 대부분의 상황은 학교에서 친구들과 함께 있는 상황이었지만, 몇몇은 부모님과 연관된 것이었다. 또한 만수의 실제 생활에서 일어나는 상황을 알기 위해 목록의 각 상황에 대해 매우 구체적으로 설명하도록 했다. 만수와 상담자는 이 목록을 비교적 쉬운 상황에서부터 어려운 상황까지로 분류하여 배열하였고 총 다섯 가지의 상황을 확인하였다.

1. 엄마에게 좋아하는 음식을 해 달라고 요구하기
2. 엄마의 동행 없이 자신의 옷 사러 가기
3. 안면이 있는 같은 반 아이들에게 인사하기
4. 쉬는 시간에 옆자리 친구에게 매점에 같이 가자고 이야기하기
5. 친해지고 싶은 친구에게 먼저 말 걸기

만수는 첫 번째 상황(엄마에게 좋아하는 음식을 해 달라고 요구하기)부터 역할연기를 시작했다. 상담자는 첫 번째 상황에서 역할행동을 할 수 있는 모델로는 어떤 것이 있는지 생각해 보라고 한 후 그 모델이 하는 방식대로 내담자가 해 볼 것을 요구하였다. 이 경우에 상담자는 만수의 역할을 맡고, 만수는 엄마 역할을 맡는다. 만수 역할을 맡은 상담자는 먹고 싶은 음식을 생각한 후 엄마 역할을 맡은 만수에게 좋아하는 음식 몇 가지를 이야기하고 그것들을 해 달라고 요구를 한다. 엄마 역할을 하는 만수는 음식을 하겠다고 이야기한다. 그리고 만수와 상담자는 이 모델링에 대해서 이야기를 나누는데, 특별히 상담자가 행동하고 말하

는 것이 편안한지, 그렇지 않으면 행동을 바꾸기를 원하는지를 논의한다. 그 후 서로 역할을 바꾸어 진행한다. 상담자는 엄마 역할을 맡고 만수는 자신의 역할을 맡은 후 좋아하는 음식을 해 달라고 요구한다. 역할 연기는 만수가 집에서 실제로 엄마에게 불안 없이 말할 수 있을 때까지 계속하였다. 상담자는 만수가 실제로 시연하면서 일어나는 예기치 않은 반응이나 다양한 반응에 어떻게 대처하는지에 대해 이야기를 나누었다. 예를 들어, 엄마가 너무 피곤하여 음식을 못 해주겠다고 하거나 대충 먹으라고 할 때에 어떻게 대처할 수 있는지에 대해 서로 이야기를 나누었다.

만수가 실제 생활에서 이 작업을 완수했다고 느낄 때에 다음 두 번째 상황(엄마의 동행 없이 자신의 옷 사러 가기)으로 넘어갔다. 두 번째 상황의 역할 연기도 첫 번째 상황처럼 실시하고 역시 작업이 완수되면 다음 상황으로 진행하였다. 점차 마지막 다섯 번째 상황을 마무리하고 실제 상황에서 잘 직면하고 있는지 점검하고 격려하였다.

4) 자기관리

자기관리(self-management) 기법은 내담자 스스로 변화 전략을 세우고 관리할 수 있도록 도와주는 기법이다. 여러 가지 상담기법 중에서 자기관리 기법은 내담자의 자발적인 능동성이 요구되는 기법이다. 따라서 상담자는 내담자가 스스로 계획을 세우고 지속적으로 실천할 수 있도록 격려하고 지지해 주는 역할을 한다. 자기관리 기법에는 자기감찰, 자기보상, 자기계약 등이 포함된다.

(1) 자기감찰

자기감찰 또는 자기감독(self-monitoring)은 내담자가 자신의 습관, 생각, 감정들을 자세히 살펴보고 이를 조절하는 것이다. 자기감찰은 자신이 선택한 행동과 습관을 스스로 자각하게 함으로써 행동 변화를 증진시킨다. 이러한 자각을 통해 내담자는 문제에 대해 보다 구체적인 정보를 얻을 수 있고, 시간이 지난 후 자신의 변화된 모습을 객관적으로 볼 수 있다.

자기감찰은 크게 두 가지 과정을 거친다. 첫째, 자신의 부적응 행동을 관찰하는 것과 둘째, 관찰된 행동을 기록하는 것이다.

자기감찰을 효과적으로 수행하기 위해서는 무엇을(what), 어떻게(how), 언제(when)를 고려해야 한다.

① 무엇을

내담자는 자신의 부적응 행동을 관찰하는 데 있어 자신의 문제와 직접적으로 관련 있는 행동을 선택하고 이를 관찰해야 한다. 즉, 관찰 대상이 되는 행동은 문제와 매우 밀접한 원인이 되는 행동이어야 하며 관찰 가능한 행동이어야 한다. 애매한 행동의 자기감찰은 의미도 없고 일관성도 없는 행동의 변화로 이끈다. 그러므로 내담자가 변화와 관련하여 가장 가치 있는 행동을 감찰하는 것이 중요하다.

② 어떻게

관찰되는 행동의 빈도와 반응 시간을 기록한다. 그 행동이 얼마나 자주 일어나는지 그리고 그 행동이 일어난 시간이 어느 정도인지를 기록한다. 그러나 관찰 행동이 아주 자주 일어나거나 거의 연속적으로 일어날 때는 기록하기가 어려울 수 있다. 이때는 시간 간격을 일정하게 두어 기록하는 방법을 사용한다. 즉, 기록하는 시간 간격을 30분, 1시간, 2시간 단위로 하여 각 시간마다 목표행동의 발생 유무에 따라 '예' '아니요'로 기록한다. 기록할 때는 내담자가 쉽게 사용할 수 있는 휴대가 간편한 간이 노트를 사용하는 것이 좋다.

③ 언제

관찰되는 행동의 목적에 따라 기록을 해야 할 시점도 바뀔 수 있다. 즉, 관찰 행동이 제거해야 할 것이라면 반응이 나타나기 직전에 기록하는 것이 좋고, 관찰 행동이 바람직한 것이어서 지속되어야 할 것이라면 반응이 나타난 직후에 기록하는 것이 효과적이다.

자기감찰에서 관찰 기록된 행동은 차트나 도표로 쉽게 알아볼 수 있도록 정리하는 것이 좋다. 보통 주말마다 계산하고 정리해서 도표화하여 잘 볼 수 있는 곳에 붙여 놓는 것이 좋다. 그리고 관찰된 행동이 목표에 이르면 자기 스스로 보상을 주거나 외부에서 보상을 주어 동기를 강화시키는 것이 좋다.

(2) 자기보상

자기보상(self-reward)은 바람직한 행동을 수행하였을 때 스스로 보상을 주는 기법이다. 일반적으로 자기감찰 기법과 자기보상 기법이 함께 사용될 때 그 효과가 더욱 커진다.

자기보상 방법에는 두 가지가 있는데, 하나는 바람직한 목표 행동을 한 이후에 자기 스스로 보상을 주는 정적 자기보상이며, 다른 하나는 목표 행동 이후에 자신에게 부정적인 어떤 것을 제거해 주는 부적 자기보상 방법이다. 대부분은 정적 자기보상 방법을 많이 사용한다.

효과적인 자기보상을 위해서는 다음의 세 가지 요인을 살펴볼 필요가 있다.

첫째, 보상의 유형을 적절히 선택해야 한다. 보상은 특정한 물건이나 대상, 즐거운 일, 원하는 사람, 원하는 활동 등일 수 있다. 개인에게 가장 중요한 보상은 새로운 행동을 지속시킬 수 있는 것이어야 한다. 즉, 개인에게 의미 있고 중요한 보상이 선택되어야 한다.

그리고 한 가지 보상보다는 다양한 보상을 선택하는 것이 더 효과적이다. 이때 주의할 것은 내담자가 선택한 보상이 매우 의미 있고 중요하지만 매우 고가여서 쉽게 얻기 힘든 것이어서는 안 된다. 그러한 보상은 오히려 내담자에게 좌절감을 줄 수 있다. 또한 목표 행동의 난이도에 따라 적절한 수준의 보상을 선택하도록 하는 것이 필요하다.

둘째, 보상의 전달 과정이 중요하다. 상담자는 내담자의 바람직한 목표 행동에 대해 내담자 스스로가 점진적인 과정으로 보상을 주도록 유도해야 한다. 즉,

궁극적인 목표 행동을 달성했을 때 보상을 주기보다는 그것을 달성하는 세부적인 단계로 나누고 각 단계를 달성했을 때 보상을 주도록 하는 것이 효과적이다. 일반적으로 작은 단계에 대해 매일 보상을 주도록 하는 것이 보다 효과적이다. 예를 들어, 내담자의 목표 행동이 중간고사에서 70점을 받는 것이라면, '매일 정해진 시간에 책상에 앉아서 10분간 공부하기'를 목표로 정하고 그것을 지킬 경우 매일 적당한 수준의 보상을 주는 것이 좋다. 그리고 일주일간 잘 지켰으면 조금 더 큰 보상을 주고, 한 달을 모두 지켰으면 그보다 큰 보상을 주는 것이 효과적이다.

셋째, 보상의 시기가 중요하다. 즉, 목표 행동이 나타난 직후에 보상을 주는 것이 효과적이다. 학습 원리에 따라 즉각적으로 보상을 주는 것이 지연된 보상보다 훨씬 효과적이다.

(3) 자기계약

자기계약(self-contracting)은 말 그대로 자신이 목표로 한 행동을 이행하도록 계약을 맺는 기법이며 아동과 청소년에게 유용하게 사용된다. 보통 아동과 청소년은 행동에 대한 책임을 외부로 돌리는 경우가 많기 때문에 자기계약 기법을 통해 스스로 행동의 의무를 생각하도록 할 수 있다.

계약 내용에는 내담자가 원하는 행동을 실천하겠다는 내담자의 의무사항이 포함되어야 한다. 중요한 것은 내담자의 수준에서 달성할 수 있는 목표여야 한다는 것이다. 목표가 너무 높으면 계약 이행을 실천하기 어렵고 쉽게 포기하게 된다. 그리고 계약은 구체적으로 기술되어야 한다. 즉, '언제' '어디서' '무엇을' '어떻게' 할 것인지를 기술해야 한다. 가장 효과적인 계약은 내담자가 계약 내용을 모두 수용할 수 있고, 매우 구체적이고 달성 가능한 짧은 범위의 목표가 포함된 계약이다. 계약 이행 후에 자기보상을 주면 더욱 효과적이다.

내담자가 계약 조건을 어기면 벌칙을 줄 수도 있지만 벌칙보다는 긍정적인 조건을 강조하는 자기계약이 더 효과적이다. 그러나 내담자가 자기계약 조건을 다 채우지 못했을 때는 변명을 허용하지 않는 것이 중요하며, 동시에 내담자의 실패에 역점을 두지 말아야 한다. 대신 내담자가 자신의 목표와 의무 수준, 계약의 특성과 조건을 다시 검토하도록 격려하는 것이 필요하다.

(4) 사례: 준우

준우는 중학교 1학년 남자아이다. 지능검사에서 매우 높은 점수를 받았지만 학교 성적이 낮아 상담실을 방문하였다. 준우는 '응용능력 부족'이 원인이라고 말하지만, 집에서 거의 숙제를 하지 않고 있다. 심각한 것은 어떤 시험이 있는지도 모른다는 것이다. 최근에는 고등학교에 가는 것에 관심을 가지며 성적을 올려야 할 필요성을 조금씩 느끼고 있다. 하지만 자신의 나쁜 학업 태도를 어떻게 변화시켜야 할지 모르고 있다.

상담자는 준우에게 자기관리 프로그램을 설명했다. 상담자는 준우가 스스로 목표를 세우고 자기감찰하는 것이 중요하다고 설명했다. 준우의 학교 성적은 최하위 수준이기 때문에 상담자는 우선 준우가 자기계약을 할 수 있도록 현실적인 목표를 논의하고 자기보상과 자기감찰에 대해서 이야기를 나누었다.

준우의 목표는 9주 동안 기말고사 평점을 50점에서 60점으로 올리는 것이고, 준우의 행동목표는 집에서의 학습량을 정하고 완벽하게 그것을 이행하는 것이다.

준우는 행동목표를 달성했을 때 얻을 수 있는 8개의 자기보상을 선택했다. 그리고 일주일 동안 행동목표를 모두 달성할 경우 얻을 수 있는 보너스 보상도 포함하였다. 상담자는 다양한 보상을 선택할 수 있다고 알려 주고, 같은 보상을 매일 사용하는 것을 피하라고 설명하였다. 상담자와 준우는 2주 후에 계약이 잘 진행 중인지를 검토하기로 동의하였다. 또한 상담자는 각 행동목표를 실천할 때 일지를 기록하도록 하고, 준우가 실천하고 있음을 입증하는 부모님의 서명을 받아 오도록 하였다. 준우는 자기감찰을 실천하고 자신의 일지를 매주 상담자와 검토하였으며, 지속적인 격려를 받음으로써 원하는 점수를 얻을 수 있었다.

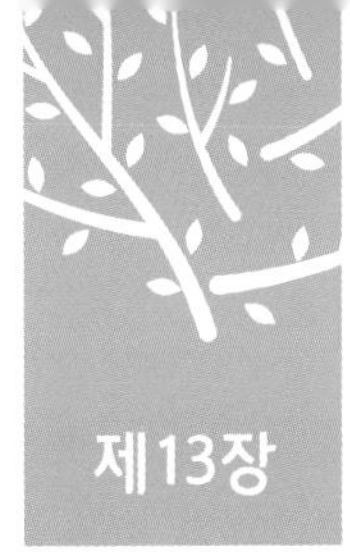

청소년상담의 현장과 프로그램

1. 공적 서비스로서 청소년상담의 역사

우리나라의 청소년상담 서비스는 상담전문가에 의한 심리치료적 측면과 함께 정부 및 지방자치단체가 중심이 되는 공적 서비스의 성격을 지니고 있기 때문에 우리나라의 청소년정책과 그 맥을 같이하고 있다고 볼 수 있다. 이에 이 장에서는 청소년정책의 변화와 함께하는 청소년상담사업에 대해 살펴보고자 한다.

우리나라 청소년정책의 태동은 1964년 당시 내무부 '청소년보호대책위원회'의 출범으로 시작된 것이라 할 수 있다. 그 전까지의 청소년정책이 각 부처별로 산발적으로 추진되어 온 사업이었다면 청소년보호대책위원회의 출범은 국가가 청소년에 대한 이해를 바탕으로 본격적으로 관심을 가지기 시작한 시점이라고 볼 수 있다. 당시 정부는 '청소년 문제'를 미성숙한 연령대의 실수로 보았으며, 이들이 성년기까지 올바르게 성장할 수 있도록 돕는 선도와 보호를 청소년의 주요한 정책적 목표로 삼았다. 1980년 이후, 청소년에 대한 접근이 특정 문제중심의 청소년 선도에 국한되는 것이 아니라 모든 청소년에게 확대되었다. 즉, 일반

청소년에 대한 사전예방을 통한 건전육성정책이 대두되었으며, 1987년 「청소년 육성법」이 제정되면서 법적 권한을 가진 청소년정책이 마련되고 이러한 관점이 지속적으로 유지되었다.

우리나라의 청소년정책은 1991년 이후 청소년에 대한 구체적인 정의, 연령 등이 법에 명시화된 「청소년 기본법」이 제정된 이후로 예방중심의 청소년 건전 육성을 목표로, 다양한 청소년정책이 마련되고 시행되었다. 이 당시 청소년 보호와 관련하여 한국청소년개발원(현 한국청소년정책연구원)과 1993년 청소년대화의 광장(현 한국청소년상담복지개발원)이 설립되면서 청소년 비행 등 다양한 청소년 문제에 대한 상담을 통한 접근 노력이 시작되었다. 1998년 국무총리 산하의 청소년보호위원회에서 「청소년 보호법」이 제정되면서 청소년의 육성과 더불어 청소년을 안전하게 보호해야 할 대상으로 하는 구체적인 보호대책들이 나오게 되었다. 당시 '국무총리 청소년보호위원회'에서 청소년의 문제를 종합적으로 다루고 보호할 수 있는 국가차원의 청소년 보호체계의 마련을 검토하였으며, 2004년 「청소년복지 지원법」 제정 이후 본격적인 지역사회 중심의 청소년통합 지원체계 구축 관련 노력들이 시작되었다.

이와 같이 우리나라의 청소년정책은 문제청소년 선도에 초점을 두었던 청소년 보호체계 사업에서 청소년 문제 예방 사업으로 전환되면서 2005년 지역사회 기반의 위기청소년 지원체계인 '청소년안전망(Community Youth Safety-Network: CYS-Net)' 사업이 시작되었다.

1) 청소년안전망의 시작과 현재

정부는 청소년 보호와 관련된 공적 전달체계를 마련하기 위해 '위기(가능)청소년 지원모델 개발연구'(구본용 외, 2005) 등으로 시작된 지역사회청소년통합지원체계(CYS-Net)를 2019년 청소년안전망으로 사업명을 변경하였다. 이것은 지역사회의 가용자원을 통합・연계하여 위기청소년들을 효과적으로 지원하기 위한 네트워크를 구축・운영하는 것으로 '위기 또는 가능성을 가진 청소년을 위해 지역사회 내의 다양한 기관과 사람들이 도움을 주는 사회안전망의 기본 취지는 유지되며 더욱 공적인 책무성이 강조되고 있다. 즉, 지역사회의 시민 및 청소년 관련 기관, 단체들이 위기상황에 처한 청소년을 발견, 구조, 치료하는 데 참여하여 건강한 시민으로 성장하도록 지원하기 위해 협력하는 연계망으로 정의된다(여성가족부, 2019). 기존의 청소년사업에서 선도 대상인 '문제청소년'의 용어를 2005년 이후 '위기청소년'이란 공식 용어로 사용하게 되는 계기가 되었다. OECD(1995)에서는 위기청소년이란(youth at risk) 학교생활에 적응하지 못함으로 인해 직업이나 성인으로 삶을 성취하지 못할 것 같은 사람으로서, 그 결과 사회에 충분히 기여하지 못할 것 같은 청소년으로 정의하였다. 이후 우리나라에서는 「청소년복지 지원법」이 제정되면서 가정문제가 있거나 학업수행 또는 사회 적응에 어려움을 겪는 등 조화롭고 건강한 성장과 생활에 필요한 여건을 갖추지 못한 청소년으로 정의하며 사업을 추진해 나갔다. 이는 과거 청소년의 문제를 특정청소년에 대한 선도사업에서 일반청소년에게까지 확장되는 것에 대한 부담을 줄이고 정부의 정책대상을 보다 명확하게 규정하기 위해 정부지원 대상 청소년을 위기청소년으로 제한하였고 위기가능청소년까지 포용함으로써 위기 예방적 성격까지 포괄할 수 있는 계기가 되었다.

청소년안전망(구 CYS-Net)은 2005년 국가청소년위원회에서 시작하였고 2006년 이후 보건복지가족부(2008년), 여성가족부(2011년) 순으로 이관되었다. 특히 여성가족부로의 이관 이후 법률제정, 종합평가 등 사업 운영에 있어서 보다 국가 차원의 중추적인 청소년정책으로 발전하였다.

2006년 청소년안전망(구 CYS-Net)은 중앙정부와 지방자치단체 간의 매칭사업으로 지방자체단체를 중심으로 지역사회 청소년들의 안전망으로서 그 기능을 수행하였다. 청소년안전망은 공공전달체계로서 중앙정부에서 광역시·도, 기초지방자체단체까지의 핵심 운영기제 그리고 그 실행에 있어서 지역 내 청소년 관련 핵심기관 간의 연계체계로 구축되었다. 지역 내 청소년 관련 핵심기관의 연계는 「청소년복지 지원법」상 경찰, 교육청 등 필수연계기관으로서 지방자체단체 운영위원회를 통해 관리된다.

정부에서는 지방자체단체와 함께 청소년안전망 운영기관으로 2005년부터 당시 전국의 청소년상담실(현 청소년상담복지센터)의 기능을 전환하여 청소년 문제 예방을 위한 상담 및 교육 중심의 상담시설에서 위기청소년 발굴 · 연계 및 맞춤형 서비스를 제공하는 위기지원 기능중심의 통합서비스 지원기관으로서 그 역할을 수행하게끔 하였다(노상덕, 정재우, 김동일, 김태성, 이미현, 2016).

청소년안전망 운영기관은 2006년 5개 시 · 도 지방자체단체 및 센터를 시작으로 시범사업을 시작하였고 2007년에 68개를 거쳐 2019년에는 전국 235개의 지방자체단체에서 청소년상담복지센터와 함께 운영하고 있다.

청소년안전망은 청소년상담복지센터를 중심으로 다양한 청소년 위기지원 서비스를 시행하고 있다. 가정뿐 아니라 경찰, 학교 등 위기(가능)청소년이 있는 지역사회 내 다양한 기관에서 위기청소년을 발굴하고 발굴된 위기청소년의 위기상황을 평가하고 이에 맞는 상담, 의료, 법률, 복지 등 필요한 서비스를 직접 또는 연계 제공하고 있다. 또한 지역 필수연계기관 및 민간대표로 구성된 운영위원회 및 실행위원회를 통해 보다 현실적이고 구체적인 지원방안이 논의되고 이를 통해 연간 17만여 명의 청소년이 공적 상담서비스를 제공받고 있다.

청소년안전망 체계에서는 청소년안전망 사업, 학교밖청소년 지원사업과 인터넷 · 스마트폰 과의존 예방 및 해소 사업, 청소년동반자 사업, 또래상담사업 등 지역 내 청소년 지원사업이 수행되고 있다.

2) 청소년안전망(구 CYS-Net) 개편

1964년 '청소년보호대책위원회'에서 청소년 보호와 관련한 청소년정책이 마련된 이후 많은 시간이 흘렀다. 이 기간 동안 청소년정책은 체계화와 일원화되면서 성장 · 발전하였으며, 2006년에는 위기청소년 지원을 위한 지역사회청소년통합지원체계 시행으로 위기청소년에 대한 민관 서비스의 공적인 전달체계가 마련되었다. 이후 지역사회청소년통합지원체계인 5개 센터에서 청소년안전망 사업이 운영되어 2019년 기준 전국 235개의 청소년상담복지센터에서 청소년안전망 사업을 운영하고 있다. 양적인 확대와 함께 그 역할과 기능에 대한 기대가 크지만, 사업의 효과성에 대한 점검과 내실화에 대한 고민이 있다. 특히 최근에 발생한 청소년 문제에 대한 대응과정에서 기존의 체계에 대한 개선 필요성이 제기되었다. 과거에 비해 폭력 등 청소년비행 및 범죄의 정도가 심화되고 있으며 자살이나 자해 등 심각한 고위기 이슈가 사회적 문제로 대두되었다. 소년범죄 중 강력범죄는 해마다 증가하고 있으며, 2019년 청소년 통계(통계청, 여성가족부)에 의하면 청소년의 사망 원인 1위는 자살인 것으로 나타났다. 또한 전국 청소년상담복지센터의 청소년상담 실적 중 자해 관련 상담지원 실적을 살펴보면 2017년 8,352명에서 2018년 27,976명으로 전년 대비 3배 이상 급증한 것으로 나타났다.

특히 2017년 부산 여중생이 또래에 의해 집단폭행을 당하는 사건이 발생하고 2018년 인천의 한 건물 옥상에서 또래의 폭력을 피하다 다문화청소년이 추락사하는 사건으로 지역사회통합지원체계 가동의 실효성에 대한 의문이 제기되었다. 즉, 지역사회통합지원체계가 가동 중임에도 위기청소년의 문제는 계속 심화하고 복합적인 형태를 보이고 있어 현 체계에 대한 면밀한 검토가 이루어졌으며 위기청소년 지원을 위한 청소년안전망의 재구조화 필요성이 제기되었다.

이에 기존의 CYS-Net 사업명은 보다 사업의 정체성이 잘 드러날 수 있도록 '청소년안전망'으로 사업명이 변경되었다. 또한 사업의 운영주체인 지방자치단체 역할과 사업 내용을 보다 분명히 하여 청소년안전망 사업의 공적 서비스로의 책무성을 더욱 강조하고 구체화하였다. 특히 지방자치단체에 '청소년안전망팀'을 두고 전담공무원과 사례관리사를 배치하여 지역사회 위기청소년의 발굴과 사례관리에 책임감 있는 역할을 하도록 하였다. 이에 청소년안전망 사업에 있어서 전국의 청소년상담복지센터는 보다 고위기청소년에 대한 집중적인 상담지원에 초점화하도록 하였다.

이와 같이 우리나라 대표적인 청소년정책인 청소년안전망 사업은 구조적 개편과 함께 상담 서비스에 대한 전문성과 효과성이 더욱 확보되었다. 개편된 청소년안전망 사업은 2019년 선도사업을 시작으로 매년 지역사회 위기청소년을 위한 상담 서비스의 공적 전달체계로서 그 역할과 기능이 더욱 확고해질 것이다.

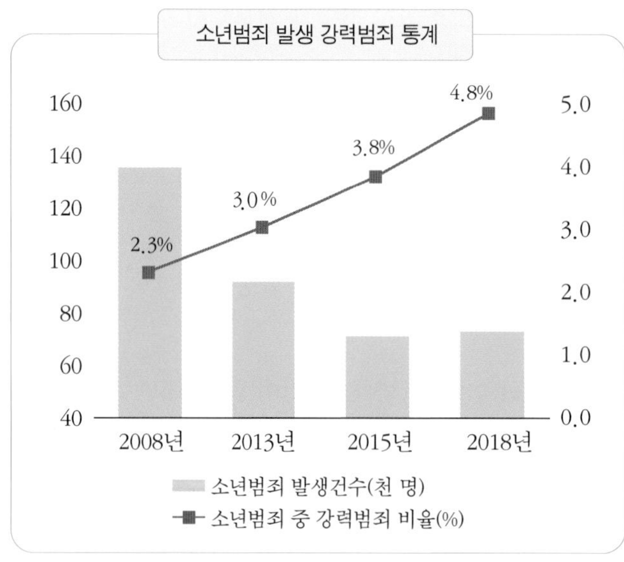

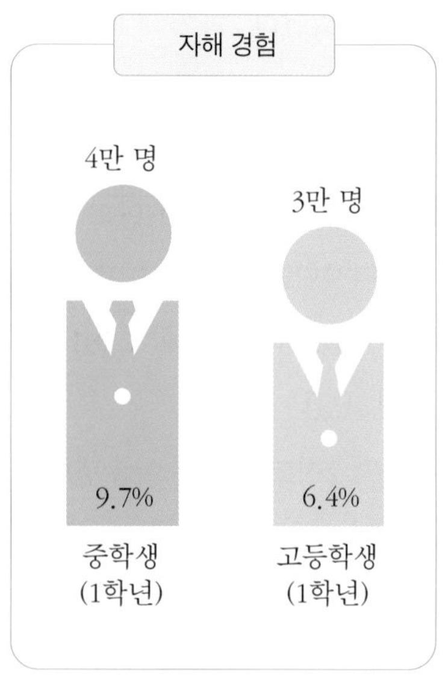

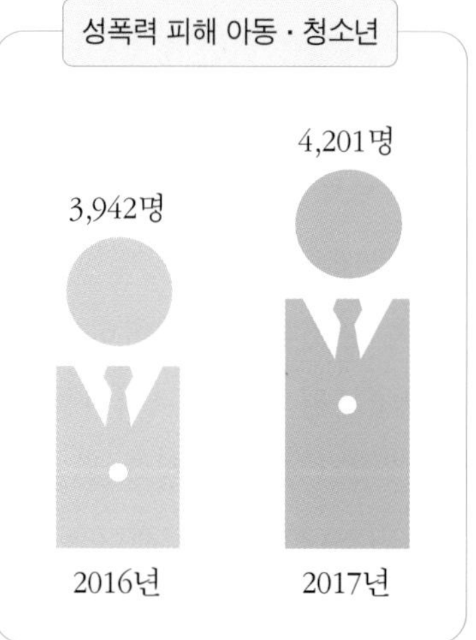

[그림 13-1] **위기청소년 문제의 심각성**

2. 지역사회 기반 상담으로서 청소년상담의 역할

청소년상담은 서구에서 발전해 온 전통적인 개인중심 상담과는 구별된다. 전통적 상담은 개인의 성장 및 발달과정을 중시하였으며, 상대적으로 개인에게 영향을 주는 사회 환경의 영향을 간과해 왔다. 그리고 대면상담을 중시하는 전통적 상담은 시간적인 제한을 받으며, 상담실에 찾아오는 내담자들에게만 국한된 서비스를 제공하여 왔다. 따라서 사회적 환경으로부터 많은 영향을 받고 있으며 상담에 대해 비자발적인 대다수의 청소년에게 전통적인 상담은 제한적인 기능을 수행할 수밖에 없다.

많은 학자는 전통적인 개인중심 상담(individual-based counseling)의 한계를 넘어 새로운 상담모형의 필요성을 강조해 왔으며, 대다수의 청소년에게 효과적으로 제공할 수 있는 상담모형을 개발하고자 하였다. 이로써 개발된 상담모형이 지역사회 기반 상담(community-based counseling)모형이다.

Lewis 등(1998)에 따르면, 지역사회 상담은 지역주민의 안녕과 개인적 발달을 증진시키는 개입전략 및 서비스들로 구성된 포괄적인 조력의 틀을 의미한다. 즉, 지역사회 구성원들이 좀 더 효율적으로 살아갈 수 있도록 도와주고, 가장 빈번하게 겪는 문제들을 예방하기 위해 내담자 혹은 지역사회 구성원들을 대상으로 다양한 서비스를 제공하는 것을 지역사회 상담이라고 할 수 있다.

청소년상담의 정체성은 지역사회 상담에서 찾을 수 있다. 청소년상담의 주요 고객은 지역 청소년들이고 청소년들의 문제는 그들의 가정과 지역사회의 환경 문제이기 때문에 청소년에 대한 상담 서비스는 곧 지역사회에 대한 상담 서비스라고 할 수 있다. 이러한 점에서 청소년상담의 역할은 지역 청소년 및 부모, 지역 내 환경에 개입하는 포괄적인 상담 서비스다.

1) 청소년상담의 패러다임 전환

지역사회 상담으로서의 청소년상담은 전통적인 상담 패러다임에서 몇 가지 전환이 요구된다. 신현숙, 김현주, 권해수와 손재환(2001)은 청소년상담 패러다임 전환을 청소년상담 활동을 이해하는 기본적인 사고 틀의 획기적인 전환으로 설명하였다. 즉, 상담을 구성하는 기본요소인 내담자, 상담자, 상담활동에 관한 이해의 틀이 근본적으로 재구성되어야 하며, 청소년들의 삶이 실제로 변화하도록 돕기 위해서 상담개입의 목표, 상담대상, 상담방법의 변화 그리고 상담자의 역할 변화 등 상담 전반에서의 패러다임의 전환을 논하였다. 다음은 청소년상담 패러다임의 전환에 대한 구체적인 내용이다.

(1) 상담목표의 전환

Lewis 등(1998)에 따르면, 전통적 상담 패러다임은 문제중심의 접근 및 결핍 모델(deficit model)로서 청소년들이 지니고 있는 문제와 결핍에 초점을 두고 이를 교정하는 것을 기본적인 목표로 삼아 왔다. 그러나 청소년상담 모형에서는 유능성을 강조하면서 청소년의 긍정적인 성장(positive development)을 도모하는 것에 기본적인 목표를 두고 있다. 즉, 창조적으로 자기를 실현하는 청소년으로 성장할 수 있도록 청소년 자신과 청소년들을 둘러싼 환경에 힘을 실어 주는 것이 상담의 목표다. 이러한 유능성 모델은 청소년상담이 교정 및 치료활동에서 예방적이고 교육적인 활동으로 확대되어야 함을 시사한다.

상담에서의 예방활동은 내담자가 처해 있는 위험성의 수준, 문제의 심각도에 따라 그 수준을 달리한다. Caplan(1964)은 예방을 문제의 심각성 정도에 따라 세 가지 수준으로 제시하고 있다. 일차적 예방(primary prevention)은 모든 문제의 원인이 될 수 있는 공통적인 요인에 대해 개입을 하는 것이다. 예를 들면, 부모-자녀 간의 효과적인 의사소통 훈련이나 품성계발 훈련, 갈등관리 훈련 등은 특정한 청소년 문제의 종류와 무관하게 공통적으로 중요한 요소로서 기본적 수준의 예방활동에 속한다.

이차적 예방활동(secondary prevention)은 주로 특정 영역에서 문제가 발생하고 높은 환경적 위험 요소를 지닌 청소년들을 대상으로, 이들을 조기에 발견하고 이들에게 개입하여 문제가 더 심각해지지 않도록 하는 조기개입(early intervention)을 의미한다. 예를 들면, 2005년부터 시작된 청소년전화 1388 및 긴급구조 활동은 위기상황에 처한 요보호 혹은 고위험 청소년(at-risk youth)들이 문제가 발생했을 때 신속하게 도움을 구할 수 있도록 고안된 예방 및 개입 프로그램이다.

마지막으로 삼차적 예방(tertiary prevention)은 학업중단이나 성매매와 같이 심각한 특정 문제를 가지고 있는 청소년들이 어느 정도의 사회적 적응 수준을 유지하면서 생활할 수 있도록 도와주는 예방활동을 의미한다. 예를 들면, 소년교도소에 수감 중인 만성적이고 상습적인 범죄 청소년들에게 직업기술을 가르쳐 주고 사회에 복귀하여 기본적인 적응을 할 수 있도록 도와주는 개입이 세 번째 수준의 예방활동에 포함된다고 할 수 있다. 이러한 활동의 대표적인 프로그램이 2007년도부터 시작된 '두드림 존' 프로젝트다. '두드림 존' 프로젝트는 현재 학교밖청소년 지원사업으로 전환되어 학업중단 및 미취업 청소년들에게 진로 · 취업 교육, 직업체험 교육을 실시하여 자립에 필요한 도움을 제공하고 있다.

(2) 상담대상의 전환

기존의 상담모델은 청소년 개인의 심리내적인(intrapsychic) 현상을 다루는 것으로 청소년 개인만을 상담대상으로 하여 이들의 특정한 단일 문제를 중점적으로 다루었다. 그러나 청소년들은 그들을 둘러싼 주변 세계, 특히 그들과 연관되어 있는 다양한 관계망(network)에 의해 많은 영향을 받는 발달단계에 있기 때문에 청소년 문제를 효과적으로 해결하고 이들의 건전한 발달을 이루기 위해서는 이들의 인간망 자체를 개입의 대상으로 삼아야 한다. 이는 청소년들을 둘러싼 환경적 · 생태학적 측면을 강조하는 청소년상담 모형으로서, 청소년 개인을 면접상담하는 것 이상으로 이들의 삶을 관리할 수 있는 체계적 접근이 요구된다.

유성경, 안희정, 이소래와 오익수(1999)에 따르면 청소년 문제는 단일 요소가 원인이라기보다는 이들의 생활권, 가족, 학교, 또래 및 지역사회 등 여러 차원의 복합적인 요인이 영향을 미치고 있는 경우가 대부분이다. 그러므로 청소년 문제를 보다 효과적이고 장기적으로 해결하기 위해서는 이러한 다양한 요인에 대한 체계적인 개입이 필요하다.

(3) 상담방법의 전환

청소년상담에서는 청소년들의 유능성을 신장시키기 위해 그들의 사회적 · 환경적 체제를 활성화시키고 각종 자원이 지역사회의 긍정적인 변화를 위해 활발하게 가동된다. 그리고 지역사회의 다양한 자원이 각각 분리되어 제공되는 것이 아니라 조화롭게 잘 어우러져 통합적으로 제공되어야 하는데, 이러한 측면에서 Keys, Bemak, Carpenter와 King-Sear(1998)는 지역사회 상담의 통합적 서비스 체제를 강조하였다. 통합적 서비스 체제는 지역사회 내의 각종 전문인력과 청소년 관련 집단 및 기관, 상담 자원봉사 집단 등 지역사회에서 활용 가능한 자원 연계망을 구성함으로써 내담자의 요구에 따라 의뢰와 협조 요청이 원활하게 이루어질 수 있도록 조직된다. 현재 우리나라에서는 2006년부터 청소년안전망(구 CYS-Net)을 구축하여 지역사회의 통합적 서비스를 제공하고 있다.

기존 상담과 구별되는 청소년상담의 또 다른 방법적 측면은 상담실로 찾아오는 내담자를 면담하는 전통적인 방식에서 벗어나 청소년들의 생활권인 가정, 학교, 지역사회로 적극적으로 찾아가는 상담이라는 것이다. 즉, 청소년이 상담실을 방문할 때까지 기다리기보다는 상담자가 내담자의 생활현장, 문제현장으로 나가서 상담하는 것이다. 청소년은 생활문제의 자각성도 부족하고 도움 요청에도 소극적이어서 청소년들의 상담실 내방은 거의 비자발적이다. 따라서 청소년상담의 경우, 기다리는 상담보다는 찾아가는 상담이 필요하다.

(4) 청소년상담자 역할의 전환

개인의 심리내적 그리고 단일 문제해결을 목표로 하는 전통적인 상담모델에서 상담자에게는 치료자(therapist)로서의 역할이 가장 중요시되었다. 그러나 청소년상담의 새로운 목표와 방법, 대상을 고려할 때, 청소년상담자는 치료자와는 매우 다른 역할 및 자세를 가져야 한다. Kendall(2000)은 청소년상담자는 코치(coach)의 역할을 담당해야 한다고 했으며, 코치가 해야 할 주요한 세부 활동으로 자문(consultation), 평가(evaluation), 교육(education)을 제시하였다.

청소년상담자의 자문활동에서 가장 주요한 역할은 타 기관과의 효과적인 의뢰체제를 확립하고 통합적인 서비스를 구성하여 그 서비스를 내담자들에게 가장 적절한 형태로 제시하는 것이다. Keys 등(1998)은 청소년상담이 다양한 종류와 여러 수준의 전문가들로 구성된 팀 접근 형식으로 이루어져야 하며, 이러한 서비스의 통합을 주도하고 리드하는 것이 바로 상담자의 자문역할이어야 함을 강조하고 있다.

청소년상담자의 평가활동은 전통적인 상담 패러다임에서 실시하는 심리적 상태에 대한 임상적 진단보다 더 광범위한 평가활동이다. 평가대상으로 청소년 개인뿐 아니라 개인에게 영향을 주는 체제도 포함된다. 그리고 이러한 평가활동에도 다양한 전문가가 통합적인 접근을 이루도록 하여야 하며, 평가 결과에 따라 다양한 종류의 서비스와 개입 팀이 구성된다.

청소년상담자의 교육활동은 청소년상담의 특수한 기능으로 볼 수 있다. 상담은 문제해결에만 그쳐서는 안 되고, 건전한 가치관의 습득과 잠재력의 개발 등 문제가 생기기 전에 보다 적극적으로 청소년 및 학부모, 교사들을 대상으로 예방 차원의 접근이 이루어져야 한다. 이를 위해 다양한 형태의 심리교육활동이 이루어져야 하며, 청소년상담자는 이에 대한 전문성을 갖춰야 한다.

〈표 13-1〉 **청소년상담 패러다임의 특성**

구분	기존의 상담 패러다임	청소년상담 패러다임
상담목표	• 결핍모델 • 사후치료모델	• 유능성 모델 • 사전예방 모델
상담대상	• 개인 대상 • 특정 문제 대상 • 심리내적 현상	• 인간망 대상 • 문제와 관련된 복합적 요인들 대상 • 체제적 현상
상담방법	• 분절된 서비스 • 찾아오는 상담 • 단기적 상담	• 통합적 접근 • 찾아가는 상담 • 지속적 접근
상담자 역할	• 치료자	• 코치(자문, 평가, 교육)

2) 지역 청소년상담의 역할과 기능

(1) 체제적 접근을 위한 지역사회 청소년상담

2000년대 이후의 청소년상담에서는 청소년들에게 많은 영향을 주고 있는 주변 세계, 특히 청소년과 관계를 맺고 있는 다양한 또래관계, 학교환경, 지역사회 특성 등 청소년을 둘러싼 관계망에 상담자가 개입할 필요성이 제기되고 있다. 이는 청소년들을 둘러싼 환경적 · 생태학적 측면을 강조하는 청소년상담 모형으로서 청소년 개인을 면접 · 상담하는 것 이상으로 이들의 삶을 관리할 수 있는 체계적 접근을 하는 것이다.

청소년 발달에 중요한 영향을 미치는 환경체계는 가족 내의 부모-자녀 상호작용과 같은 개인발달에 직접적인 영향을 주는 가정환경에서부터 법률, 정부기관 혹은 문화와 같이 좀 더 거시적인 형태에 이르기까지 다양하다. 환경체계들의 구조와 역동은 청소년들에게 보호요인 또는 위험요인으로 작용하게 된다. 따라서 청소년상담에서는 이러한 환경 특성이 청소년의 성장을 촉진하는 방향으로 다양한 환경체계를 변화시키고자 노력한다.

지역상담에서는 환경적 평가, 프로그램 개발과 평가, 자문, 사례관리, 처치

계획, 단기상담, 가족상담, 지역자원의 활용, 조력훈련, 지역 내 특수집단의 상담 등이 보다 강화될 필요가 있다. 또한 비행청소년을 위한 상담개입을 계획하기 위해서는 청소년의 특성, 청소년이 처해 있는 환경에 대한 생태학적 맥락을 분석하고, 이런 요인들이 어떻게 상호작용하는지 분석할 필요가 있다(신현숙, 2001에서 재인용).

이러한 맥락에서 Lewis 등(1998)이 제시하는 지역 청소년상담센터의 역할을 정리하면 〈표 13-2〉와 같다.

〈표 13-2〉 **지역 청소년상담의 내용과 방법 및 대상**

대상 방법	지역사회	내담자 개인
직접 서비스	예방교육 (preventive education)	상담(counseling) 취약한 청소년 방문상담 (outreach to vulnerable clients)
간접 서비스	지역사회 정책수립 (influencing public policy)	청소년 권익옹호 및 자문 (client advocacy & consultation)

① 예방교육

Lewis 등(1998)에 따르면, 지역사회 청소년상담에서는 전체 청소년을 대상으로 그들의 발달과정에 필요한 내용들을 교육하고 훈련시키는 예방적 활동이 필요하다. 예방교육 프로그램들은 청소년들에게 자기이해를 증진시킬 수 있는 기회를 제공하고 청소년기를 보다 효과적으로 보낼 수 있도록 도우며, 대부분의 청소년이 쉽게 경험할 수 있는 문제들을 보다 효율적으로 다룰 수 있는 삶의 기술들을 제공해야 한다. 청소년들을 위한 예방교육 프로그램들은 가치 명료화, 주장훈련, 의사결정 훈련, 진로결정 훈련, 갈등관리 훈련, 대인관계 훈련 등과 같이 청소년들의 건전한 성장을 촉진하는 데 필요한 다양한 내용을 포함한다. 이 외에도 예방교육에 포함되는 프로그램들은 매우 다양하여 지역사회의 특성과 요구에 따라 폭넓게 선택되고 운영될 수 있다.

② 상담활동

청소년상담이 청소년들의 성장을 촉진하기 위해 지역사회를 변화시키려고 많은 노력을 기울이고 있지만, 그 무엇보다 문제 상황에 직면하고 있는 청소년들에게 직접적인 도움을 제공하는 상담활동이 중요하다.

상담활동에서도 상담자들은 청소년들의 역기능을 증가시키는 데 영향을 주고 있는 지역사회의 특수한 상황에 관심을 두어야 한다. 이를 위해 청소년상담은 취약성을 지닌 청소년들을 찾아가 그들에게 적절한 도움을 제공할 필요가 있다. 찾아가는 상담은 기존의 상담방식에서 벗어나 내담자의 생활현장, 문제현장으로 적극적으로 찾아가는 상담을 말한다. 위기상황에 처해 있는 청소년들을 직접 찾아감으로써 문제를 해결하는데 필요한 사회지지체제(social support systems), 통제감(sense of control), 문제해결 기술(problem-solving skills) 등을 길러 줄 수 있다. 이러한 상담활동 중에는 2005년부터 시행된 '청소년동반자' 프로그램이 대표적이다. 청소년동반자는 상담기관에 방문할 수 없는 위기청소년에게 직접 찾아가서 상담하고 지원하는 전문가들로 구성되어 있다. 청소년동반자들은 기초학습이 어려운 빈곤 청소년, 심각한 집단따돌림 등의 학교 적응 문제, 자살 · 자해 문제, 인터넷 중독 및 은둔형 외톨이 등 지속적 방문과 보호가 필요한 사례들을 다룬다.

③ 지역사회 정책수립

청소년상담은 청소년 개인을 도와주는 것과 더불어 지역사회의 청소년 육성환경을 변화시키는 데 개입할 필요가 있다. 이러한 역할은 지역사회 환경이 청소년의 성장을 방해할 때 더욱 중요하다.

지역사회의 유해한 환경은 사회적 약자인 아동 · 청소년, 여성, 빈곤 계층, 노인 등의 신체적 · 심리적 안녕에 더욱 심각한 영향을 미치게 된다. 따라서 지역사회 청소년상담은 지역사회의 체제와 정책변화에 영향을 미칠 수 있도록 진행되어야 한다. 이를 위해 캠페인, 대중교육, 정책입안자들과의 협력 등을 통해 청소년들에게 유해한 지역사회의 사회 · 경제 · 교육 체제를 변화시키고자 노력해야 한다. 전통적인 상담 접근과는 달리 지역사회 상담은 청소년들의 문제를 유발하고 성장을 위협하는 사회체제를 변화시켜 긍정적인 체제를 강화해 나가는 역할을 중요한 상담영역으로 보고 있다.

④ 청소년 권익옹호 및 자문

지역사회에서 취약한 위치에 있는 청소년들이 자신이 원하는 것을 충족할 수 있도록 청소년상담자는 후견인의 역할을 제공할 수 있어야 한다. 즉, 지역사회 청소년상담은 빈곤 등의 문제로 학교나 지역사회로부터 소외당하는 청소년들에게 적절한 도움을 주는 후견인의 역할을 제공해야 한다. 따라서 청소년상담자는 취약계층 청소년들이 지역사회로부터 좀 더 많은 혜택을 받을 수 있도록 지역사회 자원을 활용하고 자문과 조언을 제공한다.

(2) '지역사회청소년통합지원체제'로서의 청소년상담

청소년상담이 청소년들의 건강한 성장을 위한 지역사회 상담으로서 수행하는 가장 중요한 기능은 지역사회 내 청소년 관련 기관이나 시설들을 효과적으로 연계하는 허브 역할이다. 청소년상담은 지역사회의 청소년 육성과 청소년의 위기문제 해결에 도움이 되는 건전한 자원들의 연계체제를 구축하고 기능할 수 있도록 중심적 역할을 해야 한다.

이에 앞에서 기술하였듯이 2005년 국가청소년위원회가 출범하면서 지역사회 청소년유관기관 및 자원의 연계에 관한 중요성에 대해 많은 연구가 진행되었다. 그 결과로 청소년안전망(구 CYS-Net)인 지역사회청소년통합지원체계를 개발하고 구축함으로써 지역자치단체의 공무원과 사례관리사로 구성된 청소년안전망팀과 청소년상담복지센터는 지역사회 내의 위기청소년을 적극적으로 발굴하고 활용 가능한 자원을 효과적으로 연계하여 통합지원 서비스를 제공하고 있다. 2019년 12월 기준 235개 지역에서 운영 중이다.

신현숙 등(2001)은 청소년상담이 지역사회통합지원체계로서 발전하기 위한 요건을 다음과 같이 제안하였다.

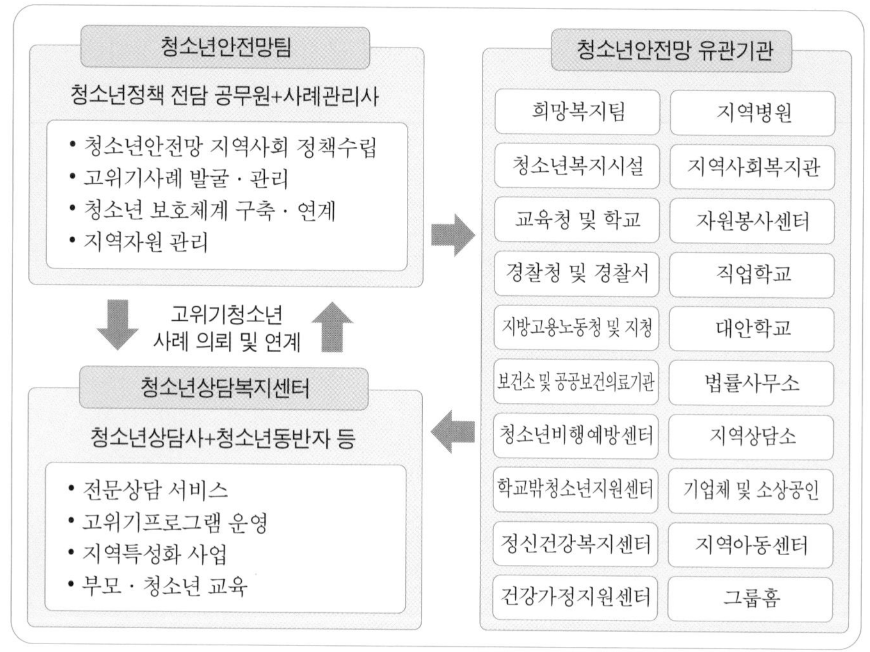

[그림 13-2] **청소년안전망 운영조직별 역할**

출처: 한국청소년상담복지개발원(2019).

첫째, 지역주민에 대한 책임(responsibility to population) 있는 서비스를 제공해야 한다. 다시 말하면, 지역주민들의 욕구가 무엇인지에 대해 정확하게 평가하고 이러한 욕구를 충족시킬 수 있도록 책임 있는 서비스를 제공해야 한다.

둘째, 상담 서비스의 접근 용이성(accessibility to counseling services)이 보장되어야 한다. 상담실에서 제공하는 서비스가 청소년들과 그들의 가족에게 물리적 · 심리적으로 접근이 용이해야 한다. 이를 위하여 상담실을 통해 받을 수 있는 서비스를 광범위하게 홍보하고, 청소년들의 생활권으로 직접 찾아감으로써 상담으로 실제 이용 가능한 상담 서비스를 제공해야 한다.

셋째, 청소년들의 신체적 · 인지적 · 정서적 · 사회적 · 도덕적 발달욕구를 총체적으로 다루어 줄 수 있는 포괄적인 서비스(comprehensive services)를 제공해야 한다. 즉, 청소년이 당면한 특정 문제 및 영역에 국한된 서비스가 아니라 이들의 총체적인 발달과업을 포괄적으로 도와줄 수 있는 서비스가 제공되어야 한다.

넷째, 다양한 전문직 간의 통합된 서비스(multidisciplinary integrated services)를 제공해야 한다. 다양한 기관 및 다양한 전문가를 연계하여 통합된 서비스를 제공해야 하는 이유는 최근 청소년들이 당면하고 있는 문제들이 매우 복잡한 요인들로 나타나고, 이것을 효과적으로 해결하기 위해서는 전문가 개인의 서비스만으로는 불충분하기 때문이다.

3. 청소년상담 시설의 운영현황

1) 한국청소년상담복지개발원

'한국청소년상담복지개발원'은 「청소년복지 지원법」 제22조에 근거하여 여성가족부 산하기관으로서 운영되고 있다. 한국청소년상담복지개발원은 우리나라 청소년상담의 중추기구로서 전국의 청소년상담복지센터 및 학교밖청소년지원센터, 쉼터 및 회복지원 시설 등 총괄하는 공공기관이다. 따라서 한국청소년상담복지개발원은 국가의 청소년상담 이념과 정책목표 구현을 위한 중추적 역할을 수행하며 지역 청소년상담의 지도 · 지원 · 자문, 청소년상담사 양성 등의 주요 역할을 담당하고 있다.

한국청소년상담복지개발원에는 청소년상담 전문가들이 종사하고 있으며, 주요 업무는 「청소년복지 지원법」 제22조에 제시된 바와 같이 청소년 상담 및 복지와 관련된 정책의 연구, 청소년 상담 · 복지 사업의 개발 및 운영 · 지원, 청소년 상담기법의 개발 및 상담자료의 제작 · 보급, 청소년 상담 · 복지 인력의 양성 및 교육, 청소년 상담 · 복지 관련 기관 간의 연계 및 지원, 지방자치단체 청소년복지 지원기관의 청소년 상담 · 복지 관련 사항에 대한 지도 및 지원, 청소년 가족에 대한 상담 · 교육, 청소년에 관한 상담 · 복지 정보체계의 구축 · 운영, 그

밖에 한국청소년상담복지개발원의 목적을 수행하기 위하여 필요한 부수사업이다.

2) 시 · 도 및 시 · 군 · 구 청소년상담복지센터

시 · 도 및 시 · 군 · 구 청소년상담복지센터는 「청소년복지 지원법」 제29조에 근거하여 지역자치단체에서 설치 · 운영하며, 지역사회 내 청소년 예방상담, 긴급구조 등의 위기 지원 업무, 상담 관련 교육 및 프로그램 개발 · 운영 등을 수행하고 있다.

청소년상담복지센터의 사업을 좀 더 자세하게 살펴보면, 예방 상담활동으로 청소년 및 부모 상담, 청소년 문제영역 상담, 개인상담 및 집단상담 등의 업무를 수행하고 있다. 또한 위기 지원 업무로 청소년전화 1388, 청소년동반자, 긴급대응, 인터넷 · 스마트폰 과의존 예방 및 해소 사업, 법률 및 의료 지원, 보호시설 연계 등의 업무를 수행하고 있으며, 상담 관련 교육으로는 지역주민 및 지도자 대상의 상담교육과 연수 등의 업무를 수행하고 있다.

2019년까지 설치된 청소년상담복지센터는 총 235개이며, 시 · 도 청소년상담복지센터는 17개, 시 · 군 · 구 청소년상담복지센터는 218개다. 시 · 도 청소년상담복지센터는 1999년에 전국 16개 시 · 도 지역에 설치가 완료되었으며, 2012년 세종시 출범으로 총 17개 광역자치단체에서 시 · 도 청소년상담복지센터를 운영하고 있다. 시 · 군 · 구 청소년상담복지센터의 경우, 현재 전국 자치단체 설치율이 90% 수준이다. 향후 시 · 군 · 구 청소년상담복지센터의 설치는 청소년상담복지 서비스의 수요를 감안할 때 모든 지방자체단체 내에 설치가 완료될 것으로 예상된다.

4. 대표적인 청소년상담 복지 서비스

1) 지역사회청소년통합지원체계 '청소년안전망'

지역사회청소년통합지원체계인 청소년안전망 사업은 지역사회 내 위기(가능)청소년을 적극 보호하고, 활용 가능한 청소년 관련 자원들을 연계하여 위기청소년들에게 상담·보호·교육 등 맞춤형 통합지원 서비스를 제공함으로써 가정 및 학교, 사회로의 복귀를 지원하는 서비스다. 가출, 학교폭력, 비행, 성매매 등에 노출된 위기청소년들을 조기에 발견하고 신속하게 도움을 주기 위해 마련된 청소년 사회안전망으로서 지역사회의 시민 및 청소년 관련 기관, 단체들이 참여하고 서로 연계하여 도움을 제공하고 있는 복지 서비스다.

청소년안전망 사업은 2005년 국가청소년위원회가 출범하면서 구축·운영되었다. 향후 지방자체단체 내에 설치된 '청소년안전망팀'과 전국 '청소년상담복지센터'가 함께 지역사회 내의 위기 징후를 보이는 청소년까지 서비스가 필요한 청소년을 적극 발굴하고 활용 가능한 자원을 효과적으로 연계하고 통합지원 서비스를 제공하는 역할을 할 것이다. 새로 개편된 청소년안전망 사업은 2019년 선도사업 운영 이후 단계적으로 공무원 배치와 사업의 안정성을 위한 노력을 기울여 갈 것이다.

우선 청소년상담복지센터 중심의 위기청소년 발굴 및 상담지원 서비스 절차를 살펴보면, 청소년전화 1388, 청소년사이버상담 등으로 위기청소년이 발견되면 전국 235개 청소년상담복지센터에서는 위기청소년에 대해 진단과 평가를 하게 되고, 위기청소년의 경우 다양한 연계지원 서비스를 받을 수 있도록 서비스가 제공된다. 또한 찾아가는 상담활동인 청소년동반자(Youth Companion: YC)를 통하여 일대일의 지속상담을 실시함으로써 사례관리가 철저히 이루어지도록 하고 있다.

또한 개편된 청소년안전망 사업에서는 드림스타트, 경찰의 선도프로그램, 법무부 등 공적 서비스 기관으로부터 서비스가 종료된 청소년 중 지원과 개입이 필요한 청소년의 경우 지방자체단체 청소년안전망팀으로 연계됨에 따라 위기 징후의 청소년에 대한 서비스가 이루어져 위기청소년에 대한 사각지대가 최소화될 수 있을 것으로 기대한다.

청소년안전망 사업의 운영방향은, 첫째, 위기청소년 사회안전망을 구축하는 것으로서 위기청소년의 효과적인 지원 및 복귀를 도울 수 있는 지역사회 중심의 위기청소년 사회안전망을 확립하고 지역사회의 다양한 청소년 자원을 발굴 · 연계하여 실질적 도움이 필요한 위기청소년에게 즉각적이고 적절한 서비스를 제공하는 통합지원 서비스 체계를 구축하는 것에 있다. 둘째, 지역사회 청소년 지원기관 및 단체의 협력체계를 구축하는 것으로서 위기청소년 지원을 위한 범정부적인 협력체제 구축의 필요성을 인식하고 지역사회 단위의 청소년 관련 기관 및 단체가 연계된 협력 체계를 구축하며, 청소년 관련 기관 간 정보공유 및 문화인식을 제고하는 것에 있다. 셋째, 청소년 관련 기관 및 단체의 위기청소년 문제해결 능력을 제고하는 것으로서 지역사회 단위의 연계망 활성화를 위해 서비스 지원 기관의 전문화 및 특성화를 제고하고 위기청소년 긴급구조, 상담 및 개입, 자활에 관한 교육을 실시하는 것에 있다.

2) 청소년동반자 프로그램

청소년동반자(YC)는 상담센터에 방문하기 힘든 위기청소년들을 위해서 직접 찾아가 상담 서비스를 제공하고 있는 프로그램이다. 청소년들은 흔히 상담 서비스에 대해 냉소적이거나 저항적인 경우가 많기 때문에 자발적으로 상담센터를 방문하는 빈도가 낮은 편이며 대부분 부모나 지도자 등의 인도를 통해 상담센터를 방문하는 경우가 많은 편이다. 또한 여러 가지 심리적인 어려움 때문에 낯선 상황을 피하는 경우에는 센터를 방문하여 서비스를 제공받기가 매우 힘들 수 있다. 이렇게 여러 이유로 상담센터를 방문하여 적절한 서비스를 제공받지 못하는 청소년들을 위해 청소년동반자 프로그램이 마련되었으며 이를 통해 전문상담자가 직접 청소년을 찾아가서 전문상담을 제공하고 있다.

청소년동반자는 2005년부터 시작되었으며 당시 223명의 청소년동반자가 4개 시ㆍ도(서울, 경기, 광주, 경남)에서 활동하였다. 2008년도에는 16개 시ㆍ도 전체로 청소년동반자가 확대ㆍ운영되었으며 2019년 현재 1,300여 명의 청소년동반자가 전국에서 활동하고 있다.

청소년동반자는 위기청소년들을 찾아가 상담, 심리적ㆍ정서적 지지, 자립 지원, 학습 진로 지도, 문화체험 등 다양한 서비스를 제공하고 있으며 매년 3만 명이 넘는 위기청소년을 지원하고 있다. 청소년동반자를 통해서 많은 위기청소년이 높은 수준의 전문상담을 제공받고 있으며 특히 은둔형 외톨이와 같이 사회적으로 소외된 위기청소년들에게 큰 도움이 되고 있다.

3) 청소년전화 1388 및 청소년사이버상담센터

위기청소년들은 청소년전화 1388(국번 없이 1388)이나 청소년사이버상담센터(https://www.cyber1388.kr)를 통해 손쉽게 전화 및 인터넷(모바일) 상담을 받을 수 있다. 또한 지속 상담이나 여러 지원이 필요한 경우에도 청소년전화 1388이나 청소년사이버상담센터를 통해 지역의 청소년상담복지센터를 이용할 수 있다.

청소년전화 1388은 24시간 연중 휴무 없이 운영되고 있으며 전문상담자가 항시 대기하고 있다. 또한 청소년사이버상담센터도 청소년전화 1388과 동일하게 24시간 운영되고 있다. 청소년전화 1388이나 청소년사이버상담센터에서는 심리상담뿐만 아니라 가출, 성매매 등의 긴급한 상황에 대비하여 소방서, 경찰서와 연계하여 긴급출동과 같은 긴급개입 서비스를 제공하고 있다.

청소년전화 1388 역시 2005년 청소년안전망 사업의 출범과 더불어 시작되었으며 당시 청소년 긴급전화 1388, 가출청소년 상담전화, 지역 청소년상담복지센터의 전화 등을 모두 통합하여 청소년전화 1388이 운영되었다. 청소년전화 1388은 청소년안전망의 발굴 게이트와 초기 상담 역할을 맡고 있으며 청소년, 부모, 교사 등 일반 국민이면 누구나 청소년과 관련된 고민을 상담받을 수 있다.

또한 청소년전화 1388의 이용 건수는 한해 42만여 건이 넘을 만큼 많은 이용자가 서비스를 제공받고 있다.

청소년사이버상담센터는 청소년들에게 친숙한 인터넷 환경을 고려하여 온라인을 통해 상담 서비스를 제공할 목적으로 2011년부터 여성가족부에서 운영하였으며, 현재는 한국청소년상담복지개발원에서 이를 위탁 · 운영하고 있다. 이곳에서 매년 25만 건의 상담 서비스가 이용되고 있으며 청소년사이버상담센터 접속 건수는 연 200만 건 이상으로 위기청소년의 중요 발굴 게이트 역할을 하고 있다.

4) 학교밖청소년 지원사업

학교를 중도에 탈락한 청소년은 매년 5~6만여 명에 가까우며 2016년 기준 36만여 명의 학교밖청소년이 존재하는 데다가 그 수가 누적되고 있어 갈수록 심각한 실정이다. 이러한 청소년은 학력이 중시되는 우리나라 사회 특성상 스스로 자립하여 성장하기에는 매우 불리한 조건에 놓여 있다. 이들을 방치할 시 교육도 받지 않고, 취업도 하지 않는 NEET(Not in Education, Emplo yment or Training)로 전락할 가능성이 크며, 이는 사회적으로 매우 큰 손실을 유발한다.

따라서 정부는 이들을 위한 다양한 지원 서비스를 제공하고 있는데, 대표적으로 여성가족부의 두드림 · 해밀 프로그램이 있다. 두드림 · 해밀은 여성가족부에서 운영하고 있으며 한국청소년상담복지개발원에서 이를 위탁 · 운영하고 있다. 해당 프로그램은 2014년 5월 국회에서 「학교 밖 청소년 지원에 관한 법률」을 제정하고 각 자치단체에서 '학교밖청소년지원센터'를 설치하여 운영할 것을 명시함에 따라 운영기관이 확대되고 지역여건 및 청소년의 적성과 진로욕구에 따른 서비스체계가 구체화되었다. 2019년 현재 전국의 214개의 '청소년지원센터 꿈드림'이 운영되고 있다. 서비스 대상자는 초 · 중학교 입학 후 3개월 이상 결석하거나 취학의무를 유예한 청소년, 고등학교에서 제적 · 퇴학 처분을 받거나 자퇴한 청소년, 고등학교를 진학하지 아니한 청소년, 학업중단 숙려대상

청소년으로 한다. 청소년별 상담지원, 교육지원, 직업체험 및 취업지원, 자립지원, 건강증진지원, 특성화 프로그램, 멘토링 프로그램에 참여한다.

5) 청소년 인터넷 · 스마트폰 과의존 예방 및 해소 사업

청소년의 인터넷 · 스마트폰의 과의존 실태는 갈수록 심각해지고 있으며 연령대도 낮아지고 있다. 청소년 관련 주무부처인 여성가족부에서는 청소년 인터넷 · 스마트폰 과의존 예방 및 피해 해소를 위한 체계를 마련하고 이를 시행하고 있다.

여성가족부는 한국청소년상담복지개발원을 중심으로 전국 청소년상담복지센터와 함께 인터넷 · 스마트폰 대응체계를 구축 · 운영하고 있다. 또한 전국 정신건강복지센터 및 치료협력 병원과 연계하여 심각한 과의존 청소년의 치료재활을 돕고 있다. 그리고 시 · 도 청소년상담복지센터를 허브로 하여 지방자치단체, 교육청, 정신건강복지센터, 건강가정지원센터, 청소년단체 등 지역의 다양한 기관이 참여하는 지역연계망을 구축 · 운영하고 있다.

여성가족부는 교육부와 협력하여 인터넷 · 스마트폰 청소년의 조기 발견을 위해서 초등학교 4학년, 중학교 1학년, 고등학교 1학년 등 재학생을 대상으로 '청소년 인터넷 이용습관 진단 전수조사'를 매년 실시하였다. 이와 같은 전수조사를 통해 인터넷 · 스마트폰 과의존의 성향을 파악하고 위험군에 속한 청소년을 대상으로 상담 등 지원 서비스를 제공하고 있다. 위험군에 속한 청소년들은 지역 청소년상담복지센터에 의뢰되어 추가 심리검사 등을 받게 되며 고위험군에 해당하는 청소년에게는 개인상담 및 병원치료 연계 서비스를 지원한다.

특히 여성가족부에서는 고위험군 인터넷 · 스마트폰 과의존 청소년들을 위해서 11박 12일간 기숙 치유캠프를 한국청소년상담복지개발원 및 지역 청소년상담복지센터와 함께 운영하고 있다. 이 프로그램은 과의존 위험군 청소년을 대상으로 인터넷이 단절된 환경에서 11박 12일 동안 상담과 다양한 체험 및 대안활동을 통해 인터넷 · 스마트폰 과의존을 극복할 수 있도록 지원하는 프로그램이다. 이 밖에도 초등학생 청소년을 대상으로 한 2박 3일의 가족치유캠프를 운영하는 등 과의존 문제를 해결하기 위한 전문적인 프로그램을 운영하고 있다. 캠프 프로그램의 경우 효과성이 확보되었으며 이러한 효과성을 유지하기 위해서 추후 사례관리를 진행하고 있어 프로그램에 참여한 청소년에게 그 효과가 지속되고 있다.

2014년 9월에는 여성가족부에서 전라북도 무주에 상설 기숙형 치료학교 '국립청소년인터넷드림마을'을 설립하고 한국청소년상담복지개발원에서 이를 위탁 · 운영하고 있다. 국립청소년인터넷드림마을은 청소년상담복지센터의 기숙형 치료학교와 달리 연중 인터넷 치료 프로그램을 상설 운영하고 있으며 고위험군 청소년들은 이 인터넷드림마을에 입소해 기숙하면서 다양한 형태의 프로그램에 참여하게 된다.

6) 솔리언 또래상담 프로그램

청소년기의 대인관계는 가족보다 또래의 영향이 매우 큰 시기다. 이 시기에는 또래관계 속에서 인기를 얻는 것이 매우 중요하며 서로 친밀한 관계를 유지하려고 많은 정신적인 에너지를 소모한다. 그래서 또래관계의 어려움 때문에 상담실을 방문하는 청소년들이 매우 많으며, 또래관계의 악화는 학업부진, 불안, 우울 등 여러 가지 2차적인 문제를 발생시킨다.

이러한 청소년기 또래관계의 중요성 때문에 이를 효과적으로 다룰 수 있는 프로그램의 필요성이 제기되면서 '또래상담 프로그램'이 개발되었다. 미국에서는 1960년대부터 또래상담 프로그램 연구가 진행되어 왔고 한국에서는 1994년 한국청소년상담원에서 개발한 '또래상담자 훈련 프로그램'을 2006년 '솔리언 또래상담 프로그램'으로 개정하고 고유 브랜드화하였다. 또한 프로그램을 학교와 청소년 관련 기관에 꾸준히 보급하여 왔다.

또래상담은 청소년들에게 친구관계가 매우 중요한 의미를 차지한다는 점에 착안하여 개발된 청소년상담 프로그램이다. 또래상담이 전문상담은 아니지만

[그림 13-3] **솔리언 또래상담자 활동**

일정 기간 상담훈련을 받은 청소년들이 어려움을 겪는 다른 또래들을 조력하는 멘토링 활동이다. 또래상담의 목적은 청소년들에게 주변의 또래들과 좋은 친구 관계를 맺으며, 또래청소년들의 문제해결에 조력하고 그들과 더불어 성장하는 데 도움을 줄 수 있는 능력을 훈련시키는 데 있다.

솔리언 또래상담 프로그램은 다양한 청소년 현장에서 운영되고 있다. 일례로 또래상담은 학교폭력 문제를 효과적으로 예방할 수 있는 프로그램으로 알려져 있으며, 여성가족부와 교육부에서는 이를 위해 각 학교마다 또래상담자 프로그램을 운영하고 있다. 그리고 최근에는 대학생 등 20세 이상인 후기청소년들이 건강한 대인관계를 맺고, 자립의지를 제고하는 등 성숙한 성인이 될 수 있도록 후기또래상담 프로그램도 개발되어 있다. 또한 청소년들의 스마트폰 과다사용 문제를 도와줄 수 있는 스마트폰 사용조절 또래상담 프로그램도 개발되어 있다. 이처럼 솔리언 또래상담 프로그램은 시대의 변화에 따른 청소년들의 욕구를 분석하고 이에 적절히 대응할 수 있는 프로그램으로 지속 발전하고 있다.

(1) 또래상담자 훈련 프로그램 운영

또래상담자의 훈련 프로그램은 집단상담의 형식을 갖는다. 보통 10명에서

15명 정도의 소집단으로 구성되고 또래상담자 지도자가 운영하며 훈련 시간은 15~20시간에 걸쳐 여러 회기로 나누어 진행된다. 학교 현장의 수업시간 여건이 다르기 때문에 시간과 회기 구성은 융통성 있게 운영될 수 있다.

또래상담 훈련집단에서는 상담에서 필요한 다양한 훈련을 집단토의, 역할 연습, 모델링 등의 활동으로 진행한다. 또래상담자 훈련 프로그램은 이론보다는 구체적인 상담기술이나 실제 일어날 수 있는 사례에 대한 교육에 비중을 두고 있다.

① 촉진활동

어떤 집단활동이든지 활동 초기에는 어색함과 긴장감이 존재한다. 이러한 긴장감을 해소하기 위해서 다양한 촉진활동을 실시한다. 촉진활동에는 집단과 집단원에 대한 신뢰감을 갖도록 하는 신뢰감 형성 프로그램, 놀이 및 게임을 통한 동기유발, 도구를 활용한 그룹 활동, 관계형성 프로그램 등이 있다.

② 집단토의

집단토의는 집단원들이 자신의 경험과 감정, 생각과 의견을 교환하는 상호작용을 통해 또래상담에 필요한 인성적 측면과 기술적 측면의 성장 및 학습이 이루어지게 하는 것을 의미한다. 또래상담자 훈련의 집단토의는 주제와 관련된 집단원의 경험과 생각을 교환하여 지금-여기에서의 상호작용을 촉진하고, 집단원들 간의 상호이해를 증진시키는 것이다. 또한 참여자들이 직접 느끼고 경험한 것에서 의미를 찾아내고 성찰함으로써 학습 내용을 실제로 내면화하고 그것을 실제 생활에 적용할 수 있도록 한다.

③ 역할 연습

역할 연습은 또래상담자를 훈련하는 데 가장 유용한 방법 중의 하나다. 또래상담자 교본에 제시되어 있는 상담상황을 역할로 나누어 연습을 하기도 하고, 다른 친구들의 고민을 사례로 만들어 역할 연습을 할 수 있다. 또한 참가자가 도움을 받고 싶은 부분을 공개하고 그것을 이야기로 엮은 후 역할 연습을 해 보도록 할 수도 있다. 이때에는 억지로 자신의 문제를 노출하기보다는 준비된 참가자들의 지원을 받아 역할 연습을 하도록 한다. 역할 연습은 상담자, 내담자, 관찰자로 역할을 나누어 연습한다.

④ 모델링

또래상담 지도자가 직접상담을 시연함으로써 또래상담자가 상담자의 역할을 모델링할 수 있다. 상담 모델링은 집단에서 직접 시연함으로써 이루어질 수도 있으며 훈련이 끝난 뒤 지속적인 수퍼비전으로 이어질 수도 있다.

⑤ 연습 및 과제 수행

훈련 중에 배운 모든 프로그램은 훈련과정으로만 끝나서는 안 되며, 훈련 후 반복적인 연습이 필요하다. 이러한 연습을 위해서 과제를 제시할 필요가 있는데, 특히 다른 사람을 배려하고 친절을 베푸는 이타적인 행동은 실제로 해 보는 것이 매우 중요하기 때문에 과제로 제시될 수 있다.

(2) 또래상담자 훈련 프로그램의 목적과 훈련 과정

또래상담 훈련 프로그램의 주요 목적은 청소년들에게 주변의 또래들과 좋은 친구관계를 맺으며 또래청소년들의 문제해결에 조력하고 그들과 더불어 성장하는 데 도움을 줄 수 있는 능력을 훈련시키는 것에 있다. 또래상담 훈련 프로그램의 목표는 크게 세 가지로 나눌 수 있다.

첫째, 어려움을 지닌 청소년들이 손쉽게 다른 또래들의 도움을 받아 어려움을 해결할 수 있도록 하여 청소년 문제해결 및 예방에 기여한다.

둘째, 한정된 상담 인력으로 인해 소수에게만 제공되는 상담의 혜택을 다수의 청소년들에게 제공함으로써 청소년들에 대한 상담활동을 활성화하는 데 기여한다.

셋째, 보다 긍정적이며 타인을 보살피는 청소년 집단 분위기를 형성하는 데 기여한다.

이러한 목표를 수행하기 위해 또래상담자는 '좋은 친구 되기' '또래상담자 되기' '청소년 리더 되기'의 3단계 훈련을 거치게 된다.

① 좋은 친구 되기

청소년 또래관계에서 우정형성은 친구의 어려움을 효과적으로 해결하기 위해 필요한 특성이다. 우정이 형성된 또래상담 관계에서는 깊은 자기개방과 정서적 표현이 이루어지고 자신에 대한 이해가 높아지며, 이는 문제해결에 긍정적인 영향을 미치게 된다.

처음에 친구에게 다가가는 것은 어색하고 낯선 일이기 때문에 또래상담자는 친구들에게 자신을 소개하면서 대화를 시작하거나 상대방의 이야기를 들어 주는 훈련을 시작한다. 적극적으로 상대방의 이야기를 들어 주고 공감하는 것으로부터 또래상담 관계가 시작될 수 있다.

좋은 친구 되기 훈련에서는 처음 보는 친구에게 다가가기 위한 '친구에게 다가가기', 자신을 소개하는 '또래상담자 소개하기', 친구의 마음을 안심시키기 위한 '신뢰 쌓기' 훈련을 실시한다. 또한 비밀과 같은 친구의 사생활을 보호하기 위해 '친구의 프라이버시 존중하기' 훈련을 거친다.

② 또래상담자 되기

또래상담은 상담을 하는 주체가 또래라는 특성을 가지고 있다. 전문상담자와 내담자라는 수직적인 관계가 아닌 수평적인 또래관계다. 따라서 또래상담은 주변의 어려움을 겪고 있는 친구에게 도움을 주는 것에 초점을 맞춘다.

'또래상담자 되기' 훈련에서는 친구에게 효과적으로 도움을 주기 위한 기본적인 상담훈련을 받는다. 즉, 친구의 이야기를 잘 들어 주는 경청, 대화를 잘 이끌어 가기 위한 공감, 효과적으로 의사를 전달하는 기술 등의 훈련을 실시한다.

• **생기리 전략**

생기리 전략은 친구의 말을 잘 듣고 그 말의 의미와 친구의 기분을 알아내는 전략이다.

'생'은 친구의 입장에서 친구의 생각이 무엇인지를 생각해 보는 것이다. 친구의 생각은 또래상담자의 생각과 같을 수도 있고 다를 수도 있기 때문에 이것을 잘 분별하도록 한다.

'기'는 친구의 입장에서 친구의 기분이 어떨지를 느껴 보는 것이다. 친구의 입장에서 생각해 본다면 친구가 가진 느낌을 이해할 수 있다.

'리'는 친구의 생각과 기분을 이해하고 이야기하는 것이다.

이와 같이 생기리 전략은 친구와 대화하기 위한 기본 자세라고 할 수 있다.

생기리 전략

'생': 친구의 입장에서 친구의 생각이 무엇인지 알아본다.
'기': 친구의 입장에서 친구의 기분이 어떨지를 느껴 본다.
'리': 친구의 생각과 기분을 이해하고 이야기한다.

• 어기역차 전략

기본적인 대화방법들을 익힌 후 또래상담자는 대화를 잘 이끌기 위한 방법으로 '어기역차' 전략을 배운다. '어기역차'에는 경청, 공감, 효과적인 의사전달 기법이 포함되어 있다.

어기역차 전략

'어': 어떤 이야기인지 잘 들어 준다.
'기': 기분을 이해해 준다.
'역': 역지사지(공감)를 해 준다.
'차': 생각이 다를 때, 차이가 있음을 인정한다.

• **잠하나둘셋! 전략**

친구들과 대화를 하는 중에 여러 가지 감정이 생길 수 있는데, 감정이 앞선 대화를 하게 되면 진솔한 대화를 나누는 것이 어렵다. 따라서 또래상담자는 자신의 감정을 조절하면서 대화를 이끌어 가는 것이 필요하다. 이것을 위해서 '잠하나둘셋!' 전략을 사용할 수 있다.

친구와 대화하는 동안 친구가 화를 내면 흔히 같이 화를 내는 경우가 많은데, 이때 또래상담자는 '잠깐!' 하고 잠시 멈추고, 마음속으로 하나, 둘, 셋을 세면서 마음을 가라앉힌 후, 상대가 어떤 이야기를 하고자 하는지 생각해 보면서 감정을 조절한다.

잠하나둘셋! 전략

'잠': 잠깐!

'하나둘셋': 마음속으로 하나! 둘! 셋!을 세면서 여유를 가져 본다.

• **원무지계 전략**

친구들을 도와주는 다양한 방법 중 가장 기본적인 것은 친구의 이야기를 충분히 들어 주고 공감해 주는 것이다. 그리고 친구의 문제를 충분히 이해한 후에 보다 적극적으로 도움을 줄 수 있는 방법을 찾아야 한다. '원무지계' 전략은 또래상담자가 어려움을 겪는 친구에게 효과적으로 도움을 줄 수 있는 전략이다.

원무지계 전략은 친구가 원하는 것 그리고 그것을 위해서 과거에 무엇을 해 보았는지, 지금 할 수 있는 것은 무엇인지, 어떻게 계획을 세울 것인지를 효과적으로 질문하여 구체적인 도움을 이끌어 내는 기법이다.

원무지계 전략

'원': 원하는 것이 무엇인가?
'무': 무엇을 해 봤나?
'지': 지금부터 무엇을 할 것인가?
'계': 계획을 세워 보자!

• 중재

학교에서 친구들끼리 싸우는 경우는 매우 흔히 볼 수 있다. 또래상담자의 큰 역할 가운데 하나는 이러한 싸움이 더 커지지 않도록 적절한 중재자의 역할을 하는 것이다. 중재는 갈등을 겪는 친구들 모두가 만족할 수 있도록 대화를 이끌어 내고 서로 합의할 수 있게 하는 것이다.

중재 과정은 준비 단계, 문제확인 단계, 문제해결 단계로 구분된다.

- 준비 단계: 갈등을 겪고 있는 친구들 간의 문제가 중재로 해결될 수 있는 문제인지 우선 확인한다. 중재의 판단 여부는 선생님이나 또래지도자들과 상의하도록 한다. 중재로 해결될 수 있는 문제라면 갈등을 겪는 친구들이 중재 장소에 나오도록 권유한다. 권유를 통해 친구들이 중재 장소에 나오면 또래상담자는 친구들 사이 중간에 위치하고 중립적인 자세를 유지한다. 그리고 친구들 간의 적대감을 가라앉힐 수 있도록 충분히 냉정을 유지하도록 한다. 만약 냉정이 유지되지 못하고 싸움이 계속된다면 중재 장소에서 벗어나게 하는 것이 좋다.
- 문제확인 단계: 문제확인 단계는 갈등의 내용과 그것에 따른 생각 및 느낌을 솔직하게 이야기하게 하는 단계다. 우선, 또래상담자는 친구들에게 적절한 질문을 함으로써 문제와 관련하여 언제, 어디서, 무엇이, 어떻게 나타나게 되었는지 확인한다. 이러한 과정을 통해 이들에게 어떠한 문제로 어

떠한 감정이 생기게 되었는지 충분히 이해하도록 한다. 그리고 서로 오해는 없었는지 점검한다. 또래상담자는 친구들이 이야기할 때 적절하게 요약하고 재진술하여 상대방의 이해를 도와준다. 이때 최대한 양쪽 입장을 명료화하고 각자의 감정에 귀를 기울이도록 노력해야 한다.

- 문제해결 단계: 갈등의 문제가 구체화되었다면 문제해결 단계로 진행한다. 이 단계에서는 친구들이 서로 만족할 수 있는 결과를 만들도록 해야 한다. 친구들이 각자 갈등을 해결하기 위해서 무엇을 할 수 있는지 질문하고 스스로 결정할 수 있도록 도와주어야 한다. 좋은 해결 대안을 찾기 위해서는 브레인스토밍이 효과적이다. 브레인스토밍을 통해 자유롭고 창조적으로 문제를 해결하도록 할 수 있으며 문제해결의 주체가 친구들이라는 것을 느끼게 해 줄 수 있다.

• 갈등 해결하기

청소년기는 자신의 가치관을 확립하고 자아정체감을 찾고자 많은 노력을 하는 시기다. 이러한 시기에 갈등은 매우 쉽게 찾아오기 마련이다. 청소년들이 자신이 겪고 있는 갈등을 어떻게 극복하고 해결하느냐에 따라 성인기의 갈등을 해결하는 방법이 결정되곤 한다. 따라서 이 시기에 갈등을 지혜롭게 해결해 가는 것이 필요하다. 또래상담자는 갈등에 효과적으로 대처하는 방법을 훈련하여 다른 친구들이 겪고 있는 갈등을 해결하도록 도와줄 수 있다.

 **갈등에 효과적으로 대처하는 아홉 가지 태도**

- 갈등이 있다는 것을 인정한다.
- 갈등이 있을 때 서로의 입장을 이해하려고 노력한다.
- 갈등이 있을 때 서로 해결하려고 노력한다.
- 상대방을 비난하지 말고 그의 행동에 대해 이야기하도록 노력한다.
- 상대방이 그 자신의 입장을 충분히 이야기하게 하도록 노력한다.

- 상대방과 직면한 문제를 대화로써 풀어 나간다.
- 자신의 솔직한 감정을 상대방에게 직접 이야기한다.
- 자신의 욕구를 줄이거나 자제함으로써 갈등을 줄인다.
- 제3자에게 갈등 해결을 부탁한다.

- **도움 주는 친구 되기**

'도움 주는 친구 되기'는 도움이 필요한 친구를 찾아내어 어떤 도움을 주고 어떻게 활동할 것인지 결정하고, 필요할 경우 전문가에게 의뢰하는 종합적인 상담 과정을 훈련시키는 것이다. 때때로 도움이 필요한 친구들을 또래상담자가 감당하기 어려운 경우도 있다. 이러한 경우에는 또래상담자가 계속 상담활동을 하기보다 청소년상담복지센터 등 도움을 얻을 수 있는 곳에 연결시켜 주는 것이 필요하다. 다음은 도움이 필요한 친구 유형, 친구에게 도움을 주는 단계, 친구를 돕는 구체적인 활동, 전문가에게 도움을 요청해야 하는 전문가 의뢰하기의 구체적인 내용이다.

 **도움이 필요한 친구 유형**

- 학교에 혼자 오거나 집에 혼자 가는 친구
- 얼굴에 고민이 가득한 친구
- 자주 울거나 화를 잘 내는 친구
- 집에 들어가기 싫어하는 친구
- 가출하고 싶어 하는 친구
- 갑자기 집안 형편이 어려워진 친구
- 지각과 결석이 잦은 친구
- 새로 전학을 오거나 복학한 친구
- 학교 규칙을 자주 어기는 친구
- 선생님과 관계가 어려운 친구

친구에게 도움을 주는 단계

- 친구의 기분을 정확하게 알아 준다.
- 필요한 정보를 모은다.
- 문제를 정의한다.
- 목표를 정한다.
- 대안을 생각해 본다.
- 대안을 평가한다.
- 결과를 예측해 본다.
- 실천계획을 세운다.
- 추후관리를 한다.

친구를 돕는 구체적인 활동

- 친구에게 먼저 인사를 한다.
- 친구에게 먼저 말을 건다.
- 이야기를 잘 들어 준다.
- 친구의 좋은 점을 말해 준다.
- 이동수업을 함께 다닌다.
- 결석한 친구에게 전화를 한다.
- 혼자 점심을 먹는 친구와 함께 점심을 먹는다.
- 서로의 느낌을 이야기한다.
- 몸이 불편한 친구를 도와준다.
- 친구와 함께 여가활동을 한다.
- 친구가 어려워하는 수업과목을 도와준다.
- 친구에게 이메일이나 쪽지를 쓴다.

 전문가 의뢰하기

- 의학적인 검사가 필요할 때
- 공격적인 행동을 보일 때
- 자살을 시도한 경험이 있거나 자살 계획을 이야기할 때
- 육체적 · 정서적 · 성적으로 학대받고 있을 때
- 정서적으로 안정되지 않았을 때
- 친구가 전문적인 도움을 요청할 때
- 법적인 문제와 관련이 있을 때
- 약물을 남용하고 있을 때

③ 청소년 리더 되기

청소년기는 또래집단의 규범과 가치의 중요성이 크게 증가하는 시기로서 또래들과의 원만하고 건강한 관계형성이 생활의 중요한 부분을 차지하게 되며, 이러한 또래집단 안에서 리더의 역할을 요구받게 된다.

또래상담 훈련의 리더십에는 자신의 태도, 가치, 행동을 평가하고 조절하는 자기 리더십, 타인과의 건강한 상호작용 형성을 강조하는 인간관계 리더십, 공동체 속에서의 구체적인 도움을 강조하는 공동체 리더십이 있다.

- **자기 리더십과 인간관계 리더십을 함양하는 10가지 방법**

자기 리더십 및 인간관계 리더십을 함양하기 위해서는 다음의 10가지 방법을 실천해야 한다.

첫째, 자신에 대해서 알아본다. 자신이 무엇을 좋아하는지, 잘하는 일은 무엇인지, 자신에게는 어떤 단점이 있는지를 알아본다.

둘째, 웃는 사람이 남을 이끈다는 것을 기억한다. 다른 사람이 자신을 좋아하게 하기 위해서는 좋은 인상을 주어야 하며, 좋은 인상을 주기 위해서는 잘 웃어야 한다. 진정한 웃음을 보이는 리더는 자신과 다른 사람을 이끌 수 있는 리더다.

셋째, 남을 존중하고 다른 생각을 인정한다. 자신과 다른 생각을 존중해 준다면 상대방도 자신의 생각을 존중해 줄 것이다.

넷째, 친구에게 관심을 가지고 신뢰를 얻는다. 친구에게 애정 어린 관심을 가지고 관심을 표현할 수 있다면 좋은 리더가 될 수 있다.

다섯째, 실현 가능하고 도전할 만한 목표를 세운다.

여섯째, 목표를 세웠다면 집중해서 끝까지 이루도록 한다.

일곱째, 긍정적인 생각으로 해 나간다. 일을 진행하는 데 방해물이 생기거나 어려움이 있더라도 긍정적인 생각으로 일을 해 나가야 한다.

여덟째, 아낌없는 칭찬을 한다. 주변의 친구들이 조금이라도 잘하는 점이 있으면 아낌없이 칭찬을 해 준다. 아낌없는 칭찬은 사람들의 의욕을 북돋워 줄 수 있다.

아홉째, 뜨거운 열정으로 자신에게 주어진 일에 열정을 가지고 임한다. 자신의 열정적인 모습에 주변 사람들도 함께 협력하게 된다.

열째, 열심히 생활했다면 충분히 쉰다. 열정적으로 일한 후에는 충분히 쉬는 것이 자신을 관리하는 좋은 방법이다.

- **또래상담자의 공동체 리더십**

공동체 리더십은 공동체 속에서의 구체적인 도움활동을 강조하는 리더십이다. 청소년의 공동체는 학교이며, 학교 공동체에서는 또래상담자의 도움이 많이 필요하다. 학업이 매우 부진한 학생, 학교생활 적응이 어려운 학생 등에게 학교 공동체에서 또래상담자의 도움은 매우 필요하며, 이러한 상황에서 적절한 도움 리더십을 발휘할 수 있어야 한다.

또래상담자가 공동체 리더십을 발휘할 수 있는 구체적인 도움활동은 다음과 같다.

- 학습지도: 또래상담자는 학업이 어려운 친구들에게 학습보조자의 역할을 할 수 있다.

- 전학우 돕기: 전학 온 친구들은 새로운 상황에 불편함을 느끼고 적응하는 것에 어려움을 느낀다. 또래상담자는 이러한 전학우를 도와줄 수 있다.
- 장애우 돕기: 휠체어 의자를 사용하는 장애우 등 도움이 필요한 장애우를 도와줄 수 있다. 즉, 또래상담자는 장애우의 등교 및 하교를 도와주거나 화장실 가는 것을 도와줄 수 있다.
- 다문화가정 청소년 및 탈북 청소년 돕기: 국제결혼 및 이주노동자 수의 증가 등에 따라 다문화가정 청소년이 최근 급증하고 있으며, 이들의 학교생활 적응문제가 점차 사회적인 문제로 나타나고 있다. 또한 탈북 청소년의 사회 적응 문제가 표면화되고 있는 상황에서 또래상담자의 역할은 매우 중요하다. 또래상담자는 다문화가정 청소년, 탈북 청소년의 학교생활 적응을 위해서 좋은 친구가 되어 줄 수 있다.
- 시설방문: 또래상담자는 지역의 양로원이나 보육시설, 장애인시설 등에 가서 정기적인 봉사활동을 할 수 있다. 또래상담자는 이러한 활동을 통해 학교 공동체를 넘어 지역공동체 의식을 가질 수 있다.

7) 청소년 품성계발 프로그램

청소년은 사회화 과정에서 다양한 갈등을 경험하게 된다. 특히 학교라는 사회적 관계 속에서 또래관계를 형성하는 학령 초기의 아동 및 청소년은 많은 갈등에 직면하게 된다. 이 시기의 청소년은 상대방을 이해하지 못하거나 서로의 갈등 조절하고 해결하는 방법을 모르기 때문에 심한 갈등을 경험하게 된다. 그럼에도 최근의 교육 방향은 극심한 경쟁사회에 적응하여 살아갈 수 있도록 지식 획득을 강조하는 교육이 우선되고 있으며, 상대적으로 기본 생활습관, 도덕성 함양, 자신의 충동조절 방법 그리고 갈등해결 방법 등 품성 함양을 위한 노력은 미비하다. 실제로 학교현장에서 발생하는 집단괴롭힘, 학교폭력, 부적응 등은 상대에 대한 존중과 배려의 부족, 분노를 적절히 조절하지 못하는 행동, 학생 간 이기주의의 팽배로부터 발생한다는 견해가 일반적이다. 최근의 사회문화적인 환경은 이러한 특징을 더욱 조장하고 있다고 해도 과언이 아니다. 특히 입시 위주의 과열경쟁과 핵가족화로 인한 부모의 자녀에 대한 지나친 관심은 청소년을 자기중심적으로 변화시키고 있다. 아이들 역시 친구와 어울리기보다 컴퓨터, 텔레비전, 게임기, 핸드폰과 같은 디지털 기계로 학습과 놀이를 하고 있다. 이러한 현상은 아이들이 상대방의 생각이나 느낌을 이해하고 타인과 더불어 살아가는 데 필요한 기술 습득을 어렵게 하며, 결국 크고 작은 괴롭힘과 폭력 등 다양한 문제가 발생하게 만든다.

한국청소년상담복지개발원에서는 도덕성 및 기본적인 품성의 함양을 통해 이와 같은 문제를 예방하고 적극적으로 청소년의 건강한 인성 및 도덕성을 계발하여 미래 사회에서 탁월한 능력을 발휘하는 청소년을 육성하고자 1995년부터 청소년 품성계발 프로그램 사업을 진행하고 있다. 청소년 품성계발 프로그램은 총론편인 '멋진 우리'와 각론으로 '자신을 다스리는 마음' '초등학생 학교폭력 예방을 위한 배려증진 프로그램'이 있다.

(1) 프로그램의 훈련 방법

청소년의 효과적인 품성계발을 위하여 다양한 훈련방법이 적용되었으며, 그 내용은 다음과 같다.

① 직접적인 교수

지도자가 바람직하다고 생각하는 일련의 규범, 도덕적 가치 및 덕목 등을 청소년에게 직접적으로 일러 줌으로써 그들이 이를 이해하고 내면화하여 행동으로 옮기도록 촉진하는 방법이다.

이 프로그램에서는 필요에 따라 부분적으로 지도자에 의한 직접적인 교수 방법을 활용하였다. 특히 프로그램의 내용으로 품성의 하위 구성요소인 도덕 인지의 발달단계를 설명하는 가치지향성을 집중적으로 다루기 때문에 이것은 다른 어떤 회기보다도 가장 이론적인 부분이다. 따라서 지도자는 프로그램 진행을 준비하는 데 있어서 많은 이론적인 준비를 해야 하며, 이를 청소년이 쉽게 이해할 수 있도록 해야 한다. 주로 사례 예시를 통한 설명, 감동, 보상을 활용한 체계적 교수법을 활용한다.

② 모델학습

모델학습은 이 프로그램 전반을 통해 집단 리더가 잘 활용해야 하는 방법이라고 할 수 있다. 집단원들 중 누군가가 집단 규칙을 준수하는 행동을 했을 때 혹은 집단이 지향하는 덕목을 실천하는 반응을 보였을 때 지도자는 즉각적인 칭찬과 격려를 할 필요가 있다. 이로 인해 그 집단원의 행동과 표현은 강화될 수 있고 다른 집단원에게는 모델 효과를 줄 수 있다. 이에 프로그램의 지도자는 자신의 표현과 행동이 집단원들의 모방의 대상이 된다는 사실을 숙지하고 자신의 행동과 표현을 잘 활용해야 한다.

③ 강화

도덕적 행동을 학습하는 데 있어서 강화는 좋은 방법이다. 이러한 강화는 특히 연령이 낮을수록 품성교육에 효과적인 방법으로 활용된다.

지도자는 이 프로그램을 진행하면서 어려운 일을 성공적으로 극복한 집단원에게 다양한 방식의 보상을 제공한다.

④ 집단토론과 피드백

집단토론은 집단의 구성원들이 서로의 경험과 감정, 생각과 의견을 교환하는 상호작용을 통해 품성계발에 필요한 인성적 측면과 기술적 측면의 성장 및 학습을 이루어 나가는 것을 의미한다. 이 프로그램에서 활용하는 집단토론은 두 가지 방법이 있다. 하나는 주제와 관련된 집단원의 생각과 경험을 서로 교환하면서 지금-여기에서의 상호작용을 촉진하고 집단원들 간의 상호 이해를 증진시키는 것이다. 다른 한 가지는 경험적 학습 사이클을 적용한 것으로, 참여자들이 직접 느끼고 경험한 것에서 의미를 찾아내고 성찰함으로써 학습 내용을 실제로 내면화할 수 있도록 하는 것이다.

(2) 프로그램 구성 내용

품성계발 프로그램인 '멋진 우리'는 총 6회기로 구성되어 있으며 크게 도입 단계, 전개 단계, 마무리 단계로 나누어 시행된다. 구체적으로, 도입 단계인 '만남의 장'과 정직, 배려, 자기통제를 다루는 전개 단계인 '진실의 장' '화목의 장' '조절의 장' 그리고 마무리 단계인 '결실의 장'으로 구성된다.

① 도입 단계

도입 단계에서는 집단을 소개하고 집단구성원과 지도자가 서로를 소개하면서 '우리'라는 친밀감 및 신뢰관계의 형성을 위하여 노력한다.

• **1회기:** 만남의 장

프로그램의 전체적인 구성과 실시 시간 등에 관한 구조화가 이루어지고, 자기소개와 간단한 게임을 통해 친해지는 시간을 갖는다. 이어 '신기한 문방구'라는 프로그램을 통해 자신이 원하는 것이 무엇인지를 확인하고, 원하는 것을 얻기 위해 버려야 하는 것(변화시켜야 하는 것)이 무엇인지를 구체화함으로써 프로그램을 통한 자신의 목표를 설정한다.

② 전개 단계

전개 단계에서는 '진실' '배려' '자기통제' 등의 덕목에 대한 개념을 이해하고, 그 필요성을 인식하도록 한다. 또한 생활 속에서 이러한 덕목이 행동화되고 표현될 수 있는 방안을 제시한다.

• **2회기:** 진실의 장(정직에 관한 인지-정서-행동과제 수행)

먼저 활동적인 게임을 통해 프로그램에 대한 긴장을 이완한다. 그동안 자신에게 정직하지 못했던 경험을 고백쪽지에 적어 누구인지 알 수 없도록 뒤섞은 후 집단원이 그 내용을 서로 나누는 시간을 갖는다. 쪽지를 읽은 후에는 그 내용과 관련된 느낌과 생각을 말한다. 이를 통해 거짓된 행동이 가져다주는 불안, 죄책감, 심리적 불편감 등의 불이익을 집중적으로 다룸으로써 진실을 지키는 것의 중요성을 깨닫게 한다.

그 이후 '타임머신 휘~'라는 프로그램을 통해 거짓된 행동을 대신할 수 있는 합리적 대안을 모색해 보게 한다.

- **3회기:** 화목의 장(배려에 관한 인지-정서-행동과제 수행)

집단활동에 몰입할 수 있도록 촉진활동을 한 후에 배려에 관한 프로그램을 진행한다. 집단따돌림을 다룬 역할극을 통해 따돌림을 당하는 역할, 따돌리는 역할, 따돌림 상황에 무관심한 방관자의 역할을 함으로써 각각의 입장에서 인지적 · 정서적 경험을 하도록 한다. 그 과정에서 따돌림을 당하는 사람의 정신적 · 신체적 고통, 따돌리는 사람의 비합리적인 생각 등을 공유해 보면서 배려 행동의 필요성과 구체적인 행동 방안을 찾아볼 수 있다.

- **4회기:** 지혜의 장(덕목의 인지 3수준의 사례에 관한 인지-정서-행동과제 수행)

집단에서 배려하는 행동을 직접 실천할 수 있는 방법으로 수호천사 게임을 활용한다. 이후 청소년들이 쉽게 접할 수 있는 배려와 관련된 갈등사례 상황에서 떠오를 수 있는 생각을 '나 우선 생각' '나 없는 생각' '함께하는 생각'으로 구분한 후, 각각의 생각에 따른 행동과 느낌을 모둠별로 정리하여 발표해 보게 한다.

- **5회기:** 조절의 장(자기통제에 관한 인지-정서-행동과제 수행)

촉진활동을 통해 프로그램에 의한 몰입을 높인다. 프로그램에서 지향하는 덕목들을 실천하는 데 방해가 되는 내적 · 외적 장애물(걸림돌)이 무엇인지 생각하고, 걸림돌을 극복하기 위한 활동을 한다. 즉, 자신이 원하는 모습을 위하여 걸림돌을 어떻게 극복할 수 있는지에 대한 작업을 한다. 걸림돌과의 승부 이후에는 걸림돌을 극복하는 절차를 학습한다. 그 뒤에 각자가 느낀 점을 공유하고 다음 회기에서 시행될 역할극 '인생의 갈림길'을 준비하기 위한 조 편성, 역할 선정, 내용을 준비한다.

③ 마무리 단계

집단과정에서 느낀 경험과 자신의 변화 과정을 함께 나누고, 이전에 집단에서 경험하고 깨달은 내용을 자신의 생활에 적용하기 위한 마음가짐을 다지며 마무리한다.

- **6회기:** 결실의 장(자기통제에 관한 인지-정서-행동과제 수행 및 마무리)

이 회기에서는 걸림돌(자기통제를 하지 못하게 하는 장애요인)을 극복하거나 극복하지 못한 역할극을 경험한다. 이를 통해 각각의 선택이 어떤 결과를 가져다주는지에 대한 이해를 할 수 있도록 한다.

또한 프로그램 내내 이루어진 수호천사 게임의 마무리로 각각 누구의 수호천사였는지 그리고 수호천사로서 상대방에 대해 어떤 방식의 배려를 하였는지를 확인한다. 마지막으로 그동안 프로그램에 참여하면서 느낀 점과 배운 점을 함께 나눈다.

부록

<부록 1> 상담 신청서

<부록 2> 청소년상담사(1급, 2급, 3급) 자격검정 및 연수

<부록 3> 청소년상담사 윤리강령

<부록 4> 전국 청소년상담복지센터, Wee센터, 학교밖청소년지원센터

부록 1. 상담 신청서

<table>
<tr><td colspan="5">상담 신청서</td><td colspan="3">신청일: 년 월 일</td></tr>
<tr><td rowspan="7">상담 대상</td><td>이름
(상담 대상)</td><td></td><td>성별</td><td>남 · 여</td><td>주민등록번호</td><td colspan="2"></td></tr>
<tr><td>생년월일</td><td></td><td rowspan="5">연락처</td><td>핸드폰</td><td colspan="3"></td></tr>
<tr><td rowspan="2">현 주소</td><td rowspan="2"></td><td>e-mail</td><td colspan="3"></td></tr>
<tr><td>집 전화</td><td colspan="3"></td></tr>
<tr><td>주거 형태</td><td>자가 · 전월세 · 자취 · 친척집 · 하숙</td><td>비상 연락처</td><td colspan="3"></td></tr>
<tr><td>동행자 이름</td><td></td><td>동행자 연락처</td><td colspan="3"></td></tr>
<tr><td>가족 총 수입
(월)</td><td colspan="6">100만 원 미만, 100만 원 이상~200만 원 미만, 200만 원 이상~300만 원 미만,
300만 원 이상~500만 원 미만, 500만 원 이상</td></tr>
<tr><td rowspan="6">가족사항</td><td>이름</td><td>관계</td><td>연령</td><td>학력</td><td>직업</td><td>동거 여부</td><td>종교</td></tr>
<tr><td></td><td></td><td></td><td></td><td></td><td></td><td></td></tr>
<tr><td></td><td></td><td></td><td></td><td></td><td></td><td></td></tr>
<tr><td></td><td></td><td></td><td></td><td></td><td></td><td></td></tr>
<tr><td></td><td></td><td></td><td></td><td></td><td></td><td></td></tr>
<tr><td></td><td></td><td></td><td></td><td></td><td></td><td></td></tr>
<tr><td rowspan="4">학업</td><td colspan="4">학교/학년: 학교 학년</td><td colspan="3">결석일수: 일(학년 기준으로)</td></tr>
<tr><td colspan="3">성적: 상 중 하</td><td colspan="4">공부에 대한 흥미: 많다 보통이다 없다</td></tr>
<tr><td colspan="7">교사와의 관계: 좋다 보통이다 나쁘다</td></tr>
<tr><td colspan="2">전학 경험: 있다 없다</td><td colspan="2">가출 경험: 있다 없다</td><td colspan="3">아르바이트: 하고 있다 하지 않는다</td></tr>
</table>

현재 어려움을 겪는 정도에 'O'표시를 해 주십시오. (상담실 방문 이유)

문제영역	전혀 없다	없다	보통이다	많다	매우 많다
가족(부모자녀 사이, 부모 사이, 자녀 학대/방임, 자녀 패륜)	1	2	3	4	5
일탈 및 비행(가출, 학교폭력, 도벽, 음주, 늦은 귀가, 비행 친구)	1	2	3	4	5
학업/진로(학업흥미, 학습능력, 시험불안, 학교부적응, 등교거부 등)	1	2	3	4	5
성(성충동, 성폭력, 성매매)	1	2	3	4	5
성격(소극적, 공격적, 우유부단, 자기중심적, 완벽, 고집)	1	2	3	4	5
대인관계(따돌림, 친구, 이성, 교사)	1	2	3	4	5
정신건강(우울, 불안, 섭식, 수면, 통증)	1	2	3	4	5
생활습관(약속위반, 카드, 핸드폰, 용돈 과다 사용, 외모 불만족)	1	2	3	4	5
컴퓨터 · 인터넷 사용(게임, 채팅, 쇼핑, 음란물, 범죄)	1	2	3	4	5

• 이 상담실을 알게 된 경위

① 타 상담기관 ② 다른 사회단체 ③ 신문 · 방송 ④ 인터넷(검색 및 광고) ⑤ 114 안내 ⑥ 부모
⑦ 학교 및 교사 ⑧ 친척 ⑨ 친구 ⑩ 본 기관 안내문 ⑪ 기타(   )

• 상담을 받은 적이 있습니까? 예 / 아니요 (있으시면 아래 칸에 기록해 주세요)
• 정신의료기관(병원)을 이용한 경험이 있습니까? 예 / 아니요 (있으시면 아래 칸에 기록해 주세요)

기관명	기간	방문 횟수	방문 이유 또는 진단명	약 복용	심리검사 여부
	부터 까지	회		예 / 아니요	예 / 아니요
	부터 까지	회		예 / 아니요	예 / 아니요
	부터 까지	회		예 / 아니요	예 / 아니요

상담이 가능한 시간에 ○표를, 어려운 시간에 ×표를 해 주세요.

시간 / 요일	오전 9~10	10~11	11~12	오후 12~1	1~2	2~3	3~4	4~5	5~6
월									
화									
수				점심시간					
목									
금									

*오전 9시~오후 6시 사이에 상담 가능한 시간을 모두 체크하여 주시면 상담자와 상의하여 조정하겠습니다.

여기까지 기록하신 뒤에 접수요원에게 제출하여 주세요.

다음 표는 접수자가 기록합니다.

위기 및 문제 영역	해당 질문	응답		
		예	아니요	미확인
자살	자살시도를 한 적이 있다.	○	○	○
가출	현재 가출한 상태다.	○	○	○
약물 복용	최근 3개월 이내에 환각제나 가스, 본드와 같은 약물을 복용한 적이 있다.	○	○	○
성문제	성매매를 한다.	○	○	○
	성폭력을 당하거나 한 적이 있다.	○	○	○
	원치 않는 임신을 한 상태다.	○	○	○
가정폭력	부모님이 자주 심한 욕설이나 신체적 폭력을 가한다.	○	○	○
	내가 가족에게 자주 심한 욕설이나 신체적 폭력을 가한다.	○	○	○
학교폭력	나는 친구 또는 선후배를 종종 폭행한다.	○	○	○
	친구 또는 선후배에게 종종 폭행을 당한다.	○	○	○
학업중단	학교를 그만둔 상태이며, 아무 계획이 없다.	○	○	○
인터넷 중독	게임이나 인터넷 사용으로 인해 아무런 일상생활도 하지 못하고 있다.	○	○	○
총계				
위기 정도	○ 저 ○ 중 ○ 고 / 청소년의 상담 동기 ○ 저 ○ 중 ○ 고			

• 위기영역을 확인하시고 위의 표에 결과를 기록해 주세요.
• 예상되는 MBTI 유형: E I S N T F J P
• 상승이 예상되는 MMPI 척도 표시: 1 2 3 4 5 6 7 8 9 0

출처: 한국청소년상담원(2008).

부록 2. 청소년상담사(1급, 2급, 3급) 자격검정 및 연수

1. 자격검정

1) 주최 · 주관 기관

- 자격검정 주최 기관: 여성가족부
- 자격검정 주관 기관: 한국산업인력공단

2) 자격시험

가. 필기시험(「청소년 기본법 시행령」 제23조 제3항)

구분	시험 과목		시험 방법	
	구분	과목	필기	면접
1급 청소년 상담사 (5과목)	필수(3과목)	• 상담사 교육 및 사례지도 • 청소년 관련법과 행정 • 상담연구방법론의 실제	필기시험 (과목당 25문항)	면접
	선택(2과목)	• 비행상담 · 성상담 · 약물상담 · 위기상담 중 2과목		
2급 청소년 상담사 (6과목)	필수(4과목)	• 청소년상담의 이론과 실제 • 상담연구방법론의 기초 • 심리측정 평가의 활용 • 이상심리	필기시험 (과목당 25문항)	면접
	선택(2과목)	• 진로상담 · 집단상담 · 가족상담 · 학업상담 중 2과목		
3급 청소년 상담사 (6과목)	필수(5과목)	• 발달심리 • 집단상담의 기초 • 심리측정 및 평가 • 상담이론 • 학습이론	필기시험 (과목당 25문항)	면접
	선택(1과목)	• 청소년이해론, 청소년수련활동론 중 1과목		

※ 비고: '청소년 관련 법'이란 「청소년 기본법」「청소년복지 지원법」「청소년 보호법」「아동 · 청소년의 성보호에 관한 법률」「청소년활동 진흥법」「학교폭력예방 및 대책에 관한 법률」「소년법」을 말하며, 그 밖의 법령을 포함하는 경우 여성가족부장관이 고시한다.

※ 시험 과목 중 법령 관련 출제 기준일은 자격검정 공고(한국산업인력공단 게시)에서 정하는 시험 시행일 기준이다.

나. 면접시험

- 2014년도부터 청소년상담사의 서류심사 및 면접시험은 공단에서 시행한다(응시자격 서류심사 및 면접 업무를 한국청소년상담복지개발원에서 한국산업인력공단으로 이관함).
- 자격시험 전반(원서접수, 필기시험, 서류제출, 면접시험)에 대한 문의는 한국산업인력공단 HRD 고객센터(1644-8000) 또는 한국산업인력공단 청소년상담사 홈페이지(http://www.q-net.or.kr/site/sangdamsa)에서 가능하다.

3) 응시자격

가. 청소년상담사 자격검정의 응시자격(「청소년 기본법 시행령」 제23조 제3항)

구분	자격 요건	비고
1급 청소년 상담사	1. 대학원에서 청소년(지도)학 · 교육학 · 심리학 · 사회사업(복지)학 · 정신의학 · 아동(복지)학 · 상담학 분야 또는 그 밖에 여성가족부령으로 정하는 상담 관련 분야(이하 '상담관련분야'라 한다)의 박사학위를 취득한 사람 2. 대학원에서 상담관련분야의 석사학위를 취득한 후 상담 실무경력이 4년 이상인 사람 3. 2급 청소년상담사로서 상담 실무경력이 3년 이상인 사람 4. 제1호 및 제2호에 규정된 사람과 같은 수준 이상의 자격이 있다고 여성가족부령으로 정하는 사람	1. 상담 분야 박사 2. 상담 분야 석사+4년 3. 2급 자격증 +3년
2급 청소년 상담사	1. 대학원에서 상담관련분야의 석사학위를 취득한 사람 2. 대학 또는 다른 법령에 따라 이와 동등한 학력을 인정받는 기관에서 상담관련분야 학사학위를 취득한 후 상담 실무경력이 3년 이상인 사람 3. 3급 청소년상담사로서 상담 실무경력이 2년 이상인 사람 4. 제1호부터 제3호까지에 규정된 사람과 같은 수준 이상의 자격이 있다고 여성가족부령으로 정하는 사람	1. 상담 분야 석사 2. 상담 분야 학사+3년 3. 3급 자격증 +2년

3급 청소년 상담사	1. 대학 및 「평생교육법」에 따른 학력이 인정되는 평생교육시설의 상담관련분야의 학사학위를 취득한 사람 2. 전문대학 또는 다른 법령에 따라 이와 동등한 학력을 인정받는 기관에서 상담관련분야 전문학사를 취득한 사람으로서 상담 실무경력이 2년 이상인 사람 3. 대학 또는 다른 법령에 따라 이와 동등한 학력을 인정받는 기관에서 학사학위를 취득한 후 상담 실무경력이 2년 이상인 사람 4. 전문대학 또는 다른 법령에 따라 이와 동등한 학력을 인정받는 기관에서 전문 학사학위를 취득한 후 상담 실무경력이 4년 이상인 사람 5. 고등학교를 졸업하고 상담 실무경력이 5년 이상인 사람 6. 제1호부터 제4호까지에 규정된 사람과 같은 수준 이상의 자격이 있다고 여성가족부령으로 정하는 사람	1. 상담 분야 4년제 학사 2. 상담 분야 2년제+2년 3. 타 분야 4년제+2년 4. 타 분야 2년제+4년 5. 고졸+5년

※ 비고

1. 상담 실무경력의 인정 범위와 내용은 여성가족부장관이 별도로 정하여 고시한다.
2. 고등학교, 대학, 전문대학 및 대학원이란 각각 「초·중등교육법」 제2조 제3호에 따른 고등학교, 「고등교육법」 제2조 제1호·제4호에 따른 대학·전문대학, 「고등교육법」 제29조에 따른 대학원을 말한다.
3. 응시자격을 갖추었는지 여부는 서류제출 마감일을 기준으로 판단한다.
4. 상담 관련 학과 인정 시 법령에 나열되어 있는 10개 '상담관련분야'(청소년학, 청소년지도학, 교육학, 심리학, 사회사업학, 사회복지학, 정신의학, 아동학, 아동복지학, 상담학)와 이에 포함된 9개 학과명의 조합일 경우 인정하고 조합된 학과명에 9개 학과명 이외의 추가적인 문구 있을 때에는 인정되지 않는다.
   - 인정 예시: 청소년사회복지학, 아동청소년학, 교육심리학 등
   - 불인정 예시: 범죄심리학, 기독교교육학, 사회복지경영학 등
   - 상담관련분야 이름 중에 '학'자는 빠져 있더라도 인정된다.
5. 국외에서 취득한 학위증명서, 졸업증명서 등은 원본 서류에 대해 대사관 확인(아포스티유 협약 가입 국가는 아포스티유 증명서로 대체) 후 한국어로 번역 공증하여 서류심사 기간 내에 공단 시행기관에 제출해야 한다.

나. 여성가족부령이 정하는 상담관련분야(「청소년 기본법 시행규칙」 제7조)

여성가족부령이 정하는 그 밖의 '상담관련분야'	제출 서류
상담의 이론과 실제(상담원리 · 상담기법), 면접원리, 발달이론, 집단상담, 심리측정 및 평가, 이상심리, 성격심리, 사회복지실천(기술)론, 상담교육, 진로상담, 가족상담, 학업상담, 비행상담, 성상담, 청소년상담 또는 이와 내용이 동일하거나 유사한 과목 중 4과목 이상을 교과과목으로 채택하고 있는 학문분야 ※ 한국산업인력공단 청소년상담사 홈페이지의 공지사항(동일 · 유사 교과목) 참조	성적증명서(전공 명시) 또는 교학처장(학과장) 직인이 날인된 재학 중 전공 학과 커리큘럼

※ 응시자격 참고 사항

- 복수전공으로 상담관련분야를 선택한 경우 인정한다(학위 취득자).
- 연계전공 혹은 부전공으로 상담관련분야를 선택했을 경우에는 상담 관련 과목을 전공으로 4과목 이상을 이수한 경우에만 인정한다.

  * 일반선택과목, 교양과목, 교직과목, 계절학기과목을 이수한 경우 인정되지 않는다.
- 동일(유사) 교과목을 판단할 때 기존에 인정된 동일(유사) 과목명(현재까지 인정된 과목은 공단 청소년상담사 홈페이지에 공지되어 있음)과 핵심키워드가 일치하면 과목명에 '~론' '~학' '~연구' '~과정' '~세미나' '~이론' 등이 포함된 경우나 '의' '및' '과' 'Ⅰ, Ⅱ' '1, 2' 등과 같이 조사나 숫자가 다른 경우에 동일(유사) 과목으로 인정 가능하다.
- 동일(유사) 교과목 신청 시 현재 '대학(원) 총장 직인'이 날인된 공문 제출에서 해당 '학과장 직인' 공문 제출로 변경되었다.

다. 상담실무경력 인정기관[1년 기준(개인상담, 집단상담, 심리검사)에 맞는 회차 이수]

- 상담실무경력은 특정 상담기관에서 일정기간 근무한 경력을 말하는 것이 아니라 '실제로 상담을 실시한 경력'으로서 다음 〈표〉에 제시된 상담 관련 기관에서 개인상담, 집단상담, 심리검사를 실시한 경력을 말한다(단, 3급의 경우 집단상담 참가 경력도 인정).

- 청소년단체(「청소년 기본법」 제3조 제8호)
- 청소년상담복지센터(「청소년복지 지원법」 제29조)
- 청소년복지시설: 청소년쉼터, 청소년자립지원관, 청소년치료재활센터(「청소년복지 지원법」 제31조)
- 학교밖청소년지원센터(「학교 밖 청소년 지원에 관한 법률」 제12조)

- 각급 '학교'(「초 · 중등교육법」 제2조) 또는 각종 '대학'(「고등교육법」 제2조)
- 청소년상담사 자격검정위원회에서 인정하는 기관(정부기관, 공공상담기관, 법인체상담기관 및 민간상담기관): 다음의 예시 내용 참조

※ 정부기관 · 공공상담기관 · 법인체상담기관

예시: 법무부(보호관찰소, 소년원), 노동부(진로상담센터), 보건복지부(아동학대예방센터, 성폭력상담센터, 종합사회복지관), 국방부(군상담 부대 및 기관), 여성가족부(성폭력상담센터), Wee프로젝트(Wee 스쿨, 클래스, 센터) 등

※ 민간상담기관

예시: 상담기관으로서 관할관청에 신고 또는 등록을 필한 후 상담활동(개인상담, 집단상담, 심리검사, 상담교육 등)의 실적을 제시할 수 있는 상담기관

* 비영리 법인: 고유번호증/민간상담기관: 사업자등록증명원

사업자등록증명원의 단체명, 업태, 종목에 '상담, 심리, 치료, 정신의학'이 명시된 기관은 인정한다. 인정 여부 결정을 위해 기관 심사 및 자격검정위원회에 회부할 수 있다.

라. 응시등급별 청소년상담사 실무경력 인정 기준(1년간 기준)

응시 등급	상담 유형	실시 경력	비고
1급 및 2급 청소년상담사	개인상담	대면상담 50회 이상 실시	관련 서류가 증빙될 경우에만 인정
	집단상담	24시간 이상 실시	
	심리검사	10사례 이상 실시 및 해석	
3급 청소년상담사	개인상담	대면상담 20회 이상 실시	
	집단상담	6시간 이상 실시 및 참가	
	심리검사	3사례 이상 실시 및 해석	

4) 결격사유

1. 미성년자, 피성년후견인 또는 피한정후견인
2. 파산선고를 받고 복권되지 아니한 사람
3. 금고 이상의 형을 선고받고 그 집행이 끝나거나 집행을 받지 아니하기로 확정된 후 3년이 지나지 아니한 사람(기존 2년 → 3년) 〈2015. 6. 22. 개정, 2015 .9. 23. 시행〉
4. 금고 이상의 형을 선고받고 그 집행유예의 기간이 끝나지 아니한 사람

4의2. 제3호 및 제4호에도 불구하고 다음 각 목의 어느 하나에 해당하는 죄를 저지른 사람으로서 형 또는 치료감호를 선고받고 확정된 후 그 형 또는 치료감호의 전부 또는 일부의 집행이 끝나거나(집행이 끝난 것으로 보는 경우를 포함한다) 집행이 유예·면제된 날부터 10년이 지나지 아니한 사람(신설) 〈2015. 6. 22. 신설, 2015. 9. 23. 시행〉

가. 「아동복지법」 제71조 제1항의 죄

나. 「성폭력범죄의 처벌 등에 관한 특례법」 제2조의 성폭력범죄

다. 「아동·청소년의 성보호에 관한 법률」 제2조 제2호의 아동·청소년 대상 성범죄

5. 법원의 판결 또는 법률에 따라 자격이 상실되거나 정지된 사람

※ 결격사유 제4의2호 규정은 이 법의 시행(2015. 9. 23.) 후 최초로 형 또는 치료감호를 선고받고 확정된 사람부터 적용하고, 결격사유 제3호 규정은 이 법의 시행(2015. 9. 23.) 전에 금고 이상의 형을 선고받고 확정된 사람에 대하여는 종전의 규정에 따른다.

※ 결격사유 기준일: 자격취득일

* 자격증 취득 후 결격사유에 해당하는 경우, 거짓이나 그 밖의 부정한 방법으로 자격을 취득한 경우, 자격증을 다른 사람에게 빌려주거나 양도한 경우에는 그 자격을 취소한다(재량규정 → 강행규정). 〈2015. 6. 22. 개정, 2015. 9. 23. 시행〉

※ 이 법의 시행(2015. 9. 23.) 당시 청소년상담사인 사람이 이 법 시행 전에 발생한 사유로 자격 취소 사유에 해당하게 된 경우에는 종전의 규정에 따른다.

* 청소년상담사 자격검정에서 부정행위를 한 사람에 대하여는 그 자격검정을 정지시키거나 무효로 하고, 그 처분을 받은 날부터 3년간 자격검정 응시자격을 정지한다. (신설) 〈2015. 6. 22. 신설, 2015. 9. 23. 시행〉

※ 상기 개정 규정은 이 법의 시행(2015. 9. 23.) 후 최초로 시행하는 자격검정에서 부정행위를 한 사람부터 적용한다.

5) 필기시험 합격(예정)자 및 면접시험 결정 기준 등

- 필기시험의 합격 결정에 있어서는 매 과목 100점을 만점으로 하여 매 과목 40점 이상, 전 과목 평균 60점 이상을 득점한 자를 필기시험 합격예정자로 결정한다.
- 필기시험 합격예정자는 응시자격 서류를 제출하여야 하며, 정해진 기간 내 응시서류를 제출하지 않거나 심사결과 부적격자일 경우 필기시험을 불합격 처리한다.

※ 필기시험 합격예정자 중 응시자격 서류심사에 통과한 자를 필기시험 합격

자로 발표한다.

- 면접시험 합격자 결정에 있어서 면접위원이 평정한 합계가 각각 15점 이상을 얻은 자를 합격자로 한다. 다만, 면접위원의 과반수가 어느 하나의 평가사항에 대하여 1점으로 평정한 때에는 평정점수 합계와 관계없이 불합격으로 한다.

2. 자격연수

1) 관련 근거

- 「청소년 기본법」 제22조
- 「청소년 기본법 시행령」 제22조, 제23조, 제24조
- 「청소년 기본법 시행규칙」 제7조, 제8조, 제9조, 제10조, 제13조
- 청소년상담사 자격제도 운영 및 관리에 관한 규정(여성가족부 훈령 제89호)
- 청소년상담사 자격검정 및 연수 등에 관한 고시(여성가족부 고시 제2017-5호)
- 청소년상담사 국가자격연수 운영 내부 규정(2016. 12. 30. 개정)

2) 대상

- 자격검정 합격자

3) 연수 목표

- 청소년상담의 전문화와 상담자 자질 향상
- 일반상담과 차별화된 청소년상담 전문 인력 양성
- 청소년상담의 활성화를 통한 건강한 청소년 성장 기반 확대

4) 연수 개요

- 주최: 여성가족부
- 주관: 한국청소년상담복지개발원

- 연수 시간: 1급, 2급, 3급 기준 100시간 이상(집합교육 56시간 이상+사전과제 45시간)
- 연수 수수료: 매년 실비 등을 고려하여 여성가족부장관이 고시(「청소년 기본법 시행규칙」 제13조)
- 운영 형태: 합숙 연수 및 비합숙 연수(집중, 분산)
- 연수 내용: 사전과제 및 이론과 실습 등으로 구성

급수	자격연수 과목	
1급 청소년상담사	1. 청소년상담 · 수퍼비전 3. 청소년 위기개입 II 5. 청소년 관련법과 정책	2. 청소년상담 프로그램 개발 4. 청소년 문제 세미나
2급 청소년상담사	1. 청소년상담 과정과 기법 3. 부모상담 5. 청소년진로 · 학업상담	2. 지역사회 상담 4. 청소년 위기개입 I
3급 청소년상담사	1. 청소년 개인상담 3. 청소년 매체상담 5. 청소년 발달 문제	2. 청소년 집단상담 4. 청소년상담 현장론

- 수료 자격 및 조건: 자격시험에 합격하고 연수과정을 마친 자에게 자격을 부여(「청소년 기본법」 제22조)
- 연수과정은 100시간 이상으로 하며, 이를 마친 자에 대하여 등급별로 자격증을 교부(「청소년 기본법 시행령」 제24조)
- 연수과정의 평가 및 수료는 자격검정위원회의 심의를 거쳐 확정(여성가족부 훈령 제89호)

출처: 한국산업인력공단 청소년상담사 홈페이지(http://www.q-net.or.kr/site/sangdamsa).
한국청소년상담복지개발원 청소년상담사 홈페이지(https://www.youthcounselor.or.kr:446/new/).

부록 3. 청소년상담사 윤리강령

- 서문 -

청소년상담사는 청소년의 인지, 정서, 행동, 발달을 조력하는 유일한 상담전문 국가자격증이다. 청소년상담사는 항상 청소년과 그 주변인들에게 인간으로서의 존엄성을 높이고자 노력하고, 청소년이 스스로 결정할 수 있도록 도와주며, 청소년의 아픔과 슬픔에 대해 청소년상담사로서의 책임을 다한다. 청소년상담사는 청소년이 사랑하는 가족, 이웃과 더불어 행복하게 살아갈 수 있도록 지원하기 위해 다음과 같이 윤리규정을 숙지하고 준수할 것을 다짐한다.

가. 제정 목적

1. 청소년상담사의 책임과 의무를 분명하게 제시하여 내담자를 보호한다.
2. 청소년상담사가 직무 중에 발생하는 문제를 처리할 수 있는 기준을 제공한다.
3. 청소년상담사의 활동이 전문직으로서의 상담의 기능 및 목적에 저촉되지 않도록 기준을 제공한다.
4. 청소년상담사의 활동이 지역사회의 도덕적 기대에 부합하도록 준거를 제공한다.
5. 대한민국 청소년들의 건강 · 성장을 책임지는 전문가로서의 청소년상담사를 보호하는 기준을 제공한다.

나. 청소년상담사로서의 전문적 자세

1. 전문가로서의 책임

가) 청소년상담사는 「청소년 기본법」에 따라 청소년의 권리와 책임을 다할 수 있게 지원해야 한다.

나) 청소년상담사는 자기의 능력 및 기법의 한계를 인식하고, 전문적 기준에 위배되는 활동을 하지 않도록 한다.

다) 청소년상담사는 검증되지 않고 훈련받지 않은 상담기법의 오·남용을 하지 않도록 유의한다.

라) 청소년상담사는 청소년과 관련된 정책, 규칙, 법규에 대해 정통해야 하고 청소년 내담자를 보호하며 청소년 내담자가 최선의 발달을 이루도록 노력해야 한다.

2. 품위유지 의무

가) 청소년상담사는 전문상담자로서 품위를 손상하는 행위를 하지 않는다.

나) 청소년상담사는 현행법을 우선적으로 준수하되, 윤리강령이 보다 엄격한 기준을 설정하고 있다면, 윤리강령을 따른다.

다) 청소년상담사는 상담적 배임행위(내담자 유기, 동의를 받지 않은 사례 활용 등)를 하지 않는다.

3. 보수교육 및 전문성 함양

가) 청소년상담사는 자신의 전문성을 유지·향상시키기 위해 법적으로 정해진 보수교육에 반드시 참여한다.

나) 청소년상담사는 다양한 사람들을 상담함에 있어 상담에 필요한 이론적 지식과 전문적 상담 및 연구능력을 향상시키기 위해 교육, 자문, 훈련 등 지속적인 노력을 기울여야 한다.

다. 내담자의 복지

1. 내담자의 권리와 보호

가) 청소년상담사는 내담자의 복지를 증진하고 존엄성을 존중하는 것에 최우선 가치를 둔다.

나) 청소년상담사는 내담자가 상담 계획에 참여할 권리, 상담을 거부하거나 개입방식의 변경을 거부할 권리, 거부에 따른 결과를 고지받을 권리, 자신

의 상담 관련 자료를 복사 또는 열람할 수 있는 권리 등을 보장해 주어야 한다. 단, 기록물에 대한 복사 및 열람이 내담자에게 해악을 끼친다고 판단될 경우 내담자의 기록물 복사 및 열람을 제한할 수 있다

다) 청소년상담사는 외부 지원이 적합하거나 필요할 때 의뢰를 요청할 수 있으며 이를 청소년 내담자 및 보호자(만 14세 미만 내담 청소년의 경우)에게 알리고 서비스를 받을 수 있도록 노력한다.

라) 청소년상담사는 자신의 질병, 죽음, 이동, 퇴직 등으로 인하여 상담을 중단해야 하는 경우 이에 대한 적절한 조치를 취해야 한다.

마) 청소년상담사는 청소년 내담자에게 무력, 정신적 압력 등을 사용하지 않는다.

2. 사전 동의

가) 청소년상담사는 상담을 시작할 때 내담자가 충분한 설명을 듣고 선택할 수 있도록 적절한 정보를 제공해야 하고, 상담자와 내담자 모두의 권리와 책임에 대해 알려 줄 의무가 있다.

나) 청소년상담사는 내담자에게 상담 과정의 녹음과 녹화 여부, 사례지도 및 교육에 활용할 가능성에 대해 설명하고, 내담자에게 동의 또는 거부할 권리가 있음을 알려야 한다.

다) 청소년상담사는 내담자가 만 14세 미만의 청소년인 경우, 보호자 또는 법정대리인의 상담활동에 대한 사전 동의를 구해야 한다.

라) 청소년상담사는 내담자에게 상담의 목표와 한계, 상담료 지불 방법 등을 명확히 알려야 한다.

3. 다양성 존중

가) 청소년상담사는 모든 인간의 기본적인 권리, 존엄성, 가치를 존중하며 성별, 장애, 나이, 성적 지향, 사회적 신분, 외모, 인종, 가족 형태, 종교 등을 이유로 내담자를 차별하지 않는다.

나) 청소년상담사는 내담자의 다양한 문화적 배경을 이해하고, 청소년상담사 자신의 고유한 문화적 정체성이 상담과정에 영향을 주지 않도록 노력해야 한다.

다) 청소년상담사는 자신의 개인적 가치, 태도, 신념, 행위를 자각하고 내담자에게 자신의 가치를 강요하지 않는다.

라. 상담관계

1. 다중관계

가) 청소년상담사는 법적 · 도덕적 한계를 벗어난 다중 관계를 맺지 않는다.

나) 청소년상담사는 내담자와 연애 관계 및 기타 사적인 관계를 맺지 않는다.

다) 청소년상담사는 내담자와 상담 비용을 제외한 어떠한 금전적 · 물질적 거래 관계도 맺지 않는다.

라) 청소년상담사는 내담자와 상담 이외의 다른 관계가 있거나, 의도하지 않게 다중관계가 시작된 경우에는 적절한 조치를 취해야 한다.

2. 부모/보호자와의 관계

가) 청소년상담사는 부모(보호자)의 권리와 책임을 존중하고, 청소년 내담자의 건강한 성장을 위해 부모(보호자)에게 상담자의 역할에 대해 설명하여 협력적인 관계를 성립하도록 노력한다.

나) 청소년상담사는 내담자의 성장과 복지에 필요하다고 판단되는 경우, 내담자의 동의하에 부모(보호자)에게 내담자에 관한 최소한의 정보를 제공한다.

3. 성적 관계

가) 청소년상담사는 내담자 및 내담자의 가족, 중요한 타인에게 자신의 지위를 이용하여 성적 접촉 및 성적 관계를 가져서는 안 된다.

나) 청소년상담사는 이전에 연애 관계 또는 성적인 관계를 가졌던 사람을 내담자로 받아들이지 않는다.

마. 비밀보장

1. 사생활과 비밀보장의 의무

가) 청소년상담사는 내담자와 부모(보호자)의 사생활과 비밀보장에 대한 권리를 최대한 존중해야 한다.

나) 청소년상담사는 상담기관에 소속된 모든 구성원과 관계자 · 수퍼바이저 · 주변인들에게도 내담자의 사생활과 비밀이 보호되도록 주지시켜야 한다.

다) 청소년상담사는 청소년 내담자 상담 시 사전에 상담에 대한 내담자의 동의를 받고 상담 과정에 부모나 보호자가 참여할 수 있으며, 비밀보장의 한계에 따라 정보를 제공할 수 있음을 알린다.

라) 청소년상담사는 청소년 내담자 상담 시, 상담 의뢰자(교사, 경찰 등)에게 내담자 및 보호자(만 14세 미만 내담 청소년의 경우)의 동의하에 정보를 제공할 수 있다.

마) 청소년상담사는 비밀보장의 의미와 한계에 대하여 청소년 내담자의 발달단계에 적합한 용어로 알기 쉽게 설명해 주어야 한다.

바) 청소년상담사는 강의, 저술, 동료 자문, 대중매체 인터뷰, 사적 대화 등의 상황에서 내담자의 신원확인이 가능한 정보나 비밀 정보를 공개하지 않는다.

2. 기록 및 보관

가) 청소년상담사는 내담자에게 전문적인 서비스를 제공하기 위해 상담 내용을 기록하고 보관한다.

나) 기록의 보관은 공공기관이나 교육기관 등은 각 기관에서 정한 기록 보관

연한을 따르고, 이에 해당하지 아니한 경우에는 3년 이내 보관을 원칙으로 한다.

다) 청소년상담사는 기록 및 녹음에 관해 내담자의 사전 동의를 구한다.

라) 청소년상담사는 면접기록, 심리검사 자료, 편지, 녹음 및 동영상 파일, 기타 기록 등 상담과 관련된 기록을 보관하고 처리하는 데 있어서 비밀을 준수해야 한다.

마) 청소년상담사는 원칙적으로 내담자 및 보호자(만 14세 미만 내담 청소년의 경우)의 동의 없이 상담의 기록을 제3자나 기관에 공개하지 않는다.

바) 청소년상담사는 내담자와 보호자가 상담 기록의 삭제를 요청할 경우 법적, 윤리적 문제가 없는 한 삭제하여야 한다. 상담 기록을 삭제하지 못할 경우 타당한 이유를 내담자와 보호자에게 설명해 주어야 한다.

사) 청소년상담사는 퇴직, 이직 등의 이유로 상담을 중단하게 될 경우 기록과 자료를 적절한 절차에 따라 기관이나 전문가에게 양도한다.

아) 전자기기 및 매체를 활용하여 상담 관련 정보를 기록 · 관리하는 경우, 기록의 유출 또는 분실 가능성에 대해 경각심과 주의 의무를 가져야 하며 내담자의 정보보호를 위해 적극적인 노력을 해야 한다.

자) 내담자의 기록이 전산 시스템으로 관리되는 경우, 접근 권한을 명확히 설정하여 내담자의 신상이 공개되지 않도록 조치를 취한다.

3. 상담 외 목적을 위한 내담자 정보의 사용

가) 청소년상담사는 자신의 사례에 대해 보다 나은 전문적 상담을 위해 내담자 및 보호자(만 14세 미만 내담 청소년의 경우)의 동의를 구한 후 내담자에 대해 사실적이고 객관적인 정보만을 사용하여 동료나 수퍼바이저에게 자문을 받을 수 있다.

나) 청소년상담사는 교육이나 연구 또는 출판을 목적으로 상담 관련 자료를 사용할 때에는 내담자 및 보호자(만 14세 미만 내담 청소년의 경우)의 동의를 구해야 하며, 신상 정보 삭제와 같은 적절한 조치를 취하여 내담자에

게 피해를 주지 않도록 한다.

4. 비밀보장의 한계

가) 청소년상담사는 상담 시 비밀보장의 1차적 의무를 내담자의 보호에 두지만 비밀보장의 한계가 있는 경우 청소년의 부모(보호자) 및 관계기관에 공개할 수 있다.

나) 비밀보장의 한계가 있는 경우는 다음과 같다.

1) 청소년상담사는 내담자의 생명이나 사회의 안전을 위협하는 경우 비밀을 공개하여 그러한 위험의 목표가 되는 사람을 보호하기 위한 합당한 조치 등 안전을 확보한다.

2) 청소년상담사는 법적으로 정보의 공개가 요구되는 경우 내담자에게 그 사실을 알리고 최소한의 정보만을 제공한다.

3) 청소년상담사는 내담자에게 감염성이 있는 치명적인 질병이 있을 경우 관련 기관에 신고하고, 그 질병에 노출되어 있는 제3자에게 정보를 공개할 수 있다.

다) 청소년상담사는 아동학대, 청소년 성범죄, 성매매, 학교폭력, 노동관계 법령 위반 등 관련 법령에 의해 신고의무자로 규정된 경우 해당 기관에 관련 사실을 신고해야 한다.

바. 심리평가

1. 심리검사의 실시

가) 청소년상담사는 심리검사를 실시하고 해석할 수 있는 능력을 배양해야 한다.

나) 청소년상담사는 심리검사 실시 전에 내담자 및 보호자(만 14세 미만 내담 청소년의 경우)에게 사전 동의를 받아야 한다.

다) 청소년상담사는 검사 도구를 선택, 실시, 해석함에 있어서 모든 전문가적

기준을 고려하여 사용한다.

라) 청소년상담사는 내담자에게 적절한 심리검사를 선택해야 하며 검사의 타당도와 신뢰도, 제한점 등을 고려한다.

마) 청소년상담사는 다문화 배경을 가진 내담자를 위한 검사 선택 시 내담자의 사회문화적 맥락을 신중히 고려해야 한다.

2. 심리검사의 해석

가) 청소년상담사는 심리검사 해석에 있어 성별, 나이, 장애, 성적 지향, 인종, 종교, 문화 등의 영향을 고려하여 검사 결과를 해석한다.

나) 청소년상담사는 청소년이 이해할 수 있도록 심리검사의 목적, 성격, 결과에 대한 설명을 제공한다.

다) 청소년상담사는 심리검사 결과를 다른 이들이 오용하거나 외부에 유출하지 않도록 하여야 한다.

사. 수퍼비전

1. 수퍼바이저의 역할과 책임

가) 수퍼바이저는 사례지도 방법과 기법들에 대한 교육과 훈련을 지속적으로 받음으로써 사례지도 역량을 향상시키기 위해 노력한다.

나) 수퍼바이저는 전자 매체를 통하여 전송되는 모든 사례지도 자료의 비밀보장을 위해서 주의하고, 필요한 조치를 취한다.

다) 수퍼바이저는 사례지도를 시작하기 전에, 진행 과정에 대해 충분히 설명한 후 동의를 받음으로써 수퍼바이지의 적극적 참여를 독려할 책임이 있다.

라) 수퍼바이저는 수퍼바이지에게 전문가적 · 윤리적 규준과 법적 책임을 숙지시킨다.

마) 수퍼바이저는 지속적 평가를 통해 수퍼바이지의 한계를 파악하고, 그가

자신의 한계를 인식하고 보완할 수 있도록 돕는다.

2. 수퍼바이저와 수퍼바이지의 관계

가) 수퍼바이저는 수퍼바이지와 상호 존중하며 윤리적 · 전문적 · 개인적 그리고 사회적 관계를 명료하게 정의하고 유지한다.

나) 수퍼바이저와 수퍼바이지는 성적 혹은 연애 관계, 그 외에 사적인 이익관계를 갖지 않는다.

다) 수퍼바이저와 수퍼바이지는 상호 간에 성희롱 또는 성추행을 해서는 안 된다.

라) 수퍼바이저는 가족, 친구, 동료 등 상대방에 대한 객관성을 유지하기 힘든 사람과 수퍼비전 관계를 맺지 않는다.

아. 청소년사이버상담

1. 사이버상담에서의 정보 관리

가) 운영 특성상, 1명의 내담자가 여러 명의 사이버상담자를 만나게 되는 경우 상담자들 간에 정보를 공유할 수 있음을 내담자에게 알린다.

나) 사이버상담 운영기관에서는 이용자가 다른 사람의 신분을 도용하지 않도록 절차를 마련해야 한다.

2. 사이버상담에서의 책임

가) 사이버상담자는 만약에 있을지 모르는 위기개입 등의 상황을 대비하기 위해서 내담자의 신분을 확인할 방법을 가지고 있어야 한다.

나) 사이버상담이 내담자에게 부적절하다고 간주될 경우, 상담자는 대면상담 연계 등 이에 적합한 서비스 연계를 하여야 한다.

자. 지역사회 참여 및 제도 개선에 대한 책임

1. 지역사회를 돕는 전문가 역할

가) 청소년상담사는 경제적 이득이 없는 경우에도 청소년의 최선의 유익을 위하여 지역사회의 기관, 조직 및 개인과 협력하고 사회공익을 위해 전문적 활동에 헌신함으로써 사회에 공헌하도록 한다.

나) 청소년상담사는 내담자가 다른 정신건강 전문가와 상담을 받고 있음을 알게 되면, 내담자의 동의하에 그 전문가와 긍정적이고 협력적인 관계를 맺도록 노력한다.

2. 제도 개선 노력

가) 청소년상담사는 청소년 및 복지 관련 법령, 정책 등의 적용과 개선을 위해 노력한다.

나) 청소년상담사는 자문을 요청한 내담자나 기관의 문제 혹은 잠재된 사회문제를 규명하고 해결하는 데 도움을 준다.

차. 상담기관 설립 및 운영

1. 상담기관 운영자의 역할

가) 청소년 상담기관을 운영하고자 할 경우, 운영자로서의 전문성 및 역량을 갖추도록 노력해야 한다.

나) 상담기관 운영자는 직원이나 학생, 수련생, 동료 등을 교육, 감독하거나 평가 시에 착취하는 관계를 가져서는 안 된다.

다) 상담기관 운영자는 자신과 현재 종사하고 있는 직원의 전문적 역량 향상에 책임이 있다.

라) 상담비용은 내담자의 재정 상태 등을 고려하여 합리적으로 책정한다.

마) 상담기관 운영자는 직원 채용 시 자격 있는 사람을 채용해야 한다.

2. 상담기관 종사자의 역할

가) 청소년상담사는 자신이 종사하는 기관의 목적과 운영방침을 따라야 하며, 기관의 성장 · 발전을 위해 노력해야 한다.

나) 청소년상담사는 고용기관에 손해를 끼칠 수 있는 상황이나 기관의 효율성에 제한을 줄 수 있는 상황에 대해 미리 알려 주어야 한다.

카. 연구 및 출판

1. 연구 활동

가) 청소년상담사는 청소년 문제의 해결을 위해 윤리적 기준에 따라 과학적인 방법으로 연구를 계획하고 수행한다.

나) 청소년상담사는 연구 대상자를 심리적, 신체적, 사회적 불편이나 위험으로부터 보호하여야 한다.

다) 청소년상담사는 연구 참여자들에게 연구의 본질, 결과 및 결론에 대한 정보를 제공하는 것이 과학적 가치와 인간적 가치를 손상키시지 않는 한, 연구 참여자들이 이에 대한 정보를 얻을 수 있는 기회를 제공한다.

2. 출판 활동

가) 청소년상담사는 연구 결과를 출판할 경우에 자료를 위조하거나 결과를 왜곡해서는 안 된다.

나) 청소년상담사는 투고논문, 학술발표원고, 연구계획서를 심사할 경우 제출자와 제출 내용에 대해 비밀을 유지하고 저자의 저작권을 존중한다.

타. 자격취소

1. 청소년상담사는 「청소년 기본법」 제21조의2(자격의 취소)에 해당하는 경우 자격이 취소된다.

가) 「청소년 기본법」 제21조의 결격사유에 해당하게 된 경우

① 미성년자, 피성년후견인 또는 피한정후견인

② 파산선고를 받고 복권되지 아니한 사람

③ 금고 이상의 형을 선고받고 그 집행이 끝나거나 집행을 받지 아니하기로 확정된 후 3년이 지나지 아니한 사람

④ 금고 이상의 형을 선고받고 그 집행유예의 기간이 끝나지 아니한 사람

⑤ 제3호 및 제4호에도 불구하고 다음 각 목의 어느 하나에 해당하는 죄를 저지른 사람으로서 형 또는 치료감호를 선고받고 확정된 후 그 형 또는 치료감호의 전부 또는 일부의 집행이 끝나거나(집행이 끝난 것으로 보는 경우를 포함) 집행이 유예·면제된 날부터 10년이 지나지 아니한 사람

㉠ 「아동복지법」 제71조 제1항의 죄

㉡ 「성폭력범죄의 처벌 등에 관한 특례법」 제2조의 성폭력범죄

㉢ 「아동·청소년의 성보호에 관한 법률」 제2조 제2호의 아동·청소년 대상 성범죄

⑥ 법원의 판결 또는 법률에 따라 자격이 상실되거나 정지된 사람

나) 거짓이나 그 밖의 부정한 방법으로 자격을 취득한 경우

다) 자격증을 다른 사람에게 빌려주거나 양도한 경우

파. 청소년상담사 윤리강령 제·개정 및 해석

1. 한국청소년상담복지개발원은 청소년상담사 윤리강령 교육·보급을 위해 노력해야 한다.
2. 한국청소년상담복지개발원은 청소년상담사 대상 의견 수렴 및 전문가 토

론회, 자격검정위원회의 보고 등 자문을 통해 청소년상담사 윤리강령 개정안을 수립한 후 청소년상담사 윤리강령을 개정할 수 있다.

3. 윤리강령과 관련하여 의견이 있거나 공문 등을 통해 윤리적 판단을 요청할 경우, 한국청소년상담복지개발원에서 전문적 해석을 제공할 수 있다.

출처: 한국청소년상담복지개발원 청소년상담사 홈페이지(https://www.youthcounselor.or.kr:446/new/).

부록 4. 전국 청소년상담복지센터, Wee센터, 학교밖청소년지원센터

• 전국 청소년상담복지센터

지역	기관명	주소	상담전화
서울	서울시청소년상담복지센터	(04543) 서울시 중구 을지로 11길 23 7층	02-2285-1318
	노원구청소년상담복지센터	(06138) 서울시 노원구 덕릉로 777 2층	02-2091-1387
	양천구청소년상담복지센터	(07991) 서울시 양천구 목동서로 143 목동청소년수련관 1층	02-2646-8341
	영등포구청소년상담복지센터	(07317) 서울시 영등포구 도영로 22길 36 해광빌딩 2층	02-2676-6114
	동작구청소년상담복지센터	(07062) 서울시 동작구 여의대방로 20길 33 시립보라매청소년수련관 슬기동 2층	02-845-1388
	강남구청소년상담복지센터	(06362) 서울시 강남구 광평로 144 2층	02-2226-8555
	중랑구청소년상담복지센터	(02254) 서울시 중랑구 용마산로 217 청소년수련관 3층 중랑구청소년상담복지센터	02-496-1895
	강북구청소년상담복지센터	(01012) 서울시 강북구 4.19로 74 강북청소년수련관 3층	02-6715-6661
	도봉구청소년상담복지센터	(01412) 서울시 도봉구 노해로 69길 132 창동문화체육센터 1층	02-6956-4501
	성동구청소년상담복지센터	(04750) 서울시 성동구 고산자로 260 성동청소년수련관 3층 308호	02-2299-1388
	금천구청소년상담복지센터	(08645) 서울시 금천구 금하로 30길 54 금천청소년수련관 2층	02-803-1873
	서대문구청소년상담복지센터	(03676) 서울시 서대문구 증가로 30길 45-9 휴먼센터 3~4층	02-3141-1318
	은평구청소년상담복지센터	(03476) 서울시 은평구 백련산로 4길 16 은평청소년수련관	02-384-1318
	서초구청소년상담복지센터	(06703) 서울시 서초구 방배로 5길 11 구립방배유스센터 2층	02-525-9128
		(06802) 서울시 서초구 청계산로 15길 77 내곡열린문화센터 3층	02-529-9128
	송파구청소년상담복지센터	(05834) 서울시 송파구 중대로 4길 4 송파청소년수련관 3층	02-449-7173
	마포구청소년상담복지센터	(04009) 서울시 마포구 희우정로 77 상가동	02-6376-9900
	광진구청소년상담복지센터	(05072) 서울시 광진구 아차산로 24길 17 자양공공힐링센터 3층	02-2205-2300
	강서구청소년상담복지센터	(07647) 서울시 강서구 공항대로 42길 23-19 강서청소년회관 3층	02-2061-8998
	관악구청소년상담복지센터	(08790) 서울시 관악구 남부순환로 234길 73 싱글벙글교육센터 4층	02-871-7942

서울	동대문구청소년상담복지센터	(02586) 서울시 동대문구 천호대로 2길 23-9 신설동복지지원센터 2층	02-2236-1318
	용산구청소년상담복지센터	(04316) 서울시 용산구 백범로 329 꿈나무종합타운 4층	02-706-1318
	구로구청소년상담복지센터	(08256) 서울시 구로구 부일로 949 구로구청소년상담복지센터 3층	02-852-1319
	강동구청소년상담복지센터	(05211) 서울시 강동구 아리수로 93길 47 서울시립강동청소년수련관 2층	070-8819-1388
	종로구청소년상담복지센터	(03076) 서울시 종로구 창경궁로 35가길 13	02-762-1318
	성북구청소년상담복지센터	(02814) 서울시 성북구 정릉로 242 성북아동청소년센터 4층	02-3292-1779
부산	부산광역시청소년상담복지센터	(47247) 부산시 부산진구 서전로 43 6층	051-804-5001
	영도구청소년상담복지센터	(49113) 부산시 영도구 절영로 321 함지골청소년수련원	051-405-5605
	부산진구청소년상담복지센터	(47209) 부산시 부산진구 동평로 405번길 85 양정청소년수련관 2층	051-868-0956
	금정구청소년상담복지센터	(46267) 부산시 금정구 기찰로 96번길 47 2층	051-581-2084
	북구청소년상담복지센터	(46579) 부산시 북구 덕천로 3	051-343-1388
	해운대구청소년상담복지센터	(48088) 부산시 해운대구 해운대로 575 국제빌딩 11층	051-731-4046
	수영구청소년상담복지센터	(48308) 부산시 수영구 수영로 521번길 77 수영구청소년문화의집 3층	051-759-8411
	사하구청소년상담복지센터	(49412) 부산시 사하구 동매로 161	051-207-7169
	부산남구청소년상담복지센터	(48494) 부산시 남구 유엔평화로 24 5층	051-621-1389
	기장군청소년상담복지센터	(46069) 부산시 기장군 기장읍 차성서로 86 대라다목적도서관 4층	051-792-4880
	동래구청소년상담복지센터	(47710) 부산시 동래구 중앙대로 1523 SK허브스카이 A3동 06호	051-555-1388
	부산서구청소년상담복지센터	(49206) 부산시 서구 시약로 125 1, 3층	051-714-3013
	사상구청소년상담복지센터	(46927) 부산시 사상구 백양대로 952 사상아동보건센터 3층	051-327-0808
	동구청소년상담복지센터	(48723) 부산시 동구 범곡로 9 3층	051-632-1388
대구	대구광역시청소년상담복지센터	(41934) 대구시 중구 중앙대로 81길 66-5 대구청소년지원재단 3층	053-659-6240
	달서구청소년상담복지센터	(42726) 대구시 달서구 학산로 7길 39	053-638-1388
		(42609) 대구시 달서구 계대동문로 11길 33	053-592-1377

지역	기관명	주소	전화번호
대구	수성구청소년상담복지센터	(42027) 대구시 수성구 달구벌대로 2451 범어도서관 5층	053-759-1388
	대구동구청소년상담복지센터	(41155) 대구시 동구 동촌로 16길 20 아인빌딩 2층	053-984-1319
	대구서구청소년상담복지센터	(41770) 대구시 서구 서대구로 222 3층	053-562-1388
	대구북구청소년상담복지센터	(41434) 대구시 북구 대천로 21 구수산도서관 1층	053-324-1388
	대구달성군청소년상담복지센터	(42985) 대구시 달성군 논공읍 논공로 252 3층	053-614-1388
	대구중구청소년상담복지센터	(41919) 대구시 중구 국채보상로 541 8층	053-423-1377
	대구남구청소년상담복지센터	(42410) 대구시 남구 중앙대로 49길 25 2층	053-624-0996
인천	인천광역시청소년상담복지센터	(22573) 인천시 동구 박문로 1 인천교구 가톨릭청소년센터 1층	032-429-0394
	연수구청소년상담복지센터	(21936) 인천시 연수구 원인재로 283 연수3동주민센터 4층	032-818-0358
	계양구청소년상담복지센터	(21026) 인천시 계양구 장제로 937 계양구청소년수련관 4층	032-547-0855
	동구청소년상담복지센터	(22543) 인천시 동구 솔빛로 82 3층	032-777-1388
	인천미추홀구청소년상담복지센터	(22136) 인천시 미추홀구 주안로 82 청소년미디어센터 5층	032-862-8751
	인천서구청소년상담복지센터	(22771) 인천시 서구 원적로 7번길 12 가좌청소년문화의집 2층	032-584-1388
	부평구청소년상담복지센터	(21387) 인천시 부평구 부평문화로 37번길 1	032-509-8916
	남동구청소년상담복지센터	(21524) 인천시 남동구 만수서로 70 3층	032-469-7197
	중구청소년상담복지센터	(22309) 인천시 중구 참외전로 72번길 25 동인천동주민센터 3층	032-773-1317
광주	광주광역시청소년상담복지센터	(61475) 광주시 동구 중앙로 196번길 5 4층	062-226-8181
	광주북구청소년상담복지센터	(61132) 광주시 북구 대천로 86 북구청소년수련관 1층	062-251-1388
	광산구청소년상담복지센터	(62363) 광주시 광산구 무진대로 246-7 2층	062-951-1380
	광주남구청소년상담복지센터	(61727) 광주시 남구 서문대로 693	062-675-1388
	광주서구청소년상담복지센터	(62048) 광주시 서구 금화로 278 풍암동염주체육관 국민생활관 2층 213~215호	062-375-1388
	광주동구청소년상담복지센터	(61482) 광주시 동구 금남로 246 광주 YMCA 3층	062-229-3308
대전	대전광역시청소년상담복지센터	(34630) 대전시 동구 대전천동로 508 6층	042-257-2000
	대전서구청소년상담복지센터	(35334) 대전시 서구 도솔로 72 3층	042-527-1112
	유성구청소년상담복지센터	(34097) 대전시 유성구 북유성대로 158 유성구청소년수련관 3층	042-824-3454

울산	울산광역시청소년상담복지센터	(44532) 울산시 중구 강북로 105 롯데캐슬스카이 상가동 2층	052-227-2000
	울산동구청소년상담복지센터	(44011) 울산시 동구 남목9길 13 남목청소년문화의집 4층	052-233-5279
	울산북구청소년상담복지센터	(44224) 울산시 북구 제내1길 6 나운빌딩 4층	052-283-1388
	울산남구청소년상담복지센터	(44692) 울산시 남구 돋질로 106 마이코즈건물 3층	052-291-1388
	울주군청소년상담복지센터	(45006) 울산시 울주군 온산읍 덕남로 5 3층	052-263-1388
		서부거점 (44948) 울산시 울주군 삼남면 울산역로 345 울주서부청소년수련관 2층	052-229-9636
		중부거점 (44920) 울산시 울주군 범서읍 구영로 101-20 울주중부청소년수련관 3층	052-229-9656
경기	경기도청소년상담복지센터	(16305) 경기도 수원시 장안구 송원로 55 행정동우회관 1층	031-248-1318
	성남시청소년상담복지센터	(13439) 경기도 성남시 성남대로 997번길 25-9 삼성빌딩 3층	031-756-1388
	의정부시청소년상담복지센터	**본소** (11622) 경기도 의정부시 의정로 27 청소년수련관 3층	031-872-1388
		호원분소 (11714) 경기도 의정부시 평화로 155-1 장수원어린이집 3층	031-872-1388
	안양시청소년상담복지센터	(13997) 경기도 안양시 만안구 안양로 263번길 31	031-446-0242
	부천시청소년상담복지센터	**본소** (14596) 경기도 부천시 원미구 장말로 107 복사골문화센터 301호	032-325-3002
		소사센터 (14727) 경기도 부천시 소사구 경인로 92번길 33 송내어울마당 5층	032-327-2232
		오정센터 (14459) 경기도 부천시 원미구 삼작로 301번길 5 시립북부도서관 3층	070-4351-4335
	광명시청소년상담복지센터	(14241) 경기도 광명시 디지털 34 노둣돌 1동 1층	02-809-2000
	평택시청소년상담복지센터	(17903) 경기도 평택시 평남로 616 평택시청소년문화센터 4층	031-656-1383
	동두천시청소년상담복지센터	(11362) 경기도 동두천시 지행로 95 청소년수련관 3층	031-861-1388
	안산시청소년상담복지센터	(15387) 경기도 안산시 단원구 원초로 76 4층	031-414-1318
	고양시청소년상담복지센터	(10512) 경기도 고양시 덕양구 중앙로 633번길 25 토당청소년수련관 2층	031-979-1318
	구리시청소년상담복지센터	(11922) 경기도 구리시 건원대로 34번길 32-10 구리시청소년수련관 2층	031-557-2000
	남양주시청소년상담복지센터	**본소** (12244) 경기도 남양주시 다산지금로 51-47 남양주시청소년수련관 2층	031-590-8097
		동부분소 (12173) 경기도 남양주시 화도읍 비룡로 59 화도수동행정복지센터 별관 2층	031-590-8403

	남양주시청소년상담복지센터	**북부분소** (12009) 경기도 남양주시 진접읍 금강로 1509-26 진접오남행정복지센터 복지동 2층	031-590-8979
	오산시청소년상담복지센터	(18136) 경기도 오산시 오산로 278번길 3 2층	031-372-4004
	시흥시청소년상담복지센터	(14914) 경기도 시흥시 은행로 179 시흥시청소년수련관 별관 1층	031-318-7100
	하남시청소년상담복지센터	(12951) 경기도 하남시 대청로 10 하남시청 지층	031-790-6680
	군포시청소년상담복지센터	(15823) 경기도 군포시 수리산로 112 군포책마을 슬기관 2층	031-397-1388
	의왕시청소년상담복지센터	(16077) 경기도 의왕시 문화공원로 33	031-452-1388
	용인시청소년상담복지센터	**본소** (17019) 경기도 용인시 처인구 중부대로 1199 청소년수련관 4층 용인시청소년상담복지센터	031-324-9300
		수지분소 (16845) 경기도 수지구 포은대로 435 수지복지센터 5층 용인시청소년상담복지센터	031-266-9301
	파주시청소년상담복지센터	(10894) 경기도 파주시 와석순환로 415 운정행복센터 6층	031-946-0022
경기	이천시청소년상담복지센터	**본소** (17371) 경기도 이천시 영창로 260 서희청소년문화센터 3층	031-634-2777
		청미분소 (17420) 경기도 이천시 장호원읍 서동대로 8965번길 57 청미청소년문화의집 1층 이천시청소년상담복지센터	
	안성시청소년상담복지센터	(17591) 경기도 안성시 낙원길 108 안성시청소년문화의집 2층	031-676-1318
	김포시청소년상담복지센터	(10099) 경기도 김포시 걸포로 76 중봉청소년수련관 2층	031-984-1388
	양주시청소년상담복지센터	**옥정본소** (11469) 경기도 양주시 옥정서로 254 행복플러스유치원 2층	031-858-1318
		고읍분소 (11492) 경기도 양주시 고읍남로 205 양주청소년문화의집 2층	031-858-1318
	여주시청소년상담복지센터	(12636) 경기도 여주시 신륵사길 6-8	031-882-8889
	화성시청소년상담복지센터	**본소** (18732) 경기도 화성시 태안로 145 유앤아이센터 2층	031-225-1318
		향남분소 (18588) 경기도 화성시 향남읍 향남로 470 화성종합경기타운 1층	031-225-0924
	광주시청소년상담복지센터	(12744) 경기 광주시 중앙로 197 1층	031-760-2219
	연천군청소년상담복지센터	(11026) 경기도 연천군 전곡읍 전영로 11 연천군종합복지관 2층	031-832-4452

경기	가평군청소년상담복지센터	(12416) 경기도 가평군 가평읍 문화로 120 가평군청소년문화의집 1층	031-581-0397
	양평군청소년상담복지센터	(12556) 경기도 양평군 양근로 183 삼진빌딩 2층	031-775-1318
	포천시청소년상담복지센터	**본소** (11184) 경기도 포천시 소흘읍 호국로 523번길 59-56 청소년교육문화센터 2층	031-533-1318
		포천분소 (11147) 경기도 포천시 신읍동 중앙로 96	031-536-1388
	과천시청소년상담복지센터	(13828) 경기도 과천시 참마을로 9 과천시청소년수련관 1층	02-504-1388
	수원시청소년상담복지센터	**팔달센터** (16486) 경기도 수원시 팔달구 권광로 293 수원청소년문화센터 B1층	031-218-0446
		장안상담실 (16315) 경기도 수원시 장안구수성로 275번길 114 장안청소년문화의집 2층	031-242-1318
		영통상담실 (16703) 경기도 수원시 영통구 매영로333 영통청소년문화의집 3층	031-215-1318
		권선상담실 (16584) 경기도 수원시 권선구 덕영대로 1201번길 42 권선청소년수련관 2층	031-236-1318
		광교상담실 (16509) 경기도 수원시 영통구 도청로 17번길 24 광교청소년수련관 3층	031-216-8354
		칠보상담실 (16389) 경기도 수원시 권선구 서수원로 577번길 209 칠보청소년문화의집 2층	031-278-6862
		천천상담실 (16325) 경기도 수원시 장안구 정자로 42번길 42 천천청소년문화의집 4층	031-271-2654
강원	강원도청소년상담복지센터	(24241) 강원도 춘천시 소양로167 강원도청소년상담복지센터 2층	033-256-9803
	강릉시청소년상담복지센터	(25474) 강원도 강릉시 종합운동장길 72-21 강릉시청소년수련관 2층	033-655-1388
	원주시청소년상담복지센터	(26475) 강원도 원주시 서원대로 234 원주시청소년수련관 이음관 2층	033-744-1388
	철원군청소년상담복지센터	(24037) 강원도 철원군 갈말읍 명성로 139번길 52	033-452-2000
	영월군청소년상담복지센터	(26237) 강원도 영월군 영월읍 제방안길 100	033-375-1318
	속초시청소년상담복지센터	(24867) 강원도 속초시 관광로 377	033-638-1388
	정선군청소년상담복지센터	(26150) 강원도 정선군 사북읍 사북 6길 12-6	033-591-1313
	동해시청소년상담복지센터	(25759) 강원도 동해시 천곡 2길 8 1층	033-535-1388

강원	태백시청소년상담복지센터	(26046) 강원도 태백시 동태백로 558	033-582-1377
	홍천군청소년상담복지센터	(25131) 강원도 홍천군 홍천읍 산림공원 2길 31 청소년수련관 2층	033-433-1386
	춘천시청소년상담복지센터	(24400) 강원도 춘천시 동내면 외솔길 19번길 45	033-818-1388
	횡성군청소년상담복지센터	(25236) 강원도 횡성군 횡성읍 문예로 75 문화체육공원 내	033-344-1388
	삼척시청소년상담복지센터	(25919) 강원도 삼척시 엑스포로 50-1 3층	033-575-5033
충북	충청북도청소년상담복지센터	(28516) 충북 청주시 상당구 대성로 103	043-258-2000
	충주시청소년상담복지센터	(27411) 충북 충주시 중원대로 3324	043-842-2007
	청주시청소년상담복지센터	(28543) 충북 청주시 상당구 중앙로 30 청하빌딩 5층	043-275-1388
	제천시청소년상담복지센터	(27153) 충북 제천시 청전대로 12길 4 2층	043-642-7949
	단양군청소년상담복지센터	(27012) 충북 단양군 단양읍 삼봉로 187-18 단양군청소년수련관 2층	043-421-8370
	서청주청소년상담복지센터	(28436) 충북 청주시 흥덕구 직지대로 351번길 56 청주시청소년수련관 3층	043-297-1388
	영동군청소년상담복지센터	(29149) 충북 영동군 영동읍 성안길 8 청소년수련관 2층	043-744-5700
	음성군청소년상담복지센터	(27703) 충북 음성군 음성읍 설성공원길 16 음성청소년문화의집 1층	043-873-1318
	옥천군청소년상담복지센터	(29040) 충북 옥천군 옥천읍 동부로 39 청소년수련관 1층	043-731-1388
	진천군청소년상담복지센터	(27832) 충북 진천군 진천읍 포석길 37-10 청소년수련관 4층	043-536-3430
	괴산군청소년상담복지센터	(28035) 충북 괴산군 읍내로 6길 20-9	043-830-3826
	증평군청소년상담복지센터	(27948) 충북 증평군 증평읍 보건복지로 64-2	043-835-4188
	보은군청소년상담복지센터	(28936) 충북 보은군 보은읍 뱃들4길 11-14	043-542-1388
충남	충청남도청소년상담복지센터	(31100) 충남 천안시 서북구 서부대로 766 진암빌딩 3~4층	041-554-2130
	공주시청소년상담복지센터	(32546) 충남 공주시 대통 1길 57	041-856-1388
	금산군청소년상담복지센터	(32737) 충남 금산군 금산읍 금산로 1559 금산다락원 만남의집 3층	041-751-2007
	논산시청소년상담복지센터	(32993) 충남 논산시 논산대로 424 논산시청소년수련관 1층	041-736-2041
	당진시청소년상담복지센터	(31772) 충남 당진시 무수동 7길 142-26	041-357-2000
	보령시청소년상담복지센터	(33466) 충남 보령시 문화원길 9 보령시청소년문화의집 3층	041-936-5710
	부여군청소년상담복지센터	(33149) 충남 부여군 부여읍 의열로 43	041-836-1898

충남	서산시청소년상담복지센터	(31967) 충남 서산시 서령로 136 서산문화복지센터 청소년수련관 3층	041-669-2000
	서천군청소년상담복지센터	(33644) 충남 서천군 서천읍 서천향교길 3 2층	041-953-4040
	아산시청소년상담복지센터	(31513) 충남 아산시 시장길 29 시민문화복지센터 303호	041-532-2000
	예산군청소년상담복지센터	(32423) 충남 예산군 예산읍 벚꽃로 214 예산군청소년수련관 2층	041-335-1388
	청양군청소년상담복지센터	(33339) 충남 청양군 청양읍 문화예술로 187 청양군문화의집 3층	041-942-9596
	태안군청소년상담복지센터	(32140) 충남 태안군 태안읍 백화로 199 청소년수련관 1층	041-674-2800
	홍성군청소년상담복지센터	(32293) 충남 홍성군 광천읍 홍남로 744번길 14	041-634-4858
	계룡시청소년상담복지센터	(32829) 충남 계룡시 엄사면 문화로 31 계룡문화예술의전당 3층	042-551-1318
	천안시청소년상담복지센터	(31129) 충남 천안시 동남구 은행길 15-1 도시창조두드림센터 4층	041-622-1388
전북	전라북도청소년상담복지센터	(54935) 전북 전주시 덕진구 팔달로 346	063-276-6291
	전주시청소년상담복지센터	(55081) 전북 전주시 완산구 용머리로 94 3층	063-236-1388
	군산시청소년상담복지센터	(54121) 전북 군산시 동리2길 7	063-466-1388
	익산시청소년상담복지센터	(54621) 전북 익산시 인북로 32길 32	063-852-1388
	정읍시청소년상담복지센터	(56190) 전북 정읍시 상동중앙로 14 청소년문화체육관 3층	063-531-3000
	남원시청소년상담복지센터	(55749) 전북 남원시 충정로 72 남원시청소년수련관 3층	063-635-1388
	김제시청소년상담복지센터	(54378) 전북 김제시 요촌길 45 지평선어울림센터 2층	063-544-1377
	진안군청소년상담복지센터	(55432) 전북 진안군 진안읍 진무로 1054-14 청소년수련관 3층	063-433-2377
	완주군청소년상담복지센터	(55340) 전북 완주군 삼례읍 삼봉로 125 완주군청소년수련관 2층	063-291-7373
	무주군청소년상담복지센터	(55514) 전북 무주군 무주읍 한풍루로 326-34 2층	063-323-7717
	장수군청소년상담복지센터	(55631) 전북 장수군 장수읍 신천로 81 장수군여성청소년문화센터 1층	063-351-5161
	임실군청소년상담복지센터	(55927) 전북 임실군 임실읍 운수로 33 임실군청소년문화의집 2층	063-644-1388
	순창군청소년상담복지센터	(56047) 전북 순창군 장류로 192	063-653-4646
	고창군청소년상담복지센터	(56431) 전북 고창군 고창읍 월곡뉴타운1길 11 커뮤니티센터	063-563-6792
	부안군청소년상담복지센터	(56305) 전북 부안군 부안읍 당산로 81 오복청사 2층	063-583-8772

전남	전라남도청소년상담복지센터	(58564) 전남 무안군 삼향읍 어진누리길 30 전남여성플라자 4층 전라남도청소년미래재단	061-280-9001
	나주시청소년상담복지센터	(58254) 전남 나주시 죽림길 34 2층	061-334-1388
	목포시청소년상담복지센터	(58684) 전남 목포시 신흥로 83번길 14 목련아파트 복지동 2층	061-272-2440
	여수시청소년상담복지센터	(59739) 전남 여수시 고소4길 6-4	061-663-2000
	해남군청소년상담복지센터	(59028) 전남 해남군 해남읍 수성2길 9 2층	061-537-1388
	장흥군청소년상담복지센터	(59327) 전남 장흥군 장흥읍 홍성로 37-23 2층	061-863-1318
	진도군청소년상담복지센터	(58927) 전남 진도군 진도읍 진도대로 7195 진도여성플라자 2층	061-544-5122
	순천시청소년상담복지센터	(57992) 전남 순천시 명말 1길 57 3층	061-745-1388
	완도군청소년상담복지센터	(59115) 전남 완도군 완도읍 개포로 159번길 41	061-554-1318
	광양시청소년상담복지센터	(57790) 전남 광양시 광장로 14 청소년문화센터 2층	061-795-1388
	영광군청소년상담복지센터	(57047) 전남 영광군 영광읍 중앙로 3길 6-10 영광군청소년문화센터 2층	061-353-1388
	화순군청소년상담복지센터	(58114) 전남 화순군 화순읍 광덕로 231 화순군민종합문화센터 2층	061-375-7442
	영암군청소년상담복지센터	(58418) 전남 영암군 영암로 1511 2층	061-471-8375
	고흥군청소년상담복지센터	(59535) 전남 고흥군 고흥읍 고흥로 1793 청소년문화의집 2층	061-834-1317
	보성군청소년상담복지센터	(59453) 전남 보성군 보성읍 송재로 281-7	061-853-1388
	강진군청소년상담복지센터	(59233) 전남 강진군 강진읍 영랑로 1길 10 강진복지타운 3층	061-432-1388
	담양군청소년상담복지센터	(57341) 전남 담양군 담양읍 중앙로 83 2층	061-381-1386
	무안군청소년상담복지센터	(58517) 전남 무안군 현경면 공항로 347-83	061-454-5284
	장성군청소년상담복지센터	(57222) 전남 장성군 장성읍 문화로 110 장성군청소년수련관 별관	061-817-1388
	곡성군청소년상담복지센터	(57504) 전남 곡성군 옥과면 리문리 205 옥과청소년문화의집 5층	061-363-9584
	함평군청소년상담복지센터	(57149) 전남 함평군 함평읍 중앙길 154	061-323-1324
	구례군청소년상담복지센터	(57636) 전남 구례군 구례로 508 청소년문화의집 2층	061-782-0884
	신안군청소년상담복지센터	(58824) 전남 신안군 압해읍 천사로 1004 신안군청 보건소동 3층	061-240-8703

경북	경상북도청소년상담복지센터	(36708) 경북 안동시 축제장길 20	054-1388
	경산시청소년상담복지센터	(38627) 경북 경산시 서상길 75 2층	053-812-1318
	경주시청소년상담복지센터	(38088) 경북 경주시 알천북로 131	054-742-1388
	영주시청소년상담복지센터	(36073) 경북 영주시 광복로 63	054-634-1318
	영천시청소년상담복지센터	(38844) 경북 영천시 운동장로 92 체육시설사업소 2층	054-338-1388
	포항시청소년상담복지센터	(37601) 경북 포항시 북구 삼호로 533 청소년수련관	054-252-0020
	김천시청소년상담복지센터	(39570) 경북 김천시 다삼로 3	054-435-1388
	구미시청소년상담복지센터	(39221) 경북 구미시 구미중앙로 11길 13	054-443-1387
	문경시청소년상담복지센터	(36949) 경북 문경시 중앙로 50	054-556-1389
	상주시청소년상담복지센터	(37159) 경북 상주시 북상주로 24-42 상주시청소년수련관 1층	054-535-3511
	울진군청소년상담복지센터	(36324) 경북 울진군 울진읍 대나리항길 2 고우이청소년수련관 2층	054-781-0079
	청송군청소년상담복지센터	(37433) 경북 청송군 청송읍 금월로 244-30 청소년수련관 2층 상담센터	054-872-7626
	의성군청소년상담복지센터	(37331) 경북 의성군 의성읍 충효로 68	054-834-7933
	칠곡군청소년상담복지센터	(39885) 경북 칠곡군 왜관읍 2번도로길 83 3층	054-971-0418
	청도군청소년상담복지센터	(38333) 경북 청도군 화양읍 청려로 1846 청소년수련관 3층	054-373-1610
	예천군청소년상담복지센터	(36708) 경북 예천군 예천읍 충효로 393	054-654-9901
	성주군청소년상담복지센터	(40025) 경북 성주군 성주읍4길 25 성주군민회관 1층	054-931-1398
	안동시청소년상담복지센터	(36708) 경북 안동시 축제장길 42번지 안동시청소년수련관 2층	054-859-1318
	봉화군청소년상담복지센터	(36238) 경북 봉화군 봉화읍 내성로 1길 17-20 봉화군청소년센터 2층	054-674-1388
	고령군청소년상담복지센터	(40138) 경북 고령군 대가야읍 왕릉로 30 대가야문화누리 4층	054-956-1383
	영덕군청소년상담복지센터	(36427) 경북 영덕군 영덕읍 강변길 324	054-732-1318
	군위군청소년상담복지센터	(39013) 경북 군위군 군위읍군청로 158 군위국민체육센터 3층	054-382-1388
경남	경상남도청소년상담복지센터	(51138) 경남 창원시 의창구 사림로 45번길 59 경남대표도서관 청소년관 3~4층	055-711-1388
	창원시창원청소년상담복지센터	(51412) 경남 창원시 의창구 두대로 97 늘푸른전당 3층 301호	055-273-2000
	창원시마산청소년상담복지센터	(51358) 경남 창원시 마산회원구 팔용로 128 우리누리청소년문화센터 별관 2층	055-245-7941
	진주시청소년상담복지센터	(52686) 경남 진주시 북장대로 6번길 9 1층	055-744-2000

경남	창원시진해청소년상담복지센터	(51629) 경남 창원시 진해구 진해대로 1101 진해종합사회복지관 202호	055-551-2000
	통영시청소년상담복지센터	(53078) 경남 통영시 발개로 194 통영시청소년수련원 3층	055-644-2000
	사천시청소년상담복지센터	(52561) 경남 사천시 문선4길 23 청소년수련관 3층	055-835-4199
	김해시청소년상담복지센터	**본소** (50912) 경남 김해시 가락로 176번길 3	055-325-2000
		서부상담소 (51016) 경남 김해시 율하2로 210 김해서부문화센터 2층	055-330-7920
	밀양시청소년상담복지센터	(50436) 경남 밀양시 삼문송림길 26 밀양시청소년수련관2층	055-355-2000
	거제시청소년상담복지센터	(53246) 경남 거제시 중곡로 46 고현청소년문화의집 2층	055-636-2000
	양산시청소년상담복지센터	**본소** (50620) 경남 양산시 양주3길 36 양산시청소년회관 2층	055-372-2000
		웅상분소 (50520) 경남 양산시 웅상대로 1009-1 웅상도서관 지하 1층	055-367-1318
	의령군청소년상담복지센터	(52151) 경남 의령군 의령읍 의병로 8길 44 종합사회복지관 3층	055-570-4972
	함안군청소년상담복지센터	(52046) 경남 함안군 가야읍 말산1길 10 청소년수련관 2층 청소년상담복지센터	055-583-0924
	창녕군청소년상담복지센터	(50332) 경남 창녕군 창녕읍 화왕산1로 46 5층	055-532-2000
	고성군청소년상담복지센터	(52932) 경남 고성군 고성읍 교사4길 13 청소년문화의집 3층	055-673-6882
	남해군청소년상담복지센터	(52419) 경남 남해군 남해읍 망운로 32 종합사회복지관 3층	055-863-5279
	하동군청소년상담복지센터	(52326) 경남 하동군 하동읍 중앙로 72 하동군청소년수련관 3층	055-883-3000
	산청군청소년상담복지센터	(52226) 경남 산청군 산청읍 웅석봉로 92 산청군청소년수련관 2층	055-973-8423
	함양군청소년상담복지센터	(50031) 경남 함양군 함양읍 필봉산길 55 종합사회복지관 3층	055-963-7922
	거창군청소년상담복지센터	(50130) 경남 거창군 거창읍 교촌길 100-30 거창군청소년수련관 3층	055-941-2000
	합천군청소년상담복지센터	(50236) 경남 합천군 합천읍 중앙로 2길 15	055-932-5499
제주	제주특별자치도청소년상담복지센터	(63222) 제주도 제주시 구남로 7길 4 2층	064-759-9951
	서귀포시청소년상담복지센터	(63590) 제주도 서귀포시 중앙로 94 3층	064-763-9191
	제주시청소년상담복지센터	(63097) 제주도 제주시 남녕로 39 3층	064-725-7999
세종	세종특별자치시청소년상담복지센터	(30024) 세종시 조치원읍 새내로 108 2층	044-867-2022

• 전국 Wee센터

지역	기관명	주소	상담전화
서울	강남Wee센터	서울시 강남구 강남대로 120길 33	02-3444-7887
	강동송파Wee센터	서울시 송파구 양재대로 1242 오륜중학교 후관 4층	02-3431-7887
	강서양천Wee센터	서울시 강서구 남부순환로 121 송정중학교 3층	02-2665-7179
	남부SOS통합Wee센터	서울시 금천구 남부순환로 126길 25 금천문화예술정보학교 1층	02-864-8416
	남부Wee센터	서울시 영등포구 문래로 121 남부교육지원청	02-2677-7887
	남부교육지원청 꿈세움Wee센터	서울시 구로구 경인로 320 3층	02-2625-9128
	동부Wee센터	서울시 중랑구 면목로 23길 20 동부과학교육센터 4층	02-2233-7883
	동작관악Wee센터	서울시 동작구 장승배기로 10가길 35 동작관악교육지원청 별관 2~3층	02-810-1722
	마음이랑 Wee센터	서울시 성동구 고산자로 280 성동광진교육지원청 106호	02-2282-6102
	밝음이랑Wee센터	서울시 관악구 남부순환로 172길 97 남서울중학교 내	02-853-2460
	북부Wee센터	서울시 도봉구 도봉로 115길 16 신도봉중학교 정보관 2층	02-949-7887
	서부Wee센터	서울시 서대문구 이화여대2길 15 1층	02-390-5585
	서울통합Wee센터	서울시 종로구 송월길 48 서울특별시교육청 별관 4층	02-3999-505
	서초Wee센터	서울시 서초구 남부순환로 347길 69 서초문화예술정보학교 내 교육연수지원센터 1층	02-2088-2945
	성동광진Wee센터	서울시 광진구 군자로 74 장안초등학교 후관동 1층	02-2205-3633
	성북강북Wee센터	서울시 성북구 종암로 208 숭곡중학교 별관 성북강북교육지원센터 3층	02-917-7887
	은평어울림Wee센터	서울시 은평구 통일로 650 서울 어울초등학교 지하 1층	070-4160-5858
	중부Wee센터	서울시 용산구 두텁바위로 74 용산중학교 내	02-722-7887
	학업중단예방Wee센터	서울시 종로구 송월길 48 별관 4층	02-3999-098
부산	남부교육지원청Wee센터	부산시 남구 못골로 29 부산남부교육지원청 5층	051-640-0205
	동래교육지원청Wee센터	부산시 연제구 고분로 56번길 39 연산중학교 묘봉관 2층	051-801-9190
	북부교육지원청Wee센터	부산시 북구 백양대로 1016번다길 44 북부교육지원청 1층	051-330-1361
	서부교육지원청Wee센터	부산시 서구 꽃마을로 33 서부교육지원청 5층	051-244-3266
	해운대교육지원청Wee센터	부산시 해운대구 세실로 137 해운대교육지원청 2층	051-709-0483

대구	경북Wee센터	대구시 북구 호국로 807	053-326-9279
	남부교육지원청 제2Wee센터	대구시 달서구 월배로 303 대서중학교 내 3층	053-234-0191
	남부교육지원청Wee센터	대구시 달서구 명덕로 22-9 내당초등학교 본관 3층	053-234-0151
	달성교육지원청Wee센터	대구시 달성군 화원읍 비슬로 506길 14 달성중학교 신관 1층	053-235-0060
	대구가톨릭Wee센터	대구시 남구 두류공원로 17길 33 라파엘관 2층	053-654-1388
	대동Wee센터	대구시 동구 화랑로 169 대동병원 별관1층	053-746-7379
	동부교육지원청Wee센터	대구시 중구 관덕정길 35 동부교육지원청 동관 3층	053-232-0022
	동산Wee센터	대구시 중구 대봉로 260 센트로팰리스아파트 108동 202호	053-431-0288
	서부교육지원청 제2Wee센터	대구시 서구 달서로 26길 25 후관동 내 1층	053-233-0028
	서부교육지원청Wee센터	대구시 북구 매천로 2길 19-22 팔달중학교 내	053-233-0023
인천	강화교육지원청Wee센터	인천시 강화군 강화읍 동문안길 20번길 16	032-930-7820
	남부교육지원청Wee센터	인천시 중구 차이나타운로 51번길 45 별관 1층	032-764-7179
	동부교육지원청Wee센터	인천시 남동구 인주대로 923 동부교육지원청 내	032-460-6371
	북부교육지원청Wee센터	인천시 부평구 부평문화로 53번길 35 북부교육지원청 내	032-510-5467
	서부교육지원청Wee센터	인천시 계양구 장제로 948번길 13 5층	032-555-7179
	인천광역시교육청Wee센터	인천시 남동구 문화로 169번길 73 상담동 2층	032-432-7179
광주	동부교육지원청Wee센터	광주시 북구 서양로 111 동부교육지원청 3층	062-605-5700
	서부교육지원청Wee센터	광주시 서구 상무번영로 98 서부교육지원청 내	062-600-9816
	서부교육지원청광산Wee센터	광주시 광산구 왕버들로 322번길 6 광주교육지원센터 3층	062-974-0078
대전	대전시교육청 Wee센터	대전시 중구 문화로 234번길 34 동부교육지원청 내	042-587-8819
	동부교육지원청Wee센터	대전시 중구 문화로 234번길 34	042-229-1250
	서부교육지원청Wee센터	대전시 서구 계백로 1419 서부교육지원청 3층	042-530-1004
울산	강남교육지원청Wee센터	울산시 남구 돋질로 91번길 34 별관 1층	052-700-5041
	강북교육지원청Wee센터	울산시 북구 산업로 1015 강북교육지원청 내	052-219-5655
	울산광역시교육청힐링Wee센터	울산시 울주군 언양읍 어음리 238-2	052-255-8190
경기	가평교육지원청Wee센터	경기도 가평군 가평읍 향교로 17	031-580-5174
	고양교육지원청Wee센터	경기도 고양시 일산동구 장대길 64-27	031-901-9173
	광명교육지원청Wee센터	경기도 광명시 광명로 777 광명교육지원청 별관 1층	02-2610-1472
	광주하남교육지원청Wee센터	경기도 광주시 광주대로 178 광주하남교육지원청 내	031-760-4092
	구리남양주교육지원청Wee센터	경기도 남양주시 경춘로 520 구리남양주교육지원청 2층	031-550-6132

경기	군포의왕교육지원청Wee센터	경기도 군포시 청백리길 17 군포의왕교육지원청 내	031-390-1143
	김포교육지원청Wee센터	경기도 김포시 김포한강1로 98번길 35 고창초등학교 후관 4층	031-985-3986
	동두천양주교육지원청Wee센터	경기도 동두천시 중앙로 110-32 동두천양주교육지원청 내	031-860-4356
	부천교육지원청Wee센터	경기도 부천시 계남로 219 부천교육지원청 내	070-7099-2175
	성남교육지원청Wee센터	경기도 성남시 분당구 양현로 20 성남교육지원청 5층	031-780-2655
	수원교육지원청Wee센터	경기도 수원시 장안구 연무로 8 창용중학교 별관 3층	031-246-0818
	시흥교육지원청Wee센터	경기도 시흥시 마유로 446번길 11-2 시흥교육지원청 2층	031-488-2417
	안산교육지원청Wee센터	경기도 안산시 단원구 원곡초교길 9 별관4층	031-508-5801
	안성교육지원청Wee센터	경기도 안성시 명륜길 82 안성교육지원청 별관 3층	031-678-5285
	안양과천교육지원청Wee센터	경기도 안양시 동안구 관평로 210 안양과천교육지원청 5층	031-380-7063
	양평교육지원청Wee센터	경기도 양평군 양평읍 양근강변길 126 경기양평교육지원청	031-770-5630
	여주교육지원청Wee센터	경기도 여주시 청심로 181 여주교육지원청 3층	031-880-2380
	연천교육지원청Wee센터	경기도 연천군 연천읍 연천로 356-1 연천교육지원청 4층	031-839-0144
	용인교육지원청Wee센터	경기도 용인시 수지구 대지로 128 4층	031-889-5890
	의정부교육지원청Wee센터	경기도 의정부시 가능로 136번길 29 의정부교육지원청 별관 1층	031-820-0093
	이천교육지원청Wee센터	경기도 이천시 이섭대천로 1311번길 18	031-639-5638
	파주교육지원청Wee센터	경기도 파주시 금정2길 55	070-4918-2422
	평택교육지원청Wee센터	경기도 평택시 장당길 40	031-665-0806
	포천교육지원청Wee센터	경기도 포천시 군내면 호국로 1520 포천교육지원청 마홀나래관 2층	031-539-0026
	화성오산교육지원청Wee센터	경기도 오산시 복삼미로 119 화성오산교육지원청 1층	031-371-0658
강원	강릉교육지원청Wee센터	강원도 강릉시 노암동 노암등길 39	033-640-1280
	고성교육지원청Wee센터	강원도 고성군 간성읍 간성로 80 강원도고성교육지원청	033-680-6025
	동해교육지원청Wee센터	강원도 동해시 천곡로 117 동해교육지원청 3층	033-530-3035
	삼척교육지원청Wee센터	강원도 삼척시 청석로 3길 32 강원도삼척교육지원청 1층	033-570-5104
	속초양양교육지원청Wee센터	강원도 속초시 미시령로 3336	033-639-6054
	양구교육지원청Wee센터	강원도 양구군 양구읍 관공서로 33 강원도양구교육지원청	033-482-8753
	영월교육지원청Wee센터	강원도 영월군 영월읍 영월로 1892	033-370-1163
	원주교육지원청Wee센터	강원도 원주시 단구로 151	033-760-5691

강원	인제교육지원청Wee센터	강원도 인제군 인제읍 인제로 193번길 15 강원도인제교육지원청	033-460-1005
	정선교육지원청Wee센터	강원도 정선군 정선읍 봉양4리 9	033-562-5877
	철원교육지원청Wee센터	강원도 철원군 갈말읍 명성로 179번길 27	033-452-1007
	춘천교육지원청Wee센터	강원도 춘천시 춘천로 145번길 18 춘천교육지원청	033-259-1691
	태백교육지원청 Wee센터	강원도 태백시 하장성1길 10 장성여자중학교 내	033-581-0804
	평창교육지원청Wee센터	강원도 평창군 평창읍 노성로 193-9 평창교육지원청	033-330-1794
	홍천교육지원청Wee센터	강원도 홍천군 홍천읍 꽃뫼로 95 홍천교육지원청	033-433-9232
	화천교육지원청Wee센터	강원도 화천군 화천읍 상승로 3길 22	033-441-9924
	횡성교육지원청Wee센터	강원도 횡성군 횡성읍 한우로 242번길 9	033-340-0382
충북	괴산증평교육지원청Wee센터	충북 괴산군 괴산읍 읍내로 3길 23	043-830-5079
	단양교육지원청Wee센터	충북 단양군 단양읍 별곡리 단양교육지원청 맞춤형교육지원센터 내	043-420-6121
	보은교육지원청Wee센터	충북 보은군 보은읍 장신로 31 행복교육센터	043-540-5556
	영동교육지원청Wee센터	충북 영동군 영동읍 학산영동로 1220 영동교육지원청 2층	043-740-7725
	옥천교육지원청Wee센터	충북 옥천군 옥천읍 삼양로 79 옥천교육지원청 1층	043-731-5062
	음성교육지원청Wee센터	충북 음성군 금왕읍 금석리 금석로 65-2	043-872-3351
	제천교육지원청Wee센터	충북 제천시 청전대로1길 7 제천학생회관 1층	043-653-0179
	진천교육지원청Wee센터	충북 진천군 진천읍 읍내리 상산로 48 진천교육지원청 별관	043-530-5361
	청주교육지원청Wee센터	충북 청주시 서원구 무신서로 485 청주교육지원청 별관	043-270-5853
	충주교육지원청Wee센터	충북 충주시 봉현로 170 충청북도충주교육지원청 센터동 2층	043-845-0252
충남	공주교육지원청Wee센터	충남 공주시 금성동 왕릉로 18 공주교육지원청 3층	041-850-2339
	금산교육지원청Wee센터	충남 금산군 금산읍 인삼로 14	041-750-8813
	논산계룡교육지원청Wee센터	충남 논산시 취암동 관촉로 253번길	041-730-7146
	당진교육지원청Wee센터	충남 당진시 남부로 186 당진교육지원청	041-351-2534
	보령교육지원청 Wee센터	충남 보령시 대천2동 보령북로 169 보령교육지원청 별관	041-930-6380
	부여교육지원청Wee센터	충남 부여군 부여읍 금성로 69-10 부여교육지원청 3층	041-830-8290
	서산교육지원청Wee센터	충남 서산시 읍내동 문화로 112 서산교육지원청 특수교육지원센터 2층	041-660-0347
	서천교육지원청Wee센터	충남 서천군 서천읍 충절로 97 서천외국어학습원 1층	041-951-9435
	아산교육지원청Wee센터	충남 아산시 문화로 53 아산교육지원청 3층	041-539-2480

충남	예산교육지원청Wee센터	충남 예산군 예산읍 역전로 126번길 14	041-330-3671
	천안교육지원청Wee센터	충남 천안시 서북구 광장로 239 천안교육지원청 지하 1층	041-629-0401
	청양교육지원청Wee센터	충남 청양군 청양읍 학당리 중앙로 252 청양교육지원청 3층	041-940-4490
	태안교육지원청Wee센터	충남 태안군 태안읍 남문리 원이로 28 태안교육지원청 3층	041-670-8252
	홍성교육지원청Wee센터	충남 홍성군 홍성읍 충절로 998	041-630-5553
전북	고창교육지원청Wee센터	전북 고창군 고창읍 중앙로 258 고창교육지원청 2층	063-560-1616
	군산교육지원청Wee센터	전북 군산시 번영로 181 군산동초등학교 내 수기당 2층	063-450-2680
	김제교육지원청Wee센터	전북 김제시 요촌동 요촌북로 70 김제교육지원청 5층	063-540-2551
	남원교육지원청Wee센터	전북 남원시 용성로 29 용성초등학교 내	063-635-8530
	무주교육지원청Wee센터	전북 무주군 무주읍 단천로 5길 22 무주교육지원청 신관 2층	063-324-3399
	부안교육지원청Wee센터	전북 부안군 부안읍 매창로 113 종합교육관 2층	063-580-7448
	순창교육지원청Wee센터	전북 순창군 순창읍 장류로 383 순창교육지원청 3층	063-650-6322
	완주교육지원청Wee센터	전북 전주시 덕진구 모래내 6길 17 완주교육지원청 후관	063-270-7696
	익산교육지원청 제1Wee센터	전북 익산시 중앙로 127 익산교육지원청 3층	063-850-8990
	익산교육지원청 제2Wee센터	전북 익산시 동서로 19길 100 이리북일초등학교 후관 3층	063-852-4501
	임실교육지원청Wee센터	전북 임실군 임실읍 봉황로 247	063-640-3571
	장수교육지원청Wee센터	전북 장수군 장수읍 장수리 312 장수교육지원청 영재교육원 1층	063-350-5226
	전주교육지원청Wee센터	전북 전주시 덕진구 진북1길 11번지 진북초등학교 내	063-253-9214
	정읍교육지원청Wee센터	전북 정읍시 상동 충정로 93	063-530-3080
	진안교육지원청Wee센터	전북 진안군 진안읍 학천변길 47	063-430-6294
전남	강진교육지원청Wee센터	전남 강진군 강진읍 금릉6길 8	061-430-1533
	고흥교육지원청Wee센터	전남 고흥군 고흥읍 등암리 백련장전길 36	061-830-2074
	곡성교육지원청Wee센터	전남 곡성군 곡성읍 곡성로 855	061-362-3994
	광양교육지원청Wee센터	전남 광양시 광양읍 우산길 3	061-762-2821
	구례교육지원청Wee센터	전남 구례군 구례읍 구례2길 21	061-780-6690
	나주교육지원청Wee센터	전남 나주시 북망문길 2 나주시교육청 나주영재교육원	061-337-7179
	담양교육지원청Wee센터	전남 담양군 창평면 의병로 173 창평초등학교 별관 영어타운 2층	061-383-7179
	목포교육지원청Wee센터	전남 목포시 교육로 5 목포교육지원청 2층	061-280-6624

전남	무안교육지원청Wee센터	전남 무안군 무안읍 승달로 63 무안교육지원청 3층	061-450-7025
	보성교육지원청Wee센터	전남 보성군 보성읍 새싹길 26 보성교육지원청 3층	061-850-7125
	순천교육지원청Wee센터	전남 순천시 연향2로 15	061-729-7779
	신안교육지원청Wee센터	전남 목포시 중동2가 165번길 25 신안교육지원청	061-240-3690
	여수교육지원청Wee센터	전남 여수시 관문동 1길 39	061-690-0833
	영광교육지원청Wee센터	전남 영광군 영광읍 중앙로 204 영광교육지원청 교육희망관	061-350-6645
	영암교육지원청Wee센터	전남 영암군 영암읍 망호리 753 영암교육지원청 2층	061-470-4135
	완도교육지원청Wee센터	전남 완도군 완도읍 개포로 114번길 30-12 완도교육지원청 3층	061-550-0575
	장성교육지원청Wee센터	전남 장성군 장성읍 방울샘길 22	061-390-6195
	장흥교육지원청Wee센터	전남 장흥군 장흥읍 동교로 58-13	061-860-1294
	진도교육지원청Wee센터	전남 진도군 진도읍 성내리 38-1	061-540-5115
	함평교육지원청Wee센터	전남 함평군 함평읍 중앙길 164 기각리 892-3	061-320-6631
	해남교육지원청Wee센터	전남 해남군 해남읍 교육청길 50 전남해남교육청	061-530-1147
	화순교육지원청Wee센터	전남 화순군 화순읍 진각로 159 화순교육지원청 3층	061-3703-7190
경북	경산교육지원청Wee센터	경북 경산시 원효로 309-6 경산교육지원청	053-810-7508
	경주교육지원청Wee센터	경북 경주시 탑리 5길 31 오름초등학교 1층	054-743-7142
	고령교육지원청Wee센터	경북 고령군 고령읍 연조 1길 10	054-950-2592
	구미교육지원청Wee센터	경북 구미시 신비로 3길 37-8	054-465-6279
	군위교육지원청Wee센터	경북 군위군 군위읍 군청로 204	054-380-8240
	김천교육지원청Wee센터	경북 김천시 충효길 19 김천교육지원청 3층	054-420-5288
	문경교육지원청Wee센터	경북 문경시 호계면 태봉1길 25	054-550-5531
	봉화교육지원청Wee센터	경북 봉화군 봉화읍 봉화로 1202	054-679-1790
	상주교육지원청Wee센터	경북 상주시 중앙로 179	054-531-9940
	성주교육지원청Wee센터	경북 성주군 성주읍 주산로 71-4	054-930-2075
	안동교육지원청Wee센터	경북 안동시 영호6길 26 안동교육지원청 학교교육지원센터 2층	054-859-9501
	영덕교육지원청Wee센터	경북 영덕군 영덕읍 읍사무소1길 32-15 영덕교육지원청 3층	054-730-8015
	영양교육지원청Wee센터	경북 영양군 영양읍 영양창수로 83	054-680-2281
	영주교육지원청Wee센터	경북 영주시 가흥로 165 영주교육지원청	054-630-4214

경북	영천교육지원청Wee센터	경북 영천시 화룡동 장수로 18-2 3층	054-330-2328
	예천교육지원청Wee센터	경북 예천군 예천읍 중앙로 40-5	054-650-2552
	울릉교육지원청Wee센터	경북 울릉군 울릉읍 약수터길 40 울릉교육지원청	054-790-3036
	울진교육지원청Wee센터	경북 울진군 근남면 진복1길 울진학생야영장 2층	054-782-9915
	의성교육지원청Wee센터	경북 의성군 의성읍 구봉길 168-7 의성교육지원청 정보교육관 1층	054-830-1125
	청도교육지원청Wee센터	경북 청도군 청도읍 남성현로 31	054-370-1194
	청송교육지원청Wee센터	경북 청송군 진보면 진보로 149 진보초등학교 후관 3층	054-874-9360
	칠곡교육지원청Wee센터	경북 칠곡군 왜관읍 중앙로 10길 33 칠곡교육지원청 3층	054-979-2129
	포항교육지원청Wee센터	경북 포항시 북구 상호로 30 포항중앙초등학교 3층	054-244-2090
경남	거제교육지원청Wee센터	경남 거제시 거제중앙로 9길 13-4 거제교육지원청 별관 2층	055-636-9673
	거창교육지원청Wee센터	경남 거창군 거창읍 거함대로 3235 경상남도거창교육지원청 3층	055-940-6191
	고성교육지원청Wee센터	경남 고성군 고성읍 성래로 79번길 10 2층	055-673-3801
	김해교육지원청Wee센터	경남 김해시 삼안로 24번길 7 활천초등학교 서관 4층	070-8767-7571
	남해교육지원청Wee센터	경남 남해군 남해읍 화전로 95번길 14	055-864-3653
	밀양교육지원청Wee센터	경남 밀양시 상남면 밀양대로 1524 영재교육원 1층	055-350-1494
	사천교육지원청Wee센터	경남 사천시 삼상로 85	055-830-1544
	산청교육지원청Wee센터	경남 산청군 산청읍 친환경로 2720번길 10 경상남도산청교육지원청 2층	055-970-3037
	양산교육지원청Wee센터	경남 양산시 물금읍 청룡로 53	055-379-3053
	의령교육지원청Wee센터	경남 의령군 의령읍 충익로 62	055-570-7131
	진주교육지원청Wee센터	경남 진주시 비봉로 23번길 8 진주교육청 4층	055-740-2091
	창녕교육지원청Wee센터	경남 창녕군 창녕읍 창녕대로 135	055-530-3505
	창원교육지원청Wee센터	경남 창원시 의창구 중앙대로 228번길 3 창원교육지원청 후관 1층	055-210-0461
	통영교육지원청Wee센터	경남 통영시 광도면 죽림리 죽림2로 25-32 통영교육지원청 3층	055-650-8025
	하동교육지원청Wee센터	경남 하동군 하동읍 군청로 191	055-880-1952
	함안교육지원청Wee센터	경남 함안군 가야읍 함안대로 497	055-580-8048

경남	함양교육지원청Wee센터	경남 함양군 함양읍 함양로 1157	055-960-2723
	합천교육지원청Wee센터	경남 합천군 합천읍 동서로 150	055-930-7060
제주	서귀포시교육지원청Wee센터	제주도 서귀포시 토평로 43	064-730-8181
	제주시교육청Wee센터	제주도 제주시 이도이동 남광로 27번지	064-754-1252
세종	세종시교육청세종아람Wee센터	세종시 도움1로 116 종촌종합복지센터 2층	044-715-7979
	세종시교육청Wee센터	세종시 한누리대로 2154 세종시교육청 1층	044-320-2470

• 전국 학교밖청소년지원센터

지역	기관명	주소	상담전화
서울	서울시학교밖청소년지원센터	(04543) 서울시 중구 을지로 11길 23 청소년수련관 7층	02-2285-1318
	용산구학교밖청소년지원센터	(04316) 서울시 용산구 백범로 329 용산꿈나무종합타운 4층	02-706-1318
	광진구학교밖청소년지원센터	(05072) 서울시 광진구 아차산로 24길 17 3층 청소년상담복지센터	02-2205-2300
	동대문구학교밖청소년지원센터	(02586) 서울시 동대문구 천호대로 2길 23-9	02-2237-1318
	중랑구학교밖청소년지원센터	(02254) 서울시 중랑구 용마산로 217	02-490-0222
	성북구학교밖청소년지원센터	(02814) 서울시 성북구 정릉로 242 성북아동청소년센터 4층	02-3292-1787
	강북구학교밖청소년지원센터	(01012) 서울시 강북구 4.19로 74 3층	02-6715-6665
	도봉구학교밖청소년지원센터	(01412) 서울시 도봉구 노해로 69길 132 창동문화체육센터 1층	02-6956-4505
	노원구학교밖청소년지원센터	(01638) 서울시 노원구 덕릉로 115길 성원빌딩 5층	070-4290-6484
	은평구학교밖청소년지원센터	(03476) 서울시 은평구 백련산로 4길 16 1층	02-382-5966
	서대문구학교밖청소년지원센터	(03676) 서울시 서대문구 증가로 30길 45-9 휴먼센터 3~4층	02-3141-1388
	마포구학교밖청소년지원센터	(04016) 서울시 마포구 희우정로 77 마포한강아이파크 상가동 마포구청소년지원센터	02-6376-9900
	강서구학교밖청소년지원센터	(07647) 서울시 강서구 공항대로 42길 23-19 강서청소년회관 3층	02-3662-1388
	구로구학교밖청소년지원센터	(08256) 서울시 구로구 부일로 949 구로구청소년문화의집 3층	02-863-1318
	금천구학교밖청소년지원센터	(08645) 서울시 금천구 금하로 30길 54	02-803-1873
	영등포구학교밖청소년지원센터	(07369) 서울시 영등포구 도영로 22길 36 해광빌딩 2층	02-2637-1318
	동작구학교밖청소년지원센터	(07062) 서울시 동작구 여의대방로 20길 33 보라매청소년센터 슬기동 2층	02-834-1358
	관악구학교밖청소년지원센터	(08790) 서울시 관악구 남부순환로 234길 73 싱글벙글교육센터 벙글동 4층	02-877-9400
	서초구학교밖청소년지원센터	(06703) 서울시 서초구 방배로 5길 11 2층	02-525-9128
	강남구학교밖청소년지원센터	(06362) 서울시 강남구 광평로 144 2층 상담복지센터	02-2226-8555
	송파구학교밖청소년지원센터	(05807) 서울시 송파구 송파대로 14길 7 2층	02-3402-1318
	중구학교밖청소년지원센터	(04596) 서울시 중구 동호로 5길 19 중구청소년수련관 2층 청소년지원센터	02-2250-0543

서울	강동구학교밖청소년지원센터	(05211) 서울시 강동구 아리수로 93길 47	02-6252-1387
	성동구학교밖청소년지원센터	(04750) 서울시 성동구 고산자로 260 성동청소년센터 308호	02-2296-1318
	양천구학교밖청소년지원센터	(07991) 서울시 양천구 목동서로 143 2층	02-2645-1318
	종로구학교밖청소년지원센터	(03090) 서울시 종로구 창신길 124 3~4층	02-742-1318
부산	부산광역시학교밖청소년지원센터	(47247) 부산시 부산진구 서전로43 6층	051-304-1318
	부산영도구학교밖청소년지원센터	(49113) 부산시 영도구 절영로 321 함지골청소년수련관 1층	051-405-5224
	부산진구학교밖청소년지원센터	(47209) 부산시 부산진구 동평로 405번길 85 양정청소년수련관 2층	051-868-0905
	부산동래구학교밖청소년지원센터	(47710) 부산시 동래구 중앙대로 1523 SK허브스카이 A3동 05~06호	051-555-1388
	부산서구학교밖청소년지원센터	(49206) 부산시 서구 시약로 125 1층	051-714-0701
	부산북구학교밖청소년지원센터	(46579) 부산시 북구 덕천로 3	051-334-3003
	해운대구학교밖청소년지원센터	(48088) 부산시 해운대구 해운대로 575 국제빌딩 11층	051-715-1377
	부산금정구학교밖청소년지원센터	(46267) 부산시 금정구 기찰로 96번길 47	051-714-2079
	부산강서구학교밖청소년지원센터	(46700) 부산시 강서구 대저로 63번길 31	051-972-4595
	사하구학교밖청소년지원센터	(49412) 부산시 사하구 동매로 161 1, 3층	051-207-7179
	부산수영구학교밖청소년지원센터	(48264) 부산시 수영구 수영로 521번길 77 청소년문화의집 3층	051-759-8422
	부산사상구학교밖청소년지원센터	(46931) 부산시 사상구 덕상로 129 사상구청소년수련관 3층	051-316-2214
	부산기장군학교밖청소년지원센터	(46069) 부산시 기장군 차성서로 86 대라다목적도서관 4층	051-792-4927
	부산남구학교밖청소년지원센터	(48494) 부산시 남구 유엔평화로 24 5층 남구청소년상담복지센터	051-621-4831
	연제구학교밖청소년지원센터	(47525) 부산시 연제구 아시아드대로 46번길 45 거제종합사회복지관 내 연제구청소년지원센터	051-507-7658
	부산동구학교밖청소년지원센터	(48723) 부산시 동구 범곡로 9 비전센터 3층	051-632-1388

대구	대구광역시학교밖청소년지원센터	(42429) 대구시 남구 봉덕로 45 1층	053-431-1388
	대구중구학교밖청소년지원센터	(41919) 대구시 중구 국채보상로 541 8층	053-422-2121
	대구동구학교밖청소년지원센터	(41155) 대구시 동구 동촌로 16길 20 2층	053-963-9400
	대구서구학교밖청소년지원센터	(41770) 대구시 서구 서대구로 222 보훈회관 3층	053-216-8310
	대구남구학교밖청소년지원센터	(42452) 대구시 남구 현충로 64 대구YWCA 3층	053-652-5656
	대구북구학교밖청소년지원센터	(41516) 대구시 북구 검단로 71-17 북구청소년회관 2층 207호	053-384-6985
	수성구학교밖청소년지원센터	(42027) 대구시 수성구 달구벌대로 2451 5층	053-666-4206
	달서구학교밖청소년지원센터	(42609) 대구시 달서구 계대동문로 11길 33	053-592-1378
	대구달성군학교밖청소년지원센터	(42985) 대구시 달성군 논공읍 논공로 252	053-614-1389
	대구광역시학교밖청소년지원센터	(42429) 대구시 남구 봉덕로 45 1층	053-431-1388
	대구중구학교밖청소년지원센터	(41919) 대구시 중구 국채보상로 541 8층	053-422-2121
	대구동구학교밖청소년지원센터	(41155) 대구시 동구 동촌로 16길 20 2층	053-963-9400
	대구서구학교밖청소년지원센터	(41770) 대구시 서구 서대구로 222 보훈회관 3층	053-216-8310
	대구남구학교밖청소년지원센터	(42452) 대구시 남구 현충로 64 대구YWCA 3층	053-652-5656
	대구북구학교밖청소년지원센터	(41516) 대구시 북구 검단로 71-17 북구청소년회관 2층 207호	053-384-6985
	수성구학교밖청소년지원센터	(42027) 대구시 수성구 달구벌대로 2451 5층	053-666-4206
	달서구학교밖청소년지원센터	(42609) 대구시 달서구 계대동문로 11길 33	053-592-1378
	대구달성군학교밖청소년지원센터	(42985) 대구시 달성군 논공읍 논공로 252	053-614-1389
인천	인천광역시학교밖청소년지원센터	(22573) 인천시 동구 박문로1 가톨릭청소년센터 1층	032-721-2328
	인천중구학교밖청소년지원센터	(22309) 인천시 중구 참외전로 72번길 25 동인천동행정복지센터 3층	032-765-1009
	인천동구학교밖청소년지원센터	(22543) 인천시 동구 솔빛로 82 3층 꿈드림	032-777-1383
	인천미추홀구(남구)학교밖청소년지원센터	(22136) 인천시 미추홀구 주안로 82 6층	032-868-9846

인천	인천연수구학교밖청소년지원센터	(21913) 인천시 연수구 비류대로 429 4층	032-822-9840
	인천남동구학교밖청소년지원센터	(21524) 인천시 남동구 만수서로 70 3층	032-453-5876
	인천부평구학교밖청소년지원센터	(21387) 인천시 부평구 부평문화로 37번길 1 3층	032-509-8910
	인천계양구학교밖청소년지원센터	(21026) 인천시 계양구 장제로 937 계양구청소년수련관 4층	032-547-0853
	인천서구학교밖청소년지원센터	(22819) 인천시 서구 원적로 7번길 12 2층 청소년지원센터 꿈드림	032-584-1387
광주	광주광역시학교밖청소년지원센터	(61985) 광주시 서구 화정로 179번길 63 2층	062-376-1324
	광주동구학교밖청소년지원센터	(61502) 광주시 동구 지원로 34 2층	062-673-1318
	광주서구학교밖청소년지원센터	(62048) 광주시 서구 금화로 278 국민생활관 213~215호	062-710-1388
	광주남구학교밖청소년지원센터	(61728) 광주시 남구 서문대로 693	062-716-1324
	광주북구학교밖청소년지원센터	(61132) 광주시 북구 대천로 86	062-268-1318
	광산구학교밖청소년지원센터	(62363) 광주시 광산구 무진대로 246-7 101동 2층	062-951-1378
대전	대전광역시학교밖청소년지원센터	(34630) 대전시 동구 대전천동로 508 6층 꿈드림	042-222-1388
	대전서구학교밖청소년지원센터	(35334) 대전시 서구 도솔로 72	042-527-1388
	대전유성구학교밖청소년지원센터	(34166) 대전시 유성구 유성대로 798-1 2층	042-826-1388
울산	울산광역시학교밖청소년지원센터	(44532) 울산시 중구 강북로 105 롯데캐슬스카이 2층 201호~203호	052-227-2000
	울산남구학교밖청소년지원센터	(44692) 울산시 남구 돋질로 106 마이코즈 3층	052-291-1388
	울산동구학교밖청소년지원센터	(44011) 울산시 동구 남목9길 13 4층	052-232-5900
	울산북구학교밖청소년지원센터	(44224) 울산시 북구 제내1길 6 예세빌딩 4층	052-281-0924
	울주군학교밖청소년지원센터	(45001) 울산시 울주군 온산읍 명봉거남로 4 4층	052-229-9635
경기	경기도학교밖청소년지원센터	(16506) 경기도 수원시 영통구 광교로 156 광교비즈니스센터 105호	031-253-1519
	수원시학교밖청소년지원센터	(16486) 경기도 수원시 팔달구 권광로 293 수원청소년문화센터 본관(연수동) 지하1층	031-236-1317

경기	성남시학교밖청소년지원센터	(13439) 경기도 성남시 중원구 성남대로 997번길 25-9 성남시청소년상담복지센터 2층 꿈드림	031-729-9171
	의정부시학교밖청소년지원센터	(11714) 경기도 의정부시 평화로 155-1 장수원어린이집 3층	031-872-1388
	안양시학교밖청소년지원센터	(13997) 경기도 안양시 만안구 안양로 263번길 31	031-8045-5012
	부천시학교밖청소년지원센터	(14727) 경기도 부천시 소사구 경인로 92번길 33 송내어울마당 5층	032-327-2232
	광명시학교밖청소년지원센터	(14241) 경기도 광명시 디지털로 34 노둣돌 1호동 3층	02-6677-1318
	평택시학교밖청소년지원센터	(17903) 경기도 평택시 평남로 616 청소년문화센터 4층	031-656-8442
	동두천시학교밖청소년지원센터	(11362) 경기도 동두천시 지행로 95 동두천청소년수련관 3층	031-865-2000
	안산시학교밖청소년지원센터	(15387) 경기도 안산시 단원구 원초로 76 4층	031-414-1318
	고양시학교밖청소년지원센터	(10512) 경기도 고양시 덕양구 중앙로 633번길 25 토당청소년수련관 2층	031-970-4032
	과천시학교밖청소년지원센터	(13828) 경기도 과천시 참마을로 9 과천시청소년상담복지센터	02-502-1318
	구리시학교밖청소년지원센터	(11934) 경기고 구리시 안골로 32-1 1층	031-565-1388
	남양주학교밖청소년지원센터	(12244) 경기도 남양주시 다산지금로 51-47 청소년수련관 2층 해밀교실라온짬	031-590-3951
	오산시학교밖청소년지원센터	(18136) 경기도 오산시 오산로 278번길 3 2층	031-372-4004
	시흥시학교밖청소년지원센터	(14914) 경기도 시흥시 은행로 179 청소년수련관 별관 1층	031-404-1318
	군포시학교밖청소년지원센터	(15823) 경기도 군포시 수리산로 112 수리산상상마을 슬기관 2층	031-399-1366
	의왕시학교밖청소년지원센터	(16077) 경기도 의왕시 문화공원로 33 의왕시 청소년수련관 3층	031-459-1334
	하남시학교밖청소년지원센터	(12919) 경기도 하남시 미사강변중앙로 95 하남시청소년수련관 2층	031-790-6304
	용인시학교밖청소년지원센터	(17019) 경기도 용인시 처인구 중부대로 1161번길 69-2	031-328-9840
	파주시학교밖청소년지원센터	(10915) 경기도 파주시 금릉역로 85	031-946-1771
	이천시학교밖청소년지원센터	(12345) 경기도 이천시 영창로 260 3층 이천시청소년상담복지센터	031-634-2777
	안성시학교밖청소년지원센터	(17562) 경기도 안성시 공도읍 승두길 46	031-647-6151
	김포시학교밖청소년지원센터	(10099) 경기도 김포시 걸포로 76 걸포중앙공원 김포중봉청소년수련관 2층	031-980-1691

경기	화성시학교밖청소년지원센터	(18313) 경기도 화성시 봉담읍 진등1길 47-2	031-278-0179
	광주시학교밖청소년지원센터	(12779) 경기도 광주시 회안대로 350-17 광주시청소년수련관 4층	031-762-1318
	양주시학교밖청소년지원센터	(11492) 경기도 양주시 고읍남로 205 양주시청소년문화의집 3층	031-858-1318
	포천시학교밖청소년지원센터	(11184) 경기도 포천시 소흘읍 호국로 523번길 59-56 청소년교육문화센터 2층 청소년상담복지센터	031-538-3398
	여주시학교밖청소년지원센터	(12636) 경기도 여주시 신륵사길 6-8	031-886-0542
	가평군학교밖청소년지원센터	(12416) 경기도 가평군 가평읍 문화로 120	031-582-2000
	양평군학교밖청소년지원센터	(12556) 경기도 양평군 양평읍 양근로 183 삼진빌딩 3층	031-775-1317
강원	강원도학교밖청소년지원센터	(24241) 강원도 춘천시 소양로 167 별관 3층	033-257-9805
	원주시학교밖청소년지원센터	(26475) 강원도 원주시 서원대로 234 청소년수련관 이음관 2층	033-813-1318
	강릉시학교밖청소년지원센터	(25474) 강원도 강릉시 종합운동장길 72-21	033-646-7942
	동해시학교밖청소년지원센터	(25759) 강원도 동해시 천곡2길 8	033-535-1038
	홍천군학교밖청소년지원센터	(25131) 강원도 홍천군 홍천읍 산림공원2길 31	033-432-1386
	영월군학교밖청소년지원센터	(26237) 강원도 영월군 영월읍 제방안길 100 청소년수련관 2층	033-375-1328
	정선군학교밖청소년지원센터	(26150) 강원도 정선군 사북읍 사북6길 12-6	033-591-1314
	철원군학교밖청소년지원센터	(24037) 강원도 철원군 갈말읍 명성로 139번길 52	033-450-5388
	속초시학교밖청소년지원센터	(24867) 강원도 속초시 관광로 363번길 14	033-635-0924
	춘천시학교밖청소년지원센터	(24400) 강원도 춘천시 동내면 외솔길 19번길 45	033-818-1318
	태백시학교밖청소년지원센터	(26044) 강원도 태백시 태백로 1663 (구)문곡청소년문화의집	033-582-7500
충북	충청북도학교밖청소년지원센터	(28516) 충북 청주시 상당구 대성로 103	043-257-0105
	청주시학교밖청소년지원센터	(28543) 충북 청주시 상당구 중앙로 30 청하빌딩 7층	043-223-0753
	서청주학교밖청소년지원센터	(28436) 충북 청주시 흥덕구 직지대로 351번길 56 청소년수련관 3층	043-264-8801
	충주시학교밖청소년지원센터	(27411) 충북 충주시 중원대로 3324 청소년수련원	043-856-7804
	제천시학교밖청소년지원센터	(27153) 충북 제천시 청전대로 12길 4 2층	043-642-7939
	보은군학교밖청소년지원센터	(28936) 충북 보은군 보은읍 뱃들4길 11-14	043-542-1388
	옥천군학교밖청소년지원센터	(29040) 충북 옥천군 옥천읍 동부로 39 청소년수련관 1층	043-731-1388

충북	영동군학교밖청소년지원센터	(29149) 충북 영동군 영동읍 성안길 8 여성회관 2층	043-744-5700
	증평군학교밖청소년지원센터	(27948) 충북 증평군 증평읍 보건복지로 64-2 증평군청소년수련관 2층	043-835-4193
	진천군학교밖청소년지원센터	(27832) 충북 진천군 진천읍 포석길 37-10	043-536-3430
	괴산군학교밖청소년지원센터	(28035) 충북 괴산군 괴산읍 읍내로 6길 20-9	043-834-7945
	음성군학교밖청소년지원센터	(27702) 충북 음성군 음성읍 음성천동길 122 2층	043-872-9024
	단양군학교밖청소년지원센터	(27012) 충북 단양군 단양읍 삼봉로 187-18 청소년수련관 2층	043-421-8370
충남	충청남도학교밖청소년지원센터	(31100) 충남 천안시 서북구 두정로 181 대연빌딩 3층	041-554-1380
	천안시학교밖청소년지원센터	(31129) 충남 천안시 동남구 은행길 15-1 도시창조두드림센터 4층	041-415-1318
	공주시학교밖청소년지원센터	(32546) 충남 공주시 대통1길 57	041-854-7942
	보령시학교밖청소년지원센터	(33466) 충남 보령시 문화원길 9 3층	041-935-1388
	아산시학교밖청소년지원센터	(31513) 충남 아산시 충무로 31 동성빌딩 6층	041-544-1388
	서산시학교밖청소년지원센터	(31967) 충남 서산시 서령로 136 서산문화복지센터 청소년수련관 3층	041-669-9056
	논산시학교밖청소년지원센터	(32993) 충남 논산시 논산대로 424 논산시청소년문화센터	041-746-5935
	계룡시학교밖청소년지원센터	(32829) 충남 계룡시 엄사면 문화로 31 계룡문화예술의전당 3층	042-551-1318
	당진시학교밖청소년지원센터	(31772) 충남 당진시 무수동7길 142-26	041-357-2000
	금산군학교밖청소년지원센터	(32726) 충남 금산군 금산읍 금산로 1559 다락원 만남의집 3층	041-751-1383
	서천군학교밖청소년지원센터	(33644) 충남 서천군 서천읍 서천향교길 3 2층	041-953-4040
	청양군학교밖청소년지원센터	(33323) 충남 청양군 청양읍 문화예술로 187 청양청소년문화의집 3층	041-940-4804
	홍성군학교밖청소년지원센터	(32293) 충남 홍성군 광천읍 홍남로 744번길 14	041-642-1388
	예산군학교밖청소년지원센터	(32424) 충남 예산군 예산읍 벚꽃로 214 청소년수련관 2층	041-335-1388
	태안군학교밖청소년지원센터	(32140) 충남 태안군 태안읍 백화로 199	041-674-2800
	부여군학교밖청소년지원센터	(33149) 충남 부여군 부여읍 의열로 43	041-837-1898
전북	전라북도학교밖청소년지원센터	(53925) 전북 전주시 덕진구 팔달로 346	063-274-1388
	전주시학교밖청소년지원센터	(55081) 전북 전주시 완산구 용머리로 94 3층	063-227-1005
	군산시학교밖청소년지원센터	(54121) 전북 군산시 동리2길 7	063-468-2870

전북	익산시학교밖청소년지원센터	(54621) 전북 익산시 인북로 32길 32 여성회관 1층	063-852-1388
	정읍시학교밖청소년지원센터	(56190) 전북 정읍시 상동중앙로 14	063-531-3000
	남원시학교밖청소년지원센터	(55749) 전북 남원시 충정로 72 남원시청소년수련관 3층	063-633-1977
	김제시학교밖청소년지원센터	(54378) 전북 김제시 요촌길 45 2층	063-545-0112
	완주군학교밖청소년지원센터	(55340) 전북 완주군 삼례읍 삼봉로 125 완주군청소년상담복지센터 2층	063-291-3303
	무주군학교밖청소년지원센터	(55514) 전북 무주군 무주읍 한풍루로 326-34 2층	063-324-6688
	순창군학교밖청소년지원센터	(56047) 전북 순창군 순창읍 장류로 192 청소년수련관 3층	063-652-1388
전남	전라남도학교밖청소년지원센터	(58726) 전남 목포시 북교길 22 3층	061-242-7474
	목포시학교밖청소년지원센터	(58684) 전남 목포시 신흥로 83번길 14 목련아파트 복지동 1층	061-284-0924
	여수시학교밖청소년지원센터	(59739) 전남 여수시 고소4길 6-4	070-8824-1318
	순천시학교밖청소년지원센터	(57992) 전남 순천시 명말1길 57 3층	061-749-4235
	광양시학교밖청소년지원센터	(57790) 전남 광양시 광장로 14 청소년문화센터 2층	061-795-7953
	담양군학교밖청소년지원센터	(57341) 전남 담양군 담양읍 중앙로 83 담양군청소년문화의 집 2층	061-381-0924
	곡성군학교밖청소년지원센터	(57504) 전남 곡성군 옥과면 리문5길 11-5	061-363-9586
	보성군학교밖청소년지원센터	(59453) 전남 보성군 보성읍 송재로 281-7 2층	061-853-1377
	강진군학교밖청소년지원센터	(59233) 전남 강진군 강진읍 영랑로1길 10 복지타운 3층	061-432-1388
	해남군학교밖청소년지원센터	(59028) 전남 해남군 해남읍 수성2길 9 2층	061-535-1315
	무안군학교밖청소년지원센터	(58517) 전남 무안군 현경면 공항로 347-83	061-454-5285
	함평군학교밖청소년지원센터	(57149) 전남 함평군 함평읍 중앙길 154	061-323-9995
	영광군학교밖청소년지원센터	(57045) 전남 영광군 영광읍 중앙로 119 1층	061-353-6188
	장성군학교밖청소년지원센터	(57222) 전남 장성군 장성읍 문화로 110 청소년수련관 별관 노란원형건물 1층	061-393-1387
	신안군학교밖청소년지원센터	(58827) 전남 신안군 압해읍 천사로 1004 신안군청 기록관	061-240-8702
	나주시학교밖청소년지원센터	(58254) 전남 나주시 죽림길 34 2층	061-335-1388
	화순군학교밖청소년지원센터	(58114) 전남 화순군 화순읍 광덕로 231 화순군민종합문화센터 2층	061-375-7443
	장흥군학교밖청소년지원센터	(59327) 전남 장흥군 장흥읍 홍성로 37-23	061-863-1318

전남	영암군학교밖청소년지원센터	(58418) 전남 영암군 영암읍 영암로 1511 영암군청소년수련관 2층	061-470-6791
경북	경상북도학교밖청소년지원센터	(36708) 경북 안동시 축제장길 20 경상북도청소년지원센터 꿈드림	054-850-1003
	포항시학교밖청소년지원센터	(37601) 경북 포항시 북구 삼호로 533 청소년수련관 1층 청소년지원센터 꿈드림	054-240-9171
	경주시학교밖청소년지원센터	(38088) 경북 경주시 알천북로 131	054-760-7744
	김천시학교밖청소년지원센터	(39570) 경북 김천시 다삼로 3	054-434-1399
	안동시학교밖청소년지원센터	(36708) 경북 안동시 축제장길 42 안동시청소년수련관 2층	054-841-7937
	구미시학교밖청소년지원센터	(39221) 경북 구미시 구미중앙로 11길 13	054-443-1388
	영주시학교밖청소년지원센터	(36073) 경북 영주시 광복로 63 2층	054-639-5865
	영천시학교밖청소년지원센터	(38844) 경북 영천시 운동장로 92 2층	054-338-2000
	상주시학교밖청소년지원센터	(37159) 경북 상주시 북상주로 24-42 상주시청소년수련관 1층	054-537-6723
	문경시학교밖청소년지원센터	(36949) 경북 문경시 중앙로 50 문경시드림스타트 3층	054-550-6600
	경산시학교밖청소년지원센터	(38627) 경북 경산시 서상길 75	053-815-4105
	봉화군학교밖청소년지원센터	(36238) 경북 봉화군 봉화읍 내성로 1길 17-20	054-674-1318
	울진군학교밖청소년지원센터	(36324) 경북 울진군 울진읍 대나리항길 2 고우이청소년수련관	054-789-5436
	고령군학교밖청소년지원센터	(40138) 경북 고령군 왕릉로 30	054-956-1320
	칠곡군학교밖청소년지원센터	(39885) 경북 칠곡군 왜관읍 2번도로길 83 칠곡군아동청소년문화복지센터 3층	054-971-0425
경남	경상남도학교밖청소년지원센터	(51138) 경남 창원시 의창구 사림로 45번길 59 청소년관 4층	055-711-1336
	창원시학교밖청소년지원센터	(51412) 경남 창원시 의창구 두대로 97 3층	055-225-3907
	진주시학교밖청소년지원센터	(52686) 경남 진주시 북장대로 6번길 9	055-749-7939
	통영시학교밖청소년지원센터	(53078) 경남 통영시 발개로 194 통영시청소년수련원 3층	055-641-0079
	사천시학교밖청소년지원센터	(52561) 경남 사천시 문선 4길 23 청소년수련관 3층 상담복지센터	055-832-7942
	김해시학교밖청소년지원센터	(50912) 경남 김해시 가락로 176번길 3	055-314-1388
	밀양시학교밖청소년지원센터	(50436) 경남 밀양시 삼문송림길 26 청소년수련관 2층	055-352-0924

경남	거제시학교밖청소년지원센터	(53246) 경남 거제시 중곡로 46 고현청소년문화의집 2층	055-639-4989
	양산시학교밖청소년지원센터	(50520) 경남 양산시 웅상대로 1009-2 지하 1층	055-367-1318
	의령군학교밖청소년지원센터	(52151) 경남 의령군 의령읍 의병로 8길 44	055-570-4972
	함안군학교밖청소년지원센터	(52046) 경남 함안군 가야읍 말산 1길 10 청소년수련관 2층	055-583-0921
	고성군학교밖청소년지원센터	(52932) 경남 고성군 고성읍 교사4길 13 고성군청소년문화의집 3층	055-670-2921
	남해군학교밖청소년지원센터	(52419) 경남 남해군 남해읍 망운로 32 종합사회복지관 3층	055-864-7962
	하동학교밖청소년지원센터	(52326) 경남 하동군 하동읍 중앙로 72 청소년수련관 2층	055-884-3001
	산청군학교밖청소년지원센터	(52226) 경남 산청군 산청읍 웅석봉로 92	055-970-6594
	함양군학교밖청소년지원센터	(50034) 경남 함양군 함양여중길 10 2층	055-960-5157
	거창군학교밖청소년지원센터	(50130) 경남 거창군 거창읍 교촌길 100-30 청소년수련관 3층	055-940-8860
	합천군학교밖청소년지원센터	(50236) 경남 합천군 중앙로 2길 15	055-930-3909
	창녕군학교밖청소년지원센터	(50332) 경남 창녕군 창녕읍 화왕산 1로 46 청소년수련관 5층	055-532-2000
	창원시마산학교밖청소년지원센터	(51358) 경남 창원시 마산회원구 팔용로 128 별관 2층	055-225-7292
	창원시진해학교밖청소년지원센터	(51629) 경남 창원시 진해구 진해대로 1101 진해종합사회복지관 203호	055-225-3893
제주	제주특별자치도학교밖청소년지원센터	(63222) 제주도 제주시 구남로 7길 4 3층	064-759-9982
	서귀포시학교밖청소년지원센터	(63590) 제주도 서귀포시 중앙로 94 3층	064-763-9191
	제주시학교밖청소년지원센터	(63097) 제주도 제주시 남녕로 39 3층	064-725-7999
세종	세종시학교밖청소년지원센터	(30024) 세종시 조치원읍 새내로 108 세종조치원금융센터 2층	044-868-1318

참고문헌

강만철(2005). 청소년 인터넷 중독 실태 분석. 사회연구, 1(2), 249-265.

강순화, 김영진, 오혜영, 이성한, 이양희, 이창호, 정순례(2006). 행동요법II. 경기: 양서원.

강신덕(1998). 청소년상담 개인상담 실습교재. 서울: 한국청소년상담원.

고영인(2001). 개인상담과 집단상담을 위한 상담연습 워크북. 서울: 문음사.

공윤정(2008). 상담자 윤리. 서울: 학지사.

교육부(2014). 교육통계. 세종: 교육부.

교육부(2018). 학생정서행동특성검사. 세종: 교육부.

구본용, 김성이, 오익수, 황순길, 지승희(2002). 청소년비행상담. 서울: 한국청소년상담원.

권석만 역(2007). 인지치료의 창시자 아론 벡(*Aaron T. Beck*). E. W. Majorie 저. 서울: 학지사. (원저는 2007년에 출판).

권석만(1997). 인간관계심리학. 서울: 학지사.

권석만(2015). 현대 성격심리학. 서울: 학지사.

금명자, 장미경, 양미진, 이문희(2004). 청소년또래상담. 서울: 한국청소년상담원.

김계현(2003). 상담심리학 연구: 집단 · 진로 · 학업 · 가족 상담. 서울: 학지사.

김남성(1990). 행동요법. 서울: 배영사.

김남성, 김양현, 박경애(2006). 행동요법I. 경기: 양서원.

김동일, 정여주, 이은아, 김동민, 조영미(2008). 간략형 청소년 인터넷중독 자가진단 척도 개발과 타당화. 상담학연구, 9(4), 1703-1722.

김성수 역(2003). 정신분석을 읽는다(精神分析ってなんだろう). 山田由佳 편저. 서울: 북스힐.

(원저는 2002년에 출판).
김영진(2003a). 상담 과정과 문제행동. 서울: 교육과학사.
김영진(2003b). 심리학 역사 속에서의 상담이론. 서울: 교육과학사.
김영채 역(2003). 학습심리학(*An Introduction to Theories of Learning*). B. R. Hergenhahn & H. O. Matthew 공저. 서울: 박영사. (원저는 2007년에 출판).
김용익, 이동훈, 박원모(2010). 고등학생의 ADHD 증상과 인터넷 과다사용 및 우울과의 관계. 상담학연구, 11(1), 245-264.
김인자 역(2000). 생활심리시리즈 5. 현실요법의 적용(*Using Reality Therapy*). E. W. Robert 저. 서울: 한국심리상담연구소. (원저는 1988년에 출판).
김인자(1999). 생활심리시리즈 10. 현실요법과 선택이론: 나의 삶, 나의 선택. 서울: 한국심리상담연구소.
김재엽, 송아영, 이지혜(2008). 청소년의 학교폭력경험이 인터넷 게임 중독에 미치는 영향: 우울의 매개효과와 청소년의 현실지각을 중심으로. 정신보건과 사회사업, 29, 150-176.
김진숙(2003). 청소년상담의 기초. 서울: 한국청소년상담원.
김청택, 김동일, 박중규, 이수진(2002). 인터넷 중독 예방상담 및 예방 프로그램 개발 연구. 대구: 한국정보문화진흥원.
김춘경, 이수연, 이윤주, 정종진, 최웅용(2010). 상담의 이론과 실제. 서울: 학지사.
김택호, 서미, 조한익(2005). 청소년의 탄력성집단과 부적응집단에 따른 이점 발견(benefit-finding)의 차이. 상담학연구, 6(2), 515-529.
김현택, 박동건(2003). 심리학: 인간의 이해. 서울: 학지사.
김형태(2005). 21세기를 위한 상담심리학. 서울: 동문사.
노안영(2002). 101가지 주제로 알아보는 상담심리. 서울: 학지사.
맹미희(2003). 스트레스, 자기통제력, 충동성, 자아존중감과 인터넷 중독의 상관연구. 고려대학교 대학원 석사학위논문.
문용린(2002). 신세대 부모여, 확신을 가져라. 서울: 열린.
박성수(1997). 상담이론. 서울: 한국방송통신대학교출판부.
박성수(1999). 생활지도. 서울: 정민사.
박성수, 김창대, 이숙영(2000). 상담심리학. 서울: 한국방송통신대학출판부.
박성희(2001). 상담과 상담학. 서울: 학지사.
박성희(2003). 상담의 도구. 서울: 학지사.
박승민(2005). 온라인게임 과다사용 청소년의 게임행동 조절과정 분석. 서울대학교 대학원 박사학위논문.

박재황, 남상인, 김창대, 김택호(1993). 청소년상담교육과정 개발연구. 서울: 한국청소년상담원.

박지현(2005). 청소년이 지각한 가정의 역기능과 청소년의 자아존중감의 관계. 건국대학교 대학원 석사학위논문.

배주미, 조영미, 김호순, 김승천, 정혜연, 전미진(2013). 상설 인터넷치유학교 전용 프로그램 개발 연구보고서. 부산: 한국청소년상담복지개발원.

보건복지부(2019). 2019 자살예방백서. 세종: 보건복지부.

송관재(2003). 생활 속의 심리학. 서울: 학지사.

송길연, 장유경 공역(2005). 발달심리학(*Introduction to Developmental Psychology*). S. Alan 저. 서울: 시그마프레스. (원저는 2003년에 출판).

송용대, 김현옥 공역(1991). 프로이드 정신분석의 새로운 이해(*New Ways in Psychoanalysis*). K. Horney 저. 서울: 중앙적성출판사. (원저는 1947년에 출판).

송원영(1998). 자기 효능감과 자기통제력이 인터넷의 중독적 사용에 미치는 영향. 연세대학교 대학원 석사학위논문.

신현숙, 구본용(2001). 청소년의 스트레스 대처방식과 적응의 관계. 서울: 한국청소년상담원.

신현숙, 김현주, 권해수, 손재환(2001). 지역현장 중심의 청소년상담 활성화 정책연구. 서울: 한국청소년상담원.

안차수(2008). 초등 청소년의 자기통제력과 자아존중감이 인터넷 중독과 예방프로그램의 효능에 미치는 영향. 언론과학연구, 8(3), 347-380.

여성가족부(2012). 지난 3년간 다문화가족의 초기 한국생활 적응력 진전. 여성가족부 보도자료.

여성가족부(2018). 2018년 인터넷·스마트폰 이용습관 진단 결과.

연문희, 강진령(2002). 학교상담: 21세기 학생생활지도. 경기: 양서원.

오선화, 하은혜(2014). 아동의 실행기능 및 ADHD 증상이 스마트폰 중독에 미치는 영향. 놀이치료연구, 17(1), 17-35.

오성춘 역(1991). 상담의 실제: 효과적인 상담기술(*The Skilled Helper: Model, Skills, and Methods for Effective Helping*). E. Gerard 저. 서울: 한국장로교출판사. (원저는 1975년에 출판).

오세진, 김용희, 김청송, 김형일, 신맹식, 양계민, 양돈규, 이요행, 이장한, 이재일, 정태연, 현주석(2010). 인간행동과 심리학(3판). 서울: 학지사.

유성경, 안희정, 이소래, 오익수(1999). 청소년 탈비행화 조력을 위한 효과적인 개입전략 개발연구. 서울: 한국청소년상담원.

윤가현, 권석만, 김문수, 남기덕, 도경수, 박권생, 송현주, 신민섭, 유승엽, 이영순, 이현진, 정봉교, 조한익, 천성문, 최준식(2012). 심리학의 이해(4판). 서울: 학지사.
이계원(2001). 청소년의 인터넷 중독에 관한 연구. 이화여자대학교 대학원 박사학위논문.
이성진, 박성수(1984). 행동수정의 사례집. 서울: 교육과학사.
이영희, 박외숙, 고향자 공역(2007). 칼 로저스: 인간중심치료의 창시자(*Carl Rogers*). T. Brian 저. 서울: 학지사. (원저는 2003년에 출판).
이용승 역(2007). 지그문트 프로이트: 정신분석의 창시자(*Sigmund Freud*). J. Michael 저. 서울: 학지사. (원저는 2003년에 출판).
이장호(1991). 단기상담의 주요이론과 접근방법. 한양대학교 학생생활연구소 단기상담과 위기개입 세미나 자료집. 미간행 자료.
이장호, 정남운, 조성호(2005). 상담심리학의 기초. 서울: 학지사.
이재창(1994). 진로교육 발전방안 탐색에 관한 연구. 진로교육연구, 2, 80-119.
이재창, 정진석, 문미란(2017). 자신과 타인의 이해를 위한 성격심리학. 서울: 태영출판사.
이창호, 김택호, 정찬석, 박재연, 선필호, 허윤정(2005). 2005 청소년상담백서. 서울: 한국청소년상담원.
이현림(2000). 상담이론과 실제. 서울: 원미사.
이형득(1988). 카운슬러의 전문적 자세의 정립. 지도상담, 13, 13-28.
이형득, 김계현, 김선남, 이숙영, 유성경(1999). 청소년상담자론. 서울: 한국청소년상담원.
이혜성, 이재창, 금명자, 박경애(1996). 청소년개인상담. 서울: 한국청소년상담원.
장혁표 역(1997). 학교 상담 심리학(學校相談心理學の展開). 神保信一 저. 서울: 중앙적성출판사. (원저는 1990년에 출판).
정순례(1989). William Glasser의 현실치료에 관한 이론적 고찰. 학생지도연구 제15집. 서울: 서울교육대학교 학생생활연구소.
정순례(1990). 행동의 통제. 교육문제연구 제5집. 서울: 명지전문대학 교육문제연구소.
정순례(2003). 교육심리학. 서울: 원미사.
정순례(2005). 행동수정의 이론과 실제. 서울: 문음사.
정순례(2007). 학습이론의 이해와 적용. 서울: 북카페.
주영아, 이호준, 손재환, 김상수, 신현수, 김소연(2006). 청소년상담지원센터 운영평가체제 개발. 서울: 한국청소년상담원.
한국청소년상담복지개발원(2015). 청소년상담복지에 관한 윤리적 · 법적 대응 매뉴얼: 상담사례를 중심으로.
한국청소년상담복지개발원(2017). 청소년 폭력 상담사례 윤리적 · 법적 대응 매뉴얼.
한국청소년상담복지개발원(2019). 청소년정책포럼: 청소년안전망의 새로운 변화 모색.
한국청소년상담원(2004). 청소년상담. 서울: 한국청소년상담원.

한국청소년상담원(2006). 청소년상담 과정 및 기법. 서울: 한국청소년상담원.

한국청소년상담원(2007). 다문화가정 외국인 모의 경험에 관한 연구. 서울: 한국청소년상담원.

한국청소년상담원(2008). 상담근무지침서. 서울: 한국청소년상담원.

한국행동요법학회 편(2001). 행동요법. 경기: 양서원.

한상철, 조아미, 박성희(2001). 청소년심리학. 경기: 양서원.

한승호, 한성열 공역(1998). 칼 로저스의 카운슬링의 이론과 실제(*Counseling and Psychotherapy: Newer Concepts in Practice*). C. R. Rogers 저. 서울: 학지사. (원저는 1942년에 출판).

한정선, 김세영(2006). 중학생의 인터넷 중독 수준에 따른 인터넷 활용유형, 자기통제력, 자기조절 학습능력 및 학업성취도의 차이. 교육정보미디어연구, 12(2), 161-188.

현청환(2002). 상담이론 그리고 연습. 서울: 창지사.

홍경자(2001). 자기이해와 자기지도력을 돕는 상담의 과정. 서울: 학지사.

Agnew, R. (1992). Foundation for a general strain theory of crime and delinquency. *Criminology, 30*, 47-87.

Anderson, J. R. (1985). *Cognitive Psychology and Its Implication*. San Francisco, CA: Freeman.

Blocher, D. H. (2000). *Counseling: A Developmental Approach* (4th ed.). New York: John Wiley & Sons.

Borich, G. D., & Tombari, M. L. (1997). *Educational Psychology: A Contemporary Approach*. New York: Longman.

Bratter, R. E. (1974). Reality therapy: A group psychotherapeutic approach with adolescent alcoholics. *Annals of the New York Academy of Science, Vol. 233*, April 15.

Browning, R. M., & Stoven, D. O. (1974). *Behavior Modification in Child Treatment* (3rd ed.). Chicago, IL: Aldine.

Caplan, G. (1964). *Principles of Preventive Psychiatry*. New York: Basic Books.

Carlson, N. R., & Buskist, W. (1997). *Psychology: The Science of Behavior* (5th ed.). Boston, MA: Allyn & Bacon.

Corey, G. (1991). *Theory and Practice of Counseling and Psychotherapy* (4th ed.). Pacific Grove, CA: Brooks/cole.

Cottone, R. R., & Tarvydas, V. M. (2006). *Counseling Ethics and Decision: Making*. Upper Saddle River, NJ: Pearson.

de la Vega, A., Chang, L. J., Banich, M. T., Wager, T. D., & Yarkoni, T. (2016). Large-scale meta-analysis of human medial frontal cortex reveals tripartite functional organization. *The Journal of Neuroscience, 36*(24), 6553-6562.

Desmond, S. M., Price, J. H., Gray, N., & O'Connell, J. K. (1986). The etiology of adolescents perception of their weight. *Journal of Youth and Adolescence, 15*(6), 461-474.

Doremus-Fitzwater, T. L., Barreto, M., & Spear, L. P. (2012). Age-related differences in impulsivity among adolescent and adult Sprague-Dawley rats. *Behavioral Neuroscience, 126*(5), 735-741.

Ernst, M., Nelson, E. E., Jazbec, S., McClure, E. B., Monk, C. S., & Leibenluft, E. (2005). Amygdala and nucleus accumbens in responses to receipt and omission of gains in adults and adolescents. *Neuroimage, 25*, 1279-1291.

Geldard, K., & Geldard, D. (1999). *Counseling Adolescents: The Proactive Approach for Young People*. Thousand Oaks, CA: Sage.

Gendlin, E. T. (1969). Focusing. *Psychotherapy: Theory, Research and Practice, 6*(1), 4-15.

George, R. H., & Cristiani, T. S. (1995). *Counseling Theory and Practice* (4th ed.). Boston, MA: Allyn & Bacon.

Gerald, C., Marianne, S. C., Cindy, C., & Patrick, C. (2014). *Issues and Ethics in the Helping Professions* (9th ed.). Belmont, CA: Wadsworth.

Gerard, E. (1998). *Exercises in Helping Skills: A Training Manual to Accompany the Skilled Helper*. Belmont, CA: Wadsworth.

Gilaie-Dotan, S., Tymula, A., Cooper, N., Kable, J. W., Glimcher, P. W., & Levy, I. (2014). Neuroanatomy predicts individual risk attitudes. *The Journal of Neuroscience, 34*, 12394-12401.

Glasser, W. (1960). *Mental Health or Mental Illness: Psychiatry for Practical*. New York: Harper & Row.

Glasser, W. (1965). *Reality Therapy: A New Approach to Psychiatry*. New York: Harper & Row.

Glasser, W. (1967). *School without Failure*. New York: Harper & Row.

Glasser, W. (1971). Schools without failure-Glasser's approach to discipline: Realistic and working. A paper presented at the annual meeting of the American Association of School Administration, 109th, Feb.

Glasser, W. (1975). *Identity Society*. New York: Harper & Row.

Glasser, W. (1976). *Positive Addition*. New York: Harper & Row.

Glasser, W. (1981). *Station of Mind*. New York: Harper & Row.

Glasser, W. (1984). *Control Theory*. New York: Harper & Row.

Glasser, W. (1986). *Control Theory in the Classroom*. New York: Harper & Row.

Glasser, W. (1989). Quality: The key to the discipline. *Phi Kappa Phi Journal*, *69*(1), 36-38.

Gogtay, N., Giedd J. N., Lusk, L., Hayashi, K. M., Greenstein, D., Vaituzis, A. C., Nugent, T. F., Herman, D. H., Clasen, L. S., & Toga, A. W. (2004). Dynamic mapping of human cortical development during childhood through early adulthood. *Proceedings of the National Academy of Sciences of the United States of America*, *101*(21), 8174-8179.

Goldberg, I. (1996). *Internet addiction*. Electronic message posted to research discussion list.

Guy, J. (1987). *The Personal Life of the Psychotherapist*. New York: John Wiley & Sons.

Hackney, H., & Comier, L. S. (1979). *Counseling Strategies and Objectives* (2nd ed.). Englewood Cliffs, NJ: Prentice-Hall.

Hergenhahn, B. R. (1982). *An Introduction to Theories of Learning*. Englewood Cliffs, NJ: Merrill/Prentice-Hall.

Hergenhahn, B. R., & Olson, M. H. (2004). *An Introduction to Theories of Learning* (7th ed.). Englewood Cliffs, NJ: Merrill/Prentice-Hall.

Hershenson, D. B. (1993). *Healthy Development as the Basis for Mental Health Professions*. Muncie, IN: Accelerated Development.

Hutchins, D. E. (1979). Systematic counseling: The T-F-A model for counselor intervention. *Personnel and Guidance Journal*, *57*(10), 529-531.

Hutchins, D. E. (1982). Ranking major counseling strategies with the TEF/matrix system. *Personnel and Guidance Journal*, *60*(7), 427-431.

Hutchins, D. E. (1984). Improving the counseling relationship. *Personnel and Guidance Journal*, *62*(10), 572-575.

Johnson, B., & Collins, W. A. (1988). Perceived maturity as a function of appearance cues in early adolescence: Rating by unacquainted adults, parents, and teachers. *Journal of Early Adolescence*, *8*, 357-372.

Kalat, J. W. (2019). *Biological Psychology* (13th ed.). Boston, MA: Cengage.

Kawata, M. (1995). Roles of steroid hormones and their receptors in structural organization in the nervous system. *Journal of Neuroscience Research, 24*, 1-46.

Kelly, G. (1955). *The Psychology of Personal Constructs. Vols. I & 2.* New York: W. W. Norton.

Kendall, P. C. (2000). *Child & Adolescent Therapy.* New York: The Guilford.

Keys, S. G., Bemak, F., Carpenter, S. L., & King-Sear, M. E. (1998). Collaborative consultant: A new role for counselors serving at-risk youths. *Journal of Counseling and Development, 76*(2), 123-133.

Kitchener, K. S. (1984). Intuition, critical evaluation and ethical principles: The foundation for ethical decisions in counseling psychology. *The Counseling Psychologist, 12*(3), 43-55.

Klein, S. B. (2002). *Learning: Principle and application.* Boston, MA: McGraw-Hill.

Kleinke, C. L. (1994). *Common Principles of Psychotherapy.* Belmont, CA: Wadsworth.

Knapp, M. L. (1978). *Nonverbal Communication in Human Interaction* (2nd ed.). New York: Holt, Rinehart & Winston.

Koff, E., Rierdan, J., & Stubbs, M. L. (1990). Gender, body image, and self-concept in early adolescence. *Journal of Early Adolescence, 10*(1), 56-68.

Kottler, J. A., Brawn, J. W. (2000). *Introduction to Therapeutic Counseling* (4th ed.). Pacific Grove, CA: Brooks/cole.

Kraut, R., Patterson, M., Lundmark, V., Kiesler, S., Mukopadhyay, T., & Scherlis. W. (1998). Internet paradox: A social technology that reduces social involvement and psychological well-being? *American Psychologist, 53*(9), 1017-1031.

L'Abate, L. (1981). Classification of counseling and therapy theorists, methods, processes, and goals: The E-R-A model. *Personnel and Guidance Journal, 59*(5), 263-265.

Lazarus, R. S. (1966). *Psychological Stress and the Coping Process.* New York: McGraw-Hill.

Lewis, J. A., Lewis, M. D., Daniels, J. A., & D'Andrea, M. (1998). *Community Counseling: Empowerment Strategies for a Diverse Society* (2nd ed.). Pacific Grove, CA: Brooks/Cole.

Lewis, M. D., & Lewis, J. A. (1998). *Community Counseling: Empowerment Strategies for a Diverse Society*. Belmont, CA: Wadsworth.

Long, V. O. (1996). *Communication Skills in Helping Relationships: A Framework for Facilitating Personal Growth*. Pacific Grove, CA: Brooks/Cole.

Mabey, J., Sorensen, B. (1995). *Counseling for Young People*. Buckingham: Open University.

Mash, E. J., & Wolfe, D. A. (2010). *Abnormal child psychology*. Belmont, CA: Wadsworth CENGAGE Learning.

McCormick, C. B., & Pressley, M. (1997). *Educational Psychology: Learning, Instruction, Assessment*. New York: Longman.

McMullin, R. E., & Giles, T. R. (1981). *Cognitive-Behavior Therapy: A Restructuring Approach*. New York: Grune and Stratton.

Mehrabian, A. (1971). *Silent Messages*. Belmont, CA: Wadsworth.

Melnick, J. (1973). A comparison of replication techniques in the modification of minimal dating behavior. *Journal of Abnormal Psychology*, *81*(1), 51-59.

Merriam, S. B. (1988). *Case Study Research in Education: A Qualitative Approach*. San Francisco, CA: Jossey-Bass.

Moorman, C., & Dishon, D. (1983). *Our Classroom: We Can Learn Together*. bay city, MI: Personal Power.

Moreno, J. L. (1946). *Psychodrama, Vol. 1*. New York: Pergamon.

Murphy, K. C., & Strong, S. R. (1972). Some effects of similarity self-disclosure. *Journal of Counseling Psychology*, *19*, 121-124.

Naomi, G. (1980). *What Are You Dairy?* New York: Harper & Row.

Ohayon, M. M., & Hong, S. C. (2006). Prevalence of major depressive disorder in the general population of South Korea. *Journal of Psychiatric Research*, *40*(1), 30-36.

Ormrod, J. E. (1995). *Educational Psychology: Principles and Application*. Englewood Cliffs, NJ: Merrill/Prentice-Hall.

Paul, D. E., & Don, K. (1992). *Educational Psychology: Classroom Connection*. New York: Macmillan.

Paxton, S., Wertheim, E., Gibbons, K., Szmukler, G., Hillier, L., & Petrovich, J. (1991). Body image satisfaction, dieting beliefs, and weight loss behaviors in adolescent girls and boys. *Journal of Youth and Adolescence*, *20*(3), 361-379.

Pinkston, J. W., & Lamb, R. J. (2011). Delay discounting in C57BL/6J and DBA/2J mice: adolescent-limited and life-persistent patterns of impulsivity. *Behavioral Neuroscience, 125*(2), 194-201.

Rabin, D. S., & Chrousos, G. P. (1991). Androgens, gonadal. In. R. M. Lerner, A. C. Peterson, & J. Brooks-Gunn (Eds.), *Encyclopedia of Adolescence, Vol. 1.* New York: Garland.

Rogers, C. R. (1951). *Client-Centered Therapy.* New York: Houghton Mifflin Harcourt.

Rogers, C. R. (1980). *A Way of Being.* New York: Houghton Mifflin Harcourt.

Rogers, C. R. (1995). *On Becoming a Person: A Therapist's View of Psychotherapy.* New York: Houghton Mifflin Harcourt.

Salter, A. (1949). *Conditioned Reflex Therapy.* New York: Farrar, Straus & Giroux.

Skinner, B. F. (1978). *Reflections on Behaviorism and Society.* Englewood Cliffs, NJ: Merrill/Prentice-Hall.

Slavin, R. E. (1994). *Educational Psychology: Theory and Practice.* Boston, MA: Allyn & Bacon.

Steinberg, L., Graham, S., O'Brien, L., Woolard, J., Cauffman, E., & Banich M. (2009). Age differences in future orientation and delay discounting. *Child Development, 80*, 28-44.

Tobin-Richards, M., Boxer, A., & Peterson, A. (1983). Early adolescent's perception of their physical development. In J. Brooks-Gunn & A. C. Peterson (Eds.), *Girls at Poverty: Biological and Psychosocial Perspectives.* New York: Planum.

van den Bos, W., Rodriguez, C. A., Schweitzer, J. B., & McClure, S. M. (2014). Connectivity strength of dissociable striatal tracts predict individual differences in temporal discounting. *Journal of Neuroscience, 34*(31), 10298-10310.

Walen, S. R., DiGiuseppe, R., & Wessler, R. L. (1980). *A Practioner's Guide to Rational-Emotive Therapy.* New York: Oxford University Press.

Welfel, E. R. (2009). *Ethics in Counseling & Psychotherapy.* Belmont, CA: Wadsworth.

Young, K. S. (1999). Internet addiction: Evaluation and treatment. *Student BMJ, 99*, 351-353.

찾아보기

인명

내용

저자 소개

정순례(Chung Soon-rye)
성균관대학교 교육학과 졸업
성균관대학교 대학원 교육학 석사
성균관대학교 대학원 교육학 박사
현 명지전문대학 청소년교육복지과 교수

〈대표 저서〉
교육심리학(원미사, 2003)
행동수정의 이론과 실제(공저, 문음사, 2004)
행동요법 II(공저, 양서원, 2006)
학습이론의 이해와 적용(공저, 학지사, 2013)

양미진(Yang Mi-jin)
가톨릭대학교 심리학과 졸업
가톨릭대학교 대학원 심리학 석사
숙명여자대학교 대학원 교육학 박사
전 미국 플로리다 대학교 방문교수
현 한국청소년상담복지개발원 상담교수

〈대표 저서〉
청소년 또래상담(공저, 한국청소년상담원, 2004)
은둔형부적응청소년 상담 가이드북(공저, 한국청소년상담원, 2006)
우리 아이 건강한 미디어 사용 가이드(공저, 방송통신심의위원회, 2018)
진로심리검사 도구개발(공저, 교육부, 2019)

손재환(Son Jae-hwan)

충북대학교 심리학과 졸업

충북대학교 대학원 심리학 석사

충북대학교 대학원 심리학 박사

전 한국청소년상담복지개발원 조교수

현 꽃동네대학교 상담심리학과 교수

〈대표 저서〉

청소년도벽(공저, 한국청소년상담원, 2002)

학교폭력 유형분류 및 상담전략 편람(공저, 한국청소년상담복지개발원, 2013)

청소년 상담 -이론과 실제-(2판)

Counseling with Adolescents (2nd ed.)

2015년 3월 20일 1판 1쇄 발행
2019년 1월 23일 1판 8쇄 발행
2020년 3월 20일 2판 1쇄 발행

지은이 • 정순례 · 양미진 · 손재환
펴낸이 • 김진환
펴낸곳 • (주) 학지사
04031 서울특별시 마포구 양화로 15길 20 마인드월드빌딩
대표전화 • 02)330-5114 팩스 • 02)324-2345
등록번호 • 제313-2006-000265호

홈페이지 • http://www.hakjisa.co.kr
페이스북 • https://www.facebook.com/hakjisa

ISBN 978-89-997-2061-1 93180

정가 23,000원

저자와의 협약으로 인지는 생략합니다.
파본은 구입처에서 교환해 드립니다.

이 도서의 국립중앙도서관 출판시도서목록(CIP)은 서지정보유통지원시스템 홈페이지(http://seoji.nl.go.kr)와 국가자료공동목록시스템(http://www.nl.go.kr/kolisnet)에서 이용하실 수 있습니다.
(CIP 제어번호: CIP2020006719)